JN326867

基礎からわかる算命学の完全独習

自分の生き方がわかる「未来図」のつくり方

算命学カウンセラー
有山茜

日本文芸社

はじめに

孔子の『論語』に、次のような言葉があります。

子曰く、「吾　十五にして学に志す。三十にして立つ。四十にして惑はず。五十にして天命を知る。六十にして耳順ふ。七十にして心の欲する所に従ひて矩（のり）を踰えず（こえず）」

現代語に訳すと、孔子は言う「私は十五歳で学問の道を志し、三十歳で自分なりの基礎を確立した。四十歳で心に戸惑うことがなくなり、五十歳で天の使命を悟る。六十歳で何を聞かれても動揺しなくなり、七十歳になってからは、心のおもむくままに行動しても道徳の規範から外れることがなくなる」。

人間は、どんな人でも歳を重ねると、相応の分別があるのが当たり前と思っています。

この孔子の言葉は、人間の脳の働きから見ても一致する面があります。単純記憶力がピークになる10代後半から20代を受験勉強に費やし、30代で自分なりの生活基盤を築きます。40代になると誰の脳にも「物忘れ現象」が現われます。この物忘れ現象は、専門分野を極めるために、脳が単純記憶力から連想記憶力にシフトするために必要な行程なのです。連想記憶力は、限られた分野に集中するためで、余計なことに翻弄されずに専門分野に集中することができます。したがって、迷いが少なくなります。そして、50代になると、自分の才能・実力の限界を知ることになります。60代で定年。自分らしい第二の人生を生きるために、新しい目標を模索する時です。

男女とも平均寿命が延びた現在、一つの仕事で一生を生きることは難しくなりました。これからの人生は、二毛作で生きる道のほうが楽しく生きられるはずです。二毛作を生きるには、折り返し点は50代が最適になるのではないでしょうか。「50歳で天命を悟る」と言われるように、自分の将来が見えてきます。そこで、今後の自分の人生を考えるにはよいチャンスになります。

定年退職後に次の人生を考えるよりも、50代の体力も気力も持っている時に、転職を考えるほうが選択の幅が広くなります。社会的な経験が豊富な50代に、第二の人生を選択し、自分らしく楽しく生きることも許されるはずです。子供のために、自分の一生を捧げる人生もあるでしょうが、残りの人生は自分のために生きる、という人がいてもいいはずです。

男女とも平均寿命が延びている現代、経済的にも生きる目標としても、社会とつながっている形を持つことは、孤立感をなくすためには重要な要素になります。社会と接点がない自分は、社会から突き放された無能な人間、役に立たない人間というレッテルを張られてしまったような気がするものです。そして、生きている意味がないと思ってしまったら、後はうつ状態から認知症になる可能性もあります。このようにならないためにも、生きる目標を常に持ち続けることが大切です。それを教えてくれるのが算命学の「自分の未来図」なのです。

算命学カウンセラー　有山　茜

基礎からわかる
算命学の完全独習

目次

はじめに……1

第一章 命式の求め方

一 算命学の考え方……16
1 算命学の世界……16

二 干支に秘められた意味と法則……19
1 十干で「目に見えない世界」がわかる……19
2 五行には五つの本能が秘められている……20

三 命式図の作り方（陰占法）……22
1 命式図を作成する……23
2 蔵干の求め方……26

四 主星の求め方と個性……28
1「甲＝大樹」の個性……29
2「乙＝草花」の個性……30
3「丙＝太陽」の個性……31
4「丁＝灯火」の個性……33
5「戊＝山岳」の個性……34
6「己＝大地」の個性……35
7「庚＝鋼鉄」の個性……36
8「辛＝宝石」の個性……37
9「壬＝大海」の個性……38
10「癸＝雨露」の個性……39
五 使命星の意味と生き方……41
1「貫索星」の人……43
2「石門星」の人……44
3「鳳閣星」の人……44
4「調舒星」の人……45
5「禄存星」の人……45
6「司禄星」の人……45
7「車騎星」の人……46
8「牽牛星」の人……46
9「竜高星」の人……47
10「玉堂星」の人……47
あなたの命式図と宿命図を作ってみましょう……48

第二章 宿命図からわかる性格

一 宿命図の作り方（陽占法）……50

1 宿命星の種類と現象 …… 50
2 宿命星の求め方 …… 52
3 基本宿命図の完成 …… 54

二 十大主星の見方と解釈 …… 55
1 貫索星の性格 …… 57
2 石門星の性格 …… 59
3 鳳閣星の性格 …… 62
4 調舒星の性格 …… 64
5 禄存星の性格 …… 66
6 司禄星の性格 …… 69
7 車騎星の性格 …… 71
8 牽牛星の性格 …… 73
9 竜高星の性格 …… 76
10 玉堂星の性格 …… 78

三 十二大従星の見方と解釈 …… 82
1 天報星の運勢 …… 84
2 天印星の運勢 …… 86
3 天貴星の運勢 …… 87
4 天恍星の運勢 …… 89
5 天南星の運勢 …… 91
6 天禄星の運勢 …… 93
7 天将星の運勢 …… 95
8 天堂星の運勢 …… 97
9 天胡星の運勢 …… 99
10 天極星の運勢 …… 100
11 天庫星の運勢 …… 102
12 天馳星の運勢 …… 104

第三章 四季運大運法

一 四季運大運は、あなたと社会をつなぐ窓口 …… 108

1 大運とは? …… 109

2 大運年齢とは? …… 110

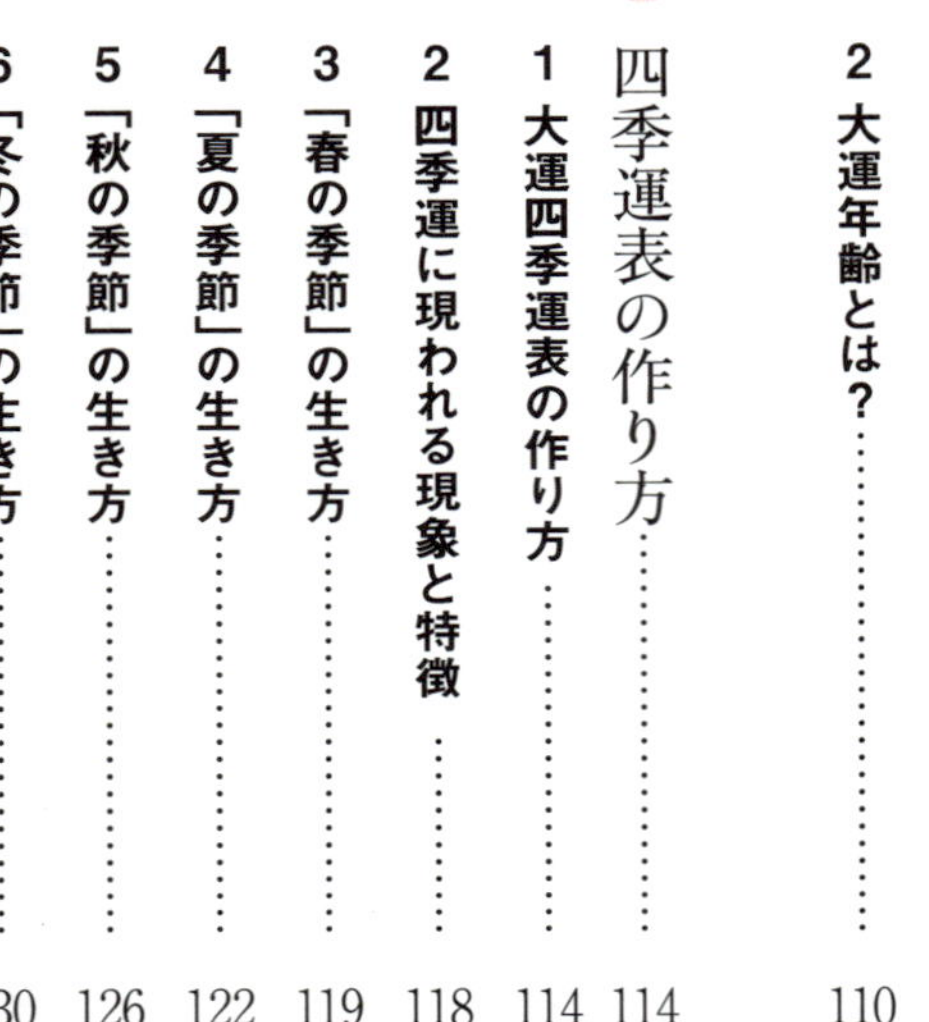

二 四季運表の作り方 …… 114

1 大運四季運表の作り方 …… 114

2 四季運に現われる現象と特徴 …… 118

3 「春の季節」の生き方 …… 119

4 「夏の季節」の生き方 …… 122

5 「秋の季節」の生き方 …… 126

6 「冬の季節」の生き方 …… 130

第四章 守護神法

一 守護神の取り方は2種類ある …… 136

1 守護神は四方向の法則と相性相剋の法則で決まる …… 136

二 守護神と忌神の活用法 …… 142

1 守護神とは? …… 142

2 守護神の活用法 …… 143

3 後天運に守護神が巡ってきた年の現象 …… 146

4 後天運に忌神が巡ってきた年の現象 …… 149

目次

第五章 天中殺の世界

一 正規の天中殺に現われる現象……156
1 年運天中殺の求め方……157
2 年運天中殺の種類……157
3 天中殺エネルギーが現わす現象……159
二 宿命天中殺の現象……164
1 宿命天中殺の特徴……164
2 生日中殺の出し方と持っている人の運命……166
三 年運天中殺の星別による現象……167
1 星別の現象……167
四 大運天中殺の意味と現象……172
1 大運天中殺とは？……172
五 大運天中殺にある三つの約束事……174
1 大運天中殺の約束事……174
六 天中殺の年に災いを受ける人、受けない人……184
1 天中殺で幸運になる……184

第六章 天中殺のエネルギーと現象

一 目に見えない宇宙のエネルギーが他力運……200
1 他力運とは？……201

2 子丑天中殺のエネルギー　秘められた現象 202
3 寅卯天中殺のエネルギー　秘められた現象 206
4 辰巳天中殺のエネルギー　秘められた現象 210
5 午未天中殺のエネルギー　秘められた現象 212
6 申酉天中殺のエネルギー　秘められた現象 217
7 戌亥天中殺のエネルギー　秘められた現象 221

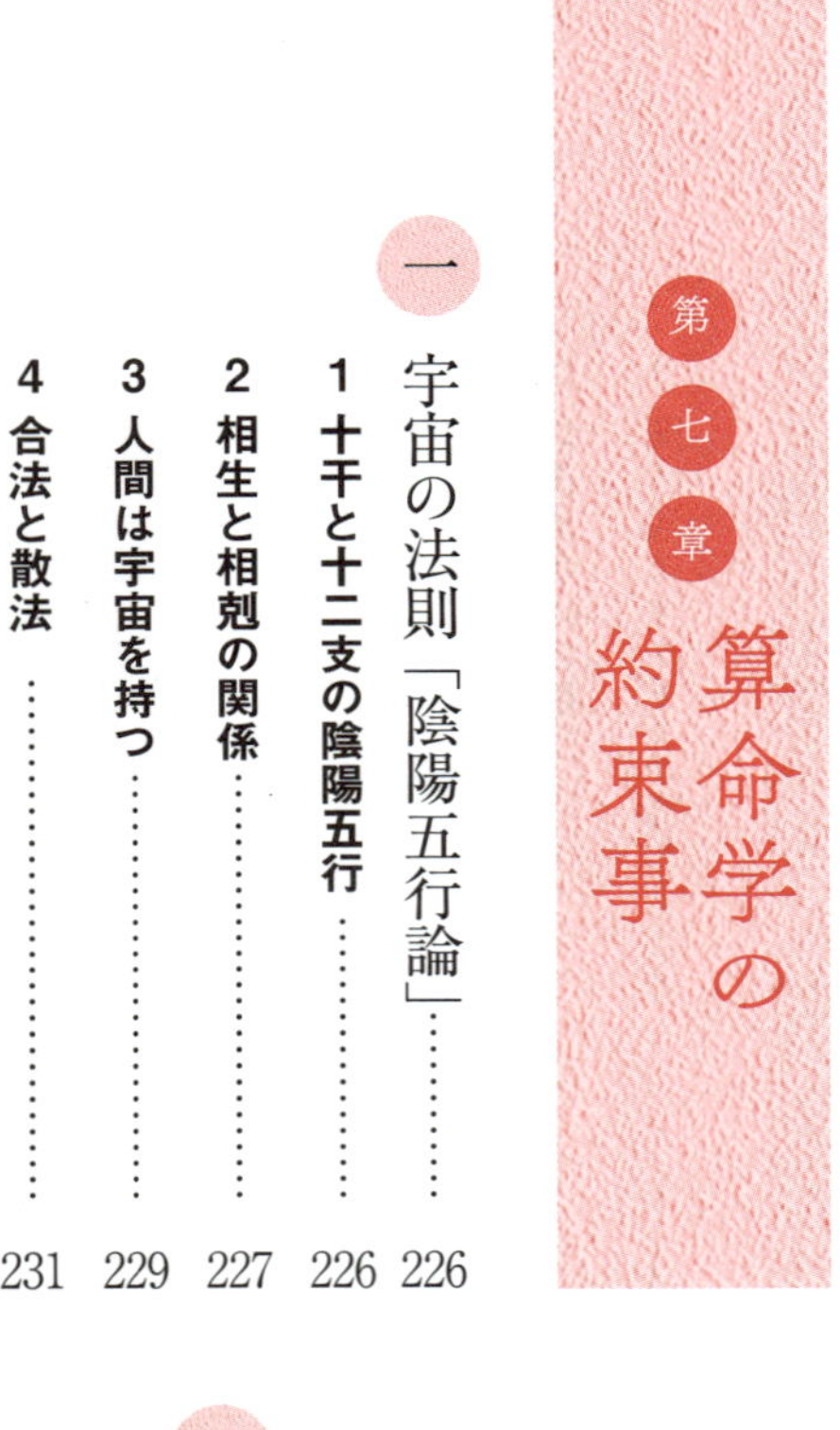

第七章 算命学の約束事

一 宇宙の法則「陰陽五行論」 226

1 十干と十二支の陰陽五行 226
2 相生と相剋の関係 227
3 人間は宇宙を持つ 229
4 合法と散法 231
5 合法（融合） 231
6 三合会局＝異次元融合 231
7 半会＝異次元融合 232
8 三合会局・半会の異次元融合による現象 233
9 支合＝同次元の融合 234
10 散法（分裂） 236
11 刑法の組み合わせは4種類 238
12 害法の組み合わせは6種類 240
13 破法の組み合わせは4種類 240
14 合法の組み合わせはうまくいく 241
15 散法の組み合わせはトラブルを招く 243

二 宿命に持っている特殊星 246

1 特殊星の出し方と見方 246
2 三業干支の出し方と現象 247

3 異常干支の出し方と解釈……251
4 通常異常干支の特徴……251
5 暗合異常干支の特徴……253

第八章 才能と適職の見つけ方

一 宿命が示す才能と適職……256
1 「東の星」で見る現実的な適職……257
2 「南の星」で見る精神的な適職……261
3 現実的な「東の星」と精神的な「南の星」……265

二 適職の見つけ方……269
1 「東に出た星」で見つける適職……269
2 「南に出た星」で見つける適職……271

三 あなたの隠れた才能の見つけ方……275
1 南北分類の条件に当てはまる人……275
2 東西分類の条件に当てはまる人……277
3 才能の範囲と特徴を知る技法……278
4 社会で認められる才能の順位……280
5 四天運と十大主星でわかる適職……281

四 星のエネルギー値で適職を見つける方法……286
1 エネルギー値の見方……286
2 才能占技の応用……290

第九章 うまくいく結婚・いかない結婚

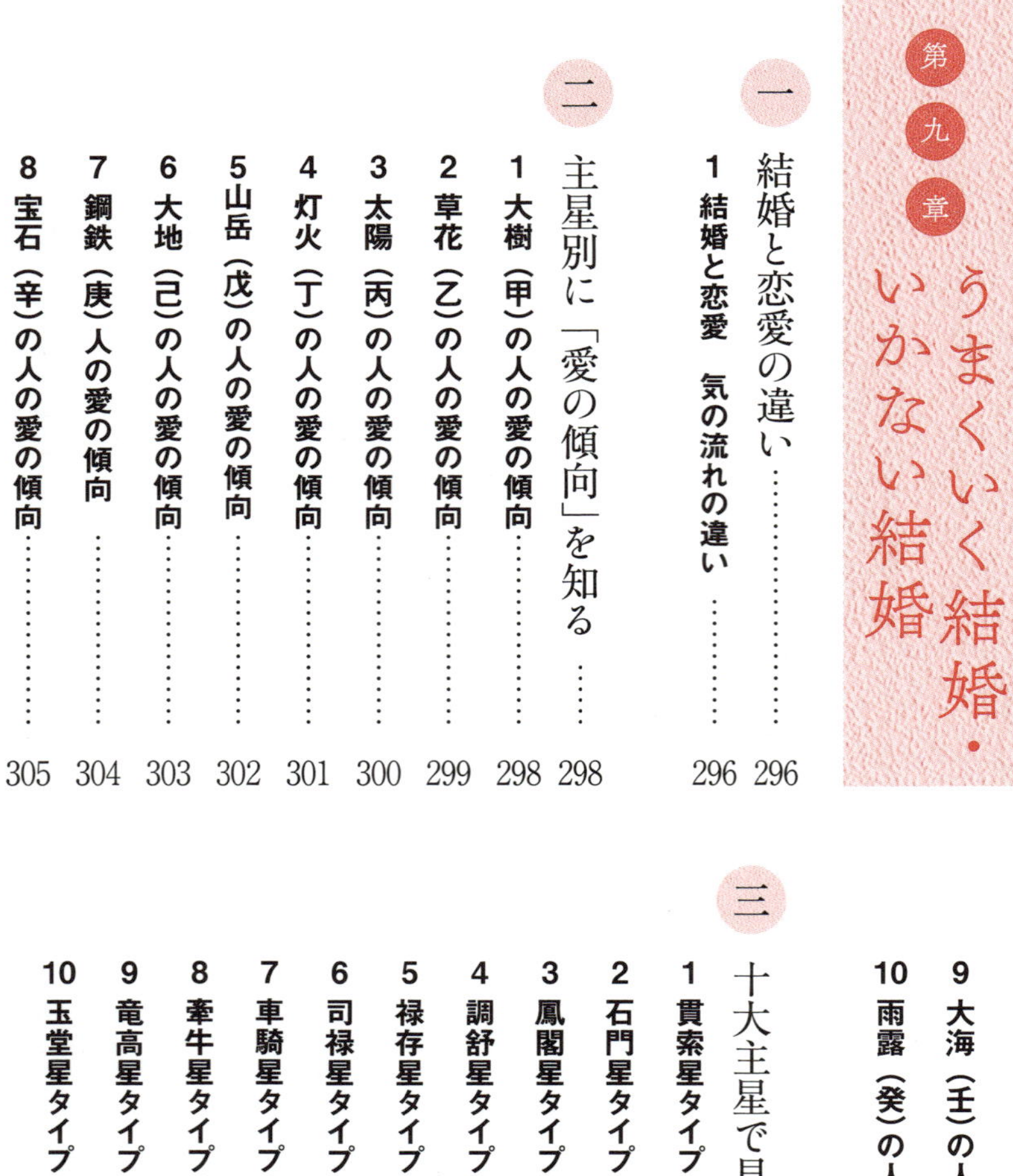

一 結婚と恋愛の違い……296

1 結婚と恋愛　気の流れの違い……296

二 主星別に「愛の傾向」を知る……298

1 大樹（甲）の人の愛の傾向……298

2 草花（乙）の人の愛の傾向……299

3 太陽（丙）の人の愛の傾向……300

4 灯火（丁）の人の愛の傾向……301

5 山岳（戊）の人の愛の傾向……302

6 大地（己）の人の愛の傾向……303

7 鋼鉄（庚）人の愛の傾向……304

8 宝石（辛）の人の愛の傾向……305

9 大海（壬）の人の愛の傾向……306

10 雨露（癸）の人の愛の傾向……307

三 十大主星で見る理想の結婚相手……308

1 貫索星タイプの人……310

2 石門星タイプの人……311

3 鳳閣星タイプの人……313

4 調舒星タイプの人……314

5 禄存星タイプの人……316

6 司禄星タイプの人……317

7 車騎星タイプの人……319

8 牽牛星タイプの人……321

9 竜高星タイプの人……322

10 玉堂星タイプの人……323

四 宿命に持っている結婚星と恋人星と家庭星から見る結婚運 326
1 結婚星だけを持つ人の結婚運 …… 327
2 恋人星だけを持つ人の結婚運 …… 328
3 結婚星と恋人星両方を持つ人の結婚運 330
4 両方を持たない人の結婚運 …… 331
5 子供の星を持つ人の結婚運 …… 332

五 結婚星と恋愛星の場所でわかる結婚運のゆくえ …… 334
1 基本宿命図の場所で判断する結婚運 … 334
2 結婚星の場所で見る五つの「愛の形」 … 336
3 恋人星の場所で見る五つの「愛の形」 … 345

第十章 結婚の相性診断

一 うまくいく結婚は相性がよいこと 352
1 結婚相手は「血のつながり」がある相手 353
2 「主星」で見る結婚と恋人の相性 …… 356
3 女性が大樹（甲）の人 …… 356
4 女性が草花（乙）の人 …… 359
5 女性が太陽（丙）の人 …… 361
6 女性が灯火（丁）の人 …… 363
7 女性が山岳（戊）の人 …… 365
8 女性が大地（己）の人 …… 367
9 女性が鋼鉄（庚）の人 …… 369
10 女性が宝石（辛）の人 …… 371
11 女性が大海（壬）の人 …… 373

12 女性が雨露（癸）の人 …… 375

二 天中殺から見た結婚の相性 …… 378
1 天中殺で強く引き合う相手との結婚運 …… 378
2 天中殺の組み合わせで見る結婚の相性 …… 379

三 行動エリアで見る結婚の相性 …… 399
1 行動エリアで判定する相性判定 …… 399
2 行動エリア図の見方 …… 401
3 「行動エリア」の重なりで見る相性 …… 402

第十一章 健康診断

一 健康と「陰陽五行論」 …… 408
1 気のメカニズムとは？ …… 408

二 健康判定法 …… 410
1 気のバランスとは？ …… 410

三 毎年の健康運を知る方法 …… 412
1 五気のバランスを見る …… 412

四 五気のバランスで健康運をチェック …… 415
1 十二支の組み合わせで臓器の弱点を知る …… 415
2 十二支の組み合わせで起こる健康障害 …… 416
3 害法で見る病気の傾向 …… 417

五 あなたの心の支えになるもの …… 421
1 心の支えを知るために …… 421
2 価値観の優先順位 …… 422

第十二章 生き方がわかる技法

一 干支の配列によって生き方を見る技法 …… 424
1 生の部（日干が日支に助けられる型） …… 425
2 洩の部（日干が日支を助ける型） …… 427
3 剋の部（日干が日支を剋す型） …… 430
4 逆剋の部（日干が日支から剋されている型） …… 432
5 比和の部（日干と日支が比和になる型） …… 435

二 循環法による生き方の技法 …… 438
1 星を循環させる方法 …… 438
2 貫索星で止まる場合 …… 438
3 石門星で止まる場合 …… 439
4 鳳閣星で止まる場合 …… 439
5 調舒星で止まる場合 …… 440
6 禄存星で止まる場合 …… 440
7 司禄星で止まる場合 …… 441
8 車騎星で止まる場合 …… 441
9 牽牛星で止まる場合 …… 441
10 竜高星で止まる場合 …… 442
11 玉堂星で止まる場合 …… 442

三 基段占技から生き方を見る …… 443
1 基段占技で大運を見る …… 443
2 基段占技の約束事 …… 444

3 基段占技の現象 …… 447

四

本能エネルギーの配分表で生き方がわかる …… 455

1 青龍型の生き方と特徴 …… 455
2 白虎型の生き方と特徴 …… 456
3 玄武型の生き方と特徴 …… 456
4 騰陀型の生き方と特徴 …… 456
5 朱雀型の生き方と特徴 …… 457

五

エネルギーの配分図 …… 458

1 本能エネルギーの配分図の作り方 …… 460
あなたの本能エネルギー配分図 …… 463

あとがき …… 464

算命学暦 …… 465

第一章 命式の求め方

一 算命学の考え方

算命学は、今から四〇〇〇年前、老子の教え「道ータオ（道徳経）」の思想から生まれたものです。中国の思想家たちが、大きな犠牲と努力を払って残してくれた知恵の遺産が「算命学」なのです。

① 算命学の世界

「ほんとうの自分」を知るためには

日本には、遣唐使や遣隋使がその時々に知識や学問として持ち帰ったと言われています。それが「算命学」という名称で呼ばれるようになったのは、明治以後のことです。

算命学は自然科学理論に基づいたもので、当たり前のことしか解いていません。その当たり前のことを、今は意識することもなく見過ごしてしまっているのが現代人です。そして、人間が作り上げた常識という尺度のなかで、毎日の生活を営んでいるのです。この常識というのは、その時代時代において、社会が作り出したものであって、自然界の尺度から見れば窮屈なものです。そこで、常識に捕らわれない「ほんとうの自分」を知ることから始めましょう。それが、「自分らしい生き方」につながるためです。

自然界は、一定の法則である「陰陽論」と「五行論」によってバランスが保たれています。人間も自然界の一員。一人一人が小宇宙を持って生きています。つまり、人間にも自然科学理論の「陰陽五行論」が当てはまるということです。

「陰陽論」とは、ものごとには必ず「陽」の面と「陰」の面があるという考え方です。たとえば、昼が「陽」で夜が「陰」になり、合わせて一日。男が「陽」で、女が「陰」になり、合わせて人間と考えるのが算命学の考え方です。運命も同じように、幸運が「陽」で不運が「陰」、合わせて運命と考えますから、幸運と不運は交互にやって来ることになります。幸運だけの人は、この世には存在しないということになります。

たとえば、誕生日が同じ人はどうなるか。誕生日が同じということは「宿命」が同じになります。しかし、その人を取り巻く環境（両親、きょうだい、育ち方、学歴、食べ物など）が違いますから、宿命と環境との接点に生まれるエネルギーの燃焼度が違ってきます。つまり、宿命が同じでも、運命は違うということです。

算命学の思想は、自然界の生き物すべてに神が宿ると考えています。動物はもちろん、植物、鉱物、太陽、月、星、水、風にも、すべてに神が宿っているという考え方です。

こわいほど当たる理由

算命学神論のなかに「透念気（とうねんき）」という言葉があります。「透念気」とは、目に見えないものを見る力のことで、特別なことではありません。誰もが持っている五感（視覚・聴覚・味覚・触覚・嗅覚）のことであって、なんとなく感じられる「心の気」のことです。これは特殊な人だけに備わっている超能力的なものではありません。いわゆる一般的に言われている「動物的な勘＝なんとなく気が乗らない、気が騒ぐ」といったものを意味します。

このような自分の周りに起こる現象は、すべて神から送られてきた信号を「お知らせ現象」と受け止めておくこと。それがよいことであっても、悪いことであっても、次に起こる現象を予言しているからです。神様からの信号をキャッチするには、静かに自分の心と対話することです。心と対話できるようになると、どんな小さなサインからでも、次に現われる現象を予測することができるようになります。

地震の前兆に現われる動物の異常な行動や異様な雲の流れも「お知らせ現象」の一つです。病気にしても、必ずSOSのサインがあります。病気の種類や個々の体質によって現われるサインは違いますが、いつも自分の心と対話していたら、感じるものが必ずあります。まずは、ほんとうの自分を知ることから始めましょう。ほんとうの自分がわかれば、解決法や対処法を導き出すことができます。

「算命学」は、プロの鑑定士のなかではこわいほど当たると評価されている占いです。しかし残念ながら、一つの技法から一つの答えを出すという単純なものではありません。結婚の相性を鑑定する場合でも、20項目の技法を使って鑑定していきます。その結果が、70％以上になれば相性は吉。適職を見つけるのも、同じく14項の技法を使います。このような鑑定法なので一般の方々からは、複雑で難解すぎると敬遠されてきたのだと思われます。今回は、わかりやすさと簡素化を考え、自分の体内に持っている星のエネルギー値から解いていく鑑定法で説明していくことにしました。実際の鑑定は、自分の誕生日を使って、本書の説明にしたがって解いていきます。解き終わった時には、自分の「未来図」が完成しているということです。

二 干支に秘められた意味と法則

宇宙のすべての生物は、「空間」と「時間」のなかで生きているのです。その「空間」と「時間」を表わしたのが「十干」と「十二支」です。

十干十二支の一つ一つには、いろいろな意味があります。また、これらの干支が、「宇宙の法則」によって規則正しく運行しているということもわかっています。

これから述べることは、この干支が持っている、いろいろな意味や法則を十分に活用して、人間が生きていくための、あらゆるできごとを説いていくということです。それこそ精神的な悩みから現実的な行動まで、この干支から知ることができるのです。

では、これから干支の説明をしていきます。

① 十干で「目に見えない世界」がわかる

十干には、次の10種類があります。

陽の干	陰の干
甲（こう）	乙（おつ）
丙（へい）	丁（てい）
戊（ぼ）	己（き）
庚（こう）	辛（しん）
壬（じん）	癸（き）

十二支には、次の12種類があります。

陽の支	子(ね)	寅(とら)	辰(たつ)	午(うま)	申(さる)	戌(いぬ)
陰の支	丑(うし)	卯(う)	巳(み)	未(ひつじ)	酉(とり)	亥(い)

次に、十干と十二支の中身について説明します。人間の肉体のなかには、霊魂というものが宿っていて、その肉体と霊魂が結びついたものが心だと考えられています。言いかえれば、人間には、目に見える世界と目に見えない世界があるということです。この目に見えない世界が霊魂であり精神面を表わす「十干」なのです。逆に目に見える世界が、肉体いわゆる現実の行動を表わす「十二支」になるわけです。この二つの肉体と霊魂をいっしょにして判断しないと、人間の真の運命を知ることができないのです。

十干は、その人の心を表わすものですから、その意味をしっかり覚えてください。

❷ 五行には五つの本能が秘められている

五行には、「木の気」・「火の気」・「土の気」・「金の気」・「水の気」の5種類があります。そして、これを十干と十二支にあてはめると左のようになります。

五行と十干・十二支の関係

五行	十干		十二支	
陰陽	陽	陰	陽	影
木の気	甲	乙	寅	卯
火の気	丙	丁	午	巳
土の気	戊	己	辰・戌	丑・未
金の気	庚	辛	申	酉
水の気	壬	癸	子	亥

人間には、目に見えない五つの本能があります。それは、「寝る・食べる」といった生理現象だけではありません。その人の性格まで、五つの本能によってつくられているのです。宇宙に存在するすべてのものは、この五つの本能に分類されます。

①守備本能（木の気）——危険などを感じると、無意識に守ろうとする本能です。

②伝達本能（火の気）——自分の意志を伝えようとする本能です。また、次の時代に何かを残すことは、それが子供になるか、財になるか、業績になるかわかりませんが、すべて伝達本能になります。

③引力本能（土の気）——これは、人を引きつけたいという本能です。別名〝魅力の本能〟ともいい、自分の地位を高めようとか、自分を目立たせようとする本能でもあるのです。

④攻撃本能（金の気）——相手を攻撃する本能です。この攻撃本能というのは、人間が前進する力になります。

⑤習得本能（水の気）——いろいろな知識を吸収したいという本能です。この本能は、学ぶことだけでなく、すべてのものを受け入れる本能です。

このように五つに分類した本能を、すべての人がバランスよくもっているとは限りません。習得本能がなければ、勉強がきらいになりますし、攻撃本能がなければ、引っ込み思案になったりするのです。

これまで個々に述べてきたことを、わかりやすく右ページ下の表にまとめてみました。十干と十二支に五つの本能と五行を加えたものです。つまり「宇宙の法則」です。

※「宇宙の法則」を、まとめたものは230ページに掲載しています。

三 命式図の作り方（陰占法）

算命学は「三極構造」の理論ですべての物事を解釈します。

三極とは、肉体、霊魂、心のこと。

人間の主体は「肉体」で、目に見える部分です。この肉体に、目に見えない「霊魂」が宿っていて、この二つを結びつけるものが「心」と考えています。

算命学では、肉体・霊魂・心を一緒にして判定しないと、人間の真の運命を判定することができないと言われています。つまり三点を結んで立体的に物事を捉えることになります。

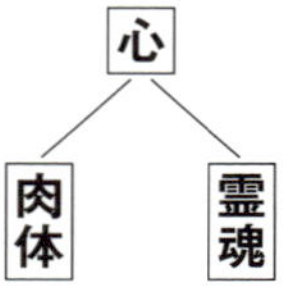

心

霊魂　肉体

目に見えないもの＝「陽占法」

＝十大主星・精神の世界＝陽

目に見えるもの＝「陰占法」

＝十干・行動・時間・現実の世界

誕生日から、算命学独自の暦を用いて、それを「宇宙の法則」に置き換えて解釈するのが「陰占（いんせん）法（ほう）」で、実際に現われる現象から鑑定します。

1 命式図を作成する

命式図とは？

命式図とは、現実に現われる現象を解く時に使います。これを陰占法と言います。その人の誕生日を十干と十二支で表したものです。これから占っていくすべての基本になるのが、この「命式図」です。

「命式図」は、占う人の生年月日から割り出していきます。実際の生年月日と戸籍上の生年月日が違う人は、実際に生まれた生年月日で作成してください。巻末の「算命学暦」で、占う人の生まれた年から「年干支・月干支・日干支」を導き出します。

まず、「算命学暦」と下の「蔵干表」で、**【例題】**太郎さんの「命式図」を作成します。

[蔵干表]

十二支	初元	中元	本元
子	すべて		癸
丑	1日～9日　癸	10日～12日　辛	13日～己
寅	1日～7日　戊	8日～14日　丙	15日～甲
卯	すべて		乙
辰	1日～9日　乙	10日～12日　癸	13日～戊
巳	1日～5日　戊	6日～14日　庚	15日～丙
午	1日～19日まで	己	20日～丁
未	1日～9日　丁	10日～12日　乙	13日～己
申	1日～10日　戊	11日～13日　壬	14日～庚
酉	すべて		辛
戌	1日～9日　辛	10日～12日　丁	13日～戊
亥	1日～12日まで	甲	13日～壬

1988年

【年干支】
1/1～2/3日までに生まれた人＝丁卯　大運（男左・女右）
2/4～12/31日までに生まれた人＝戊辰★　大運（男右・女左）

年月 / 生日	1月		2月		3月		4月		5月		6月		7月		8月		9月		10月		11月		12月	
	月	日	月	日	月	日	月	日	月	日	月	日	月	日	月	日	月	日	月	日	月	日	月	日
1	壬子	乙卯	癸丑	丙戌	甲寅	乙卯	乙卯	丙戌	丙辰	丙辰	丁巳	丁亥	戊午	丁巳	己未	戊子	庚申	己未	辛酉	己丑	壬戌	庚申	癸亥	庚寅
2		丙辰		丁亥		丙辰		丁亥		丁巳		戊子		戊午		己丑		庚申		庚寅		辛酉		辛卯
3		丁巳		戊子		丁巳		戊子		戊午		己丑		己未		庚寅		辛酉		辛卯		壬戌		壬辰
4		戊午	甲寅	**己丑**		戊午	丙辰	**己丑**		己未		庚寅		庚申		辛卯		壬戌		壬辰		癸亥		癸巳
5		己未		庚寅	乙卯	**己未**		庚寅	丁巳	**庚申**	戊午	**辛卯**		辛酉		壬辰		癸亥		癸巳		甲子		甲午
6	癸丑	**庚申**		辛卯		庚申		辛卯		辛酉		壬辰		壬戌		癸巳		甲子		甲午		乙丑		乙未
7		辛酉		壬辰		辛酉		壬辰		壬戌		癸巳	己未	**癸亥**	庚申	**甲午**	辛酉	**乙丑**		乙未	癸亥	**丙寅**	甲子	**丙申**
8		壬戌		癸巳		壬戌		癸巳		癸亥		甲午		甲子		乙未		丙寅	壬戌	**丙申**		丁卯		丁酉
9		癸亥		甲午		癸亥		甲午		甲子		乙未		乙丑		丙申		丁卯		丁酉		戊辰		戊戌
10		甲子		乙未		甲子		乙未		乙丑		丙申		丙寅		丁酉		戊辰		戊戌		己巳		己亥
11		乙丑		丙申		乙丑		丙申		丙寅		丁酉		丁卯		戊戌		己巳		己亥		庚午		庚子
12		丙寅		丁酉		丙寅		丁酉		丁卯		戊戌		戊辰		己亥		庚午		庚子		辛未		辛丑
13		丁卯		戊戌		丁卯		戊戌		戊辰		己亥		己巳		庚子		辛未		辛丑		壬申		壬寅
14		戊辰		己亥		戊辰		己亥		己巳		庚子		庚午		辛丑		壬申		壬寅		癸酉		癸卯
15		己巳		庚子		己巳		庚子		庚午		辛丑		辛未		壬寅		癸酉		癸卯		甲戌		甲辰
16		庚午		辛丑		庚午		辛丑		辛未		壬寅		壬申		癸卯		甲戌		甲辰		乙亥		乙巳
17		辛未		壬寅		辛未		壬寅		壬申		癸卯		癸酉		甲辰		乙亥		乙巳		丙子		丙午
18		壬申		癸卯		壬申		癸卯		癸酉		甲辰		甲戌		乙巳		丙子		丙午		丁丑		丁未
19		癸酉		甲辰		癸酉		甲辰		甲戌		乙巳		乙亥		丙午		丁丑		丁未		戊寅		戊申
20		甲戌		乙巳		甲戌		乙巳		乙亥		丙午		丙子		丁未		戊寅		戊申		己卯		己酉
21		乙亥		丙午		乙亥		丙午		丙子		丁未		丁丑		戊申		己卯		己酉		庚辰		庚戌
22		丙子		丁未		丙子		丁未		丁丑		戊申		戊寅		己酉		庚辰		庚戌		辛巳		辛亥
23		丁丑		戊申		丁丑		戊申		戊寅		己酉		己卯		庚戌		辛巳		辛亥		壬午		壬子
24		戊寅		己酉		戊寅		己酉		己卯		庚戌		庚辰		辛亥		壬午		壬子		癸未		癸丑
25		己卯		庚戌		己卯		庚戌		庚辰		辛亥		辛巳		壬子		癸未		癸丑		甲申		甲寅
26		庚辰		辛亥		庚辰		辛亥		辛巳		壬子		壬午		癸丑		甲申		甲寅		乙酉		乙卯
27		辛巳		壬子		辛巳		壬子		壬午		癸丑		癸未		甲寅		乙酉		乙卯		丙戌		丙辰
28		壬午		癸丑		壬午		癸丑		癸未		甲寅		甲申		乙卯		丙戌		丙辰		丁亥		丁巳
29		癸未		甲寅		癸未		甲寅		甲申		乙卯		乙酉		丙辰		丁亥		丁巳		戊子		戊午
30		甲申				甲申		乙卯		乙酉		丙辰		丙戌		丁巳		戊子		戊午		己丑		己未
31		乙酉				乙酉				丙戌				丁亥		戊午				己未				庚申

【例題】太郎さん／1988年11月1日生まれ

「算命学暦」の1988年の暦（右ページ）で、年干支、月干支、日干支を調べます。

太郎さんの命式は、年干支＝戊辰（つちのえたつ）　月干支＝壬戌（みずのえいぬ）　日干支＝庚申（かのえさる）になります。

例題を参考に、自分の「命式図」を作成してください。

［太郎さんの命式図］

日	月	年	
57	59	5	干支No.
庚	壬	戊	干
申	戌	辰	支
戊	辛	乙	A　蔵干
壬	丁	癸	B　蔵干
（庚）	（戊）	（戊）	C　蔵干

A＝初元　B＝中元　C＝本元

干支No.は、「六十花甲子表と天中殺一覧表」に示したNo.です。

【六十花甲子表と天中殺一覧表】

No.	干支	No.	干支	No.	干支	No.	干支	No.	干支	No.	干支
1	甲子	11	甲戌	21	甲申	31	甲午	41	甲辰	51	甲寅
2	乙丑	12	乙亥	22	乙酉	32	乙未	42	乙巳	52	乙卯
3	丙寅	13	丙子	23	丙戌	33	丙申	43	丙午	53	丙辰
4	丁卯	14	丁丑	24	丁亥	34	丁酉	44	丁未	54	丁巳
5	戊辰	15	戊寅	25	戊子	35	戊戌	45	戊申	55	戊午
6	己巳	16	己卯	26	己丑	36	己亥	46	己酉	56	己未
7	庚午	17	庚辰	27	庚寅	37	庚子	47	庚戌	57	庚申
8	辛未	18	辛巳	28	辛卯	38	辛丑	48	辛亥	58	辛酉
9	壬申	19	壬午	29	壬辰	39	壬寅	49	壬子	59	壬戌
10	癸酉	20	癸未	30	癸巳	40	癸卯	50	癸丑	60	癸亥
戌亥天中殺		申酉天中殺		午未天中殺		辰巳天中殺		寅卯天中殺		子丑天中殺	

② 蔵干の求め方

蔵干とは？

蔵干とは、十二支のなかに含まれている十干のことです。ここでは、蔵干の求め方を解説します。23ページの「蔵干表」を見てください。十二支のなかに含まれている十干を、初元・中元・本元に分けて書いていきます。節入り日から誕生日までの日数によって、初元・中元・本元が決まります。

太郎さんの蔵干は、次のようになります。

年支「辰」の蔵干（25日）で「本元＝戊」
月支「戌」の蔵干（25日）で「本元＝戊」
日支「申」の蔵干（25日）で「本元＝庚」
になります。

この蔵干の「干」は宿命星を出す時に使いますから、干に〇印をつけておいてください。

蔵干の計算の方法

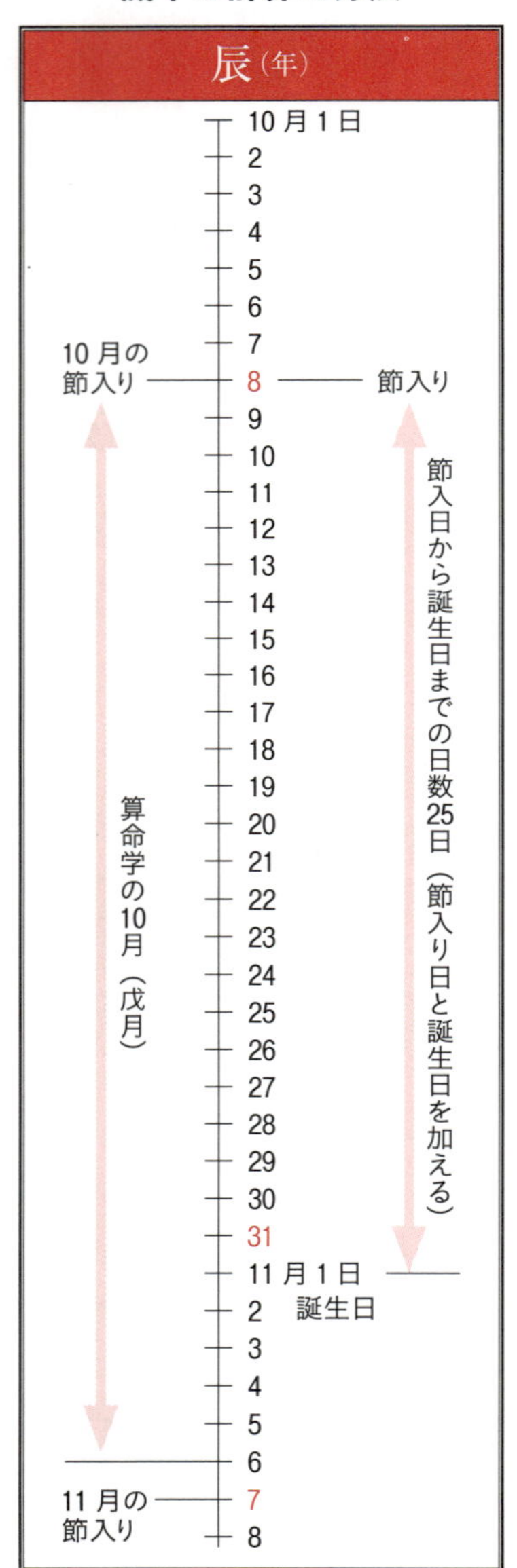

【蔵干の計算式】

太郎さんの誕生日は１９８８年11月１日です。

誕生日は11月１日ですから、市販の暦では11月生まれになりますが、算命学では節入り日が月の始まりの１日になりますから、太郎さんは10月生まれの人になります。10月の節入りは「８日」です。10月の末日は31日です。したがって「計算式」は次のようになります。

10月末日（31日）―節入り（8日）＝23日＋節入り日（1日）＋誕生日（1日）＝25日になります。

したがって、蔵干は「年支＝辰、月支＝戌、日支＝申」の３つのすべてが、13日以上になるので「本元」になります。

【月の割り出し方】

算命学では、毎月の出し方が一般の暦とは違います。

「例題」太郎さんの誕生月で説明していきます。

１９８８年11月１日といえば、算命学では10月生まれになります。

算命学での10月は、10月の節入り（８日）～11月の節入り前日（６日）までを言います。したがって、太郎さんは11月１日生まれですから、算命学では10月生まれになります。

一般の暦のように、１日から始まることはありませんから気を付けてください。

四 主星の求め方と個性

日干支の「干」は、個性を表わします。

個性は、精神的な現象を表わす「十干」が基になり、10種類に分けることができます。

日干支の出し方は簡単です。太郎さんの「主星」の出し方を説明しますから、参考にして自分の主星を割り出してください。

太郎さんは、1988年の生まれですから、その年の暦を見てください。そして、11月1日の干支を出します。生まれた日の干支の「干」が「主星」になります。

太郎さんの日干支は「庚申」です。主星の干は、「庚」になります。したがって主星は、庚の「鋼鉄」になります。

主星とは、自分自身の本質を自然界に存在するものに置き換えたら、何に当たるかを具現化したものです。これは生年月日の一つである「日干」から生まれた星です。

主星は、全部で10個あります。木性・火性・土性・金性・水性の陰陽の10個を自然界の名称で呼んでいます。木性は大樹と草花，火性は太陽と灯火、土性は山岳と大地、金性は鋼鉄と宝石、水性は大海、雨露となっています。

自然のありようは、環境によって違うように、主星も同じく生まれた月によって生き方が違います。このようにすべての事象は、自然の姿がお手本になっています。

【主星一覧表】

日干	主星
甲	大樹
乙	草花
丙	太陽
丁	灯火
戊	山岳
己	大地
庚	鋼鉄
辛	宝石
壬	大海
癸	雨露

1 「甲＝大樹」の個性

甲子（こうのね）、甲戌（こうのいぬ）、甲申（こうのさる）、甲午（こうのうま）、甲辰（こうのたつ）、甲寅（こうのとら）の人

あなたの主星は、まっすぐ伸びる一本の「大樹」です。樹が成長して大樹になるにはどうすればよいかを考えれば、自ずと自分の生き方がわかります。

過酷な環境で育った場合は、根が張った幹の太いたくましい樹になり、温室で育つと背の高いひ弱い樹になってしまいます。このように育つ環境によっても、生き方や性格が変わってきます。もしあなたが過酷な環境に育った人なら、芯が強く、自信満々な人でしょう。どんな困難やトラブルに遭遇してもびくともしません。しかし、過保護に育てられた場合は、ちょっとしたいじめにあっただけでも挫折してしまいます。

一本の「樹」が大地に根を張って伸びていくよ

うに、あなたの成長は長距離ランナー型。一見のんびり屋に見えるかもしれませんが、芯の強い人です。そして、年齢を重ねるに従って幹が太くなるように、自我が強くなり、実力も自信も信用も、魅力も出てきます。

まっすぐに伸びる大樹のように、あなたの性格も正直でストレート。曲がったことが大嫌い。責任感が強く、道徳や規則を重んじる人です。他人から見ると融通が利かない人のように見えるかもしれませんが、それは自分のペースを乱されるのが嫌だからです。だからといって、人と争うことはしません。黙って着実に自分の世界を切り開いていきます。

欠点としては、頑固で融通が利かない点。敏捷性に欠け臨機応変に対処することができないこと。環境の変化には弱いタイプと言えるでしょう。また、一度挫折するとなかなか立ち直れないタイプですから、若いうちに挫折の経験をしておくほうがいいでしょう。

2 「乙＝草花」の個性

乙丑（おつのうし）、乙亥（おつのい）、乙酉（おつのとり）、乙未（おつのひつじ）、乙巳（おつのみ）、乙卯（おつのう）の人

あなたの主星は「花」。野に咲く草花であったり、華やかな大輪の花であったり……。どんな花であれ、人々の目を楽しませてくれる花の世界があなたの宿命です。一輪の花を美しく咲かせる環境づくりが、あなたの生き方になります。

算命学では、花は女性の理想像とされています。それは、外見が美しく、しかも優しく包み込んでくれるムードを持った内柔外剛型（ないじゅうがいごうがた）の人だからです。

草花の見た目はひ弱ですが、厳しい条件のなかでも案外美しい花を咲かすことができます。風に吹かれればなびき、踏まれても根っこがある限

り簡単には枯れません。

　このように自分の置かれた環境のなかで生きようと努力するのが花の人です。芯の強さがあり、協調性もあり、柔軟性もある人ですから、どんな状況下にあっても臨機応変に対処していくことができます。

　また、どんな人とも仲良くやっていけるのもあなたの特性です。だからといって、ただのお人好しではありません。自分なりの考え方や主義主張はきちんと持っていますから、他人の言動に惑わされたり、妥協したりすることはありません。これが花の持つ内に秘めた芯の強さです。金銭面は、コツコツと努力して蓄えるタイプで、浪費家ではありません。どちらかと言えば、ものやお金に執着するほうでしょう。

「樹の人」と同様、一粒の種から開花するまでに時間がかかるように、性格はおおらかで、テンポもゆっくり。確実に目的に向かって進んでいく人です。政治力、社交性、カリスマ性、統率力などを生まれ持っている人。女性であっても組織の中では優れた能力を発揮することができます。孤立とは無縁の人。多くの人々の中で「花」として輝く宿命の人です。

　欠点としては、依頼心が強く嫉妬深いこと。また自分から行動を起こすような積極性はありません。常に受け身になってしまうのも欠点の一つです。

3 「丙＝太陽」の個性

丙寅（へいのとら）、丙子（へいのね）、丙戌（へいのいぬ）、丙申（へいのさる）、丙午（へいのうま）、丙辰（へいのたつ）の人

　あなたの主星は、地上の万物にあまねく照らす「太陽」です。太陽はすべての人を平等に照らしているだけです。受け取る側によっていい効果を及ぼす場合もあれば、悪い作用をする時もあります。

真夏の太陽はちょっと避けたいけど、真冬の太陽はありがたいように生まれた季節によって変わってきます。

太陽のように、あなたは、その明るい笑顔で周りの人々を明るくしてくれる潤滑油的な存在。子供のように自然体で無邪気。のんきでおおらかな性格が、人生を楽しくしてくれるのです。

太陽の人は、じっとその場に止まることはありません。常に感情のおもむくままに動き回るのが本来の姿です。明るくて行動的、感情が豊かで情にもろく、さっぱりしていて気前がいい。些細なことは気にしない。開放的で隠しごとができない。物事を単純に割り切ってしまうのでクヨクヨ悩まないのも特徴。あくせく働くことや難しい理屈を聞かされることも苦手な人です。あくまでも人生を自分なりにエンジョイしたいと思っている人です。

人生をただ楽しく過ごすだけでなく、光り輝く人でありたいという願望が強い人ですから、いろいろなことに興味を持ち、手を広げすぎて収拾がつかなくなったり、忙しく動いた割には収穫が上がらなかったりということもあるでしょう。

欠点としては、忍耐力や持久力に欠けるため、地道にコツコツと努力するタイプではありません。また、結論を急ぐあまり早合点して誤解を招くこともしばしばです。何事に対しても白黒をはっきりつけたがるのも特徴の一つといえるでしょう。感情の起伏が激しい人ですから、ちょっとしたことでも一喜一憂し他人を巻き込んでしまいます。このように気分にむらがありますから、人が寄ってきたり、離れていったりするので気を付けましょう。

4 「丁＝灯火」の個性

丁卯（ていのう）、丁丑（ていのうし）、丁亥（ていのい）、丁酉（ていのとり）、丁未（ていのひつじ）、丁巳（ていのみ）の人

あなたの主星は「灯」。赤々と燃える炎、暗闇を照らすロウソクの炎があなたの宿命の世界。つまり、火から連想される炎があなたの本質です。

明るく周りの人々を照らしてくれる優しくて思いやりのある人。また時には、熱く燃え上がるような情熱家。このように喜怒哀楽の激しい性格を持った人です。

穏和で控えめで礼儀正しく、情にもろくデリケートな一面を持っていますが、内面にはいつも小さな火種を抱えている人です。この火種が発火点に達すると爆発して手がつけられなくなってしまいます。このように不満や怒りを内包してしまうタイプですから、どんな小さな火種も、条件次第では大火になる可能性を秘めています。

ひとたび怒ると怖い人かもしれませんが、火の人は自らを犠牲にして燃え、相手に温かさを与えるという犠牲的な精神も持っています。自分となんらかの縁がある人には、親身になって尽くします。また、相手の気持ちを察するあまり本音が言えず、つい断れなくて損をすることもしばしばあります。

基本的には明るくて楽天的。感情表現が豊かな情熱家タイプ。ただし、熱しやすく冷めやすい気分屋さん。思ったことをすぐに行動に移すフットワークの軽さは抜群ですが、短気なのが玉にキズ。焦らず、一つのことを続ける忍耐力がついたら鬼に金棒です。

欠点としては、忍耐力と協調性に欠ける点でしょう。人の好き嫌いも激しく、何事も白黒をはっきりさせたがるので、大事な判断は慎重にすること。

また火の人は、外見と中身のギャップが大きい

ため、誤解されやすいのも特徴の一つです。それは、火種が発火点に達するまでは本性を出さないからです。

5 「戊＝山岳」の個性

戊辰（ぼのたつ）、戊寅（ぼのとら）、戊子（ぼのね）、戊戌（ぼのいぬ）、戊申（ぼのさる）、戊午（ぼのうま）の人

　あなたの主星は「山」です。山はいつも同じ姿で、動きません。ただし安定感はあります。このように山からイメージする世界があなたの本質です。算命学では、「山」は財と愛のシンボルです。何事にも動じない落ち着いた風格から、人々に頼られる存在になります。つまり、面倒見のいい愛情奉仕型の人と言えるでしょう。

　このようなサービス精神旺盛な性格から、人に頼まれると「ノー」と言えなかったり、嫌われたくないがために無理を承知で引き受けたりと。人に喜ばれることをするのが、自分の生き甲斐になったり、喜びになったりするタイプです。

　しっかり者の現実志向型。急がずあわてず、足元をしっかり固めてから行動を起こすタイプですから、大冒険にチャレンジするといったことには不向きです。ロマンを追い求めるよりも、現実の生活の中で確実にできることからチャレンジしていきます。山を登る時のように、一歩ずつ確かめながら前進する人なので、時にはチャンスを逃すこともあるでしょう。しかし当の本人は、現状を大事にしますから、思ったほど後悔しないのです。あくまでもマイペースの人ですから、自分の生活のリズムは崩しません。そういう意味では頑固なタイプと言えるでしょう。

　欠点としては、自己中心的でわがままなところ。一度決めたら、誰の言うことも聞かない芯の強さを持っています。これが裏目に出ると、せっかく

のチャンスを逃すことになってしまいますから気を付けましょう。そして、この要領の悪さや融通性のなさが、さらに生活を単調にしてしまうところがあります。また、自信家で自尊心が強く名誉を重んじる人ですから、お世辞やおだてに弱いところがあります。

6 「己＝大地」の個性

己巳、己卯、己丑、己亥、己酉、己未の人

あなたの主星は「大地」です。大地は自ら動こうとはしません。しっかりと腰を据えて、あらゆるものを受け入れる心の広さを持っています。それがよいものであれ悪いものであれ、お構いなしに飲み込んでしまうのが大地です。大地は、たくさんの栄養分を含んでいますから、それが植物を育てるパワーになっています。このような雄大な大地の特質が、あなたの宿命の世界です。

あなたもこの大地のように、多彩な能力や人を引きつける魅力を持っているはずです。庶民的で温かい心と人に頼まれると「ノー」と言えない人のよさを持っています。また気さくな反面、頑固とも言える芯の強さも兼ね備えた自立型人間。特に仕事の面や家庭を守るという守備能力に関しては、予想外の力を発揮します。算命学では家庭を守る妻としては「花の人」と同じように理想的な女性のタイプと言われています。

本質は庶民的で気さくなタイプですから、誰からも好感を持たれます。しかし、内面には複雑なものを秘めていますから、他人が思うほどお人好しではありません。ただし、勉強家で吸収力は抜群。日常の生活の中から得たものや、体験から得た知恵も、すべて蓄積されていきます。そしてこれらの蓄積が、あなたの魅力になっていくのです。

運の歩みは「じっくり型」。着実に一歩一歩地固めして進むタイプですから、スピード感はありません。自分のペースで急がずあわてず、山登りのように一歩ずつ確認して進むのが開運のコツです。

欠点としては、迷いやすく決断力がないこと。大地は自ら動かないため、変化に弱いところがあります。そのため消極的になって妥協しやすいのも欠点の一つ。また、何をやらせてもそつがないので、難しい問題を処理するような立場に立たされる傾向があります。他人に利用されないようにしましょう。

7 「庚＝鋼鉄」の個性

庚午(こうのうま)、庚辰(こうのたつ)、庚寅(こうのとら)、庚子(こうのね)、庚戌(こうのいぬ)、庚申(こうのさる)の人

あなたの主星は「鉄」。鉄は打たれてはじめて製品になるものです。ですから自分を過酷な環境に置くことが一番です。甘やかされたり、過保護になったりすると、社会性のない人間になってしまいます。

性格は、正直で一本気。行動力があって働くことが大好きです。そして内面にはとても人間味あふれる優しさを持っています。正義感が強く、正しいと思えば損得勘定抜きでまっしぐらに突き進んでいきます。ただ、このような激しい性格が災いしてか、物事に対してあきらめが早く、ときには感情的になって損をすることもしばしばです。

本質は、男性的力量を持った「戦いの星」の人ですから、波乱に満ちた人生を歩むことになります。「鉄は錬磨されてはじめて役立つもの」の法則に従い、どんな過酷な環境にあっても、勇気を持って困難を乗り越えることが必要なのです。そうすることが、あなたの能力や魅力を引き出すことにつながるのです。人生を楽なほうへ楽なほうへ

と歩んでいくと、魅力のない人間になって、社会や家族のお荷物になるだけです。あなたは光る存在にはなれません。

また、理解力にも勘にも優れています。さらに負けず嫌いな性格で自分を鍛えるための研鑽を惜しみませんから、一つのことに精通できるタイプです。

こうと決めたら後へは引かない頑固なところ、妥協しないところがあります。あきらめが早く、物事に対して忍耐力がないので、損をすることもしばしばあります。特に動乱期に強いタイプですから、平和期をどう生きるかが一番の悩みになります。そのためには、熱中できるものを必ず持つことが大切です。

8 「辛＝宝石」の個性

辛未（しんのひつじ）、辛巳（しんのみ）、辛卯（しんのう）、辛丑（しんのうし）、辛亥（しんのい）、辛酉（しんのとり）の人

あなたの主星は「宝石」です。宝石は、原石を磨き上げてはじめて美しく輝くものです。ですから価値のある人間になるには、「鉄の人」と同じように自分自身を磨かなければなりません。教養の有無が、あなたの運勢に大きな影響を与えます。

あなたの本質は、自尊心が強く、メンツを傷つけられることを極端に嫌います。また感性も鋭く、美しいものや高級なものに憧れる傾向があります。常に優雅に暮らしたいという願望が強い人ですから、あくせく働かなければならない生活は不満が大きくなります。

このように現実の世界と内面の世界とのギャップに悩まされることになるでしょう。それが生き

ていくうえでの一番の難しさになっていきます。

しかし、自分自身を磨くことで可能性はどこまでも広がっていきます。そして、自分が宝石であるという意識を持つことが大切です。たとえどんな環境に置かれても、宝石が似合う人になれたら、あなたの幸運の女神はいつまでも輝いてくれるはずです。

もともとあなたは、地位、名誉、人気といったものに恵まれているのですから、過剰な心配はしないこと。自分自身を磨き実力が伴えば、あえて触手をのばさなくても時期が来れば自然と備わってくるものです。

欠点としては、わがままで自分の主張を譲らないところ。持続性がなく飽きっぽいところ。見栄っ張りで世間体を気にするところです。なかには地位が上がるに従って、傲慢になっていく場合がありますので気を付けましょう。特に自意識が強い人に現われやすい傾向があります。

また、ブランド志向の人や新しいもの好きの人は、虚栄心を満足させるために浪費傾向がありますので気を付けましょう。

9 「壬＝大海」の個性

壬申（じんのさる）、壬午（じんのうし）、壬辰（じんのたつ）、壬寅（じんのとら）、壬子（じんのね）、壬戌（じんのいぬ）の人

あなたの主星は「海」です。果てしなく広がる大きな海、この穏やかで雄大な自然の姿が、あなたの持って生まれた宿命の世界です。また水は、常に流れ動いていないと、清らかさを保つことができません。じっと同じ場所に止まっていると、よどんだり腐敗したりしてしまいます。海の人は、ゆったりとした大きな心を持ち、あらゆるものを飲み込んでしまう包容力のある人です。そして止まることを知らず、どこへでも流れていける自由

な生き方を望んでいるタイプです。

　このように自由を愛するが故に、型にはめられたり、束縛されたりすることを極端に嫌います。いつも夢とロマンを追い求め、好奇心と冒険心を胸に秘めています。旅が好きで、思い立ったらどんな危険な場所でも出かけていきます。そういう意味での行動力はありますが、目的がはっきりしない時や気が乗らない時は動こうとしません。

　海の人は概してスケールの大きいことを望みますから、実力が伴わないと波乱の人生になってしまいます。ほどほどに恵まれた人であっても、中庸の人生では満足しないのがこのタイプの特徴といえるでしょう。開運のコツは、まず自分自身の実力にあった生き方をすることです。

　欠点としては環境に流されやすいので、自分の生きる目標をしっかり持つことが大切です。土台がしっかりしていないと荒波を受け止めることができません。

　あなたは助けてもらえない宿命の人です。幸運をつかむには、自分自身の実力で勝ち取るしかありません。つまり「自力運」の人ですから、自分のやる気と努力が開運のカギになります。特に注意することは、わがままや怠惰に流されないこと、依頼心を持たないこと、すぐにはあきらめないことです。また、異性との交際には気を付けましょう。

「癸＝雨露（うろ）」の個性

癸酉（きのとり）、癸未（きのひつじ）、癸巳（きのみ）、癸卯（きのう）、癸丑（きのうし）、癸亥（きのい）の人

　あなたの主星は「雨」です。雨は人間にも、すべての生き物にとっても必要不可欠な生命の源。この雨の持つ特性が、あなたの宿命の世界です。地に降る雨が川に流れ、海に流れ込むように、目的が達成されるまでには時間がかかります。焦らず、一つ一つの積み重ねを大切にしましょう。このような小さな運の積み重ねがあってこそ、大きな運の開花につながるのです。

また、水はどんな形にでもなれるという特性があります。丸い器に入れれば丸くなり、三角形の器に入れれば三角形になるように、自由自在に変形します。つまり、どんな環境にも、どんな人にも合わせられる順応性を持っているということです。ただし、どんな場合でも時間がかかるのが玉にキズです。

水の人は、クールで冷たい人と見られがちですが、本質は慈愛にあふれ、母性愛が強い人です。どちらかというと、親切で「尽くし型」タイプ。

女性はとくに、尽くす相手を間違えないようにしましょう。尽くしすぎは、相手を甘やかすことになりますので、注意すること。

勤勉で忍耐力もあり、規則や道徳を重んじるまじめな人。また、情にもろく神経質なところもあります。心配性な性格が出ると、つい干渉しすぎて嫌われることがありますから気を付けましょう。

欠点としては、心配性のあまり、些細なことに振り回されやすいこと。そして物事を悪いほうへ悪いほうへと解釈してしまうのが特徴です。できれば、嫌なことはさらりと水に流す心の余裕がほしいものです。

また、これと決めたことは、どんな状況下にあってもあきらめず続けることです。最低でも10〜20年は続けなければよい結果は出ません。

五

使命星の意味と生き方

使命星とは、あなたに課せられた神様からの「お役目」です。その人にとって一番難しい理想の生き方を示しています。「そんな生き方はできない」という人は、なるべくそれに近い生き方を心がけましょう。

例として、神様から太郎さんに与えられた「使命」を見てみましょう。年干支の干「戊」と干合する干「癸」と日干「庚」から割り出される星「調舒星」（十大主星）が、神様から与えられた太郎さんの「使命星」です。

日干「庚」十年干「戊」と干合する「癸」
＝調舒星（神様からの使命星）

計算式は、命式の日干「庚」と年干「戊」と干合する干「癸」が交わる場所の星「調舒星」が神様から与えられた使命星になります。

すなわち「調舒星」の意味合いに即した生き方をしなさいということです

※「干合」とは、十干同士が引き合う組み合わせの意味で、同時に気が一つにまとまることを言います。

【太郎さんの命式図】

日 干支	月 干支	年 干支	
57	59	5	No.
庚 申	壬 戌	戊 辰	干支
戊 壬 (庚)	辛 丁 (戊)	(戊)	蔵干

主星
「庚」
鋼鉄
庚と癸＝
調舒星
（十大主星）

戊と干合する
干＝「癸」

【年干と干合する干】

干合表	
己	甲
庚	乙
辛	丙
壬	丁
癸	戊
甲	己
乙	庚
丙	辛
丁	壬
戊	癸

【十大主星表】

他干＼日干	甲	乙	丙	丁	戊	己	庚	辛	壬	癸
甲	貫索星	石門星	竜高星	玉堂星	車騎星	牽牛星	禄存星	司禄星	鳳閣星	調舒星
乙	石門星	貫索星	玉堂星	竜高星	牽牛星	車騎星	司禄星	禄存星	調舒星	鳳閣星
丙	鳳閣星	調舒星	貫索星	石門星	竜高星	玉堂星	車騎星	牽牛星	禄存星	司禄星
丁	調舒星	鳳閣星	石門星	貫索星	玉堂星	竜高星	牽牛星	車騎星	司禄星	禄存星
戊	禄存星	司禄星	鳳閣星	調舒星	貫索星	石門星	竜高星	玉堂星	車騎星	牽牛星
己	司禄星	禄存星	調舒星	鳳閣星	石門星	貫索星	玉堂星	竜高星	牽牛星	車騎星
庚	車騎星	牽牛星	禄存星	司禄星	鳳閣星	調舒星	貫索星	石門星	竜高星	玉堂星
辛	牽牛星	車騎星	司禄星	禄存星	調舒星	鳳閣星	石門星	貫索星	玉堂星	竜高星
壬	竜高星	玉堂星	車騎星	牽牛星	禄存星	司禄星	鳳閣星	調舒星	貫索星	石門星
癸	玉堂星	竜高星	牽牛星	車騎星	司禄星	禄存星	調舒星	鳳閣星	石門星	貫索星

1 「貫索星（かんさくせい）」の人

マイペースで生きる

自分一人でできる仕事をしなさい。自力運の人なので、自分の努力が成功のカギになります。単独でできる仕事なら、自分らしい生き方ができるでしょう。

あなたは、他人の指図や命令に従う人ではありません。すべてマイペースで物事を進めたい人ですから、自分の好きなことを、自分に合った手法で、自分のペースでできる仕事をすると満足感が得られる生き方ができます。そのためには、継続が大切になりますから、本当に好きな仕事でないとやり遂げることができません。

②「石門星（せきもんせい）」の人

人脈が財産になる

人脈を大切にしなさい。人脈があなたの財産になる人ですから、できるだけたくさんの人と交流しなさい。そうすると楽しい豊かな人生を送ることができます。

どんな人でも、一度出会った人とは長く付き合うことを心がけることです。良い人間関係を築くことが、あなたの運を上げることになります。他人への感謝の気持ちを忘れずに、物事に対処していけば平穏で豊かな人生を送ることができるでしょう。

③「鳳閣星（ほうかくせい）」の人

自然体で生きる

自分に厳しく、他人に優しくしなさい。あなたは、あれこれ楽しいことを見つけて生きるのが上手な人ですから、自然体で、無理をせず、余裕のある生き方を心がけることです。それには、教養を身に着ける努力を惜しまないこと。趣味が多ければ多いほど楽しい人生を送ることができるでしょう。

特別な芸術的才能を持っていますから、表現者としても活躍できるでしょう。ただし、わがままと怠け心が出やすいので、自分を律する気持ちを忘れないことです。

4 「調舒星」の人

孤独を味方にする

孤独に強い人間になりなさい。あなたは特別な感性と才能を持った人ですから、芸術的な仕事を目指しなさい。そして、あなたにしかできないオンリーワンの作品を作りなさい。そうすると満足感が得られる生き方ができます。

そのためには意志を強く持ち、孤独にも強くなることです。さらに自分自身を磨くことに専念すれば、運気をアップさせることができます。

5 「禄存星」の人

人を助ける喜びを胸に

困っている人がいたら、助けてあげなさい。あなたは、やってもらうより、やってあげるほうに生きがいを感じる人ですから、すべての人に平等に愛を注ぎます。そうすることで満足する生き方ができます。

頼りにされればされるほど大物になっていきます。逆に、自己愛が強くなると孤立しやすくなりますから気を付けましょう。

6 「司禄星」の人

継続が成功のカギ

家庭と家族を大切にしなさい。この星は蓄積の星です。愛の蓄積、精神の蓄積、経済の蓄積、知識の蓄積と、この積み重ねが社会的な信用と信頼につながっていきます。家庭も同じように一つ一つを積み重ねることで、家族愛が生まれて、それが幸せにつながるのです。

なにごとも継続することが成功のカギになります。あきらめてしまうとそれまでの努力がゼロになり、また一からのスタートになってしまいます。仕事を選ぶ時は自分の好きな分野の仕事をすることです。それも10年以上続けないと成功しません。

7 「車騎星（しゃきせい）」の人

行動力が武器となる

いつでも自由に動ける身軽な環境の中で生活しなさい。自分の行動が束縛されるような環境に身を置かないことです。いざという時にいつでも飛んでいけるようにしておきなさいということです。

あなたは考えるより行動が先という人ですから、自分にとってのチャンスは見逃さないことです。時代の流れを見抜く力とスピードが成功のカギになります。楽な道を選ぶよりも厳しい道を選ぶほうが、満足感を得られる生き方になります。

8 「牽牛星（けんぎゅうせい）」の人

責任あるポジションに

みんなのお手本になるような生き方をしなさい。自分に対しても他人に対しても、人間として守るべきことはきちんと守って、恥ずかしくない生き方をしなさい。自信を持つためには、何か一つ資格を取ることから始めましょう。

そして、責任あるポジションに身を置くことです。うまく部下を使いこなせれば大きく成長できます。さらに、リーダーシップを発揮できれば、満足感が得られる生き方ができるでしょう。

9「竜高星（りゅうこうせい）」の人

個性豊かな生き方へ

自分の人生の方向性を早く決めなさい。誰にも束縛されず、どんな形式や制約も受けず、常識や体制の枠にはまらず、夢とロマンを抱いて黙々と自分の道を進みなさい。あなたの心にユニークな発想が生まれてこなくなったら、仕事や人生に生きがいを感じることができなくなります。

つねに目的を持って、新しいものに目を向け、知識欲を失わないことです。知りたいことがあれば、実際に体験して習得することが大事です。生きる目標を失うと、ただの放浪者になってしまいます。

10「玉堂星（ぎょくどうせい）」の人

生涯、学びの姿勢で

どんなところにいても、いくつになっても学ぶ姿勢を持ち続けなさい。「知恵は身を助ける」を実践すると幸せをつかむことができます。あなたには人を育てる才能がありますから、教育の分野でも幸せをつかむことができます。ただし、時代、生活習慣、環境の変化には適応しにくいので、気を付けましょう。

適応障害にならないためには、若い時代にいろいろな体験をしておくことが大切です。

あなたの命式図と宿命図を作ってみましょう

氏　名	様	誕生日	年　月　日生
節入日		天中殺	

【命式図】

日	月	年		
			干支No.	
			干	
			支	
			A	蔵干
			B	
			C	

【宿命図】

＿＿星 神からの使命	＿＿星 目上に見せる顔	＿＿星 初年運
＿＿星 家庭で見せる顔	＿＿星 自分の本質	＿＿星 社会に見せる顔
＿＿星 晩年運	＿＿星 目下に見せる顔	＿＿星 中年運

第二章
宿命図からわかる性格

一　宿命図の作り方（陽占法）

自分が気づかない自分の世界を見てみようというのが「宿命図」です。

宿命図は、自分の心（本質）を解く時に使います。これを、「陽占法」と言います。

第一章で出した命式の「日干」を軸にして、「十大主星」と「十二大従星」を出していきます。

1　宿命星の種類と現象

宿命図の見方

宿命図のなかに出てくる八つの星は、その人の内面を表わすものです。

宿命図を見ると、八つある星が全部違う人もいれば、同じ星を三つも持っている人がいます。また、同じような星を持っていても、持っている場所が違う場合もあります。

それだけ人間は個性豊かで、複雑な心の持ち主だということです。しかも、他人に見せる顔と家族に見せる顔が違うのも事実です。結婚前と結婚後の態度が変わってしまうのも、当たり前といってもよいでしょう。

このような複雑な人間の心を知るには、中央・北・東・南・西の五方向に分けて解釈しなければなりません。五方向とも同じ星を持っている人がいたら、すべての人に同じ態度で接することができるはずです。そんな人は皆無といってもよいでしょう。

また、恋人時代は優しい人だったのに、結婚したら暴力亭主になってしまったという話もよくあることです。それは結婚して性格が変わったのではなく、もともと潜在的に持っていたもので、他人に見せなかっただけのことです。

このように、すべての物事を五方向から見ることによって、見えない世界が見えてくるのです。今、お付き合いしている恋人は、結婚後はどのように豹変するか、見たくありませんか。

宿命図のなかの八つの星のうちの五つは「十大主星」と言い、その人の性格を表わすものです。後の三つは「十二大従星」と言い、その人の運勢を表わします。

「十大主星」と「十二大従星」

十大主星には、**貫索星**（かんさくせい）・**石門星**（せきもんせい）・**鳳閣星**（ほうかくせい）・**調舒星**（ちょうじょせい）・**禄存星**（ろくぞんせい）・**司禄星**（しろくせい）・**車騎星**（しゃきせい）・**牽牛星**（けんぎゅうせい）・**竜高星**（りゅうこうせい）・**玉堂星**（ぎょくどうせい）の10種類あります。

十二大従星には、**天報星**（てんぽうせい）・**天印星**（てんいんせい）・**天貴星**（てんきせい）・**天恍星**（てんぴかせい）・**天南星**（てんなんせい）・**天禄星**（てんろくせい）・**天将星**（てんしょうせい）・**天堂星**（てんどうせい）・**天胡星**（てんこせい）・**天極星**（てんきょくせい）・**天庫星**（てんくらせい）・**天馳星**（てんそうせい）の12種類あります。

十二大従星には「てんこせい」という読み方の星が三つあります。同じ読み方では間違いやすいので、ここでは、天恍星(てんぴかせい)、天庫星(てんくらせい）、天胡星（てんこせい）という読み方になっています。

宿命図が持っている星によって、自分の内面をより具体的に知ることができます。自分が潜在的に持っている才能や性格、本能や価値観、好きな人・嫌いな人、好きな食べ物・嫌いな食べ物までわかります。もちろん生き方までも知ることができます。今までなんとなく手探りで「これでよいのだろうか」と自問自答しながら生きてきた人は、自分を知ることで自信が持てるはずです。

❷ 宿命星の求め方

性格と運勢を表わす

宿命星は、性格を表わす「十大主星」と運勢を表わす「十二大従星」の2種類あります。

生年月日から出した命式の「日干」を軸にして、ほかの五つの「十干」から生まれた星が「十大主星」です。同じように、ほかの三つの十二支から生まれた星が「十二大従星」になります。

一つの宿命図に、十大主星が五つと十二大従星が三つ、計八つの星が出てきます。

「十大主星」と「十二大従星」の出し方

左ページ・一番上の表で、①～⑤は「十大主星」の場所、A～Cは、「十二大従星」の場所を示しています。

①は「日干」と「年干（ねんかん）」が交わる場所の星
②は「日干」と「月干（げっかん）」が交わる場所の星
③は「日干」と「年支の蔵干（ぞうかん）」が交わる場所の星
④は「日干」と「月支の蔵干」が交わる場所の星
⑤は「日干」と「日支の蔵干」が交わる場所の星
Aは「日干」と「年支」が交わる場所の星
Bは「日干」と「月支」が交わる場所の星
Cは「日干」と「日支」が交わる場所の星

【「十大主星」と「十二大従星」の出し方】

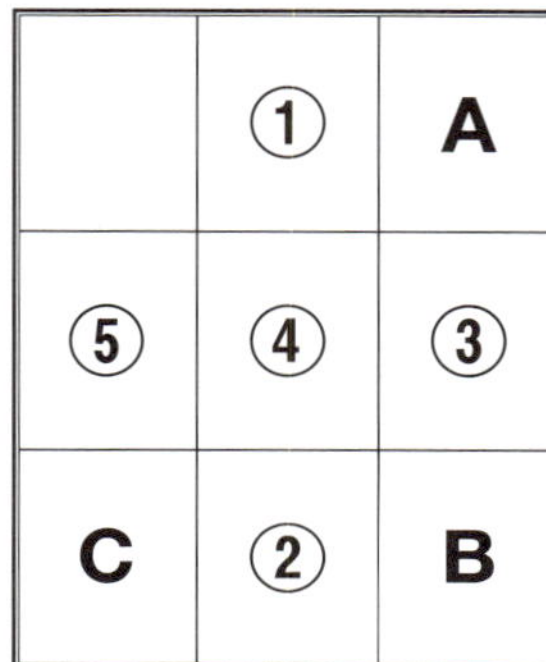

【十大主星表】

日干 / 他干	甲	乙	丙	丁	戊	己	庚	辛	壬	癸
甲	貫索星	石門星	竜高星	玉堂星	車騎星	牽牛星	禄存星	司禄星	鳳閣星	調舒星
乙	石門星	貫索星	玉堂星	竜高星	牽牛星	車騎星	司禄星	禄存星	調舒星	鳳閣星
丙	鳳閣星	調舒星	貫索星	石門星	竜高星	玉堂星	車騎星	牽牛星	禄存星	司禄星
丁	調舒星	鳳閣星	石門星	貫索星	玉堂星	竜高星	牽牛星	車騎星	司禄星	禄存星
戊	禄存星	司禄星	鳳閣星	調舒星	貫索星	石門星	竜高星	玉堂星	車騎星	牽牛星
己	司禄星	禄存星	調舒星	鳳閣星	石門星	貫索星	玉堂星	竜高星	牽牛星	車騎星
庚	車騎星	牽牛星	禄存星	司禄星	鳳閣星	調舒星	貫索星	石門星	竜高星	玉堂星
辛	牽牛星	車騎星	司禄星	禄存星	調舒星	鳳閣星	石門星	貫索星	玉堂星	竜高星
壬	竜高星	玉堂星	車騎星	牽牛星	禄存星	司禄星	鳳閣星	調舒星	貫索星	石門星
癸	玉堂星	竜高星	牽牛星	車騎星	司禄星	禄存星	調舒星	鳳閣星	石門星	貫索星

【十二大従星表】

日干 / 干	甲	乙	丙	丁	戊	己	庚	辛	壬	癸
子	天恍星	天胡星	天報星	天馳星	天報星	天馳星	天極星	天貴星	天将星	天禄星
丑	天南星	天堂星	天印星	天庫星	天印星	天庫星	天庫星	天印星	天堂星	天南星
寅	天禄星	天将星	天貴星	天極星	天貴星	天極星	天馳星	天報星	天胡星	天恍星
卯	天将星	天禄星	天恍星	天胡星	天恍星	天胡星	天報星	天馳星	天極星	天貴星
辰	天堂星	天南星	天南星	天堂星	天南星	天堂星	天印星	天庫星	天庫星	天印星
巳	天胡星	天恍星	天禄星	天将星	天禄星	天将星	天貴星	天極星	天馳星	天報星
午	天極星	天貴星	天将星	天禄星	天将星	天禄星	天恍星	天胡星	天報星	天馳星
未	天庫星	天印星	天堂星	天南星	天堂星	天南星	天南星	天堂星	天印星	天庫星
申	天馳星	天報星	天胡星	天恍星	天胡星	天恍星	天禄星	天将星	天貴星	天極星
酉	天報星	天馳星	天極星	天貴星	天極星	天貴星	天将星	天禄星	天恍星	天胡星
戌	天印星	天庫星	天庫星	天印星	天庫星	天印星	天堂星	天南星	天南星	天堂星
亥	天貴星	天極星	天馳星	天報星	天馳星	天報星	天胡星	天恍星	天禄星	天将星

③ 基本宿命図の完成

宿命図の求め方

陽占法の基本になるのが、「宿命図」です。

ここで実際に例題の命式で、十大主星と十二大従星を前ページの「十大主星表」と「十二大従星表」を見ながら出していきましょう。

【例題】太郎さん／1988年11月1日生まれ

年干支＝戊辰　月干支＝壬戌　日干支＝庚申

氏名	太郎さん
誕生日	1988年11月1日
生まれた月	壬戌(10/8～11/6)

蔵干＝節入日から誕生日までの日数＝25日

[太郎さんの命式図]

日干支	月干支	年干支		
57	59	5	No.	
庚	壬	戊	干	
申	戌	辰	支	
戊	辛	乙	A	蔵干
壬	丁	癸	B	
(庚)	(戊)	(戊)	C	

A＝初元　B＝中元　C＝本元

[太郎さんの十大主星と十二大従星の求め方]

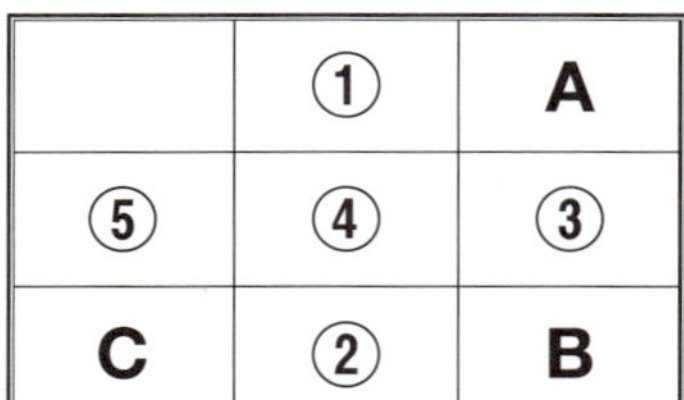

① のなかに入る星は、庚 ＋ 戊 ＝竜高星
② のなかに入る星は、庚 ＋ 壬 ＝鳳閣星
③ のなかに入る星は、庚 ＋ 戊 ＝竜高星
④ のなかに入る星は、庚 ＋ 戊 ＝竜高星
⑤ のなかに入る星は、庚 ＋ 庚 ＝貫索星
A のなかに入る星は、庚 ＋ 辰 ＝天印星
B のなかに入る星は、庚 ＋ 戌 ＝天堂星
C のなかに入る星は、庚 ＋ 申 ＝天禄星

[太郎さんの宿命図]

調舒星（ちょうじょせい） 神からの使命	竜高星（りゅうこうせい） 目上に見せる顔	天印星（てんいんせい） 初年運
貫索星（かんさくせい） 家庭に見せる顔	竜高星（りゅうこうせい） 自分の本質	竜高星（りゅうこうせい） 社会に見せる顔
天禄星（てんろくせい） 晩年運	鳳閣星（ほうかくせい） 目下に見せる顔	天堂星（てんどうせい） 中年運

二　十大主星の見方と解釈

宿命図の中央、北、東、南、西に出てきた十大主星は、あなたが潜在的に持っている性格です。

人間はいろいろな顔を持っています。他人に見せる顔、親に見せる顔、夫や妻に見せる顔、子供に見せる顔と、それぞれ違うはずです。そのどの顔をとっても、あなた自身であることには違いありません。このように宿命図に出てきた五つの星が全部違う星だったら、あなたはかなり複雑な性格の人ということになります。複雑な性格ということは、いろいろな人とお付き合いができるということです。それは、相手の気持ちを理解できる範囲が広くなるからです。自分と同じ星を相手も

【十大主星の出る方向と本質】

神からの使命星	北 老後のものの考え方 親または目上に 見せる顔	（十二大従星） 初年運
西 家族に見せる顔 家庭での行動	中央 自分の本質	東 他人に見せる顔 社会での行動 他人の評価
（十二大従星） 晩年運	精神的な満足 思考法・人生観 子供、または 目下に見せる顔 南	（十二大従星） 中年運

持っていることになりますから、当然考え方も行動も同じのはず。つまり、ツーカーの仲ということになるのです。

逆に同じ星が三つ以上ある人は、星の種類が少ないわけですから、付き合える許容範囲も狭くなります。つき合う相手も限定されるようになります。その代わりその星の意味合いが強く出てきますから、個性の強い人となり、星によっては変わり者と言われてしまうかもしれません。

このように人間には、自分の意思ではコントロールできない「宿命」を持って生まれてきています。いずれにしてもその星が持つ特性がわからないと、あなたの性格もわかりません。ここでは、10個の星の世界を説明していくことにしましょう。

十大主星には、10種類の星があります。それぞれの星が持っている意味合いと各星が位置する方向性を加味して、多面的に解釈していくことにします。

宿命図の中央に出てきた星が、その人の本質(心)を表わすものです。そして、東に出た星は他人(社会)に見せる顔、西に出た星は家族に見せる顔、北に出た星は親や目上に見せる顔、南に出た星は子供や目下に見せる顔になります。

たとえば、愛を表わす星「禄存星」が中央に出た場合、自己愛が強くなり自分の身内だけを大切にします。そのために、他人からは薄情な人間に見えます。「禄存星」が東に出ると、誰にでも優しく接しますから八方美人的な要素が強く出てきます。このように、星が出る方向によって星の解釈が多少違ってきます。

ここでは、ひとつの星の解釈だけでなく、五方向によって意味合いの違いをひとつひとつ述べていくことにします。その人が持っている五つの顔すべては、あなたが内面に持っている性格です。

①貫索星の性格

中央に貫索星がある場合

強い意志と忍耐力が魅力のマイペース型。あなたの性格は、正直で一本気、頑固で意志が強い努力家です。あくまでもマイペース人間ですから、他人の命令に従うことを嫌います。それが親であっても、会社の上司であっても素直に従う人ではありません。しかし、攻撃や反発はしません。ただ「ハイハイ」とうなずくだけで、結局は自分の思い通りに進めていくタイプです。最初はちょっと扱いにくい人かもしれませんが、自分を取り巻く環境が良ければ、むしろおとなしい人になります。もともと他人と争うことを好まない人ですから、ケンカをすることはめったにありません。ただ、自分の信念を守るために頑固になっているだけです。

宿命的には大変強いエネルギーを持っていて、人生もゆっくり進んでいくタイプです。ひとつのことにじっくりと時間をかけて取り組む人なので、決して要領がよいとは言えません。組織に合わせることも苦手なタイプなので、サラリーマンには不向き。黙々と自分のペースで、好きなことを自分に合った手法で進めていくタイプです。つまり、長距離ランナータイプであることを自覚して、自分の信じる道を歩んでいくしかありません。

欠点としては、頑固すぎるため時代の変化に素早く対応できないことです。変化と挫折に弱いタイプと言えるでしょう。

北に貫索星がある場合

権力と地位を守ろうとする力が強く、頑固になる傾向があります。ただし、自分に守るものがなければ、さほど頑固にはなりません。また、執着心が非常に強くなるのも特徴。貫索星は元々どこ

貫索星

頑固にマイペースを守るタイプ

木の気の陽・守備本能・個人プレー

【気質】

頑固、自我心、独立心、自立心、マイペース、ワンマンなどの要素が強く出ます。

	北	
	頑固	
西 自我	守り	マイペース 東
	忍耐	
	南	

にあっても、一匹狼的要素が強くなりますから、一人で自由にできる分野で活動するほうが才能を発揮できます。

東に貫索星がある場合

個人プレーで、どこまでもマイペースで進む傾向があります。逆に嫌なことがあったら黙ってしまうタイプ。これはおとなしいのではなくて、面倒くさいから黙ってしまうだけのこと。あくまでも守りの精神で行動しますから、黙って耐えるだけで自分から積極的にアタックすることはありません。

南に貫索星がある場合

忍耐力が大変強い性格になっていく傾向があります。周りからガミガミ言われても、ただうなずいて聞き流すだけ。実際には嵐が通り過ぎるのを忍耐強く待っているだけで、自分のペースは崩しません。ときには自分のポストを守るために子供と張り合うことも。子供は独立心旺盛なところがあり、親離れは早いでしょう。

西に貫索星がある場合

物事がうまくいっている時はワンマンになる傾向があります。逆に物事がうまくいかない時は黙して騒がず、嵐が通り過ぎるのをジッと待っているといった感じです。よほどのことがない限り、自分から攻撃に出ることはありません。周りの人たちに逆らわず、文句も言わず、静かに経過を見守るだけです。相手の意見は聞くだけで、最終的には自分の意思通りに物事を進めていく人です。

貫索星が二つ以上ある場合

融通性がなく、自分の気に入ることとしかしないタイプです。ただし、相手の話に対して攻撃や反抗はしません。黙って「ハイ、ハイ」と聞いているだけです。あくまでも自分の思い通りに進めていくタイプ。表面は普通の人と変わらない感じの人です。

②石門星の性格

中央に石門星がある場合

人付き合いのよさがトラブルを招くタイプ。あなたは誰とでも仲よくしようとします。たとえ嫌いな人がいても、嫌な顔をしないで付き合うことができるのがこの星の特徴です。仲がよいといっても、その人に従順ということではありません。あくまでも対等に付き合います。ですから、上司だから部下だからといって態度が変わることはありません。この星には上下感覚の意識はまったくありませんから、縦社会の組織のなかでは生意気と思われるでしょう。あなたの魅力が発揮されるのは、横社会のなかで活躍する時です。この星の本質である仲間意識や友達感覚から、どんなグルー

石門星

仲間づくりのうまい社交家

木の気の陰・守備本能・集団行動

【気質】

和合性、協調性、社交性、政治力、説得力などの要素が強く出ます。

	北	
	政治力	
西 対等意識	和合性	社交性 東
	大衆性	
	南	

プのなかにもすんなりと溶け込んでいけて、しかもまったく違和感がありません。これがあなたの魅力であり、武器なのです。ただ人当たりがよい分、八方美人的に見られることもあるかもしれませんが、人の輪を生かすことが仕事運をアップさせるカギであることを忘れないでください。

また、人付き合いも仕事運をアップさせる手段とはいえ、相手によっては「ずるい人」と思われる場合がありますので、気を付けること。

典型的な外柔内剛のリーダー型。欠点としては、対等意識が強いため、上下関係の厳しい縦社会では素直さや従順さに欠ける面が出てきます。家庭にあっても男女平等の意識が強くなりますから、女性は夫に従う妻にはなれません。

北に石門星がある場合

味方だけでなく敵も仲間に入れてしまうという統率力の持ち主。仕事によっては政治力、説得力がプラスされますから、カリスマ的な存在になっていく場合もあります。また華やかさを持った星なので、歳を重ねれば重ねるほどじっとしているのが苦痛になってきます。本質的には家庭的になれないタイプです。

東に石門星がある場合

社交性が強くなり、友達との交流が広がっていきます。相手のタイプに関係なく、敵であろうと味方であろうと上手に付き合うことができます。たとえ嫌いな人でも、才能があれば正当に評価し認めます。好き嫌いの感情で判断することはありません。しかも、相手に自分の本心を見破られることはありません。

南に石門星がある場合

ざっくばらんで庶民的な性格。人との交流が非常に盛んになっていきます。それも形式ばったものではなく、気楽な仲間作りになります。井戸端会議のような雰囲気が強く、みんなに親しまれる明るい仲間作りが自然にできていくでしょう。ただ自分の子供に対しては、厳しくて支配的な親になりやすいので注意すること。

西に石門星がある場合

楽しいことも苦しいことも家族全員で受け止めようとします。この星は上下感覚の意識がありませんから、親であろうと配偶者であろうと子供であろうと、忙しい時には手伝ってもらうのは当たり前。なにごともすべて対等であると思っていますので、家族全員を巻き込むことになります。

石門星が二つ以上ある場合

頑固になり、ほしいものや地位・役職に執着します。他人を受け入れる心が狭くなるので、孤立しやすい傾向があります。表面はソフトでも、他人の話を受け入れることができなくなります。

③ 鳳閣星の性格

中央に鳳閣星がある場合

柔軟で大らかですが、粘り強さに欠ける自然児。

この星の本質は、自然体で、中庸を保つ冷静な心です。物事を判断する場合でも、どちらかに偏ったり、情に流されたりすることはありません。あくまでも公平な判断、評価をする人です。嫌いだから冷たく扱うとか、身内だから手加減するというようなことはしません。このようにとてもバランス感覚のよい人ですから、場合によっては一見冷たい人に見られるかもしれません。

大変優しく温かく、無邪気で大らかな自然児で、別名「子供の星」といわれています。あくまでも自由に生きたいタイプですから、行動を規制されたり、枠にはめられたりすると苦痛になってきます。

他人は他人、自分は自分の生活リズムを持って、誰にも干渉されないで生きていきたい人、またそれができる人です。名誉欲や出世欲はありません。自分に合った生活を望み、働いても働かなくても食べることには困らない宿命です。他人の目には怠け者に見えるのかもしれませんが、このような現実離れしたのんびり感が、ギクシャクした社会の潤滑油的存在になっているのです。

欠点は、執着心がないこと、あきらめが早いこと、粘り強さに欠けることです。これらはすべて欲のなさから出てくるものですから、夢を持つことが大切です。それも実現可能な夢を持つことです。

北に鳳閣星がある場合

長寿の星。子供みたいに世話の焼けるタイプ。自由人でわがまま。食べたい時に食べ、寝たい時に寝るといった気ままな生活がしたいと思っています。財力の有無に関係なく、心の世界はゆった

鳳閣星

食べるのには生涯困らない自由人

火の気の陽・伝達本能・集団行動

【気質】

遊び、のんびり、自然体、温厚、素直、おしゃべり、健康、子供といった要素が強く出ます。

北

	自由	
西　趣味	伝達	遊び　東
	自然体	

南

りと大らかです。外見と違って、内面はかなり勝ち気なところがあり、せっかちです。

東に鳳閣星がある場合

遊び心が強く出ます。どんなにつまらない仕事でも、あるいは日常生活のなかでも、楽しくなるように工夫できる人。それが遊んでいるように見えたり、不謹慎に見えたりする場合がありますが、決して不真面目な人ではありません。感情的にならず、常に冷静で公平な判断ができる人なので、悩みや相談事を持ち込まれるタイプです。

南に鳳閣星がある場合

自然体で枠にはまらない自由な生き方を望みます。生涯食べることに困らないという宿命ですから、怠け者になる可能性は大。ただし、やりたいことがはっきりしている場合はその限りではありません。人間的にはとても大らかで寛容です。困難にぶつかっても「なんとかなるさ」で楽しめる人です。

西に鳳閣星がある場合

趣味の広い人になります。本質はあくまでも自然体ですから、自分がやりたいと思えば朝から晩まで動き回りますが、何もしたくないとなると、一日中ゴロゴロしています。心温かい人情家。常に中立の立場で公平に判断しますから、トラブルの起こりにくい家庭になります。自然を愛する気持ちは人一倍強い人。

鳳閣星が二つ以上ある場合

表面の大らかさなどとは反対に、とても神経質で細やかな気配りができるタイプになります。

④ 調舒星の性格

中央に調舒星がある場合

鋭い感性と強烈な個性を持つ、涙もろい人情家。

強烈な個性を持っているあなたは、平凡な生き方はできません。個性が強いということは、考え方も人間関係も偏ったものになり、感情の起伏が激しくなります。たとえば人を好きになると、その人しか見えないといった状態に陥ります。つまり一方に大きく偏ってしまうわけですから、嫌いになったら反動で逆方向へ大きく反発することになります。いわゆる振り子状態です。このように感情の振幅が激しいため、ある人からは「とても優しい人」、またある人からは「冷酷な人」と言われ、評価が二分されるのがこの星の特徴。別名「芸術の星」と言われる完璧主義者です。

頭もよく、才能もある人ですが、ちょっとひとクセあるタイプ。それにかなりの負けず嫌い。なんとか人より抜きんでようと頑張る人。人間は誰しも勝ち組に入りたいと思うものです。とくにあなたはこの傾向が強いので、味方も多いが敵も多くなります。そのため人生は波乱万丈になるでしょ

調舒星

才能に恵まれるが
ひとクセあるタイプ

火の気の陰・伝達本能・個人プレー

【気質】
反発・反抗心、孤独、完全、空想、ロマン、反骨精神、芸術性といった要素が強く出ます。

北

	孤独	
西　あきらめ	反骨精神	個性　東
	芸術性	

南

う。しかし、心のなかはとても温かく涙もろい人情家です。可哀想な人を見ると一緒に泣き、一緒に笑うという、のめり込みやすいタイプ。同情が安直な愛に変わることも多々ありますから気を付けましょう。

また人間関係も、一度嫌いになったら、それが恨みに変わり相手を追いつめる傾向があります。気持ちの切り替えができるように努力しましょう。

北に調舒星がある場合

孤独で寂しがり屋です。でも、それが自分から素直に言えないタイプ。意地を張って強がって見せたりして、へそ曲がり的な対応をしてしまいます。自分から壁を作ってしまう傾向がありますから気を付けましょう。一人でできる趣味を持つと、晩年寂しい思いをすることはないでしょう。

東に調舒星がある場合

強い個性が全面に出てきますから、自分の行動や仕事に対して文句を言われると、強引に突っかかっていくタイプです。協調性はまったくありません。妥協するのも苦手ですから、サラリーマンには不向き。そのかわり本当に意気投合できる人に出会うと、肉親以上の親密さになります。才能を生かす努力が必要です。

南に調舒星がある場合

あなたには特殊な才能があります。その才能をなるべく早く見つけてください。早ければ早いほどよい結果が生まれます。好きなことに取り組み続けると、大変ユニークな創造性を発揮できるはずです。またカンの鋭さも抜群で、ときには天才的なひらめきも。成長するに従って扱いにくいタイプになっていきます。

西に調舒星がある場合

自分の世界を持っている人は、これから花が咲き輝ける時代になります。逆に平凡な生き方をしてきた人は、世をすねて生きることになるかもしれません。元来、個性の強い星ですから、自己主張が強くなりすぎると、家族にも煙たがられますので気を付けましょう。歳をとるにつれて、だんだん孤独になっていくタイプです。

調舒星が二つ以上ある場合

表面は神経質でも、内側にはとても大胆な性格を隠し持っています。さらに「調舒星」を三つ持っている人は「鬼仏同宮（きぶつどうぐう）」という宿命。世のため人のために尽くす人生になります。

⑤禄存星の性格

中央に禄存星がある場合

自己顕示欲が強く、財と愛は人を惹きつける道具に。あなたは義理人情に厚い人。人に頼まれると損得を抜きで引き受けてしまうきっぷのよさが特徴。ボランティア・スピリットにあふれる世話好きタイプと言ってよいでしょう。身内と他人を区別することなく、すべての人に平等に愛を注ぐことができる人です。その根底にあるものは、周囲の者すべてを惹きつけたい、自分の存在を認めてほしい、みんなに好かれたい、愛されたいと願う気持ちが強いためです。とりわけ異性に対しては親切で優しい人です。

お金は貯めるより使うほうが好きなタイプ。それに見合った収入もあり、一生を通してお金に苦労することはありません。ただし、コツコツ貯めるタイプではなく、出入りの激しい「回転財」になります。無になることで引力が最大になるわけですから、お金がなくなると入ってくる。また使い、お金がなくなって入ってくる。このサイクルが繰り返されます。儲けることもあったが損をしたこともあった、成功もしたが失敗もしたといった経験がないと、この星の魅力は発揮されないということです。愛情豊かで面倒見がよい人だけに波長の合わない相手には、ただの「お節介やき」になってしまうことがありますから気を付けましょう。

北に禄存星がある場合

大きな包容力を持った人。ただし、あなた自身の力量の有無に左右されます。自分にそれなりの力量がある人は、実に気前よく人のためにお金を使う傾向があります。しかし逆の場合は、同情で人を引きつけようとします。ある意味ではお人好しの目立ちたがり屋ですから、人気者になっていないと満足できない人です。

東に禄存星がある場合

自分をアピールするために誰にでも愛を注ぐ傾向があります。惚れやすいタイプ。あなたの愛は特定の人だけに向けられる愛ではありません。愛情に格差がないのがこの星の特徴。そのために恋

禄存星

自己顕示欲の強いタイプ

土の気の陽・引力本能・個人プレー

【気質】

愛情、奉仕、回転財、経済、自己顕示欲、義理人情、自意識といった要素が強く出ます。

	北	
	自意識	
西 奉仕の愛	自己顕示欲	八方美人 東
	同情の愛	
	南	

人や家族からは「外にばかりよい顔をして」と不満が出てきます。また仕事を愛する気持ちも強く、金運にも恵まれます。

南に禄存星がある場合

困っている人や気の毒な人がいると、黙って見過ごすことができないタイプです。そして愛の対象は際限なく広がっていきます。最初は子供、子供が大きくなるとＰＴＡ、地域社会というように対象が広がっていきます。宗教的な博愛主義者と言えるでしょう。熱心さが度を過ぎると家族の非難を浴びることになります。

西に禄存星がある場合

愛する人には一生懸命尽くすタイプ。不言実行の人ですから、言葉でとやかく言うよりも黙ってしてあげる行動派。相手に喜んでもらうことで自分の存在価値を再確認しているわけですから、無視されることを一番嫌います。自分が必要とされていないと思ったら、次の対象物を見つけます。自分の存在を常に認めてもらいたい人です。

禄存星が二つ以上ある場合

男性の場合は、禄存星を多く持つ人ほど同性愛に走る傾向が強くなります。

⑥ 司禄星の性格

中央に司禄星がある場合

家庭的だが用心深い倹約家。その日その日を堅実に積み重ねていくタイプ。広大なロマンを抱くのではなく、今日一日を精一杯生きることがモットー。安定志向を基本に無理をせず、怠けずコツコツと努力する人です。この星の本質は、蓄積と準備ですから、仕事、才能、信用、人間関係すべてにおいてよさが出てくるのに時間がかかります。また生活習慣も蓄積されていきますから、あなたの育った環境が性格の一部になる場合もあります。たとえば可愛がられて育った人は、親には可愛がられるもの、ということが蓄積されます。そのため、叱られたりいじめられたりするとショックが大きいのです。このように生活環境までが蓄積される人ですから、発想の転換ができにくいタイプといえるでしょう。

自分を消極的にするもうひとつの要因に、不安からくる準備があります。「病気になったら、働けなくなったら、地震が来たら」と貯蓄に励み、あらゆる準備をしておかないと安心できない性分です。傍目にはそんなことまでと思っても、これがこの人の生き方です。

欠点としては、ここ一番といった時に勝負ができない、人生の途中で生き方を変えられない、挫折に弱い、自分の生活圏を脅かす者に対しては嫉妬の炎を燃やす、といった点です。

司禄星

真面目なマイホーム型

土の気の陰・引力本能・集団行動

【気質】
家庭、蓄積、準備、堅実、温厚、真面目、蓄財、保守的といった要素が強く出ます。

北

	家庭人	
西 準備	堅実	けち 東
	常識人	

南

北に司禄星がある場合

家庭第一の人。安全と安定を望みますから、仕事も激しい競争社会を避け、安定した企業や公務員などを選びます。もちろん転職などは考えません。結婚願望が強い人。不安を解消するため早めに結婚に踏み切るでしょう。相手も安定した企業の社員や公務員になる可能性大。へそくり上手な倹約家で、平凡な生き方になります。

東に司禄星がある場合

堅実でまじめなタイプ。しまり屋さんで無駄遣いはしません。一見ケチのようですが、常識人ですから世間並みの義理だけは果たします。家庭的なタイプで商人向きといえるでしょう。しっかりしているようで、どこか抜けたところがありますから、だまされないように気を付けましょう。

南に司禄星がある場合

きわめて几帳面で常識をわきまえた人。約束の時間の5分前にはきちんと来ています。几帳面すぎて面白味に欠ける面があるかもしれません。しかし、これほど誠実で頼りがいのある人はいません。家族思いの優しい人です。無駄な出費は極力避けて、合理的に物事を進めていきますから、安心して家庭を任せられる人です。

西に司禄星がある場合

堅実で質素な生活になり、子供のために、老後のために、いざという時のためにと貯蓄に励みます。しっかり者のしまり屋さんなので、男性から見るとちょっと窮屈かもしれません。でも、安心して家庭を任せられる人です。いろいろなものを集める趣味があり、それらを飾るのも好きなタイプ。なによりも家庭が第一の人です。

司禄星が二つ以上ある場合

禄存星の質が表に出て現実に強くなります。

⑦ 車騎星の性格

中央に車騎星がある場合

一本気で逆境に強い行動派。考えるより行動を起こすほうが先といった、行き当たりばったりの人生です。しかも危険な方向、または割の合わない方向に動くという本能があります。この星には、誰もが嫌がる仕事をするという一種犠牲的な要素が含まれています。たとえ自分にとって無駄であっても、誰かが助かるのであればという正義感みたいなものが働くからです。

気性は激しく、表裏の使い分けなどができない正直者。人を疑うことを知らない純粋さを持つと同時に単純でストレート。短気で何事もスピーディーにことが進まないとイライラするタイプです。人間関係でもしょっちゅう衝突しますが、竹を割っ

車騎星

のんびりできない働き者

金の気の陽・攻撃本能・個人プレー

【気質】

攻撃、前進力、短気、スピード、行動力、正直者、直情型、働き者といった要素が強く出ます。

	北	
	間接的な攻撃	
西　短気	行動力	働き者　東
	野次馬	
	南	

たようなさっぱりとした気性なので、言ってしまえばあとはケロリと忘れてしまいます。開放的で喜怒哀楽もストレート。ズバズバ言いすぎて後悔することもあるでしょう。

女性がこの星を持つと、妙に犠牲的な心理が働き、不運な男性を見ると「私が結婚してあげる」といった思いになることがあります。不幸な人を見ると、つい同情してしまう性分なので気を付けましょう。

欠点としては、「口は禍の元」。異性運に恵まれにくい暗示もあります。女性はとくにだまされないように気を付けましょう。

北に車騎星がある場合

支配者の戦い。同じ攻撃でも自分が直接アタックするのではなく、他人を介して戦うやり方になります。働き者で一生現役。怒りっぽくて、ケンカっ早くて短気です。一本気の性格というのはどこにあっても同じです。ただ、過労になりやすいので注意すること。交通事故とケガにも気を付けましょう。

東に車騎星がある場合

なにしろよく動きますから働き者に見えます。周囲の評価も頑張り屋さんとか、気がきく人というものです。でも、本人は無理に頑張っているわけではありません。じっとしていられない性分なだけ。人の話を最後まで聞かないで飛び出していくような、そそっかしいところもある人です。あくまでも自分のペースで動きます。

南に車騎星がある場合

群集心理に流されやすい傾向があります。火事、ケンカと聞けば、じっとしていられないのがこのタイプ。要は野次馬大好き人間です。ミーハーの要素が多分にあり、流行にもすぐ飛びつく人です。また、他人の言動に引きずられて、つい悪い仲間に入ってしまうことも。後先のことを考えずに、即行動に移すことだけはしないことです。

西に車騎星がある場合

働き者で、よく動き回る人。のんびりお茶を飲んでいる人を見るとイライラしてくるタイプです。この人が静かになるのは、病気の時と寝ている時だけ。商店の奥さんにはぴったり。結婚生活においては、よほど相性がよくないと家族がくたびれるかもしれません。口よりも手が早いので、暴力沙汰にならないように気をつけましょう。

車騎星が2つ以上ある場合

女性の場合は、男性運の変転変化が暗示されていますから、異性関係が派手になるかもしれません。

⑧ 牽牛星の性格

中央に牽牛星がある場合

プライドが高く、几帳面で責任感が強い常識人。

常識や世間体を第一に考える人ですから、ハメを外すようなことはめったにありません。きちんとした生き方を実践する優等生タイプと言ってもよいでしょう。エリート意識が強く、感情をコントロールする自制心と柔軟性を持っています。そのことからこの星を「官僚星」と言い、名誉、人気、地位などに縁が深いと言われます。

このような真面目で誠実な性格が社会的信用を得ることになりますが、反面融通がきかない、堅苦しい、面白みがないといった評価を受けることもあります。いずれにしても社会や組織の体制から外れた生き方ができない人です。

とくにプライドを大切にする人ですから、出処進退をわきまえた処世法を得意としています。つまりチャンスだと思えば全力で突進しますが、分が悪いとなると逃げる技法を身につけています。

これは失敗を恐れるのではなく、責任感と自尊心を傷つけられることが耐えられないからです。どんなに有益な仕事であっても責任が持てないと思ったら断ります。とくに、記憶力と暗記力に秀でた人で、孤独には弱いタイプです。欠点としては、時代の新しい変化に乗れない融通性のなさ。また、裏側に秘められているズボラで自分に甘く他人に厳しいという手前勝手な要素が出ないように気を付けましょう。

北に牽牛星がある場合

実を捨てて名を取る人。お金よりも他人の評価を気にし、名誉、名声、地位を一番に考えます。別名は「名誉の花」。亡くなる寸前に賞をもらいやすいとも言われています。周りの人たちから持ち上げられることが多くなったら、健康に気を付けましょう。名もなく賞もなくといった人生なら、長寿でいられます。

牽牛星

プライドの高いエリートタイプ

金の気の陰・攻撃本能・集団行動

【気質】
名誉、責任感、自尊心、潔癖、地位、神経質、小心者、優越感といった要素が強く出ます。

北

	地位	
西　品性	責任感・プライド	特別意識　東
	人気・売名	

南

東に牽牛星がある場合

自分はほかの人と違うという特別意識、もしくはそれに近い思いを持っています。これが表面に出ると偉ぶっているように思われ、とっつきにくい印象を与えるかもしれません。しかし実際に付き合ってみれば、そうでもない人だとわかってもらえるはず。地位や名誉を与えられると、がぜん張り切ります。

南に牽牛星がある場合

非常に世話好きなタイプです。それは人の世話をすることで「あの人はよい人」と言われたいからです。みんなの人気者でいたいという願望からで、大変庶民的でざっくばらんな人。なによりも感謝されることが明日へのパワーになる人です。自分の存在を無視されることが、一番傷つく人です。

西に牽牛星がある場合

自己中心的になります。世間体と品性を重視した理想の家庭像を抱き、それに家族をはめ込もうとします。自分自身も理想の枠のなかにはめ込んで、その規範を真面目に守っていくといった人。自分にも厳しいが、家族にも厳しい厳格な生き方を強制するタイプです。

牽牛星が二つ以上ある場合

行動力がなくなり、のんびりとした人生になります。人生に変化が少なく平穏無事な生活で、手堅い生き方をしていきます。

⑨ 竜高星の性格

中央に竜高星がある場合

自由な発想と旺盛なチャレンジ精神の持ち主。あなたは自由な旅人。誰にも束縛されず、どんな形式や制約にも、常識や体制の枠にもはまらず、いつも夢やロマンを抱いて黙々と自分の道を進む人です。しかも弱音は吐きません。忍耐と努力は人一倍強い人です。常に新しいものに目を向け、その知識欲の旺盛さは誰にも負けません。しかも、机上の知識では満足できないタイプ。知りたいことがあれば、実際に体験してその中から知識を習得するため、行動は大胆です。周囲の人たちを驚かせることもしばしばです。

旅行が好きで外国生活に憧れる傾向もあります。芸術的なセンスもあり、創造力にも優れ、音感も色彩感覚も抜群。内面に秘めているパワーは多彩。学ぶこと、吸収することが大好きな人です。しかも地位、名誉、名声、財産といったものには執着がなく、それよりもいかにして自分に合った生き方ができるかに関心があります。また、それを口に出して言う人ではないので、傍目には「何を考えているのかわからない人」という印象が強いのです。

竜高星

国際的なセンスを持つ放浪者

水の気の陽・習得本能・集団行動

【気質】

創造と破壊、離別、放浪、改革、忍耐、知識欲、同化といった要素が強く出ます。

	北	
	改革	
西　放浪	同化	忍耐　東
	創造	
	南	

忍耐強い努力家ですから、生きる目的がはっきりしていたら、必ずものにできる人です。不言実行を貫くタイプです。

欠点としては、生きる目的がないと放浪の人生になる可能性がありますから、気を付けましょう。

北に竜高星がある場合

生まれ故郷に縛られることなく、国境を越えて自由に羽ばたけるタイプ。そのかわり親の助けは得られません。孤独にも強く、悲しみにも耐えられる努力家ですが、しっかりした大義名分がないと苦難は乗り越えられません。目的がなんであれ一生涯一つのことに集中できれば、見事な花が咲くでしょう。

東に竜高星がある場合

サラリーマンには不向きなタイプになります。もともと体制に従うことが嫌いな人ですから、自分一人でできる仕事のほうが才能を伸ばすことができるでしょう。ユニークな発想で、あなたにしかできないもの、それが仕事と結びつけば満足のいく人生になるはずです。人生の目標は早く決めることが開運のコツになります。

南に竜高星がある場合

自由気ままに創作活動をやっていきたい人です。しかし、願望だけでは何も生まれません。できるだけ早く、やりたいことを決めることが大切です。目標や生き甲斐が決まれば、どんなにつらくても忍耐と努力で乗り越えられます。でも、目的が定まらないとただの放浪の人生になってしまいますから、気を付けましょう。

西に竜高星がある場合

外出するのが好きな人です。これといった目的がなくても外出したくなるタイプ。家のなかでジッとしているとイライラしてきます。女性はとくに旅行好き。専業主婦であったら、まめに出歩くことは、本人だけでなく家族にとってもよいことです。ノイローゼにならないために、趣味や習いごとを持つのもよいでしょう。

竜高星が二つ以上ある場合

無類のお人好しになります。ひいてはお節介なタイプになります。

⑩ 玉堂星の性格

中央に玉堂星がある場合

他人と身内を区別する身びいきタイプ。育った環境が性格に刷り込まれるので、かけ離れた環境で育った人とは馴染まない人です。自分の育った環境の壁を越えられないのが、この星の特徴です。

本質は習得本能ですから、学問の世界で一つのことを継続して研究できる場があれば満足する人です。別名「知恵の星」「学問の星」と言われてい

玉堂星

環境の変化に弱い常識人

水の気の陰・習得本能・個人プレー

【気質】

知性的、批判力、観察力、伝統、知恵、学問、母性、口うるさいといった要素が出ます。

	北	
	権力の知恵	
西 生活の知恵	知恵	仕事の知恵 東
	母性	
	南	

ます。ただしその学問は、体験から得るものではなく、あくまでも頭のなかで理解し模索するものです。知識だけを詰め込んで、さも実際に体験したような気分になっているわけですから、現実とのギャップが大きい人です。たとえば、大学で教わった教育論をそのまま教育現場に持ち込んでも通用しないように、学校の勉強だけでは自立できません。ものを学ぶということは、実体験を含めてはじめて完結するものです。とくにこの星が中央にある人は素直な人だけに、なんの疑問も抱かず鵜呑みにする傾向があります。これは知識だけに限らずすべてのことに通じます。ですから常に社会性を身につけることを心がけないと、理屈のための理屈を言う屁理屈人間になってしまいますから、気をつけましょう。

母性愛や肉親愛が大変強く、とても面倒見のよい人です。ただ、肉親と他人をはっきり区別する身びいきタイプ。どんなに親しい間柄になっても、一線を越えることができません。それだけ保守的でガードの堅い人です。欠点としては、社会性が育ちにくいことです。

北に玉堂星がある場合

純粋な学問や研究の世界で活躍する人。頭のよい人で、子供の頃はさほど成績がよくなくても、大学院生頃から頭角を現わしてきます。おだてられると、すぐいい気になり、自分ほど頭のよい人はいないと過大評価してしまうタイプ。策略、策謀の知恵が働き、賢く立ち回るタイプで、世渡り上手な人です。

東に玉堂星がある場合

本質は学問の星ですから、仕事に役立つ知恵が働きます。ただし、常識の枠を越えることができません。物事をすべて論理的に考え、奇抜なアイデアは望めません。それにどことなく知的なムードがあるため、庶民的な親しさには欠けます。成績がよいのは中学校中頃までで、高学年になるにつれて落ちてきます。

南に玉堂星がある場合

勉強家で研究熱心なタイプ。自分だけでなく子供に対しても教育熱心な親になるでしょう。多少苦労をさせても、一流大学、一流企業に入れたがるタイプです。ただし、自分の思いどおりにならないと、闘争心が芽生えて、一人相撲となる恐れがありますから気をつけましょう。母性本能が強い人ですから、子供を溺愛しないようにしましょう。

西に玉堂星がある場合

日常生活に役立つ知恵が働きます。ただし伝統や形式にこだわる人ですから、明るく寛げる家庭にはなりません。どことなく堅苦しい、背広にネクタイといった雰囲気になります。自分にも厳しいが、配偶者にも子供にも同じように自分の考えを押しつけようとしますから、敬遠されやすい存在になるので注意しましょう。

玉堂星が二つ以上ある場合

古典の世界にのめり込むようになります。そして、その知識を現代に役立たせようとします。また伝統を守るという頑固な性格が、融通性をなくし、社会性が育たない性格に変えてしまいます。

ここに示した五つの顔は、すべてあなたが内面に持っているものです。他人は、あなたの一部分しか見ていませんから、あなたへの評価がそれぞれ違ってしまうのは仕方がありません。必ずしも相手が悪いのではないのです。あなたが相手に心を開き自分のすべてを見せていないか、あるいは相手があなたを理解しようとしていないか、あなたに対する様々な評価は、これらが織りなす玉虫色の絢（あや）なのです。

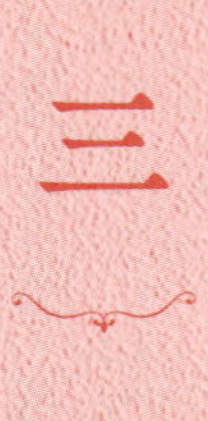

三　十二大従星の見方と解釈

十二大従星とは、十二支から導き出された星のことで、人間の一生を表わしたものです。人間が誕生する前の前世（胎児の時代）から、後世（あの世の時代）までを12に分けて、それぞれの時代を意味する星を当てて、その人の一生がどんな旅になるかを表わしているのです（次ページ参照）。

ここでは、自分の一生を3分割して、それぞれどのような人生になるかを見ていきます。あなたの宿命図には、どんな十二大従星が宿っているか調べてください。それがわかれば、あなたの一生がどんな旅になるかが見えてきます。

初年期は誕生から20歳まで、中年期は21歳（社会人になり、親元を離れて自立）から60歳（定年）まで、晩年期は61歳（定年後）から死ぬまでに分けて、自分の一生を見ていきます。

人はそれぞれ、生き方が違うように、人生のサイクルも違います。すべての人が子供時代に、必ず子供の星が回ってくるとは限りません。子供時代に老人の星が回ってくる人もいるわけです。そうなるとその子は、子供らしさがない、物わかりのよい、ませた子供になっていきます。

このように解釈していくのが、十二大従星の技法です。

一生の運気サイクルの仕組み

前世┬天報星─胎児（母の体内にいる前世の時代）
　　└天印星─赤子（誕生してから3歳くらいまでの赤ん坊の時代）

現世┬天貴星─幼児（幼稚園児から小学校の低学年時代）
　　├天恍星─少年（小学校の高学年から中学時代）
　　├天南星─青年（高校から大学時代または29歳まで）
　　├天禄星─壮年（30歳から49歳までの時代）
　　├天将星─大将（50歳から60歳の定年前の時代）
　　├天堂星─老人（60歳以降、または定年後の時代）
　　└天胡星─病人（体力が衰えて病床にある時代）

後世┬天極星─死人（生命の終局、来世への出発の時代）
　　├天庫星─入墓（墓に埋葬された状態、来世へ旅立つ時代）
　　└天馳星─あの世（来世をさまよう時代）

●有意識の時代（現実の世界）は、天貴星・天恍星・天南星・天禄星・天将星・天堂星・天胡星の七星です。

●無意識の時代（精神の世界）は、天報星・天印星・天極星・天庫星・天馳星の五星です。

① 天報星の運勢

天報星の意味すること

天報星は母親の体内に宿っている胎児の時代を表わします。つまり、小さな生命が日々変化している状態を意味しているのです。そのためこの星を持つと、言うことや行動がクルクル変わってしまいます。時間の感覚もありません。一つのことに夢中になれば、食事も忘れてしまうこともしばしばです。いわば、夢と空想の世界に生きる感覚派といえるでしょう。

型にはまった堅い仕事は苦手。どちらかと言うと常識にとらわれないユニークで自由な感性が、この人の大きな魅力になります。この才能が生かせるような仕事を選ぶと、その道で成功する確率が大きくなります。

あなたは常識を越えたユニークで自由な感性を持っていますから、いろいろなものに興味を示します。また、いろいろなことに心が揺れ動きますから、一つのことに集中することができません。それが傍目には、落ち着きのない人とか、気分屋と言われることもありますが、他人の目は気にせず、ユニークで自由な感性を育てる努力をしましょう。ただし、心はやや不安定な時代になります。

初年期に天報星がある場合

あなたは何をやっても満足しません。これは仕事に対しても、人間関係に対しても同じです。また、親離れがしにくいのもこの星の特徴です。すべてが広く浅くという生き方になり、30歳頃までは定職が決まらず、親に心配をかけることになるでしょう。でも、額に汗して一つのことに集中できれば、その苦労が中年期、晩年期に必ず実を結びます。

あなたの初年期にこの星がある人は、一つのことを辛抱強く続けることを肝に銘じてください。

中年期に天報星がある場合

現状を保守しきれないため、中年期にはなにか大きな変化があるでしょう。普通なら安定する年代になりますが、逆に何か新しいことに向かってスタートを切ることが特徴と言えます。この星が持つ「変化変転」は悪い方向にばかりあるというのではありません。たとえば、今の仕事が当たって、思いがけず大きなお金儲けができることもあります。その場合は、本腰を入れて取り組みましょう。逆に運勢が悪化してしまった時は、きっぱりとあきらめて、再度チャレンジしてください。

この星には、もともと30歳以前に本業が定まらないという暗示があります。これは、この天報星が持つ「多芸多才の才能」から来る器用さの質がそうさせているのです。中年期のはじめ（30歳前後）に、これという仕事が見つかったら、後は変化させないで継続させることが、運を安定させるコツです。

晩年期に天報星がある場合

住居の移転を含め、波乱の多い晩年になります。いくつになっても、夢見る心の世界は広がっていきます。むしろ人生の最後だからこそやりたいと、もうひと頑張りするタイプ。静かな老後とは無縁な人です。そのためには、家族を巻き込んでいくことになるかもしれません。

天報星が二つ以上ある場合

「死ぬまで安住の地なし」という暗示があり、一生を通じて家庭生活は波瀾万丈です。また何度も転職、引っ越しを繰り返していれば、人生そのものは波乱になりません。

②天印星の運勢

天印星の意味すること

天印星は赤ちゃんの時代を表わします。自然体で無邪気さにあふれているので、誰からも好かれるタイプです。また、どんな人とでも付き合えるという社交性を生まれながらに持っていますから、人気者になっていきます。

本能のままに行動するので、結果的には周りを振り回すことになってしまいます。そういう意味ではかなりのわがまま。だからといって、思ったほどみんなには嫌われないという徳が備わっている人です。ときには子供っぽいミスもしますが、悪気があるとは思われないので憎まれません。周りの人たちも「しょうがないなあ」と許してくれる得な性分です。

ただし、わがままもほどほどにしないと孤立してしまいます。この点には十分気をつけて、しっかりした〝大人の赤ちゃん〟になることです。そして、自分をフォローしてくれた人たちには感謝の気持ちを忘れないことが大切です。この星には「養子星」の暗示がありますので、養子の話が出てくる確率が高くなります。

初年期に天印星がある場合

この時代に合った星です。無邪気で可愛くて、人気者です。子供らしい子供時代を過ごすことができます。この星は別名「アイドル星」といわれ、本人の意識や願望とは別に人を惹きつける魅力とムードが備わっています。生まれながらに備わった魅力に明るさが加わって、ますます輝きを増していきます。交友関係も広がって、青春を思い存分楽しむことになるでしょう。

中年期に天印星がある場合

中年期に赤ちゃんの星があるわけですから、大人になってもどことなく幼児性が抜けきれない人になります。うっかりミスをしたとしても、笑って許されるような得な性分。人間関係にも恵まれますから、職場でも家庭でも笑いの多い、豊かな生活がエンジョイできます。ただ、人を疑うことを知らない素直さがありますから、他人の意見に惑わされないようにしましょう。自分をしっかり持っている人は、苦労の少ない円満な中年期となるでしょう。

晩年期に天印星がある場合

恵まれた晩年期が約束されています。若者たちに囲まれ、言いたい放題、やりたい放題が許される晩年になるでしょう。ただし、世話する立場から見れば、とても手間のかかるお年寄りということになります。ところが、そのわがままがまったく憎まれないので、得な性分です。歳を重ねたら赤ちゃんに帰ると言いますが、天印星が晩年期にある人の可愛さはまさにその言葉どおりです。

天印星が二つ以上ある場合

子供ができにくい傾向があります。とくに、晩年期と中年期の2カ所に天印星があったら、男女を問わず「子供運なし」の暗示があります。一般的に言えることは、子育てが下手で、子供を作る能力が弱い点です。たとえ生まれてきても病弱な子供になります。いずれにしても子供と縁が薄い人です。

③ 天貴星の運勢

天貴星の意味すること

天貴星は、好奇心が旺盛な幼少期を表わします。やっと人間として自覚が持てる有意識の時代に入ります。幼児から小学生までの子供が持つ世界が、この星です。なんでも知りたいという好奇心と向上心にあふれる時代。この星は、学ぶことに情熱を燃やす星ですから、年齢や環境に関係なく学問や研究に没頭します。また、吸収したものを教え伝えていく才能にも長けていますので、先生という仕事にも向くタイプです。プライドが高く、潔癖で責任感が強く、保守的な考え方をします。

また長男、長女、末っ子の役目を担って生まれてきています。つまり、親の面倒を見るという宿命を背負わされているのです。もしあなたが女性の末っ子だったら、結婚相手は必ず長男か末っ子。いずれにしても、どちらかの親の面倒は見なければなりません。

このような宿命を担って生まれてきていますから、どことなく温和で品格があります。それが社会での信用と信頼につながっているのです。ただし、図太さには欠けていますから、駆け引きが必要な商売などには不向きなタイプです。

初年期に天貴星がある場合

子供独特の自己本位な生き方をします。そのため、周囲からは「鼻柱が強くて生意気な奴」と言われることもあるでしょう。また逆に、長男特有の温和でおっとりした態度が、大人たちに気に入られる場合も出てきます。いずれにしても、子供の時代に子供の星があるわけですから、青春を楽しむことができます。

中年期に天貴星がある場合

若さにあふれた中年期が暗示されています。プライドが高く、責任感も強い、まじめな努力家。中年期に子供の星があるわけですから、幼児性が残り、精神面でのもろさが生活のなかに出てくることが多くなります。また、仕事で挫折すると立ち直れないだけでなく、家庭生活にまで影響を及ぶ恐れがあるので要注意。プライドを気にするあまり、捨て身になれないのが玉にキズ。また、この時期には親との同居、あるいは実家の家計を支えなくてはならないことも起こる可能性があります。

晩年期に天貴星がある場合

年をとっても気だけは若いわけですから、年寄り扱いされるとプライドが傷つきます。若い気でいても体力が付いていけないので、イライラすることも多くなるでしょう。でも、これまで築いてきたキャリアを生かして、後輩に教えたりする場が用意されています。若い人たちと張り合って批判するだけでなく、尊敬される人になれるように心がけましょう。「老いてますます盛ん」といった表現がぴったりの晩年期が暗示されています。

天貴星が二つ以上ある場合

若い時だけでなく一生を通じて、人から助けられる運があります。お人好しで、品がよすぎて現実面に疎いところがありますので、だまされないようにしましょう。とくに男性は、人の世話を受けて生きる星と言われる得な性分ですが、悪く出ると金銭を貢がせる情夫のようになります。

④ 天恍星の運勢

天恍星の意味すること

天恍星は子供でもなく、大人にもなりきれない思春期を表わします。常に何かを求めながら、迷い模索し続ける時代です。現状打破のエネルギーが強く働くことになります。昆虫の脱皮現象のようなもので、よきにつけ悪しきにつけ人生の第一の分岐点です。そしてこの時期に、人生の大まかな方向性が決定されます。社会に対する自覚が確立する時代でもあるのです。つまり親元から巣立ち、社会への旅立つ時代ということです。

精神の成長と現実とが一致しないので、心の葛藤が大きく、自己嫌悪に陥ったり、自意識過剰になったりと精神的に不安定。これが外に向けられると暴力になったり、非行化の原因になったりします。反対に内に向けられると、ノイローゼになり、極端な場合は自殺行為にまで至ることがあります。

しかし、精神的苦労を乗り越えれば、明るい華やかな人生を送ることができます。本来この星は「夢多い星」とも言われ、新しいもの、派手で目立つものに関心がありますから、タレントとしての才能にも通じるものがあります。

初年期に天恍星がある場合

あなたは20歳までに親元を離れる宿命を持っています。そのとおりになれば順当に幸せな道を進むことができます。しかしいつまでも親元にしがみついていた場合は、チャンスにも恵まれず不平不満の多い人生を送ることになるでしょう。初年期にこの星を持つ人は、親元を離れ精神的にも経済的にも自立することが第一です。また恋への目覚めは早く、恋に恋するところがありますから、現実とのギャップに悩まされることになるでしょう。とにもかくにも自立すること。そして、しっかり現実と向き合うことが開運のカギになります。

中年期に天恍星がある場合

中年になっても気分は思春期のまま。可能な限り休日を存分に使って、開放的で自由な生活をしようとします。あなたは現実的な枠にはまった生活が大の苦手で、あくせくと働くのが性に合わない人だからです。ときには、海外勤務で長期滞在もあり得るでしょう。なかには定職を持たず、気ままに自分なりの生活を楽しむ人も出てきます。ただし、異性とのトラブルには気をつけましょう。

晩年期に天恍星がある場合

老人という言葉が似合わないほど、肉体的にも精神的にも若々しい晩年期になります。若い人のなかに入っていっても違和感がありません。いつまでも衰えない柔軟な感性で、若い人たちのよき理解者、支援者としても貴重な存在になるでしょう。また男女ともにモテるタイプですから、恋人の噂は絶えることがないでしょう。

天恍星が二つ以上ある場合

惚れっぽい人になります。傍目には恋多き浮気者のように見えますが、本人は本気で惚れてしまうのです。基本的には特定の枠を持たない人ですから、国際結婚でもうまくやっていける人です。また海外移住も可能な人です。

⑤ 天南星の運勢

天南星の意味すること

天南星は、成人式を迎えて大人の仲間入りをする時代です。本格的に社会人としてスタートを切ったばかりで、青年らしい夢や希望にあふれています。若いエネルギーは、目標へ向かってストレートに突き進みます。そしてこのひたむきなパワーは、何をするにも一本気の直情型となり、先を急ぎすぎると過激になり、外部に対しては自分の考えを押しつけ不快にさせることもあるでしょう。

善悪は別として、自分の考えに合わないものは批判、攻撃をする傾向がありますから、上下の区別なく平気で年長者に向かって自分の意見を押しつけたびたび反感を買います。

このように鼻柱は強いが、内面は未完成ですからいったん崩れると実にもろいものがあります。挫折すると再び立ち上がるのに苦労すると言われる要因がここにあるのです。

これらを自覚して、エネルギーの配分を上手にコントロールできれば、新社会人として仕事で成功する可能性は大。とくに弁が立つのでマスコミ界で活躍している人が多いようです。ただし、二つのことを両立させにくい星なので、ひとつのことに専念するほうが成功率は高くなります。

初年期に天南星がある場合

子供時代に大人の星が回ってきているわけですから、大人のような観察力や批判力が備わった子供になります。なにごとに対しても白黒をはっきりさせないと気がすまない性格なので、人間でも食べ物でも、好き嫌いがはっきりしています。そのために無理強いされると反抗し、思いどおりにいかないと喧嘩になる傾向があります。この時代の強いエネルギーを上手に生かすことができれば成功へ近づくことができるでしょう。

中年期に天南星がある場合

働き盛りに大人の星があるわけですから、これは順当に稼働します。若さにあふれた中年期になります。リーダーシップもあり、若者に負けないチャレンジ精神も持ち合わせていますから、どんな場所でもその本領を発揮することでしょう。とくに若年期に苦労と努力を重ねてきた人なら、ぐんぐん運気が上がり自分の夢がかなえられるはずです。

晩年期に天南星がある場合

肉体的にも精神的にも若々しく、いろいろな面で老いを知らない晩年期になります。若い人たちとも違和感なく付き合えます。弁舌さわやかなところも魅力の一つですが、毒舌は吐かないようにしましょう。若者をつかまえて説教ばかりしていると、うるさい年寄りになり敬遠されてしまいます。年齢のことは気にせず、いつまでも現役で働けるのが一番です。

天南星が二つ以上ある場合

天南星は一つでもあると口が達者になるのに、二つ以上になると口から生まれてきたような人と言ってよいでしょう。さらに行動力も抜群です。こういう人はマスコミの世界で大成します。ただし、事業家には向かないタイプです。一度挫折すると二度と立ち直れないと言われているからです。

⑥ 天禄星の運勢

天禄星の意味すること

天禄星は、豊かな人生経験を経て、落ち着いた大人の風格が備わる40代を表わします。若者のようには冒険せず、安定した生き方をするのが特徴です。夢や理想に惑わされず、夢は夢、現実は現実としっかり区別できる人です。それだけに物事を判断する時は、最も安全と思われる方向を選択します。少しでも危険が伴うものは、儲かるとわかっていても避けて通る慎重さを持っています。

このようにとても用心深い人ですから、傍目には気の弱い小心者に見えたり、優柔不断でのろまに見えたりしますが、失敗はありません。また、常識から極端に外れることもありません。とにかく行動はスローテンポです。それがかえって相手に安心感を与えることになり、そばにいるとホッとする頼もしい存在になっているのです。

このような安定した生き方になりますから、会社でも家庭でも、トップではなく、しっかりとした補佐役になるのがベストでしょう。この星のもう一つの特徴は、その人の体験や経験で得た知恵が、物事を判断する時のベースになっていることです。

ですから、同じ失敗を繰り返すようなことはありません。一歩一歩ゆっくりと歩む人生ですから、トラブルなどは少ないタイプです。仕事面でも、直感力が勝負でテンポの速い職場は不向きです。どちらかと言うと粘り強く経験を重ねながら、実力をつけていくような職種で能力を発揮します。

初年期に天禄星がある場合

子供の時代に壮年の星が回ってきているわけですから、なんとなく大人びた子供になります。物事に動じない図太さがあり、大人顔負けの批判力もあります。なかには年長者やお年寄りに気に入られ可愛がられる人も出てきます。しかしこの星の本質は、経験の積み重ねによって得る知恵がベースになりますから、若い時に楽な生き方をすると、不満の多い人生になります。

中年期に天禄星がある場合

中年期に中年の星が回ってきているわけですから、星が持っている現象がそのまま現われます。堅実で円満な人柄、観察力が鋭く慎重で用心深いところ、最も安全と思われる方向を選びます。常識から外れることがないのも特徴の一つです。

経験の積み重ねで得た知恵が判断のベースになっています。できればトップにならず、補佐役であるのが星の本質です。このように堅実な生き方になりますから、経済的にも安定した中年期を過ごすことができます。大きな波乱や運の落ち込みもなく、安定した平和な生活になるでしょう。

晩年期に天禄星がある場合

中年期の現象がそのまま継続すると思ってください。老人であっても、気持ちは働き盛りの中年です。いくつになっても現役で仕事をしていたい人。のんびりと隠居生活などを送る人ではありません。ただでさえ元気で口うるさい年寄りですから、仕事がなくなったら、ますます口うるさくなるはずです。人一倍家族思いで、責任感の強い人ですから、最後まで責任を負ってもらいましょう。

天禄星が二つ以上ある場合

なんでもかまいませんから、その分野のスペシャリストになることです。とくに科学の世界、職人の世界、医学、薬学の世界で大成する人が多いようです。好きな道を進むのが一番です。

⑦ 天将星の運勢

天将星の意味すること

天将星は、12の星のなかでは最大のエネルギーを持つ最も充実した時代を表わします。別名「大将の星」「リーダーの星」と言われている星です。豊かなキャリアを持つ50代。人生を山登りにたとえるなら、頂点に到達した姿が天将星です。つまり一つの世界を「極める」エネルギーということになります。どんなものであれ、一つのことを極めるのは並大抵な苦労ではありません。これらを乗り越えてはじめて極みの境地に至るのです。この星の最大のエネルギーを生かすには、若い時の苦労が大切になります。いろいろな困難を乗り越えることで、他人の痛み、悲しみ、喜びを知り、はじめてリーダーとしての資格が得られるわけです。このような準備期間を経てはじめて、その人の本当の能力、人々を率いる力が発揮されるのです。だから運勢は大器晩成型。あなたが子供時代に甘やかされ、過保護な環境で育てられていたら、エネルギーは消化されないで不完全燃焼になります。その結果、自己中心的になり「世界は自分のためにある」というようなワンマンぶりが出てきます。この最強のエネルギーを消化するには、かなりの重荷（苦労）を背負わなければなりません。

初年期に天将星がある場合

子供の時代に最強のエネルギーを背負わされるわけですから、このエネルギーを消化するために病気になりやすいのが特徴です。つまり、病気でエネルギーを消化させるのが一番簡単だからです。または子供が元気で強い性格なら、親が代わりにエネルギーを消化してくれるため、親の運気が一時的に落ちる場合があります。いずれにしても、子供にとっては負担の重いエネルギー量です。できれば水泳、野球、サッカーなどのスポーツをすることでエネルギーを消化させましょう。

中年期に天将星がある場合

中年期にぴったりの星で、そのままの現象が現われます。ただし、若い時に苦労した人に限ります。若い時に苦労がなかった人は、人間関係や仕事や家庭生活などで苦労することになります。さらに、その荷が重ければ重いほど、苦しければ苦しいほど心の満足度が高くなります。業績もよくなります。余力があれば、ボランティア活動で人のために尽くすなどして、エネルギーを完全燃焼させましょう。

晩年期に天将星がある場合

実にパワフルなお年寄りで、家のなかでじっとしていられない人です。できれば現役でバリバリ仕事をしていたい人。また、そのほうがいつまでも元気でいられます。この星は元々長命な星ですから、長い老後をどのように生きるかを考えておく必要があります。生き甲斐になるような仕事や趣味があれば、充実した人生を送ることができます。でないと、単なる徘徊老人になりかねませんから気をつけましょう。

天将星が二つ以上ある場合

あまりにもエネルギーが強すぎて、普通の人と同じような心がまえでいたら、はみ出してしまいます。何をやっても不平不満の多い人生になってしまいます。自分独自の人生を作っていくしかありません。さもなければ、世のため人のために役立つ奉仕的な生き方をすれば完全燃焼できます。

⑧ 天堂星の運勢

天堂星の意味すること

天堂星は60歳代の、老人の仲間入りした時代を表わします。老人と言ってもまだまだ若さはあります。ただし運気は、天将星を頂点にして退気に入ります。社会における様々な役目が終わり、跡を継ぐ者たちへその道を譲り渡すことが使命なのです。ですからこの星には、引っ込み思案で地味な印象があります。自分をアピールするのが苦手で、外見よりも内面を充実させることに専念し、自分の領分からはみ出さないのが特徴です。人生の山を乗り越えてきたゆとりと安定感が周囲から信頼され、面倒な仕事などを任されることが多くなります。いわゆる縁の下の力持ち的な存在になっていきます。粘り強く人生を過ごしていけば、あなたの能力は認められるはずです。

ただし、あなたの内面的なよさを理解してもらうには時間がかかります。面倒がらずに、ときには積極的に人々と交わり世界を広げていくと、さらに魅力が高まります。仕事は、学芸、技術、研究といった粘り強さと積み重ねが必要な分野に適しています。若い時代は苦労することがありますが、自信を持って頑張れば中年以降に本当のよさが発揮されます。若い人よりも年長者や年寄りに慕われるのも一つの特徴です。

初年期に天堂星がある場合

子供時代に老人の星が回ってきますから、なんとなく大人っぽいませた子供になります。真面目で、勤勉で、融通の利かない常識人。引っ込み思案で自制心が強いので、思い切った行動ができません。でも自尊心や自負心はとても強いので、自分なりの世界を作り、着実に力を付けていきます。若くして老成の心を持っていますから、年下や同年代の人たちには頼られ、親分的存在になっていきます。また、本人は年長者や年寄りに可愛がられる人です。

中年期に天堂星がある場合

中年期に年寄りの星が回るわけですから、基本的には大きな変動はありません。あくまでも補佐的な立場を守っていれば、安定した中年期になります。もしトップに立つようなことになれば、波乱に満ちた人生になります。できれば、これまでに築いてきた信用、キャリア、財、家庭をしっかり守り、地味であっても着実に基盤を作っていくほうが賢明な生き方です。

晩年期に天堂星がある場合

老人の時代に老人の星が回っているわけですから、天堂星の現象がそのまま現われます。老人の理想的な姿です。人生経験が豊かで、人間としても大変穏やかで、言葉は控えめで落ち着きがありますから、子供から老人にまで好かれるタイプです。若い人たちにすべてをゆだねて、友人や家族に囲まれ穏やかな晩年期を楽しむことができるでしょう。

天堂星が二つ以上ある場合

女性の場合は良妻賢母型になります。性格や運勢は天禄星と同じ現象になります。実直で勤勉型。粘り強く経験を重ねながら実力を付けていくタイプです。用心深いところがありますから、大成功はしませんが、大失敗もしません。堅実な生き方になります。真面目で融通が利かないところがありますから、本領を発揮するまでに時間がかかるのが特徴です。

⑨ 天胡星の運勢

天胡星の意味すること

天胡星は病人の星で、現世の最後を表わします。この星は、病気になりやすいということではなく、肉体労働を必要とする分野では活躍できにくいと考えれば理解できると思います。時間と場所を超越した空間、いわゆる夢の世界です。この星のエネルギーは、空想と夢の世界を現実世界において実現可能にする才能で、その時には役に立たなくても、成し得た業績が百年後または千年後に花開くというエネルギーです。ですから、自分の努力や行為が生存中に評価されるとは限りません。生涯を通して不運なままで終わるかもしれないのです。

天胡星は、常に死と対峙しながら生きているわけですから、苦しみもありますが、それに勝る崇高な精神力を持っています。歴史に残る芸術家や学者、発見・発明家に多く見られる世界なのです。

利害関係が絡むようなことには不向きな人です。人と争うことも苦手です。それよりも、優れた美意識や繊細な感性が生かされるようなクリエイティブな世界で才能を発揮する星です。病人の星だけに、体は丈夫ではありません。オーバーワークは避けるようにしましょう。

初年期に天胡星がある場合

子供の時代に病人の星が付いているので、ひ弱な体質で、過敏症になりやすいのが特徴。とくに音には敏感です。音楽はあなたの人生に欠かせないものになるでしょう。あなたは現実離れした感覚を持っていますから、空想の世界と現実の世界が区別できなくなる時があります。ですから普通の人から見ると、大人っぽくて風変わりな子供に見えるかもしれません。そして、宇宙や星といった不思議な世界に関心を持つようになります。

中年期に天胡星がある場合

夢見る星が中年期に回ってきているわけですから、どこか現実の生活としっくりいかないところがあります。とくに現実と強く密着した仕事をしている人は、波乱含みの生活になります。ある時を境に、ガラッと違った考えや行動を起こす場合があります。でもあなたが、夢を売る仕事、音楽や芸術、プランナーなどの仕事をしている場合は、才能が生かされますから満足な中年期になるでしょう。ただし、ハードスケジュールには体がついていけません。

晩年期に天胡星がある場合

この星は晩年期にあるのが自然な姿です。年をとっても、子供のような感性は失われません。好奇心旺盛な年寄りになりますから、健康であれば退屈する暇はありません。好きな趣味に没頭したり、友人と海外旅行に出かけたりと、飛び回ることになるでしょう。子供や孫がいなくても、若い人たちに助けられるという恵まれた星ですから、穏やかな晩年が約束されています。

天胡星が二つ以上ある場合

いくつになっても可愛い人です。人を疑うことを知らない純な心を持っていますから、ウソはつけません。女性は「福女」、男性は「見栄っ張り」と言われている星です。

⑩ 天極星の運勢

天極星の意味すること

天極星は、すでに現実から離れ霊魂のみが存在する死の世界です。人間の死は、肉体の機能が止まる終着点であり、霊魂（気）が異次元へ旅立つ出発点です。霊魂が戻っていく、その行き先は肉体ではありません。気のエネルギーが螺旋状に回転しながら次元の違う世界へ向かうのです。この現象を算命学では、特別に「回帰の気」と定めています。この「回帰の気」現象が、天極星の最大の特徴です。何か嫌なことがあると出発点に戻りたがる現象です。天極星を持つ女性が結婚して嫌なことがあると、すぐ実家に帰ってしまうという現象がまさしくこの「回帰の気」になります。

もう一つの特徴は、現実の世界がなくて霊魂の世界のみの人ですから、欲がなく、なにものにも束縛されない自由な生き方をする人です。水の流れのように誰とでもさわやかに付き合え、環境の変化にも敏感に反応できる柔軟さがあります。仕事も、現実に密着した商売などは不向きです。どちらかというとクリエイティブな仕事か、哲学、思想学、宗教、心理学といった専門職の分野で才能が発揮されます。

初年期に天極星がある場合

この星は、親の運勢とあなたの運勢が追いつ追われつをする形。親の運勢が低迷していたらあなたは健康です。逆に親が順風満帆だったら、あなたは病弱な子供になります。また病気やケガをするとなかなか治りにくいので、注意しましょう。性格は素直で誰に対しても従順なので、みんなに好かれ可愛がられる子供になるでしょう。

中年期に天極星がある場合

中年期の働き盛り、しかも現実の重荷がのしかかる時期にあの世の星が付いているわけですから、夢と現実のギャップに苦しめられることになります。そして、これまでとはガラッと変わった生き方をしたくなります。この傾向が強くなるのは核家族内でしっかり家庭を守ってきた人です。

親と同居している人や子供がいない家庭、女の子だけの家庭の人には、この現象は現われにくいのが特徴です。

いずれにしても、夢と現実のギャップは頑張って乗り越えるしかありません。独身の人は病気やケガに気をつけましょう。

晩年期に天極星がある場合

この星は晩年にあるのが自然ですから、悠々自適の晩年が待っています。悟りの境地に至ったような心持ちになれるはずです。それに可愛いお年寄りになりますから、子供や孫たちに慕われ、優しくされるでしょう。たとえ子供がいない人でも、決してみじめな老後にはなりませんから、意固地にならないことです。若い人たちに慕われるので心豊かな日々が送れるでしょう。

天極星が二つ以上ある場合

純粋な性格の人が多いのですが、肉体面に弱さがあります。とくに病気やケガの回復力が弱いのが特徴。後遺症が残りやすいのも特徴ですから、美容整形には注意しましょう。現実の苦しさからの逃避手段として、宗教の世界に入る傾向がありますので、この点も要注意です。

⑪ 天庫星の運勢

天庫星の意味すること

天庫星は墓を象徴する星です。そのため、先祖の供養をしなければならないという使命を担って生まれてきています。つまり跡継ぎの人。長男の役割を果たすために、家系の本流を歩む人になります。それにはバランス感覚が必要です。親のほうに片寄っても、兄弟のほうに片寄ってもうまくいきません。あくまでも中庸を保つ星です。正直で頑固で一本気な性格。自分の信じる道を、あらゆる困難を排除して突き進むパワーは見事です。

仕事でも遊びでも、一度熱中するとどこまでも深入りしていきます。凝り性で、研究熱心で、探求心が旺盛な人。他人の忠告には左右されません。

このような性格から、世渡りが上手とは言えませんが、不思議と人に嫌われたり孤立したりしないのも特徴の一つ。一途な純粋さが人間的な魅力になるからです。その人柄を認めてくれる人とは、一生親しく付き合えます。世渡り下手を人間的な魅力によってカバーすれば、探求心旺盛な人ですから学問や研究の世界で才能を発揮します。とくに歴史学、考古学などの分野で力を発揮するでしょう。また、先祖の供養をきちんと行なっていると運勢が上昇します。絶体絶命のピンチになった時でも先祖の霊に救われます。

初年期に天庫星がある場合

天庫星は現世の最後を表わしますから、この子が生まれたことで、親の運気が下がる傾向がありますます。それは親縁（とくに父親）が薄くなるからと考えられます。親の運勢が最高潮の場合は、幼少期には、ひ弱な子供になったり、大病をしたりすることが多くなります。でもこの天庫星は「先祖のご加護」がある星ですから、窮地ではいつも救われます。性格は大人びて芯の強いところがあり、真面目な努力家。一つのことにはまりやすい傾向があります。この優れた集中力と凝り性を生かし、一つのことをやり遂げれば将来必ず役に立つはずです。

中年期に天庫星がある場合

親や兄弟の面倒を見ることが多くなり、家庭の中心的立場になって、先祖の供養に関する行事を仕切っていくことになるでしょう。このように「奉仕的な生き方」をしている分には、仕事、家庭とも安定した穏やかな中年期になります。しかし、自己中心的な生き方をしてきた人は、中年期になって不満が爆発したり、突然自分の好きなことをやり始めたりと不安定になります。

晩年期に天庫星がある場合

初年期、中年期の生き方が大きく影響しますが、この星は晩年期にふさわしい星です。これまでの努力や経験や知識が、世のなかで役立てられる時期になるはずです。ただし、頑固で一本気な性格が災いを呼ばないように心がけましょう。いずれにしても年寄り臭い老人にはならないよう、好きなことに熱中した日々を送ることを心がけましょう。

天庫星が二つ以上ある場合

人生の半ばを境にして、大きく変化するのが特徴です。職業ががらっと変わったり、家庭に変化(離婚も含む)があったりと、人生を二度生きるような現象が起こります。墓は必ず2カ所以上守ることになります。

⑫天馳星の運勢

天馳星の意味すること

天馳星はあの世の星で、極限の無の世界を表わします。精神力の強さはどの星にも負けません。無の星から出るエネルギーには限界がありませんから、瞬間的なパワーは最強です。しかし、残念ながら持続性はありません。

社会の流れを変える時、会社の方針を転換する時、新規事業を立ち上げる時など、変革を実行に移す時にはなくてはならないパワーなのです。寝食を忘れて没頭できるという人間離れした存在、それがこの星です。

仕事には、同時に複数の作業をこなすことができ、それを苦しいとは思わず、張り合いや楽しみと感じられるのもこの星の特徴です。また予知能力や勘のよさがありますから、突拍子もないことを思いついたり、ある日突然いなくなったりと、周りの人と歩調が合わないこともしばしばあります。

そのために、なんでも自分で片づけようとしますから、単独行動が多くなります。そして常に自分をハードスケジュールのなかに追い込もうとします。またそうすることで、才能が磨かれ、運を上昇させるという星なのです。これでは、穏やかで心豊かなゆとりある生活は望めないでしょう。

初年期に天馳星がある場合

親の運気とあなたの運気が追いつ追われつする可能性があります。あなたが健康なら親の運が低迷し、親の運気が順風満帆ならあなたが病弱になり波乱含みの子供時代になります。でも、初年期だけのことです。ケガや健康には十分気をつけましょう。天馳星はあの世の星ですから、発想がユニークで、時間の感覚はありません。遊びに勉強にデートにと、変化に富んだ忙しい青春時代になるでしょう。

中年期に天馳星がある場合

運勢の谷間の時代です。そして家庭崩壊につながりやすい時期です。今まで家庭円満だったのが、ある日突然家族に不幸な出来事が起こる可能性もあります。とにかく中年期に運気が一度がくんと落ち、波乱が起こります。ただ短気な行動を起こさないこと。落ちた運気は反動で必ず上昇します。この星は土壇場にものすごい力を発揮しますから、まったく心配はいりません。「禍い転じて福となす」のとおり、災難を乗り越え大きく飛躍しましょう。

晩年期に天馳星がある場合

別名「多忙星」と言われる星ですから、けしておとなしい老後にはならないでしょう。体を動かすことで心の安定が保たれるので、健康な間は家族のため、人のために動き回ります。

体力が衰えるにつれて、穏やかな老境に入っていきます。もともとお金や名誉には欲のない人ですから、無理をしない自然な生き方になります。ただ、身勝手な生き方を押し通すと孤独になりやすいという暗示があります。わがままは、ほどほどにしておきましょう。

天馳星が二つ以上ある場合

星がある場所に関係なく、お金と健康とが追いつ追われつすると言われています。つまりお金儲けしようと思わなくてもお金は入ってきますが、運が頂点に向かうと病気やケガに遭うという暗示があります。

現世で財や名誉にこだわらなければ、元気で長寿です。悪運にも、勝負運にも強いのが特徴です。

第三章

四季運大運法

一

四季運大運は、あなたと社会をつなぐ窓口

生年月日から導き出された「宿命」を人間の出発点とすれば、それに対して後から巡ってくる「宇宙のエネルギー」を後天運といいます。

後天運には、大運、年運、月運、日運の四つの柱があります。そのなかで、年運、月運、日運の三つは誰にでも同じように巡ってくる宇宙のエネルギーです。

大運とは、人生の大きな区切りを表わします。その区切りは、10年単位であなたの生き方に大きくかかわることになります。昔から「十年ひと昔」といわれるように、人の一生にも10年ごとに大きな変化が現われます。人生80年とすれば、8回の大きな節目があることになります。

大運だけは、あなたの宿命の特性である月支から導き出すものですから、それだけ個々の特質が強く表われます。個々の宿命が通る大きな運の道といえるでしょう。

この大運のエネルギーがどのような形で体内に宿る霊魂（宿命）と融合していくかを知る唯一の方法が「大運法」です。つまり、あなたと社会をつなぐ「窓口」になるということです。

1 大運とは？

大運の出し方

大運は、月干支（生まれた月の干支）を基点にして出していきます。大運の回り方には、「右回り（順回り）」と「左回り（逆回り）」の2通りがあります。あなたの大運は、「右回り」になるか、「左回り」になるのかを調べることにしましょう。

大運の「右回り」か「左回り」かは、「性別（男・女）」と「年干（陽干・陰干）」で決まります。

①右回り（順回り）の人

男性＝年干が陽干になる人

（年干が、甲丙戊庚壬の人）

女性＝年干が陰干になる人

（年干が、乙丁己辛癸の人）

②左回り（逆回り）の人

男性＝年干が陰干になる人

（年干が、乙丁己辛癸の人）

女性＝年干が陽干になる人

（年干が、甲丙戊庚壬の人）

大運表の作り方

大運表のなかの干支の順番は、月干支の干支から始まります。

右回りの人は、「六十花甲子表」の干支番号順に回ります。左回りの人は、「六十花甲子表」の干支番号を逆に回ります。

【例題】太郎さん／1988年11月1日生まれ

「右回り」の人ですから、月干支の干支「干支No.59＝壬戌」が順行に回ります。つまり、No.59→No.60→No.1→No.2と回ります。

同じ誕生日の女性は、「左回り」の人になりますから、月干支の干支「干支No.59＝壬戌」が反対方向に回ります。つまり、No.59→No.58→No.57→No.56

［大運表「右回り」と「左回り」がある］

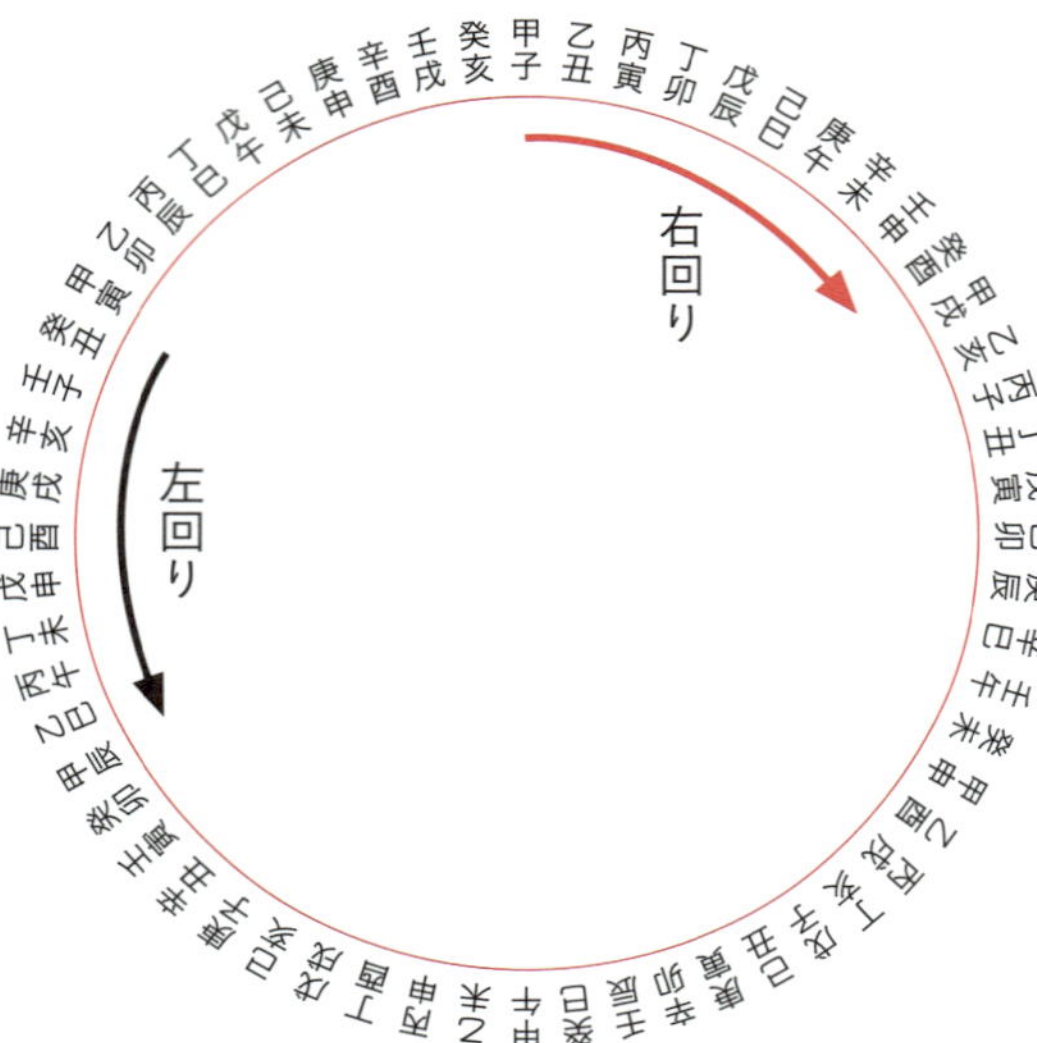

と回ります。

大運表の中にある蔵干（ぞうかん）欄には、十二支に含まれる十干（じっかん）を全部書き入れます。

巻末の「算命学暦」で自分の生まれた年の暦を見てください。

例題の太郎さんの場合、枠外に「年干支」１９８８年2/4～12/31日まで＝戊辰（大運＝男右・女左）と書いてあり「右回り」の人となります。

❷ 大運年齢とは？

大運年齢の算出方法

大運年齢は、１歳運から10歳運の10パターンに分類されます。

大運年齢の算出方法は、「右回りの人」と「左回りの人」で異なります。

「左回りの人」の計算法は、生まれた月の節入り日から生まれた日までの日数を計算します。

「右回りの人」の計算法は、生まれた日から生まれ月の節終わり（生まれ月の翌月の節入りの前日）までの日数を計算します。

【例題】太郎さん／１９８８年11月１日生まれ

算命学でいう月の初日と終日の計算方法と大運年齢の計算法

例題　太郎さんの生まれ月の10月の初日と終日の計算法

大運は、「右回りの2歳運」の人です。

10月の節入り日（10月８日）〜11月の節入り前日（11月６日）

10月8日節入り日　　1日（誕生日）6日

10月節入り日　　10月の終日（31日）　11月節入り

10/8　　11/1　　前日　6日

左回り　　右回り

算命学でいう10月は、10月８日〜11月6日までの30日間

●右回りの人＝11月の節入り前日（6）−誕生日（1）＋節入り日（1）＝6日数
大運年齢＝6÷3＝2…… 2歳運

●左回りの人＝10月の終日（31）−10月節入り日（8）＋誕生日（1）＋節入り日（1）
＝25日数
大運年齢＝25÷3＝8.333…… 9歳運（小数点は、すべて繰り上がる）

大運年齢の出し方を見ていきます。太郎さんの誕生日は11月1日。10月の節入り日は10月8日です。太郎さんの大運年齢は、2歳運になります。

大運年齢表の作り方

大運年齢は、「1歳運から10歳運」までの10パターンに分類されます。自分の年齢運がわかったら、次ページの「10パターンの大運年齢表」から探して、大運表に書き入れます。

大運の流れを人間の一生に置き換える

人間は、この世に生まれてきて、赤ん坊の時代があり、それから自我が目覚める幼児、少年の時代があり、活力のある青年、働き盛りの頭領の時代を経て、老人の時代になります。その後は、体力も衰え病人になり、死を迎え、お墓に入り、あの世をさまよう霊魂になるわけです。この繰り返しが、人間の一生になるのです。

次ページ下の「一生の運気サイクル表」を見な

【10パターンの大運年齢表】

大運	1歳運	2歳運	3歳運	4歳運	5歳運	6歳運	7歳運	8歳運	9歳運	10歳運
月干支	0歳	0～1歳	0～2歳	0～3歳	0～4歳	0～5歳	0～6歳	0～7歳	0～8歳	0～9歳
第1句	1～10歳	2～11歳	3～12歳	4～13歳	5～14歳	6～15歳	7～16歳	8～17歳	9～18歳	10～19歳
第2句	11～20歳	12～21歳	13～22歳	14～23歳	15～24歳	16～25歳	17～26歳	18～27歳	19～28歳	20～29歳
第3句	21～30歳	22～31歳	23～32歳	24～33歳	25～34歳	26～35歳	27～36歳	28～37歳	29～38歳	30～39歳
第4句	31～40歳	32～41歳	33～42歳	34～43歳	35～44歳	36～45歳	37～46歳	38～47歳	39～48歳	40～49歳
第5句	41～50歳	42～51歳	43～52歳	44～53歳	45～54歳	46～55歳	47～56歳	48～57歳	49～58歳	50～59歳
第6句	51～60歳	52～61歳	53～62歳	54～63歳	55～64歳	56～65歳	57～66歳	58～67歳	59～68歳	60～69歳
第7句	61～70歳	62～71歳	63～72歳	64～73歳	65～74歳	66～75歳	67～76歳	68～77歳	69～78歳	70～79歳
第8句	71～80歳	72～81歳	73～82歳	74～83歳	75～84歳	76～85歳	77～86歳	78～87歳	79～88歳	80～89歳
第9句	81～90歳	82～91歳	83～92歳	84～93歳	85～94歳	86～95歳	87～96歳	88～97歳	89～98歳	90～99歳
第10句	91～100歳	92～101歳	93～102歳	94～103歳	95～104歳	96～105歳	97～106歳	98～107歳	99～108歳	100～109歳

【一生の運気サイクル表】

大運の流れ	前世	現世								後世		
人間の一生	胎児	赤子	幼児	少年	青年	壮年	大將	老人	病人	死人	入墓	あの世
星	天報星	天印星	天貴星	天恍星	天南星	天禄星	天將星	天堂星	天胡星	天極星	天庫星	天馳星

がら、自分の一生にどの星が回ってきているかを確認して、人生設計をしましょう。どんな星が回ってきていても、よい星、悪い星の区別はありません。ただ、生き方に問題が出てくるだけです。子供時代に「老人の星」が回ってきたら、年の割には大人びた子供になるでしょう。逆に、大人になって赤ちゃんの星が回ってきたら、身勝手でわがままな大人になってしまうということです。このように、生き方に問題が出てきますから、幸せを望む生き方をしたいなら、自分にとって生きやすい環境を作っておく必要があります。

大運年齢の出し方で間違えやすいもの

算命学では、誕生日の「日数」に、節入日と誕生日を加えて計算します。

生まれた日と節入日が同じ場合、「左回り」の人の日数は「1」。「右回り」の人の日数は「31」になります。

日数が2日以下の場合と30を超えた場合は、大運年齢の3で割ると、左回りの人は、1÷3＝0・333で「1歳運」。右回りの人は、31÷3＝10・333で、少数点がすべて繰り上がるため、計算上は「11歳運」になりますが、算命学では「10歳運」と定める約束になっています。

大運年齢は「1歳運」から「10歳運」までと定めていますから、間違えないでください。

大運星の出し方

大運星の出し方は「日干」を基点にして「十大主星表」から割り出します。前出の「宿命図」を作成した時の手順で大運星を出していきます。

日干と大運干支の「干」が交わる位置にある星が「大運十大主星」で、「支」が交わる位置にある星が「大運十二大従星」になります。四季の分類方と四季に現われる現象は、115ページの表を見てください。

二　四季運表の作り方

春夏秋冬があるように、人間の一生にも四季があって不思議ではないという「算命学」の考えに基づき「四季運表」が生まれました。

守備本能が強い「春の時代」、伝達本能が強い「夏の時代」、攻撃本能が強い「秋の時代」、習得本能が強い「冬の時代」というように分類しました。

1 大運四季運表の作り方

運気の流れを四季で表わす

大運表は、人間の一生の運気の流れを表わしたものです。この運気の流れを四季で表わすと、自分の生き方がイメージできます。このように、目に見える形にすることで、自分の一生を把握できるのが「算命学」なのです。四季の分類は、十二支を使います。十二支の分類法は次のとおりです。

「春の季節」は、十二支の「寅・卯・辰」が回ってきた時代。

「夏の季節」は、十二支の「巳・午・未」が回ってきた時代。

「秋の季節」は、十二支の「申・酉・戌」が回ってきた時代。

「冬の季節」は、十二支の「亥・子・丑」が回ってきた時代。

【四季の分類法と現われる現象】

季節	十二支	方位と色	本能	大運に回ってこない季節の人の特徴
春	寅 卯 辰	東 青龍 青色	守備本能	65歳までに「春の季節」が回ってこない人は、忍耐力がありません。守りが弱く、あきらめが早い人になりますから、一つのことを継続することができません。転職の多い人生になりやすい人です。
夏	巳 午 未	南 朱雀 赤色	伝達本能	65歳までに「夏の季節」が回ってこない人は、自分をアピールするチャンスに恵まれません。どんなに素晴らしい考えであってもなかなか認めてもらえないでしょう。自分らしく輝ける人生を送るのは難しいかもしれません。
秋	申 酉 戌	西 白虎 乳白色	攻撃本能	65歳までに「秋の季節」が回ってこない人は、積極的に戦う気力のない生き方になります。欲しいものは自分から取りにいく積極性に欠ける人生になります。お金に苦労する人生になる可能性があります。
冬	亥 子 丑	北 玄武 黒色	習得本能	65歳までに「冬の季節」が回ってこない人は、知的な仕事が苦手な人です。考えるより行動が優先する人ですから、体力を使う仕事、体が勝負のスポーツマンに向くタイプです。知識は実体験から会得するほうが身に着きます。

右回りの人の「大運表」の完成図

【例題】1988年11月1日生まれの男性

「大運表」右回り、「２歳運」、子丑天中殺、「大運天中殺」は（12～31歳まで）になります。

季節	年齢	大運	干支	蔵干	十大主星	十二大従星	サイクル
秋	0～1歳	月干支	壬戌	辛丁戊	鳳閣星	天堂星	老人
冬	2～11歳	第１旬	癸亥	甲壬	調舒星	天胡星	病人
	12～21歳	第２旬	甲子	癸	禄存星	天極星	死人
	22～31歳	第３旬	乙丑	癸辛己	司禄星	天庫星	入墓
春	32～41歳	第４旬	丙寅	戊丙甲	車騎星	天馳星	あの世
	42～51歳	第５旬	丁卯	乙	牽牛星	天報星	胎児
	52～61歳	第６旬	戊辰	乙癸戊	竜高星	天印星	赤子
夏	62～71歳	第７旬	己巳	戊庚丙	玉堂星	天貴星	幼児
	72～81歳	第８旬	庚午	己丁	貫索星	天恍星	少年
	82～91歳	第９旬	辛未	丁乙己	石門星	天南星	青年
秋	92～101歳	第10旬	壬申	戊壬庚	鳳閣星	天禄星	壮年
	102～111歳	第11旬	癸酉	辛	調舒星	天将星	大将

この期間が、「大運天中殺期間」です。（12～31歳の行）

左回りの人の「大運表」の完成図

【例題】1988年11月1日生まれの女性

「大運表」左回り、「９歳運」、子丑天中殺、「大運天中殺」は、89歳以降になるので活用できません。

季節	年齢	大運	干支	蔵干	十大主星	十二大従星	サイクル
秋	0～8歳	月干支	壬戌	辛丁戊	鳳閣星	天堂星	老人
	9～18歳	第１句	辛酉	辛	石門星	天将星	大將
	19～28歳	第２句	庚申	戊壬庚	貫索星	天禄星	壮年
夏	29～38歳	第３句	己未	丁乙己	玉堂星	天南星	青年
	39～48歳	第４句	戊午	己丁	竜高星	天恍星	少年
	49～58歳	第５句	丁巳	戊庚丙	牽牛星	天貴星	幼児
春	59～68歳	第６句	丙辰	乙癸戊	車騎星	天印星	赤子
	69～78歳	第７句	乙卯	乙	司禄星	天報星	胎児
	79～88歳	第８句	甲寅	戊丙甲	禄存星	天馳星	あの世
冬	89～98歳	第９句	癸丑	癸辛己	調舒星	天庫星	入墓
	99～108歳	第10句	壬子	癸	鳳閣星	天極星	死人
	109～118歳	第11句	辛亥	甲壬	石門星	天胡星	病人

この期間が、「大運天中殺期間」です。

❷ 四季運に現われる現象と特徴

四季運で「人生設計図」を作る

前ページの表とともに四季運をくわしく説明していきましょう。

算命学での四季の巡り方は、自然界の四季の巡り方と必ずしも同じになるとは限りません。同じ夏生まれであっても、人生のスタートが夏から始まり夏→秋→冬→春と回る人と、逆に夏→春→冬→秋と回る人がいます。

季節の回り方は、性別（男・女）と、生まれた年の干支（陽・陰）で決まります。「算命学暦」で調べてください。自然と同じ四季の順で回る場合は「右回りの人」、逆の順で回る場合は「左回りの人」になります。このように、その人の生まれた月によって、四季運のスタートの季節と、季節の回り方が決まります。この二つがわかれば、自分の生き方や方向性が見えてきます。

算命学では、人間の一生を120年とし、春の時代、夏の時代、秋の時代、冬の時代を各30年ずつに分けて、社会とどのようにかかわれば満足する生き方ができるかを教えてくれます。

四季運は、大運を四つの季節に分けたものですから、自分の四季運がわかれば、社会はあなたに何を求めているのかがわかります。求めているものがわかれば、自分は今、何をすべきかがわかります。当然、人生の戦略も立てられます。これで、迷うことなく自分の「人生設計図」を作ることができるはずです。

まずは、春夏秋冬の特徴と、その季節が回ってきた時に、どういう生き方をすればよいかを説明していきましょう。

3「春の季節」の生き方

自我の強いエネルギーの時代

「春の季節」は、守りのエネルギーが強い時代です。何かを守り貫くという強い意志と信念のエネルギーです。このように自我の強いエネルギーが巡って来た時代を生きるには、生きる目的がはっきりしていないと、周りの意見に振り回されることになってしまいます。

「春の季節」が巡ってきた時に、あなたに命がけで守りたいものがあったら、どんな誘惑にも負けず、守りきることができるはずです。初志貫徹な生き方になります。逆に、守るものがなかった場合は、ガードが甘くなりますから、誘惑に負けたり、流行に流されたり、だまされたりすることが多くなるでしょう。とくに、他人の忠告は鵜呑みにしないこと。自分で考えてから行動する習慣を身に着けるようにすることが、幸せをつかむコツになります。

「春の季節」が回ってきた時に生きる目的がはっきりしていない人は、自分の思いどおりにいかないと、引きこもりになりやすいので気をつけましょう。また、育った環境によっては、自己中心的な性格が災いして、友達まで失ってしまうことになります。

何をするにも、決断力、スピード、ユニークさに欠けるところがありますから、即断即決が必要な職種や変化の激しい分野での仕事は不向きなタイプです。のんびりとマイペースの人生を送るのが一番ですが、それにはフリーで仕事ができる専門的なスキルを持っていることが条件になります。

幸せをつかむには、時代の流れに敏感に対応できる勘を養うことが先決です。また、情報収集も怠らないこと。そして、人脈を大切にして、そこから得る情報をチェックして、自分を活かすチャンスを作りましょう。目的を持って生きることが重要です。これは、ごく当たり前のことですが、春の季節はとくに重要になります。

初年期の生き方

初年期（0歳～20歳まで）に「春の季節」が回ってくる人はマイペースな人生になります。好き嫌いが激しく、好きなことには夢中になりますが、嫌いなことに対してはまったく興味を示しません。とくに自我の強い性格の人は、自分の殻に閉じこもりやすくなりますから気をつけましょう。

また、協調性に欠け孤立しやすいところがあります。他人の忠告も、親の意見も聞き入れない生き方になっていきます。したがって、かなり身勝手な生き方になっていきますが、同年代の友達を作ることで協調性を養っていけたら、社会に通用する人間になるでしょう。

中年期の生き方

中年期（21歳～59歳まで）に「春の季節」が回ってくる人は、守りのエネルギーが強くなりますから、生き方は保守的です。独身時代と結婚後はものの考え方や金銭感覚が変わってきます。子供が生まれたら、今まで以上に口うるさくなる傾向があります。

自分にとって大事なのは、自力で勝ち取った役職、地位、名誉、人気、お金、家族などを守り通すことでしょう。つまり、リスクがあるものよりも、安全を第一に考えます。自信がないことには、けして手を出しません。現状維持を守り通す人です。

ただし、現状を固守するあまり頑固になりすぎると、環境の変化に対応できなくなってしまいますから気をつけましょう。もう少し柔軟な考え方ができれば、生きやすくなるはずです。自分がもっと成長するには、失敗を恐れずチャレンジする勇気が必要です。

晩年期の生き方

晩年期（60歳〜）に「春の季節」が回ってくる人は、悠々自適な隠居生活を楽しむことになります。「春の季節」は、守りが強く堅実な生き方になりますから、自分の身の丈にあった生活設計を立てて、そのなかで楽しみを見つけて生きることになるでしょう。

また、これまで自分のやりたいことを我慢してきた人は、ようやくそれができる時代になります。趣味に生きる人もいれば、のんびりマイペースの生活を楽しむ人もいるでしょう。でも、自我が強くなりすぎると、家族に嫌われ孤立することになりますから、頑固もほどほどにしておきましょう。

定年後の生き方

「春の季節」が回ってきた人は退職後、働くよりも趣味に生きるほうを選ぶでしょう。ただし、生きる目的がはっきりしている人に限ります。やりたいことがはっきりしていないと、仕事を辞めたと同時に生きる気力まで失うことになってしまいます。

仕事を辞めた当初は、家族も「長年、お疲れさま」ということで、家のなかでゴロゴロしていても許してくれるはずです。それも3カ月が限界でしょう。このまま、半年もするとますますやる気がなくなり、怠け癖が出てきますから気をつけること。

「春の季節」の特徴である怠け癖が出てくると「うつ状態」になってきますから、やりたいことが見つからない人は仕事を辞めないことです。非常勤でもよし、子会社への出向でもよし、アルバイトでもよし、給料が安くてもよし、毎日、決まった時間に出かける所があれば、それだけで十分です。定年後も生活のリズムを変えなければ「うつ病」になることはありません。

定年後の生き方を前もって決めている人は、退職後は即始めてください。とくに、未体験のことを始めようとする場合は、時間がたつにつれて決意が薄れてくる場合があります。できれば、退職前に体験学習しておくと、安心して第二の人生をスタートさせることができるでしょう。

たとえば、農業をやりたい場合は、実際に農家に住み込んで体験させてもらうとよいでしょう。実際に、自分で探してアタックするくらいの積極性がないと、新しい分野での再スタートは難しいでしょう。

海外移住も考え方は同じです。旅行の体験だけでは不十分です。実際に現地に行って生活することです。それも最低3カ月から半年ぐらいの体験は必要でしょう。いろいろな体験をして、ここなら生活できると思ったら、それから移住を考えても遅くありません。まず、現地在住の友達を作ることから始めましょう。

「夏の季節」の生き方

伝達エネルギーが強い時代

「夏の季節」は、伝達エネルギーが強い時代です。このエネルギーは、自分の意思を伝えようとする自己表現力です。また、活力が旺盛な時代になりますから、夢を実現させるために努力を惜しまないこと。一生のうちで自分が一番輝ける時代が「夏の季節」になります。

「夏の季節」は一生のなかで一番活躍できる時代になりますから、やりたいことがあったら、躊躇せずに積極的に行動に移すことです。また、自分をアピールするには最高の時代。温めている企画があれば、チャレンジするのもよいでしょう。

自分の夢や目的に向かって着々と実力をつけてきた人は、「夏の季節」が回ってきた時には、とりあえずどんな形でもかまいませんから公表することです。それが、ひょんなことから誰かの目に止まって、評判になり、世間の脚光を浴びることもないとは言えないのです。つまり、「夏の季節」は他力運が強い時代ですから、うまく時流に乗れれば、自力運が弱くても成果を上げることができます。ただし、派手な生き方や目立ちすぎる行動をすると、マスコミに叩かれるので気をつけましょう。人気が出すぎたら、謙虚になることです。

性格によっては、自分の考えをうまく表現できない人もいます。そのために、理解者がなく孤立してしまうこともあるでしょう。協調性に欠ける人は、人間関係もうまくいかなくなります。そういう人は、ただひたすら目的に向かってよい仕事をすることだけを考えてください。必ず誰かの目に止まりますから、小細工はしないことです。よい仕事をしていれば、他人の目につきやすいのが「夏の季節」の特徴ですから、お金を儲けたい、有名になりたい、権力を持ちたい、といった結果を望まないことが大切です。お金を儲けること、有名になることは結果であって、目的ではありませんから、勘違いしないようにしましょう。

働いている女性は、仕事がおもしろくて結婚が後回しになる時代です。もし、あなたが結婚を望んでいるなら、判断を誤らないことです。あくまでも後悔しない生き方をしましょう。

初年期の生き方

初年期（0歳～20歳まで）に「夏の季節」が回ってくる人は、元気がよすぎて、じっとしていられません。勉強よりも遊びやスポーツに夢中になる時代です。しかも好奇心が旺盛になりますから、怖いもの知らずでなんにでも手を出したがる時代です。

「夏の季節」が回ってきている時に、親が「勉強しなさい、勉強しなさい」と言っても嫌がられるだけです。小学生時代は、いろいろなことを体験させることで知識を学ばせるのが一番です。

高学年になっても、机に向かって一人で何時間も勉強をする方法では、成績は上がりません。それよりも仲のよい友達と塾通いをしたほうが集中でき、成績はよくなります。

いずれにしても個性が強く、目立ちたがりで、華やかな世界にあこがれる傾向があります。勉強が嫌いで芸事が好きで、しかも一芸に秀でている子供だったら、芸の道を究めるのもよいでしょう。

中年期の生き方

中年期（21歳〜59歳まで）に「夏の季節」が回ってくる人は、エネルギッシュに活躍する時代になります。一生で一番自分が輝ける時代です。自分の得意とする分野で、これまでの業績を大いにアピールしてください。

積極的に自分が表面に出て活躍するようにしましょう。派手な行動も許せる時代です。あまり謙虚になりすぎると、チャンスを逃してしまいますから気をつけましょう。自分には「ちょっと重荷かな」と思っても「夏の季節」が回っていて、他力運が強い場合は引き受けても大丈夫です。

晩年期の生き方

晩年期（60歳〜）に「夏の季節」が回ってくる人は、経済的に余裕があっても、のんびり楽隠居の生活では満足できません。死ぬまで現役で、社会とかかわっていたいという願望が強い人です。しかも歳の割には若さがありますから、若者のなかに入っても一緒に行動できるタイプです。普通は、老境に入ると気力や体力が衰えてくるはずですが、夏の季節が回ってくると体力も気力も十分にあります。まだまだやる気も活力もあり、元気いっぱいで輝いています。また、死ぬまで現役を通したいと思っている人がほとんどですから、今までに築き上げてきた地位や権限を子供や後輩に譲るようなことはしません。

性格によっては、新会社を設立して、第二の人生を謳歌する人も出てくるでしょう。しかも、趣味の世界で自己満足するだけでは、充実感は味わえません。社会に認められて、さらに誰かの役に立っているという実感がないと、生きているという満足感は得られません。

定年後の生き方

「夏の季節」が回ってきた時は基本的に死ぬまで社会とかかわっていたいという願望が強まります。定年後に働くところが決まっていない人は、とりあえず会社にとどまることを考えることです。その間に、何をするかを決めてください。本当は、定年前に決めなければならないことです。

定年後に「夏の季節」が回ってくる人は、気力も、活力も、やる気も若さも十分にあります。このまま社会の一線から離れてしまうと、体力があるだけにボケが始まると〝徘徊する〟確率が高くなります。家族にとっては、一番厄介で手のかかる老人になります。年齢に関係なく「夏の季節」が回ってきた時は、家でジッとしているのが苦痛になってくるので、会社から仕事を続けてほしいと言われたら、大いに働いてもらうことです。家族は世間体が悪いとか、健康が心配だからといって仕事を取り上げないことです。

会社に残って、そのまま仕事が続けられる人は幸せですが、それができない人は、思い切って新世界へ飛び込んでも、十分やっていけます。経済的に余裕がある人は、ＮＧＯ、ボランティア団体に参加してみるのもよいでしょう。

5 「秋の季節」の生き方

攻撃のエネルギーが強い時代

「秋の季節」は、攻撃のエネルギーが強い時代です。また、欲しいものは自ら取りに行く時代でもあるのです。つまり、積極的に戦う時代が秋なのです。

このような攻撃エネルギーが回ってきた時の生き方は、勇気を持って自分から動くこと、積極的に行動することです。受け身の生き方では、何も変わりません。

たとえば、絶好のチャンスが回ってきても、自分から行動しないと、せっかくのチャンスを見逃してしまうことになります。つまり、迷ってばかりいると自らチャンスを逃がしてしまうことになるのです。

算命学では、秋は戦いの時代、行動の時代になります。自ら勇気を持って行動する時代ですから、他人に助けられることはありません。逆に、他人に攻撃されたり、周りからつまはじきにされたり、いじめられたりすることで、さらに攻撃力がアップするのです。この時代に、人間関係に恵まれたり、他人に助けられたり、誉められたりすると攻撃のエネルギーはダウンします。

また、秋は収穫の時代とも言われていますので、一生に必要なお金を備えておく必要があります。秋の季節が回ってくる年代が20歳代なら、一生の収入源になるものを確立しておくことです。サラリーマンになるなら、派遣でなく正社員に。資格が必要な職業なら、この時期に取得しておくことです。お金は貯めるだけでなく、収入を安定させるための道筋を作っておくことが大事です。

初年期の生き方

初年期（0歳～20歳まで）に「秋の季節」が回ってくる人は、なんでも欲しがる贅沢な子供になりやすいので気をつけましょう。学生時代に「秋の季節」が回ってくる子供は、親が裕福な時代に生まれたことになります。つまり、親が築いた財産に育てられることになりますから、親は子供に対してきちんとした金銭感覚を持たせることが大事です。

贅沢な生活ができるのは、親が働いて得た大切なお金であることを子供にも理解させることです。親は、経済的に余裕があるからといって、ブランド物を買い与えるのはやめましょう。ブランド物が欲しければ、自分で稼いだお金で買うことです。

中年期の生き方

中年期（21歳～59歳まで）に「秋の季節」が回ってくる人は、欲しいものを取りに行く時代になります。つまり、戦いの時代です。しっかりした目的や夢を持っていないと、活力や気力が湧いてきません。活力ややる気を起こすためには、収入アップだけでなく、責任のある地位につくことも大切です。

また、「この役目はちょっと重荷かな」と思われるような仕事であっても、思い切って引き受けてみるのもよいでしょう。「秋の季節」が回ってきた時だけは、「無理かなあ」と思った仕事もクリアできますからチャレンジしてください。この時期は、負けず嫌いの根性が最強の時期だからです。

また、「秋の季節」は名誉・名声を得るチャンスでもあります。どんな難しい仕事であっても、依頼されたら引き受けましょう。苦労が無駄にならないのが「秋の季節」ですから、実体験から得た知恵や創意工夫で業績がアップするのも夢ではありません。

晩年期の生き方

晩年期（60歳～）に「秋の季節」が回ってくる人は、充実した隠居生活を送る人と、チャレンジ精神を発揮して死ぬまで現役で活躍する人に分かれます。秋は攻撃エネルギーが強くなる時代ですから、はっきりした目的がないと活力は生まれません。強欲な人ほど活力が出る時代です。

気力があるかないかは、夢や目的を持っているかいないかで決まります。定年退職後に、新事業を興すくらいの勇気があってもおかしくありません。性格によっては、目的を失ってしまうと「うつ病」になる場合がありますから気をつけましょう。

いずれにしても、人生八十年と言われる現代の60歳は、まだまだ体力も気力もあります。勇気を持ってあらゆることにチャレンジしてください。

さしあたって何をやったらよいのかがわからない人は、今の会社を辞めないことです。非常勤でもよし、給料が下がってもよし、子会社に飛ばされてもよし、ボランティアでもよしです。つまり、出かける場所と自分の居場所があるだけで「うつ病」からは逃れられるからです。ただし、これは一時的な対策ですから、1年以内に新しい目的、または生きがいになるものを見つけてください。

定年後の生き方

「秋の季節」が回ってきている人は、死ぬまで現役で社会とかかわっていたい人ですから、いくつになっても働ける仕事を準備しておく必要があります。

サラリーマンなら、代表権がある役員にまで昇りつめること。または子会社の社長になるという方法もあるでしょう。エンジニアなら最先端の技術を教えることができるかもしれません。農業経験がある人は、都会を離れて田舎で暮らすのもよいでしょう。

「秋の季節」は攻撃エネルギーが強くなる時代ですから、今までは家族のことを思って躊躇していたことでも、これからは自分のためにチャレンジしてください。家族にとっても家でゴロゴロされているよりも、ハラハラさせられても楽しく生きてもらったほうがうれしいはずです。

体力に自信がある人は、国内だけでなく、海外まで手を広げても十分活躍できます。さらに経済的に余裕があれば、ＮＧＯ、ボランティア団体に参加してみるのもよい経験になるでしょう。

いずれにしても、目的を持って何かに立ち向っていないと、気力と体力が日を追って衰えてきます。なかでも一番怖いのが、社会とのつながりが切れてしまうことです。真面目に、社会のため、会社のため、家族のためにと働いてきた人ほど、孤独には弱いものです。社会から孤立すると、生きている意味がないと思ってしまうからです。

その点女性は、たくましく生きていきます。男性よりも環境の変化には強いからです。新しい世界に飛び込んでも、骨惜しみせず行動しますから、環境になじむのも早く、仲間もできやすいのです。

男性が新しい環境になじみにくいのは、過去の地位と権限、プライドを捨てきれないからだと言われています。新しい職場で若い社員に「おじさん」と言われただけで「礼儀を知らないヤツ」になってしまうのです。年齢や元の地位など関係なく、後から入社してきた人が後輩になるわけですから、怒る理由はどこにもありません。常識的には当然のことです。ここが、男と女の考え方の違うところかもしれません。

⑥「冬の季節」の生き方

習得のエネルギーが強い時代

「冬の季節」は、習得のエネルギーが強い時代です。知りたい、学びたいという意欲が旺盛になる時です。

「冬の季節」が学生時代に回ってきたら、親が「勉強しなさい」と言わなくても、常にトップクラスの成績を維持します。好奇心が旺盛な子供は、夏休みや冬休みを利用してホームステイするケースもあるでしょう。このような短期留学にとどまらず、本格的に海外留学する子供が出てきてもおかしくありません。

「冬の季節」が30代に回ってきた人の中には、会社人間になってみたが、さらに新しい技術を身につけたいと専門学校に通い始めることもあり得ます。また、習いごとを始めたくなるのも、資格を取得したくなるのもこの時代です。

「冬の季節」は、好奇心とチャレンジ精神が旺盛になりますから、業種によっては、未来に向けて研究に取り組む人もいるでしょう。斬新な企画力で活躍する人、後輩の育成や講演で飛び回る人、コンサルタント業や作家で活躍する人、いずれの人も、さらなる向上を目指して知性を刺激する環境に身を置きたくなるのが冬の時代です。

冬の時代というと暗いイメージがありますが、算命学では習得のエネルギーが強くなる時代と定めています。つまり、動くよりも考える時代、体力よりも知力の時代になりますから、冬の時代が回ってくると、何かを学びたくなります。

常日頃、大学でもう一度勉強し直したいと思っている人は、「冬の季節」が回ってくると、大学受験の願望が非常に強くなります。また、10歳代に

「冬の季節」が回ってくると、成績優秀な子供になります。誉めて育てると黙っていても勉強する子供になりますから、親にとっては育てやすい子供といえるでしょう。

初年期の生き方

初年期（0歳～20歳まで）に「冬の季節」が回ってくる人は、外で遊ぶより部屋で静かに本を読んでいるほうが好きなタイプです。親が「勉強しなさい」と言わなくても、宿題は忘れない子供です。親にとっては、手のかからない、成績優秀な子供です。

ただし、成績がよいからといって、手放しで喜んではいられません。勉強さえできれば何もしなくてよいと言って親が甘やかしていると、協調性のない身勝手な人間になってしまいます。

「冬の季節」が回ってきている子供は、自分の育った環境が蓄積されるため変化に弱くなってしまいます。いわゆる「内弁慶」の子供になってしまうということです。自分の育った環境の壁を越えられないのが、「冬の季節」が回ってきた時に育った子供たちです。

この時代に身についた学問は、体験から得るものではなく、あくまでも頭で理解し、頭で模索した知識です。その知識だけを詰め込んで、さも実際に体験したような気分になっているわけですから、現実とのギャップが大きいのです。たとえば、大学で教わった教育論だけでは教育現場で通用しないように、学校の勉強だけでは社会で生きていけないのです。つまり、社会性が身についていないと、普通の生活ができない人間になってしまいます。騙されやすい人になってしまうのも、社会性が未熟だからです。

筋道を立てて話すと、素直な人だけになんの疑問も抱かず鵜呑みにする傾向が顕著です。親は社会性を身につけるために、積極的にいろいろな体験をさせるようにしてください。また、家族以外の人たちとも交流できるような環境を作ることも大事なことです。

一人で部屋に閉じこもって、勉強ばかりしていたのでは友達もできません。ますます孤立してしまいます。これでは、優秀な成績で大学を卒業しても、社会人としては通用しない人間になってしまいますから気をつけましょう。

中年期の生き方

中年期（21歳～59歳まで）に「冬の季節」が回ってくる人は、技術開発や斬新な企画力で活躍することになるでしょう。また、自分の技術をグレードアップするために研修を受け直したり、新たに講習を受けて資格を取得したりと、知識欲が出てくる時代です。

30歳代に「冬の季節」が回ってくると、理系の大学を卒業したが、自分には経営学のほうが向いているのではと、再チャレンジする人もいるでしょう。そんな気持ちになるのが「冬の季節」です。

「冬の季節」は、体力よりも知力で勝負する時代ですから、知識や知能が生かせる環境で仕事ができれば、満足のいく生き方ができるでしょう。とにかく、頭脳プレーが武器になる時代です。大いに知恵を絞って、仕事に生かしましょう。

晩年期の生き方

晩年期（60歳～）に「冬の季節」が回ってくる人は、自分の生きた証を残したいと思うようになります。「自分史」を自費出版したり、写真などの趣味の個展を開いたりするのも、この「冬の季節」が回ってきた時です。

また、特殊な才能を持っている人は、後輩の育成やコンサルタント業で活躍する人もいるでしょう。作家活動や講演もできるでしょう。最先端技術を駆使して、新しいコンテンツ事業を始めることもできます。これまでに築き上げた業績と経験を生かして、ＮＧＯで発展途上国の事業に従事するのも一つの生き方になるでしょう。

「冬の季節」が回ってきた時は、目的がない人は出不精になります。ただ家で動き回るだけの生活だと、家族にとっては大迷惑です。妻や子供の負担が重くなるだけです。家族は心のなかで「どこでもよいから出かけてもらいたい」と思っているはずです。

とくに、人づき合いの悪い人は、家族や地域の中でも孤立してしまいますから、趣味の教室にでも通い仲間を作る努力をしてください。

定年後の生き方

「冬の季節」が回ってきた人は退職後、生活や社会のために働くよりも、自分のために生きたいと思うようになります。仕事が忙しくて、時間がなくて、今までやりたいと思ってもできなかった趣味の世界に生きる人もいるでしょう。ただし、実現するにはやりたい目的や生きる目的がはっきりしている人に限ります。

「冬の季節」は習得のエネルギーが強い時ですから、書くことに興味がある人は、「自分史」の執筆に取り組んでみるのもよいでしょう。自費出版するという目的を設け、書くことに意義を持たせるのもよいでしょう。

逆に、やりたいことがはっきりしていない人は、退職と同時に生きる気力まで失うことになってしまいます。なんとなく頭では、「今は忙しくてできないが、退職後は時間がいっぱいあるから、妻と一緒にのんびり旅行するのもよいかなあ」など考えている男性が多いのではないでしょうか。それは、とんでもない間違いです。妻のほうは、夫と一緒の旅行より、仲良しグループと旅行したほうが断然楽しいのです。夫と旅行しても、家庭の延長みたいで楽しめないというのが本音です。

退職後も、現役時代の休暇と同じような享楽が得られるつもりでいたら、大きな間違いです。忙しい合間をぬってひねり出した休暇だからこそ楽しいのであって、毎日が日曜日の引退後に同じことをしても、楽しみや満足の度合はまったく異なります。

家族のなかにあって、お互いが精神的に自立し、お互いを尊敬し、お互いの行動を束縛せず、思いやりと感謝の気持ちを持っていれば、穏やかな老後を生きることができるでしょう。

第四章

守護神法

一

守護神法の取り方は2種類ある

守護神の取り方には、命式が持っている6個の気のバランスによって取る「全体守護神法」と、日干と月支から取る「調候守護神法」の2種類があります。

守護神は四方向の法則と相性相剋の法則で決まる

五行のバランスを見る

自分（日干）が生きやすい環境を作り出すために必要なものが「守護神」です。守護神は、命式に持っている五行（木・火・土・金・水）のバランスによって割り出していきます。

その人の命式の「日干」と「月支」を見て、日干が弱ければ、日干が強くなるもの（助けられるもの）が守護神になり、日干が強ければ、日干が弱くなるもの（助けてあげるもの）か、剋すものが守護神になります。あくまでも、命式に持っている「五行のバランス」を整えるためです。

守護神に守られている年は、物事がスムーズに進みますが、忌神が回ってきた年は、思うように物事が進みません。うまくいったと思っていても最後でキャンセルになったりする場合がありますから油断はできません。

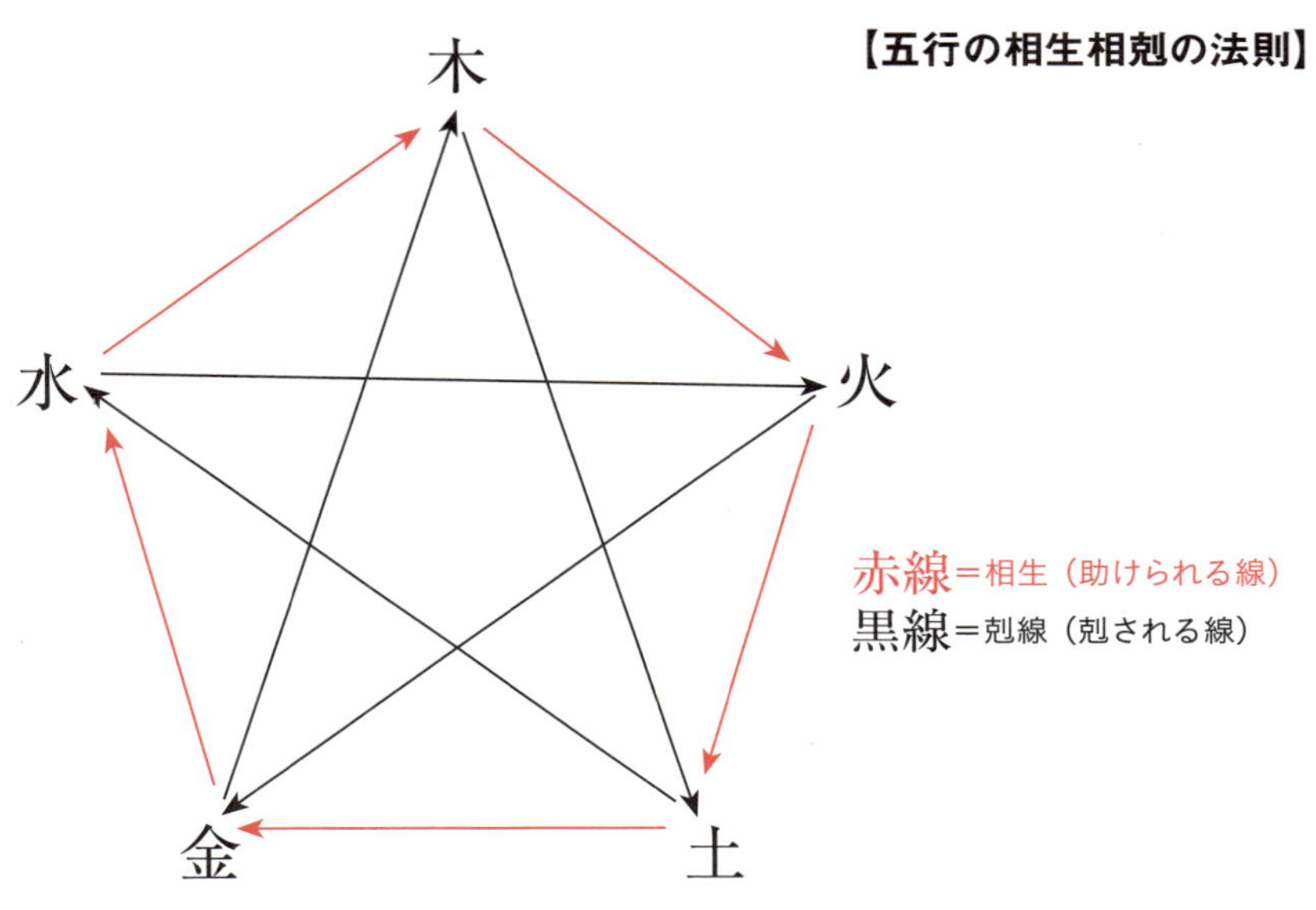
【五行の相生相剋の法則】
木
火
土
金
水
赤線＝相生（助けられる線）
黒線＝剋線（剋される線）

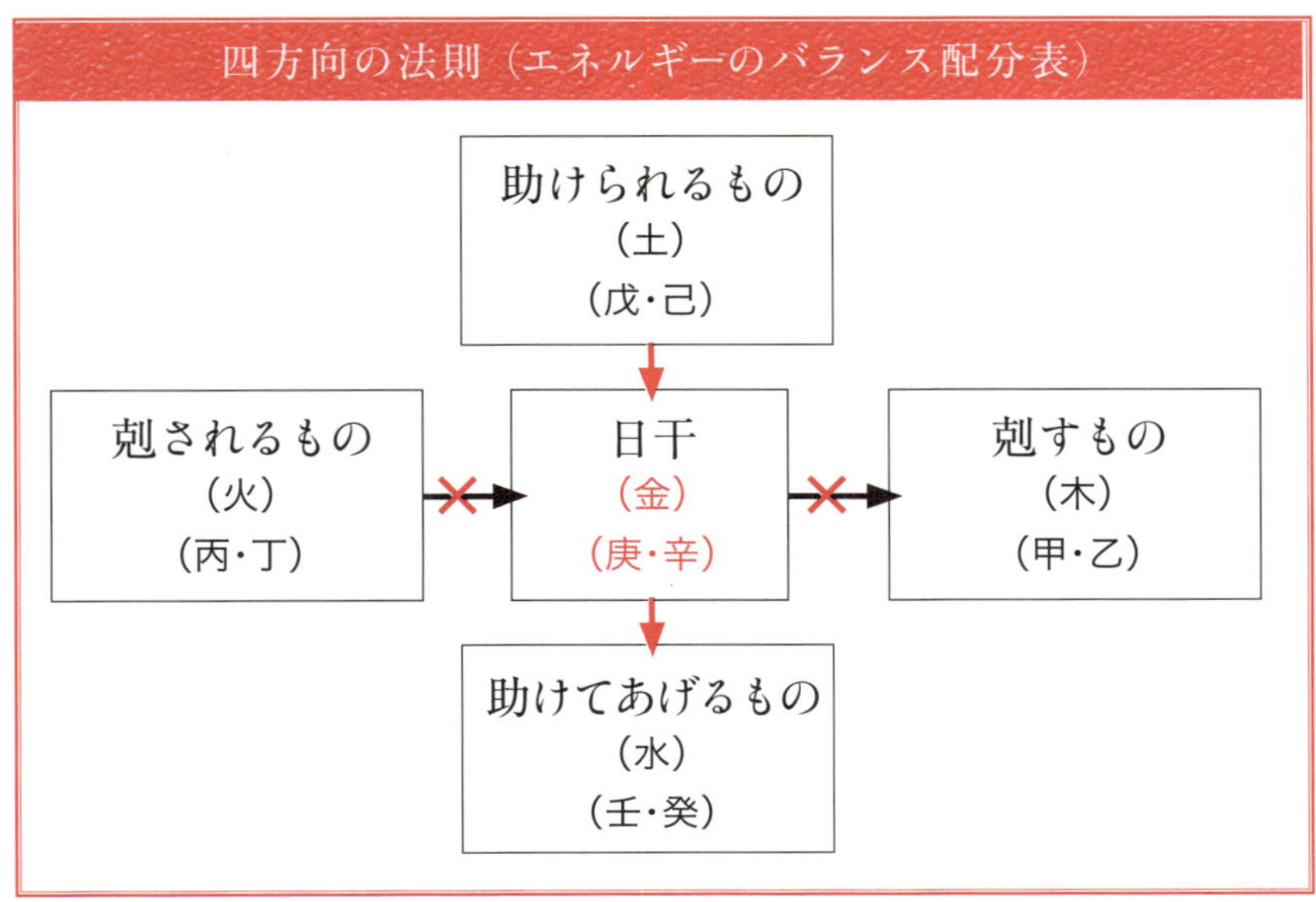
四方向の法則（エネルギーのバランス配分表）
助けられるもの
（土）
（戊・己）
剋されるもの
（火）
（丙・丁）
日干
（金）
（庚・辛）
剋すもの
（木）
（甲・乙）
助けてあげるもの
（水）
（壬・癸）

守護神は、「四方向の法則」と五行の「相生相剋の法則」によって決まります。

ここでも「例題」太郎さんの命式図を使って説明していくことにします。

【例題】太郎さんの命式図で、全体守護神法と調候守護神法の取り方をそれぞれ説明します（この場合は蔵干は使いません）。

全体守護神法の取り方

命式図を五行に変換して、バランスを見ます。

そして、足りない気、または多すぎる気をバランス良くするためには、どうすればよいかを考えます。

そのために必要な「気」が、守護神になります。

【太郎さんの命式図】

	日干支	月干支	年干支
No.	57	59	5
干支	庚 申	壬 戌	戊 辰
蔵干	戊 壬 庚	辛 丁 戊	乙 癸 戊

五行に変換する

金	水	土
金	土	土

木	火	土	金	水
0	0	3	2	1

命式全体の「五行のバランス」で守護神を取る手法を「全体守護神法」と言います。

まず、命式の五行のバランスを調べます。次に命式図の「十干（じっかん）と十二支」の五行に変換します。

第一章の「陰陽五行論一覧表」を見れば変換の仕方がわかります。

太郎さんの命式は「木の気」と「火の気」を持っていません。「五行のバランス」をよくするには「木の気」と「火の気」が必要になります。したがって守護神は、第一に＝甲（こう）、第二に＝丁（てい）　第三に＝乙（おつ）を取ります。第一守護神＝甲（木）を強くするためには「火」が必要になりますから、第二守護神に「火の丁」を取ります。このように「全体守護神法」は使います。

「調候守護神表」と「忌神表」の見方

調候守護神表に記されている守護神が、そのまま個々の命式の守護神に当てはまるとは限りません。

その理由は、調候法の割り出し方にあります。調候法は、その人の命式の「日干と日支」から割り出したものですから、他の干支によって五行のバランスがどうなっているかわからないからです。

命式の全体の五行のバランスを、総合的に読み取らないと、正確な守護神を見つけることができません。

個々の守護神を見つける場合は、全体守護神法と五行のバランス法を組み合わせて、その人に合った守護神を見つけてください。

[調候守護神表]

あなたの守護神は、日干と月支が交わるところです。

日干＼月支	子	丑	寅	卯	辰	巳	午	未	申	酉	戌	亥
甲	①丁 ②庚 ③丙	①丁 ②庚	①丙 ②癸	①庚 ②己 ③丁	①庚 ②壬 ③丁	①癸 ②丁 ③庚	①癸 ②庚 ③丁	①庚 ②丁 ③癸	①丁 ②庚	①丁 ②庚 ③丙	①丁 ②庚 ③壬	①庚 ②丁 ③戊
乙	①丙 ②戊	①丙 ②甲	①丙 ②癸	①丙 ②癸	①癸 ②丙	①癸 ②丙 ③辛	①癸 ②丙	①癸 ②丙	①丙 ②癸 ③己	①癸 ②丙	①癸 ②丙	①丙 ②戊
丙	①甲 ②壬 ③戊	①壬 ②甲	①壬 ②庚	①壬 ②庚	①壬 ②甲 ③庚	①壬 ②庚	①壬 ②庚	①壬 ②庚	①壬 ②甲	①壬 ②甲	①甲 ②壬	①甲 ②壬 ③戊
丁	①甲 ②庚	①甲 ②庚	①庚 ②甲	①庚 ②甲	①甲 ②庚	①壬 ②庚 ③甲	①壬 ②庚 ③甲	①甲 ②庚 ③壬	①甲 ②庚 ③丙	①甲 ②庚 ③丙	①甲 ②庚	①甲 ②庚
戊	①丙 ②甲	①丙 ②甲	①丙 ②甲 ③癸	①丙 ②甲 ③癸	①甲 ②癸 ③丙	①癸 ②甲 ③丙	①癸 ②甲 ③丙	①癸 ②丙 ③甲	①丙 ②癸 ③甲	①丙 ②癸	①甲 ②癸 ③丙	①甲 ②丙
己	①丙 ②甲 ③戊	①丙 ②甲	①丙 ②戊 ③甲	①甲 ②丙 ③癸	①丙 ②癸 ③甲	①癸 ②丙 ③辛	①壬 ②丙 ③辛	①癸 ②丙	①丙 ②癸	①丙 ②癸	①甲 ②丙 ③癸	①丙 ②甲 ③戊
庚	①丁 ②甲 ③丙	①丙 ②丁 ③甲	①丙 ②甲	①丁 ②甲 ③丙	①甲 ②丁	①壬 ②丙	①壬 ②癸	①丁 ②甲	①丁 ②甲	①丁 ②甲 ③丙	①甲 ②壬	①丁 ②甲 ③丙
辛	①丙 ②壬	①丙 ②壬	①己 ②壬	①壬 ②甲	①壬 ②甲	①壬 ②癸 ③庚	①壬 ②己 ③癸	①壬 ②庚 ③甲	①壬 ②甲	①壬 ②甲	①壬 ②甲	①壬 ②丙
壬	①戊 ②丙	①丙 ②甲	①戊 ②庚 ③丙	①戊 ②辛	①甲 ②庚	①壬 ②庚	①癸 ②庚	①庚 ②甲 ③癸	①戊 ②丁	①甲 ②辛	①甲 ②丙	①戊 ②丙
癸	①丙 ②辛	①丙 ②辛 ③甲	①辛 ②丙	①辛 ②庚 ③丙	①辛 ②丙 ③甲	①辛 ②壬	①辛 ②壬	①辛 ②壬	①丁 ②甲 ③辛	①辛 ②丙	①辛 ②甲	①辛 ②丙

※調候守護神の取り方は、紙面の都合により割愛しました。

[忌神表]

あなたの忌神は、日干と月支が交わるところです。

日干＼月支	子	丑	寅	卯	辰	巳	午	未	申	酉	戌	亥
甲	壬 癸	壬 癸	庚 辛	甲 乙	甲 戊 乙 己	戊 己	戊 己	戊 己	壬 癸	壬 癸	戊 己	壬 癸
乙	庚 壬 辛 癸	壬 癸	庚 辛	庚 辛	戊 庚 己 辛	戊 己	庚 辛	戊 己	庚 辛	庚 辛	庚 戊 辛 己	庚 壬 辛 癸
丙	庚 辛	庚 戊 辛 己	戊 己	戊 己	戊 己	丙 戊 丁 己	丙 戊 丁 己	戊 己	庚 戊 辛 己	庚 戊 辛 己	庚 戊 辛 己	庚 辛
丁	壬 癸	壬 癸	壬 癸	壬 癸	戊 壬 己 癸	戊 丙 己 丁	戊 丙 己 丁	丙 戊 丁 己	壬 癸	壬 癸	戊 壬 己 癸	壬 癸
戊	庚 壬 辛 癸	戊 壬 己 癸	庚 辛	庚 辛	庚 戊 辛 己	戊 己	戊 己	戊 己	庚 辛	庚 辛	庚 戊 辛 己	庚 壬 辛 癸
己	壬 癸	戊 壬 己 癸	庚 辛	庚 辛	庚 戊 辛 己	戊 己	戊 己	戊 己	庚 辛	庚 辛	庚 戊 辛 己	庚 壬 辛 癸
庚	壬 癸	壬 癸	壬 癸	壬 癸	庚 戊 辛 己	戊 己	戊 丙 己 丁	戊 己	壬 癸	壬 癸	戊 己	壬 癸
辛	戊 己	戊 己	丙 丁	丙 戊 丁 己	戊 己	丙 丁	丙 丁	丙 戊 丁 己	戊 己	戊 己	戊 己	戊 己
壬	壬 癸	壬 癸	甲 乙	甲 乙	戊 己	丙 戊 丁 己	丙 戊 丁 己	戊 己	庚 辛	戊 己	庚 辛	壬 癸
癸	壬 癸	戊 己	戊 己	戊 己	戊 己	戊 丙 己 丁	戊 丙 己 丁	戊 丙 己 丁	戊 己	戊 己	戊 己	壬 癸

二　守護神と忌神の活用法

守護神を実際の占技として活用する場合の心得を伝授します。

日干と月支から割り出された「守護神」の意味と、「守護神」が生まれた原点を知ることから理解していただきましょう。

1 守護神とは？

原点となる「中庸思想」

守護神とは「中庸思想」が原点になって生まれたものです。中庸とは、バランスのことです。算命学では、すべての考え方の基本になるのが「中庸思想」です。「算命学」でその人の生き方や考え方を判断する場合、まずその人の「命式の五行」のバランスが取れているかどうかを見ます。「五行」がそろっていて、しかもバランスが取れた命式ならば「吉」とし、「五行」がどちらかに偏ったアンバランスの状態を「凶」と定めています。

算命学の思想は、自然界の摂理である「バランス」から生まれたものですから、人間の運命を判断する場合もこの「バランスの法則」によって分析されています。どんなに幸運な人でも、「バランスの法則」に反すれば、幸運な状態を続けることができません。昼と夜でバランスが取れた一日になるように、人間社会も男と女がいて成り立っているのです。

ここで注意しなければならないことは、宿命に守護神を持っているから、自己の欲望が達成されるということではありません。人間の欲望が達成できるかどうかを論じているのではなく、運命のバランスを論じているということです。守護神は、その人の命式の「五行のバランス」から割り出されているわけですから、宿命に守護神を持っていると、その人の「運命のバランス」が安定するということです。このような考え方から、人間の欲望と守護神とは、必ずしも一致しません。つまり、人間が現実の生活の中でバランスが取れた生活をするということは、平穏な平均的な生き方ができるということです。ただし、守護神が回っている期間は、身分相応の生き方ができるということでもあるのです。

当然、例外はあります。世に天才と言われる人や普通の人が成し得なかったことを成し遂げた人は、五行のバランスが偏った人たちです。だから、バランスの取れた生き方ができません。

このような人たちは、逆に守護神が回ってきてバランスが取れた命式になってしまうと、常識的な人間になってしまいますから、奇抜なアイデアが出てこなくなります。五行のバランスが偏った人は、偏った生き方をしたほうが当人は満足できるのです。

2 守護神の活用法

守護神の方向（場所）で生き方が決まる

守護神法では、命式内の守護神の場所によって、その人の生き方や役割を知ることができます。

年干に守護神を持っている人

目上の人に尽くすことが幸運をもたらします。人生の新しい出発点、または未来へ向かう時には、目上の人の意見に耳を傾け頼りにしなさいということです。両親に守られるだけでなく、先祖の恩徳に守られていますから、目に見えないところで救われることが多いのです。目上に従う人生になりますから、平和型の運命になります。

月干に守護神を持っている人

夢が叶えられ、しかも成功度が高くなります。現実に行動を興す時は、目上の人よりも目下の人（後輩）の助言を受けるほうが成功しやすいということです。別名「天下取りの守護神」とも呼ばれているもので、新しい世の中を作り出す運命の人です。時代の変革期に頭角を現わすもので、平和の時期には芽が出にくい運命の人です。若年期は波乱、晩年期に安泰という運命の人になります。夢多く、湧き出るがごとき発想の持ち主です。時代の流れや社会の変化に強く、新しいものへの理解度が大きい人です。

年支に守護神を持っている人

次の時代を担う運命の人。つまり後継者の意味を含み、親の後を継ぐ、会社の後を継ぐ運命の人とも言えます。東方は現時点から見て未来であり、前進を意味しますから、現状を維持するだけであれば、新しい時代の支配者にはなれないということです。常に新しいことを生み出していく運命の人になりますから、別名「未来守護神」とも言われています。社会での立場にも恵まれ、仕事は順調に運びます。

改革を行なう場合、友人や同志といった同格で同じ考えを持った者の助言や力を借りて行動するとうまくいきます。または、きょうだい、一族間で手をつなぎ、団結して事に当たるのもいいでしょう。未来守護神といっても、未知の世界には手を出さないことです。あくまでも自分の体で体験したことがあるものでなければなりません。ある種の職人芸的なもの、自分の体で記憶した「勘」が頼りの人生になりますから、一芸に秀でる運命の人になりやすいのです。

月支に守護神を持っている人

現状維持を守り続ける役目を担った運命の人です。物事を守り維持していくための手段や方法や手順に長けた人とも言われています。新しい時代や社会を形成していく力はありませんから、時代の流れに従うか、安定した大企業の中に身を置くことで、自分の力を発揮する運命の人です。

また、精神論から学ぶより、相手の立ち居振る舞いから学ぶほうが吸収の早い人です。

日支に守護神を持っている人

新しいことを興そうとする場合、配偶者の力や助言を借りて行動を起こすとうまくいく運命の人ですから、結婚後のほうがうまくいく人です。西の方角は、時間の経過では過去になり物事の結果を表わしますから、「まとめる」「終結する」「完成する」という意味があります。それも、自分自身の才覚よりも、配偶者の力によって完成されるわけですから、人生では暗中模索の時間が長く続くわけです。

ですから本能的に、完成した最終段階をイメージして物事を始めるようになってしまうのです。

日支に守護神を持っている人は、長い時間を経て完成させる運命の人ですから、途中で失敗したり、停滞したりしても、続けることが大切なのです。今の成功は、あの失敗があったからこそ生まれたわけです。

このように、その人の人生をマクロ的な視野でとらえないと見誤ることがありますから注意することです。

後天運に守護神が巡ってきた年の現象

物事がスムーズに進行

あなたの命式の「日干」と後天運に巡ってくる「干」から割り出された「十大主星」によって、その年に現われる現象を説明していきます。

一般的に守護神が巡ってきた年は、物事がスムーズに進行してよい結果が得られますが、忌神が巡ってきた年は、苦労をした割には、成果が上がらないと思っていたほうがいいでしょう。

また、空回りさせられたり、裏切られたりということがありますから、物事の決断は自分自身の判断で行なうことです。すべての行動は、相手にまかせっきりにしないことが大切です。

貫索星守護神が巡ってきた年の現象

後天運に貫索星守護神が回ってきた時は、自立独立のチャンスです。一人暮らしを始める時期であったり、仕事上での独立の時期であったり、結婚によって実家を離れる時期であったりと、精神的にも経済的にも自立する時期になります。また、貫索星守護神が回ってきた時に行動を起こすとうまくいくと言われています。

どんな場合でも、独立する際には様々な不安が胸をよぎると思いますが、このチャンスを活用するとスムーズに事が運びます。仕事面で事業を興したり、フリーになったりした場合は、よいパートナーや部下に恵まれたり、仕事の内容も満足できるはずですから、好調なスタートを切ることができます。

石門星守護神が巡ってきた年の現象

気の合った者同士でグループを作り、興味のあることを始めるとよいでしょう。石門星守護神が巡ってきた時が、あなたにとって最大の転機です。
転職、事業の設立、政界進出は、この時期に起こすとたくさんの支持者を得ることができます。人間関係の拡大も望めます。あなたにとって大切な人に出会えるかもしれません。救世主が現われやすい年になる可能性が大だからです。

鳳閣星守護神が巡ってきた年の現象

鳳閣星守護神が巡ってきた年に始めた趣味は、あなたの人生の中で挫折を味わった時に救いになる可能性があります。心をいやしてくれるものになりやすいということです。

仕事が忙しい人ならなおさら、空いた時間を有効に利用して趣味を見つけることを勧めます。ストレス解消にもなりますから、何か一つ身につけておくとよいでしょう。すでに趣味を持っている方は、この機会に資格を取ってレベルアップしておくと、何かの時にあなたの身を救ってくれるはずです。

調舒星守護神が巡ってきた年の現象

調舒星守護神が巡ってきた年は、自分の生き方を見つめ直すチャンスです。これまでは、忙しくて自分の時間を持つ余裕がなく、自分が進む方向性が見つからないまま流されていたはずです。調舒星守護神が回ってきた年は、自分一人でじっくり考え、もう一度原点に戻って自分を見つめ直す時間です。自分の感性を解き放つ一人旅をしてみるのもいいでしょう。大人になったらやりたかったことをやってみるのもよいでしょう。一人の時間を持つことが必要な年になるはずです。

禄存星守護神が巡ってきた年の現象

禄存星守護神が巡ってきた年に土地や家といった形のあるものを購入しておくと、いざという時にあなたを助けてくれることになるでしょう。お金には不自由しない星です。禄存星守護神が回ってきた年に、株、絵画、骨董、金、宝石などに投資すると、その価値が上がるといわれています。経営者は、事業を拡張したり、新店舗を開店したりするのもよいと言われています。

司禄星守護神が巡ってきた年の現象

司禄星守護神が巡ってきた年は、将来のために貯蓄を始めるとよいでしょう。臨時収入があったからといって、株や宝石などに手を出すよりも、貯金をするほうが確実です。また、この時期にお見合いの話があったら、断らずに会ってみることです。案外よい相手に出会えるかもしれません。恋人がいる人は、プロポーズのチャンスです。よい返事がもらえるはずです。

車騎星守護神が巡ってきた年の現象

車騎星守護神が巡ってきた年は、積極的にチャレンジしましょう。長年温めていた企画を持っている人、ユニークなアイデアがある人は、実現に向けて動き始めることです。最初は一人でぶつかっていって、ある程度めどがついたら公表するとよいでしょう。車騎星守護神が回ってきた年には、とにかく行動を起こすことです。行動しながら考え、軌道修正しても充分やっていけるはずです。守護神があなたの行動を見守っているからです。

牽牛星守護神が巡ってきた年の現象

牽牛星守護神が巡ってきた年は、名誉と名声が与えられる年になります。上司に認められて責任ある仕事を任された時は、躊躇しないで引き受けることです。新しい企画を持っている人は、自分をアピールする最高のチャンスです。自分のやりたい仕事やポジションを手に入れることができるチャンスでもあるのです。ただし、自己アピールが単なる自慢話にならないように、周りの空気を読んで行動することです。気配りしないと逆効果になりますから気をつけましょう。

女性の場合は、牽牛星守護神が回ってきた年に結婚すると、よい配偶者に出会えて幸せな結婚生活を送ることができます。

竜高星守護神が巡ってきた年の現象

竜高星守護神が巡ってきた年は、新しいものをどんどん吸収しましょう。この時の知識や体験が、将来のあなたにとって仕事上のヒントやアイデアをもたらす土壌になります。この時期は、多少奇抜なことでも受け入れてもらえますから、思い切って改革してみるのもよいかもしれません。普段は絶対受け入れてもらえないことでも、竜高星守護神が回ってきている年は、案外スムーズに通ります。たとえば、留学を希望している人は、この時期がチャンスです。

玉堂星守護神が巡ってきた年の現象

玉堂星守護神が巡ってきた年は、あなたの頭が最も冴えている時です。専門分野の研究を論文にまとめるのもよいでしょう。資格試験にチャレンジするのもよいでしょう。習い事を始めたり、大学院に進むのもよいでしょう。子供が欲しいと思っている女性は、母親になれるチャンスです。仕事と子育てが両立できるか心配する必要はないでしょう。いろいろな人に助けられてクリアできるのは、守護神に守られている時です。

後天運に忌神が巡ってきた年の現象

「苦労」と「成果」がアンバランス

あなたの命式の「日干」と後天運に巡ってくる「干」から割り出された「十大主星」によって現われる現象を紹介します。

一般的に守護神が回ってきた年は、物事がスムーズに進行しよい結果が得られますが、忌神が回ってきた年は、苦労した割には成果が上がらないと思っていたほうがいいでしょう。空回りしたり、裏切られたりすることがありますから、物事の決断は自分自身で確認してから行なうこと。相手にまかせっきりにしないことが大切です。

後天運には、大運と年運がありますから、年運だけでなく大運に忌神が回ってきた時は、10年間忌神が付くことになりますから、年運に守護神が回ってきていても、人間関係や重要な決断をする時は気を付けることです。

貫索星が巡ってきた年の現象

後天運に貫索星が回ってきた時は、独立したくなったり、転職したくなったりと環境の変化を求めたくなります。しかし、忌神が付いていますから、実行しないほうが無難です。どうしても実行したい場合は、苦労が付いて回ることを覚悟しておくことです。たとえば、家を出て一人暮らしを始めたくなるのも貫索星が回ってきたときです。恋人がいる人が結婚に踏み切るのも貫索星が回ってきた時です。忌神が回ってきている時にスタートする物事にはすべて苦労が付いて回りますから、覚悟しておくことです。でも、悪いことばかりではありません。苦労をするということは、あなた自身を成長させてくれますから、社会性が養われて人間関係がうまくいくようになります。

石門星が巡ってきた年の現象

後天運に石門星が回ってきた時は、人間関係に変化が現われる年です。サラリーマンならば地方や海外への転勤命令が出やすい年になります。また、気の合った者同士でグループを作り共同で経営する話が持ち上がったり、趣味の教室への参加に誘われたりと、いろいろな話が舞い込んできます。興味のあることを始めるにはいい時期ですが、大運または年運に忌神が巡っている場合は、人間関係がうまくいかなくなる可能性がありますから、後悔しないように慎重に判断することです。また、忌神が回ってきた時の出会いは相手にだまされやすいので話を鵜呑みにしないことです。うまい話ほど要注意です。どんなに仲のよい相手であっても、保証人だけはならないことです。

転職、事業の設立、政界進出などは、忌神が付いている年には苦労をすることになりますから、できればやめたほうがいいでしょう。

鳳閣星が巡ってきた年の現象

後天運に鳳閣星が回ってきた時には、友人からの誘いが多くなる年になります。忌神が付くと非行の道に誘われることもありますから、十分気を付けてください。また、部下のミスやトラブルの後始末に追われたり、上司の誘いを断り切れずに振り回されたりと、いろいろな出来事が起こりやすい年になるかもしれません。

仕事が忙しい人ほど、健康診断を忘れないで受けることです。また、時間に余裕がある人は、趣味を持つことがストレス解消にもなりますから、何かひとつ身につけておくといいでしょう。すでに趣味を持っている場合、この機会に資格を取ってレベルアップしておくと、何かの時にあなたの身を救ってくれるはずです。

調舒星が巡ってきた年の現象

後天運に調舒星が回ってきた年は、自分の生き方を見つめ直したくなる年です。これまで、忙しくて自分の時間を持つ余裕がなく、自分が進む方向性が見つからないまま流されてきた人も、調舒星が回ってくると一人になりたくなります。自分一人でじっくり考え、もう一度原点に戻って自分を見つめ直す時間が欲しくなります。おもむくままに一人旅をしてみるのもいいでしょう。子供のころ、大人になったらやりたかったことをやってみるのもいいでしょう。本来は、一人の時間を持つことが必要な年になるはずですが、そこに忌神が付くと、自分を見つめ直す時間が取れず、周囲に振り回されることが多くなるかもしれません。自分の方向性を見失わないように気をつけましょう。

禄存星が巡ってきた年の現象

後天運に禄存星が回ってきた年には、本来なら土地や家といった形のあるものを購入したくなる年になりますが、そこに忌神が付くとせっかく購入した家や土地が負担になることがあります。お金は入るよりも出費のほうが多くなるでしょう。本来はお金に不自由しない星ですから、禄存星が回ってくると株や絵画や骨董や宝石などに手を出したくなりますが、忌神が付いている年は、趣味以外の投資目的での購入は止めたほうがいいでしょう。忌神が付いている時に購入したものは、値打ちが下がると言われていますから気をつけましょう。経営者は、事業を拡張したり、新しい店舗を開店したりするのもよくないと言われています。

司禄星が巡ってきた年の現象

後天運に司禄星が巡ってきた年は、将来のために貯蓄を始めようと考える年です。臨時収入があったからといって、株や宝石などに手を出すよりも、貯金をするほうが確実です。また、司禄星が回ってきた年には、お見合いの話が舞い込んでくることがありますが、恋人の関係にとどめ、それ以上は望まないほうが無難でしょう。忌神が回ってきた年に結婚すると、苦労の多い結婚生活になりますから気を付けましょう。恋人がいる人は、別れ話が持ち上がるかもしれません。その時は、素直に相手の意見を聞き入れたほうがすんなり別れられます。

車騎星が巡ってきた年の現象

後天運に車騎星が巡ってきた年は行動力が出てくる年ですが、そこに忌神が付いていると積極的にチャレンジしても空回りになったり、思ったより成果が上がらなかったりすることがあります。長年温めていた企画を持っている人、ユニークなアイデアがある人も、企画が通りにくくなったりすることもあります。車騎星が回ってきた年に忌神が付いていたら、行動しながら考え、慎重に軌道修正していく必要があります。仕事上で、他人のミスの責任を取ることが多くなるかもしれません。外的要因によって自分の行動が左右されやすくなります。

牽牛星が巡ってきた年の現象

後天運に牽牛星が巡ってきた年は、名誉と名声を与えられる年、出世の年になるはずですが、そこに忌神が付いていると自分をアピールすることが逆効果になってしまう場合があります。とくに、自分の自慢話にならないように、周りの空気を読んで行動することが大事です。

女性の場合は、牽牛星が回ってきた年は結婚の年になりますが、そこに忌神が付くと良い配偶者に出会えないと言われていますので、恋人の範疇にとどめておくことです。そして、3年以上付き合って納得できたらゴールインするくらいの余裕を持って交際することです。そうすることで最終的に幸せな結婚に至ることができるでしょう。

竜高星が巡ってきた年の現象

後天運に竜高星が巡ってきた年は、本来は新しい知識をどんどん吸収する年になりますが、そこに忌神が付くと知識欲が落ちるので非行の世界に引きずり込まれやすくなります。とくに、生活環境の変化を求めたくなったり、自分自身の人生を変えたくなったりしますが、ここで変化を求めると結果はうまくいきません。転職や住居移転は、できれば避けたほうがいいでしょう。忌神が取れた後に行動を起こしても十分間に合うはずです。

玉堂星が巡ってきた年の現象

後天運に玉堂星が巡ってきた年は、あなたの頭が最も冴えている時です。しかし、この時に忌神が付いていると専門分野へ進もうとしても、思うように論文が書けなかったり、資格試験にチャレンジしても受からなかったりするものです。忌神が付いている時は、焦らずのんびり過ごすのが一番です。それに、親の病気やケガといった問題を抱え込むことになる可能性があります。場合によっては、親と同居することになるかもしれません。

第五章 天中殺の世界

一

正規の天中殺に現われる現象

天中殺エネルギーは、自分の意思でコントロールできないエネルギーです。自分の宿命から割り出された本能のエネルギーを「自力運」とすれば、天中殺エネルギーは「他力運」と言ってもいいでしょう。仕事を成功させるには、この「他力運」が強くなければうまくいきません。

天中殺の算出法を説明する前に、「天中殺とは何か」を簡単に説明しておきましょう。

天中殺とは、自然界が作り出した空間（十干）と時間（十二支）の間に生まれた不自然融合のことです。一つの空間（十干）と一つの時間（十二支）が、お互いの陰陽で結合してできたものが自然融合の干支です。これが「六十花甲子」と言われる60組の干支です。

しかし、空間を表わす十干と時間を表わす十二支を結合させると、十二支のうち戌と亥の二つが残ってしまいます。

天中殺の仕組み図

十二支＝子丑寅卯辰巳午未申酉戌亥　（天中殺）不自然融合

十　干＝甲乙丙丁戊己庚辛壬癸　自然融合

右の図を見ると、戌と亥が空間（十干）のない十二支になってしまうことがわかります。つまり、

戌と亥が不自然融合になり、この期間が戌亥天中殺になります。日干支が「甲子から癸酉」までの人が「戌亥天中殺」というわけです。

① 年運天中殺の求め方

天中殺は6種類

天中殺には、戌亥天中殺のほかに、申酉天中殺・午未天中殺・辰巳天中殺・寅卯天中殺・子丑天中殺の6種類があります。

①子年と丑年の2年間の子丑天中殺
②寅年と卯年の2年間の寅卯天中殺
③辰年と巳年の2年間の辰巳天中殺
④午年と未年の2年間の午未天中殺
⑤申年と酉年の2年間の申酉天中殺
⑥戌年と亥年の2年間の戌亥天中殺

二つの十二支が組み合わさって一つの天中殺期間になります。年運と違い、大運では一つの十二支が10年間支配し、子年と丑年で1単位になりますから20年間の大運天中殺期間になります。

天中殺の求め方は、「六十花甲子表と天中殺表」（158ページ）を見れば簡単にわかります。天中殺は、「命式図」の日干支（生まれた日の干支）から割り出します。「六十花甲子表と天中殺表」のなかから自分の「日干支」を探して、その欄をたどっていくと「天中殺」がわかります。

② 年運天中殺の種類

子丑天中殺は、日干支が「甲寅・乙卯・丙辰・丁巳・戊午・己未・庚申・辛酉・壬戌・癸亥」の人になります。

寅卯天中殺は、日干支が「甲辰・乙巳・丙午・丁未・戊申・己酉・庚戌・辛亥・壬子・癸丑」の

【六十花甲子表と天中殺表】

No.	干支	No.	干支	No.	干支	No.	干支	No.	干支	No.	干支
1	甲子	11	甲戌	21	甲申	31	甲午	41	甲辰	51	甲寅
2	乙丑	12	乙亥	22	乙酉	32	乙未	42	乙巳	52	乙卯
3	丙寅	13	丙子	23	丙戌	33	丙申	43	丙午	53	丙辰
4	丁卯	14	丁丑	24	丁亥	34	丁酉	44	丁未	54	丁巳
5	戊辰	15	戊寅	25	戊子	35	戊戌	45	戊申	55	戊午
6	己巳	16	己卯	26	己丑	36	己亥	46	己酉	56	己未
7	庚午	17	庚辰	27	庚寅	37	庚子	47	庚戌	57	庚申
8	辛未	18	辛巳	28	辛卯	38	辛丑	48	辛亥	58	辛酉
9	壬申	19	壬午	29	壬辰	39	壬寅	49	壬子	59	壬戌
10	癸酉	20	癸未	30	癸巳	40	癸卯	50	癸丑	60	癸亥
戌亥天中殺		申酉天中殺		午未天中殺		辰巳天中殺		寅卯天中殺		子丑天中殺	

人になります。

辰巳天中殺は、日干支が「甲午・乙未・丙申・丁酉・戊戌・己亥・庚子・辛丑・壬寅・癸卯」の人になります。

午未天中殺は、日干支が「甲申・乙酉・丙戌・丁亥・戊子・己丑・庚寅・辛卯・壬辰・癸巳」の人になります。

申酉天中殺は、日干支が「甲戌・乙亥・丙子・丁丑・戊寅・己卯・庚辰・辛巳・壬午・癸未」の人になります。

戌亥天中殺は、日干支が「甲子・乙丑・丙寅・丁卯・戊辰・己巳・庚午・辛未・壬申・癸酉」の人になります。

天中殺エネルギーが現わす現象

年運天中殺、それぞれの個性

天中殺には、誰にでも平等に訪れる「年運天中殺」と、特定の人にしか回ってこない20年間・30年間・40年間続く「大運天中殺」があります。

年運天中殺は、12年間周期で2年間続く「年運天中殺」と、1年周期で2カ月間続く「月運天中殺」、12日周期で2日間続く「日運天中殺」があります。

この天中殺は一定の周期で誰にでも平等に回ってきます。天中殺は一般的には怖いものと思われていますが、天中殺期間の約束事を守っていれば、プラスに活用することができるエネルギーです。

では、6種類ある年運天中殺を見ていきましょう。

子丑天中殺の意味と現象

初代運の星なので、親や目上の人の助けが得られにくい運の持ち主です。ですから、親離れが早ければ早いほど自分の運気が稼働します。子丑天中殺の人は、親元を離れて自立する、親に頼らない、上司や先輩の援助は受けない、親の跡は継がない、すべて自力で生きるのが宿命です。どんな苦労の多い環境に置かれても、真面目にコツコツと努力を積み上げ一歩一歩前進していくと、必ず運気は上昇します。

サービス精神も旺盛で世話好きなタイプ。父親、上司、先輩との関係が薄いため、逆に子供や部下を可愛がる傾向が強くなります。そのため、若い時代は苦労が多い人生ですが、中年以降は部下があなたを助けてくれます。子丑天中殺の人は、中年期以降から本領を発揮することができます。多少華やかさには欠けるかもしれませんが、いったん方針を定めたら、必ずやり遂げる人です。運のエンジンが、他の天中殺の人に比べるとかかりにくいのが特徴ですから、遅咲きの運勢になります。あなたが中年になると部下が育ってきますから、そこでようやくあなたの本領が発揮されます。

親の跡を継げない星の人ですから、いつまでも親の援助を受けていると自分の運は上昇しません。

寅卯天中殺の意味と現象

寅卯天中殺の人は二代運、三代運の人になりますから、親の跡を継いで、さらに拡大していく運勢になります。親が始めた仕事を子供が継いで、さらに大きく発展させてくれるわけですから、子供も幸せ、親も幸せという「親孝行の運」を持っている天中殺です。ただし、母親、きょうだい運、親友には縁が薄いといわれています。そのため逆に配偶者や家庭の温かさといったものを本能的に求めていきます。

寅卯天中殺は、非常に強い前進力を持っていますから、コツコツと積み上げるのと違って、エンジン全開で一気に突っ走るような迫力があります。しかも、度胸がありスケールも大きくエネルギッシュな人ですから、働き盛りの中年期に運気が伸びる運勢です。ただし、すべてのことを自分の手でやり遂げないと気がすまないタイプなので、周りの人たちを振り回してしまう傾向があります。

そして、内面よりも外面がよいため、家族を不幸に巻き込んでしまう危険性があります。寅卯天中殺の人は、情が深く面倒見がいい人が多いので、人には大変好かれます。当然異性にももてます。根が真面目な人ですから、浮気のつもりが本気になってしまう危険性がありますので、異性間の付き合いには気をつけましょう。

辰巳天中殺の意味と現象

世間の常識的な生き方から見ると、ちょっと変わった人生を歩く人です。当人はみんなと同じように普通の生き方をしているつもりですが、他人の目には不安定なハラハラさせられる生き方に見えるようです。

辰巳天中殺の人は、現実的で行動力に富み、たくましく生きていく人。それもどちらかというと、ドラマチックで起伏の激しい人生を送る人が多いのが特徴です。また、生命力も強く逆境にも強い個性派と言ってもいいでしょう。

辰巳天中殺の人はすべて実体験によって心の形成がなされるので、甘い言葉やリップサービスなどでは心は動かされません。ほとんどの人が「他人の苦しみや悲しみを自分のことのように感じる」愛情深いタイプなので、何かを表現する時でも言葉ではなく行動で示すのが特徴です。

辰已天中殺の人の考え方や行動は直感的です。人の話を聞いて反射的にパッと判断して行動するのが当たり前。理屈ではなく、勘で判断することが多いので、当たると大成功、外れると大失敗と、波瀾万丈の運勢になりやすい人です。家族内での仲が母親よりも父親に偏りやすいのも特徴の一つ。また、組織や家族からのはみ出し者と言われる傾向があります。

午未天中殺の意味と現象

家系を締めくくるという役割を持った天中殺です。だから、長男や長女に生まれなくても、早く親元を離れて独立した人でも中年期にさしかかる頃になると、なんとなく一家のまとめ役をする羽目になります。午未天中殺の人がまとめ役に回ると、今までもめていたことが不思議とうまく進みます。物事をまとめるには、準備する力も、蓄積する力も必要になります。

午未天中殺の人は、コツコツ努力することもできるし、まとめる能力もあり、後始末もうまいといった特質を持ちます。組織の中でも、仕事の面でもアンカーとしてのまとめる才能を発揮することができます。凝り性なところを持っていますから、何か好きなことを見つけて、芸術的な分野で活躍することもできます。午未天中殺生まれの人は、子供縁に薄い宿命ですから、若い時代は先輩や上司に恵まれ順調に伸びていきます。しかし、部下を持つようになる中年期になると苦労が始まります。その苦労は自分自身のことではなく、よい部下に恵まれなかったり、部下が役に立たなかったり、部下の失敗に振り回されたりということです。いずれにしても、この天中殺は、家系のすべての人の後始末をして、最後が自分という宿命の人。一番長生きするタイプになります。

申酉天中殺の意味と現象

行動力とスピードが申酉天中殺の人の特徴です。体がよく動くまめな人。一見働き者のようですが、本当はただじっとしていられないだけのことです。仕事も一度にあれもこれもやりたがるタイプですから、女性なら家庭と仕事を両立できる人です。事業家なら多角経営者タイプ。天中殺の中で一番パワフルな人が寅卯天中殺、二番目が申酉天中殺の人と言われています。時代の変動にも敏感に反応しますから、対処の仕方が非常に早い。要領のよさ、世渡りのうまさも抜群です。ただ先へ先へと物事を進めていくタイプなので、締めくくりが甘くなることと、周りにいる人たちの気が休まらないのが難点といえるでしょう。

申酉天中殺の人には、環境の変化に合わせていく力があります。その時々の状況に合わせて素早く頭を切り換え、対応することができるからこそ、多角的に行動できるのです。もう一つの特徴は、頭で考えるのではなく、自分で実際に体験したことでないと身に付かない人ですから、興味があれば躊躇しないでアタックしてください。それが正道から外れていたとしても、実際に体験することで得られる知識や経験は、あなたの人生にとって無駄にはなりません。

戌亥天中殺の意味と現象

六つの天中殺のなかで、性格が一番わかりにくいのが戌亥天中殺の人です。大変にデリケートな神経を持っていながら、外見は大らかなので、つい気軽に話しかけてしまうことがあります。一般人と同じ扱いをされることが、戌亥天中殺の人にとっては傷つくことがあるのです。それは「自分は特別な人間なのでみんなと同じにしないでほしい」という思いがあるからです。だから、甘く見て近づくと大やけどをすることになります。どんなに親しい間柄でも、些細なことで気まずくなってしまうと、一気にこれまでの不満が噴き出します。このようなことを一度でも体験したことがある人は、戌亥天中殺の人の激しい内面に触れて「見かけとぜんぜん違う怖い人」と受け止めてしまうのです。

戌亥天中殺の人は、自分一代で新しい世界を作り、財を築いていく宿命の人ですから、現状に満足すると運気は停止してしまいます。常に現状に満足しないで、また誰かに頼ろうとしないで、自分の力でつかみ取ることが幸せをつかむコツです。

孤独な世界から出発しないと運は伸びていきません。この場合の孤独は、親や兄弟姉妹、子供に恵まれないというのではなくて、あなたを応援してくれる人たちがいない人生を経験することです。この孤独の経験の有無で、自分の言動や行動が変わってきます。他人を寄せ付けなかったり、怖がられたりする人は、社会性を身につけて他人に好かれる人間になる努力をしましょう。

二 宿命天中殺の現象

「宿命天中殺」は生まれながらに天中殺を持っている人を言います。このような人は、後天的に回ってくる天中殺の影響は受けにくいと言われています。むしろ、その人の性格の一部として現われる場合が強いからです。生まれた年が天中殺の人を「生年中殺」と言い、生まれた月が天中殺の人を「生月中殺」と言います。生まれた日が天中殺の人は、「生日中殺」と「日座中殺」の人に分かれます。生年中殺を持っている人は、仕事が安定しない、生月中殺を持っている人は、心が不安定なので、気が変わりやすい傾向が強くなります。生日中殺と日座中殺を持っている人は、結婚運が安定しないので、独身者が多いようです。また、結婚しても離婚しやすい傾向があります。これらの現象が、宿命天中殺を持っている人の共通した現象です。

1 宿命天中殺の特徴

生年中殺を持っている人の運命

天中殺の十二支と同じ十二支が、年干支の支にある場合「宿命生年中殺」になります。

生年中殺を持っている人は、一生親の恩恵を受けずに暮らしていく運命になります。たとえば、あなたの親がどんなに裕福でも、その財産を受け継ぐことができません。つまり、自力でお金を稼いでいかなければならない環境に遭遇するということです。親と早く死別する、または親が離婚するケースが多いのも特徴です。

生年中殺の人は、このような宿命を持って生まれてきていますから、親元を離れて自立することが一番です。親元を離れる時期は、早ければ早いほど、運勢は上昇していきます。そして、自力で幸運をつかむチャンスに恵まれる運勢であることも忘れないでください。

もし、あなたに生年中殺の子供が産まれたら、小さい時から自立心を養ってください。他人からは、一見冷たい親に見えるかもしれませんが、このように育てることが「生年中殺」を持つ子供の将来を大成させることにつながっていくのです。

生月中殺を持っている人の運命

天中殺の十二支と同じ十二支が月干支の支にある場合「宿命生月中殺」になります。

生月中殺を持っている人の特徴は、身内のすべての人との縁が薄くなってしまうということです。生月中殺の人の場合は、六親に当たる家系が中殺されますから、「父・母・配偶者・子供・きょうだい・祖父母」すべての人との縁がなくなり、孤立無援になってしまいます。

生月中殺を持っている人は、自分の家系の恩恵を受けない生活をしたほうが運はよくなります。まず、実家を出て生活することです。仕事も結婚相手も自分の力で探して、決断も自分ですることです。相談がある時は、身内ではなく他人か友達に悩みを聞いてもらうことです。

もう一つの特徴は、心が不安定になることです。いつも自分の生き方に「これでいいのか」と自信が持てないので、仕事が安定しません。結婚しても「相手を間違えたのではないか」と、時間がたつにつれ不安になるので、自分のことを信じて、自分の行動に自信を持つことが大事です。

❷ 生日中殺の出し方と持っている人の運命

「生日中殺」の出し方は、生年中殺・生月中殺と違いますから気をつけてください。生年中殺・生月中殺の場合は「日干支」から割り出した天中殺でしたが、生日中殺の場合は「年干支」から天中殺を割り出します。

年干支から割り出した天中殺が「戌亥天中殺」と出た場合、日干支に戌と亥があると「生日中殺」の人になります。

生日中殺の場合は、ちょっと複雑になりますから気をつけてください。

生日中殺を持っている人の特徴は、男女とも結婚運がよくないことです。結婚する気があっても、出会いがなかったり、相手に恵まれなかったりします。たとえ結婚しても、夫婦仲がうまくいかなかったり、嫁舅の仲がゴタゴタしたりなど、もめ事が多くなる傾向があります。

もう一つの「日座中殺」の出し方は簡単です。日干支が**「甲戌」「乙亥」**の人だけが「日座中殺」になります。

日座中殺を持っている人の特徴は、子供縁が薄いということです。もし、子供が産まれたら、夫婦仲が悪くなります。子供が生まれる前まではとても仲のいい夫婦であっても、例外ではありません。ただし、生年中殺・生月中殺の人のように両親との縁が薄くなるようなことはありません。

三　年運天中殺の星別による現象

自分の天中殺の年にはどんな現象が現われるのか？

ここでは、星別に現われる現象を紹介します。

第二章の「十大主星の見方」に示してある「自分の本質」の星によって現象の現われ方が違ってきますから、自分の「基本宿命図」で「自分の本質」の星を確認してください。

年運天中殺の年に現われる現象は、次に示す「年運天中殺の年に回ってくる星」によって違ってきます。現われる現象の解釈は、「年運天中殺の年に回ってくる星」と「自分の本質の星」の両方を総合して解釈します。年運天中殺に現われる現象は悪いことのほうが多くなりますから、上手に天中殺の年を乗り切ってください。

星別の現象

「貫索星」が回ってきた時の現象

貫索星（かんさくせい）という星には、頑固で独立心が旺盛で自分の意志を貫こうとする意味があります。年運天中殺にこの星が回ってくると、逆に、きょうだいや親子、友人や知人に振り回されて、思うように自分の生活設計ができなくなります。人間関係だけでなく、仕事にもトラブルが波及しますから気をつけましょう。

「石門星」が回ってきた時の現象

石門星（せきもんせい）という星には、新しい人間の輪の広がりという意味があります。ところが、年運天中殺にこの星が回ってくると、逆現象が現われます。この年に新しく出会った人と付き合うことで、災いに巻き込まれてしまうということです。また、きょうだいが起こした災いに巻き込まれやすのも特徴の一つです。弟や妹が起こしたトラブルは、後でぶり返さないようにきちんとした処理をしておくことが大事です。

さらに、あなた自身の恋愛にも支障をきたすことになるでしょう。仲よしカップルであっても、突然仲たがいしたり、気持ちが通じなくなったりすることがあります。

「鳳閣星」が回ってきた時の現象

鳳閣星（ほうかくせい）という星には、健康、子供、遊び、怠け、風評などの意味があります。この星が年運天中殺に回ってくると、病気らしい病気をしたことのない人が体調を崩したり、原因不明の病気で苦しんだりすることがあります。もしあなた自身が健康なら、このエネルギーが子供に移動し子供が病気やケガをする場合があります。ときには、親子とも病に倒れることもあります。

なかには、仕事が突然キャンセルになり、時間的なゆとりができすぎて、生活のやりくりに苦労することもあるかもしれません。そのために、将来への不安から、精神的に不安定になることもあるでしょう。これらの現象は天中殺が原因ですから、どんと構えて焦らないことです。天中殺期間が過ぎれば徐々に元に戻ります。

「調舒星」が回ってきた時の現象

調舒星（ちょうじょせい）という星には、反発・反抗、創作、孤独などの意味があります。この星が年運天中殺に回ってくると、普通の人は人間不信に陥って人と会うのが苦痛になってきます。ときには挨拶を交わすのも、その人の声を聞くのも、顔を見るのもいや。こうなったら、かなり重症です。

こうしたノイローゼ状態になると、食欲不振、体力消耗、気力不振と悪循環になり、この状態が続くと入院ということになりますから、健康管理には注意しましょう。もしあなた自身が健康なら、このエネルギーが子供に移動し子供が病気やケガをする場合がありますから、子供の健康にも気を配ってください。

「禄存星」が回ってきた時の現象

禄存星（ろくぞんせい）という星には、愛情、奉仕、お金などの意味がありますから、この意味が正常に稼働しなくなるということです。天中殺が回ってきた年は、金銭の出費が多くなり、やりくりに苦労するかもしれません。また借金も増えるでしょうから、うまく調整しないと財産をすべて失うことになるかもしれません。

仕事上のミスから、大きな金銭上のトラブルを引き起こしたり、ギャンブルや株で損益を出したりと、お金にまつわる問題が多発します。また、対人関係でも争い事が発生するかもしれません。とくに愛情問題では、家族を巻き込んだ骨肉の争いになる可能性がありますから、慎重に行動しましょう。

「司禄星」が回ってきた時の現象

司禄星（しろくせい）という星には、家庭、蓄積、保守、結婚などの意味があります。この星が年運天中殺に回ってくると、今まで隠していた愛人の存在が明らかになり夫婦間に深刻なトラブルを引き起こしたり、もともと夫婦間に問題があったりすると家庭崩壊の危険が強まります。

あなたが未婚で、付き合っている恋人がいて結婚話が進行していたら、結婚が延期になるかもしれません。また、金銭問題の損失も避けられないでしょう。収入が減少したり、貸し倒れの憂き目にあったりと、仕事面でもいろいろなトラブルが出てくるでしょう。

「車騎星」が回ってきた時の現象

車騎星という星には、闘争、直情、暴力などの意味がありますから、もともと短気で怒りっぽい人です。年運天中殺にこの星が回ってくると、その傾向がますます強まります。それも、他人のミスをあなたが背負うことになるのです。つまり、他人のために自分が犠牲になるということです。

また、上司や同僚からは、誰もやりたがらない仕事を押しつけられたうえ、何の見返りも期待できないのです。

「牽牛星」が回ってきた時の現象

牽牛星という星には、自尊心、名誉名声、責任感、夫運などの意味があります。この星が年運天中殺に回ってくると、職場や取引先などでひどい中傷や誤解を受けるばかりか、あらぬ汚名を着せられることがあります。つまり、あなたの自尊心が著しく傷つけられる年になる可能性があります。

また、仕事面でも、ただ働きになってしまう確率が高くなります。しかも、不本意な仕事だったり、やりたくない仕事を強制的にやらされたりということもあります。結婚している女性は、夫が起こしたごたごたに巻き込まれることになるかもしれませんので気をつけましょう。

「竜高星」が回ってきた時の現象

竜高星という星には、破壊、放浪、好奇心、アイデア、海外などの意味があります。この星が年運天中殺に回ってくると、人生の転換期になります。また、あなたより年上の人たちの災いを受ける年でもあります。親の病気、兄や姉の離婚問題などに振り回される年になるでしょう。その結果、あなたの仕事にも支障をきたすことになります。

進学、就職、昇進などの試験では、つまらぬミスで失敗しやすい年でもあります。また、あなた自身の健康にも注意してください。もし自分自身が健康なら、子供にこの災いがそっくり移ることがあります。

「玉堂星」が回ってきた時の現象

玉堂星（ぎょくどうせい）という星には、知恵、学問、学ぶ、母性愛、伝統、継承などの意味があります。この星が年運天中殺に回ってくると、親の介護や親の借金などで、あなた自身が振り回される年になるでしょう。あなたの自由は束縛され、最後まで親の面倒を見なければならないという暗示が出ています。

反対に、あなたが起こした金銭面、愛情面のトラブルに親を巻き込むこともあります。しかし、そんなにひどい災いにはならないでしょう。

四 大運天中殺の意味と現象

先に「大運表の作り方」を説明しましたが、ここでは「大運天中殺」と「年運天中殺」の違いを説明していきます。

1 大運天中殺とは？

大運天中殺期間の特徴

男性にも女性にも「大運天中殺」が巡ってきます。誰にでも巡ってくる「年運天中殺」と特定の人にしか回ってこない「大運天中殺」は意味も現象も違います。

年運天中殺は、期間が2年間しかありません。そこで現われる現象は、家族が病気になったり、他人に騙されたり、交通事故にあったりと不運な出来事が多く起こります。

しかし、大運天中殺は、誰にでも巡ってくるものではありません。そして、20～40年間続くことがあります。

大運天中殺の期間に現われる現象は、年運天中殺の現象と違って、運勢が急上昇します。それもあなた自身の力量や才能とは関係なく、仕事運、財運、愛情運といったすべての運が突然上向きになってきます。この上昇運は、大運天中殺の期間中続きます。まるで「福の神」に守られているような現象です。

大運天中殺と年運天中殺が大きく違うのは、このように運勢が落ち込むどころかぐんぐん上昇していくことです。それも特定の運だけが上昇していくわけではありません。生きるために必要なあらゆる運が上昇します。ただし、サラリーマン、専業主婦、定年退職をした人、親の保護の下で生活している子供などは、大運天中殺になっても本人自身にはそれほど大きな影響を受けることはありません。

その代わり、妻の大運天中殺が夫に移行して夫が出世したり、子供の大運天中殺が父親に移行して父の事業が飛躍的に発展したりすることがあります。

大運天中殺の恩恵を受けやすい人は、実業家、自由業の人です。

そこで自分の「大運表」を作成して、自分にも「大運天中殺」が回ってきているかを調べてください。もしも大運天中殺が回ってきていたら、その年齢に合わせて大きなことにチャレンジしてください。ただし、大運天中殺の期間内に収める必要があります。

この上昇気運は、大運天中殺の期間中続きます。ただし、大運天中殺期間の上昇運の度合いや現象は、その人の生き方によって差があること。このことを頭に入れておいてください。

五 大運天中殺にある三つの約束事

大運天中殺には、三つの約束事があります。一つは、自分の天中殺の十二支が「大運」にあると「正規の大運天中殺」になること。あとの二つは、大運の第1旬に約束事があれば「繰り上がり大運天中殺」と「繰り下がり大運天中殺」となることです。

① 大運天中殺の約束事

「正規の大運天中殺」の約束事

たとえば、自分の天中殺が「子丑天中殺」の場合、大運の中に子と丑の十二支が回ってきた期間が、大運の天中殺期間になります。大運に天中殺が回ってきた時は、一つの十二支が10年間支配しますから、子年と丑年で20年間が「大運天中殺」になります。

「繰り下がり大運天中殺」の約束事

大運の第1旬に次の約束事が成立した場合、天中殺が20年間繰り下がります。

約束事① 大運の第1旬に正規の天中殺が回ってきた場合は、20年間の「繰り下がり天中殺」になります。

約束事② 大運の第1旬に「日座天中殺（甲戌と乙亥）」が回ってきた場合は「20年間の繰

「繰り下がり大運天中殺」約束事①の説明

大運の第１旬に「正規の天中殺」が回ってきた場合の例

【事例①】1988年11月11日生まれの女性
左回り「2歳運」「戌亥天中殺」

年干支	戊辰	乙癸戊
月干支	癸亥	甲　壬
日干支	庚午	己　丁

季節	年齢	大運	干支
冬	0歳～ 1歳	月干支	癸亥
秋	2歳～11歳	第1旬	壬戌
	12歳～21歳	第２旬	辛酉
	22歳～31歳	第３旬	庚申
夏	32歳～41歳	第４旬	己未
	42歳～51歳	第５旬	戊午
	52歳～61歳	第６旬	丁巳
春	62歳～71歳	第７旬	丙辰
	72歳～81歳	第８旬	乙卯
	82歳～91歳	第９旬	甲寅

「戌亥天中殺」の人ですから、0歳～11歳までが、正規の大運天中殺期間になります。そして、第１旬が約束事①に当てはまり、正規の天中殺になりますから、20年間の「繰り下がり天中殺」が成立します。よって、第２旬と第３旬の20年間も天中殺期間になります。

したがって大運天中殺期間は、0歳～31歳までの31年間が大運天中殺期間ということです。

さらに「宿命生月中殺」を持っています。

「繰り下がり大運天中殺」約束事②の説明

大運表の第１旬に「日座天中殺（甲戌と乙亥）」が回ってきた場合の例

【事例②】1979年12月13日生まれの男性
左回り「2歳運」「子丑天中殺」

年干支	己未	丁乙己
月干支	丙子	癸
日干支	甲寅	戊丙甲

季節	年齢	大運	干支
冬	0歳～ 1歳	月干支	丙子
	2歳～11歳	第1旬	乙亥
秋	12歳～21歳	第2旬	甲戌
	22歳～31歳	第3旬	癸酉
	32歳～41歳	第4旬	壬申
夏	42歳～51歳	第5旬	辛未
	52歳～61歳	第6旬	庚午
	62歳～71歳	第7旬	己巳
春	72歳～81歳	第8旬	戊辰
	82歳～91歳	第9旬	丁卯

第１旬に「日座天中殺（甲戌と乙亥）」が回ってきています。

したがって、約束事②が成立するので、第３旬と第４旬に「大運天中殺」が繰り下がります。

22歳～41歳までの20年間が「大運天中殺期間」ということです。

さらに「宿命生月中殺」を持っています。

「繰り下がり大運天中殺」約束事③の説明

大運の第１旬が干合して日座天中殺になる場合の例

【事例③】1983年9月16日生まれの女性
右回り「8歳運」「寅卯天中殺」

年干支	癸亥	甲壬
月干支	辛酉	辛
日干支	丁未	丁乙己

季節	年齢	大運	干支
秋	0歳～ 7歳	月干支	辛酉
	8歳～17歳	第1旬	壬戌
冬	18歳～27歳	第2旬	癸亥
	28歳～37歳	第3旬	甲子
	38歳～47歳	第4旬	乙丑
春	48歳～57歳	第5旬	丙寅
	58歳～67歳	第6旬	丁卯
	68歳～77歳	第7旬	戊辰
夏	78歳～87歳	第8旬	己巳
	88歳～97歳	第9旬	庚午

第１旬の十干（壬）と命式の日干支の（丁）と干合して（甲と乙）に変化して第１旬が「甲戌」になります。甲戌は日座天中殺ですから、第３旬と第４旬に天中殺現象が繰り下がります。

正規の天中殺「寅・卯」が第５旬と第６旬にありますから大運天中殺期間が、40年間になります。

つまり、28歳～67歳までが「大運天中殺期間」になるということです。

り下がり天中殺」になります。

約束事③　干合日座天中殺、大運表の第1旬が干合して日座天中殺になる場合は「20年間の繰り下がり天中殺」になります。

「繰り上がり大運天中殺」の約束事

大運の第1旬に次の約束事が成立した場合、大運天中殺が20年間繰り上がります。

約束事④　大運表の第1旬と自分の命式との間に「天剋地冲」が成立すると、第3旬と第4旬へ大運天中殺が繰り上がります。

約束事⑤　大運の第1旬と自分の命式との間に「納音」が成立すると、第3旬と第4旬へ大運天中殺が繰り上がります。

約束事⑥　大運の第1旬と自分の命式との間に「律音」が成立すると、第3旬と第4旬へ大運天中殺が繰り上がります。

約束事⑦　大運表の第1旬と自分の命式との間に「大半会」が成立すると、第3旬と第4旬へ大運天中殺が繰り上がります。

【事例④】男性／1988年9月22日生まれ
右回り「6歳運」で「申酉天中殺」

月干支（辛酉＝生月中殺）の人です。

大運の第1旬（壬戌）と年干支（戊辰）が「天剋地冲」になるので、約束事①が成立します。

従って、第3旬と第4旬に天中殺が繰り上がり、26歳〜45歳までの20年間が「繰り上がり大運天中殺」になります。

壬戌・戊辰＝天剋地冲になります。

「繰り上がり大運天中殺」約束事④の説明

大運の第1旬と命式との間に「天剋地冲」が成立する例

【事例④】1988年9月22日生まれの男性
右回り「6歳運」「申酉天中殺」

年干支	戊辰	乙癸戊
月干支	辛酉	辛
日干支	庚辰	乙癸戊

季節	年齢	大運	干支
秋	0歳〜 5歳	月干支	辛酉
	6歳〜15歳	第1旬	壬戌
冬	16歳〜25歳	第2旬	癸亥
	26歳〜35歳	第3旬	甲子
	36歳〜45歳	第4旬	乙丑
春	46歳〜55歳	第5旬	丙寅
	56歳〜65歳	第6旬	丁卯
	66歳〜75歳	第7旬	戊辰
夏	76歳〜85歳	第8旬	己巳
	86歳〜95歳	第9旬	庚午

月干支（辛酉＝宿命生月中殺）の人です。

大運の第1旬（壬戌）と年干支（戊辰）が「天剋地冲」になるので、約束事④が成立します。

第3旬と第4旬に大運天中殺が繰り上がり、26歳〜45歳までの20年間が「繰り上がり大運天中殺」になります。

壬戌・戊辰＝天剋地冲になります。

「繰り上がり大運天中殺」約束事⑤の説明

大運表の第1旬と自分の命式との間に「納音」が成立する例

【事例⑤】1988年5月31日生まれの女性
左回り「9歳運」「午未天中殺」

年干支	戊辰	乙癸戊
月干支	丁巳	戊庚丙
日干支	丙戌	辛丁戊

季節	年齢	大運	干支
夏	0歳～ 8歳	月干支	丁巳
春	9歳～18歳	第1旬	丙辰
	19歳～28歳	第2旬	乙卯
	29歳～38歳	第3旬	甲寅
冬	39歳～48歳	第4旬	癸丑
	49歳～58歳	第5旬	壬子
	59歳～68歳	第6旬	辛亥
秋	69歳～78歳	第7旬	庚戌
	79歳～88歳	第8旬	己酉
	89歳～98歳	第9旬	戊申

大運の第1旬（丙辰）と日干支（丙戌）が「納音」になり、約束事⑤が成立します。

したがって、第3旬と第4旬に大運天中殺が繰り上がります。29歳～48歳までの20年間が「繰り上がり大運天中殺」になります。

丙辰・丙戌＝納音になります。

「繰り上がり大運天中殺」約束事⑥の説明

大運の第1旬と自分の命式との間に「律音」が成立する例

【事例⑥】1988年7月3日生まれの男性
右回り「2歳運」「子丑天中殺」

年干支	戊辰	乙癸戊
月干支	戊午	己丁
日干支	己未	丁乙己

季節	年齢	大運	干支
夏	0歳～ 1歳	月干支	戊午
	2歳～11歳	第1旬	己未
秋	12歳～21歳	第2旬	庚申
	22歳～31歳	第3旬	辛酉
	32歳～41歳	第4旬	壬戌
冬	42歳～51歳	第5旬	癸亥
	52歳～61歳	第6旬	甲子
	62歳～71歳	第7旬	乙丑
春	72歳～81歳	第8旬	丙寅
	82歳～91歳	第9旬	丁卯

大運の第1旬（己未）と日干支（己未）が同じ干支で「律音」になるので、約束事⑥が成立します。

したがって、第3旬と第4旬が「繰り上がり大運天中殺」になります。22歳～41歳の20年間。さらに、正規の大運天中殺が「第6旬と第7旬」の52歳～71歳までの20年間が「大運天中殺」になります。

「繰り上がり大運天中殺」約束事⑦の説明

大運の第１旬と自分の命式との間に「大半会」が成立する例

【事例⑦】1988年９月24日生まれの男性
右回り「５歳運」「申酉天中殺」

年干支	戊辰	乙癸戊
月干支	辛酉	辛
日干支	壬午	己丁

季節	年齢	大運	干支
秋	0歳～ 4歳	月干支	辛酉
	5歳～14歳	第1旬	壬戌
冬	15歳～24歳	第２旬	癸亥
	25歳～34歳	第３旬	甲子
	35歳～44歳	第４旬	乙丑
春	45歳～54歳	第５旬	丙寅
	55歳～64歳	第６旬	丁卯
	65歳～74歳	第７旬	戊辰
夏	75歳～84歳	第８旬	己巳
	85歳～94歳	第９旬	庚午

月干支（辛酉＝宿命生月中殺」）の人になります。

大運の第１旬（壬戌）と日干支（壬午）が「大半会」になるので、約束事⑦が成立します。

第３旬と第４旬の25歳～44歳までの20年間が「繰り上がり大運天中殺」になります。

大運天中殺の期間の生き方

大運天中殺期間の生き方は、心のあり方がとても重要になります。心の動揺が運気のアップダウンに大きな影響を与えます。

大運天中殺期間の運気の高低は、教養の高い人は小さく、教養が低い人ほど大きくなる傾向があります。つまり、精神性の高いもの（頭脳を使う仕事、クリィエイティブ的な仕事）を追求する人より、現実性を求める（肉体を使う仕事、金儲けに徹する仕事）人のほうが、天中殺現象を受けやすいということです。運命というものは、生まれた日ですべてが決まっているのではなく、その人その人の「生き方」や「心のあり方」が非常に大切だということです。

守護神か忌神かで吉凶が分かれる

大運天中殺期間でも、守護神ではなく忌神が付いている時は、苦労することになりますから気を付けましょう。

大運中の生き方の説明をしてきましたが、毎年回ってくる「年運天中殺」の解釈も同じです。守護神が回ってきた年は、スムーズに仕事が進みますが、忌神が回ってきた年は、慎重に行動しないと思わぬ災難に遭うことがあります。忌神の年に出会った人を信用して、お金を貸したら返してもらえなかったということもありますから、気を付けましょう。

自分の「守護神と忌神」は、一覧表（140～141ページ）で調べてください。

六 天中殺の年に災いを受ける人、受けない人

「天中殺は怖いもの」と思っている人が多いようです。でも、天中殺の意味を十分理解していれば恐れることはありません。

天中殺をうまく活用して成功している人はたくさんいます。たった一度の人生です。それならば、納得いく生き方がしたいというのが人間の当然の欲求ではないでしょうか。

天中殺の年は、確かにいやなことやもめごとが起こりやすいのは事実です。また、新しいことをしても結果が思わしくないこともあります。

しかし、その内容によっては、天中殺の年であっても構わないものがあります。むしろ天中殺の年だからこそ、うまくいくということもあるのです。天中殺の意味を理解し、天中殺を上手に活用して、ぜひ幸運をつかんでください。

1 天中殺で幸運になる

天中殺への対処法

天中殺にも、毎年巡ってくる「年運天中殺」、大運にある「大運天中殺」、宿命に持っている「宿命天中殺」がありますが、現象は違います。

なかでも災いが一番多いのが、年運天中殺の2年間です。この時期に大きな決断はしないほうが

いいでしょう。

大運天中殺の期間は、今まで温めていた企画やすでに積み重ねていたことがある人は、大運天中殺の時期に公表すると、一気に広まる可能性があります。ある意味「夢が叶えられる時」ということです。

宿命天中殺を持っている人は、宿命天中殺に現われる現象が、その人の性格に入り込んでしまうことがあります。性格の一部になってしまうということです。

人生に起こる様々なできごとについて、天中殺への対処法を説明していきます。

恋愛

純粋なプラトニックラブなら、なんの災いも受けません。ただし、結婚を前提に未婚者同士の恋愛は、反対者が出てきてまとまりにくくなります。

うまくいくケースは、男性か女性の一方、または男女ともに再婚同士の恋愛。あるいは女性が年上で男性が年下の恋愛といったケースです。このような特殊な恋愛の場合は天中殺の災いは受けません。ただ結婚しようとすると、周りの反対にあい苦労をするのが特徴です。

同棲

どちらかが天中殺の時に同棲を始めると、途中でケンカ別れをしてしまいます。とくに、天中殺の人にとってはつらい別れになります。もともと占いの世界では、結婚・同棲・恋愛の定義がはっきり区別されているわけではありません。ただ一つ、肉体関係を持つことが「結婚の定義」になっています。

同棲は、婚姻届けを出さずに一緒に暮らすことですから、運命の形としては結婚と同等に扱います。一般的には、どちらかが天中殺の時に同棲すると長続きしません。長くて10年、早ければ４年未満で別れることになるでしょう。
同棲の理由によって、対処法が違ってきます。恋人関係にとどめながら同棲している人は、天中殺の災いは受けません。問題は、結婚を前提にして同棲しているケースです。この場合は、天中殺が明けてから一度離れて、改めて新しい形で結婚式を挙げ、戸籍を作り新しいスタートを切れば災いは弱くなります。

お見合い

お見合いは単なる出会いですから、問題ありません。ただし、お見合いのあと、結婚を前提にしたお付き合いの意思表示は天中殺が明けてからのほうが無難です。一般的にお見合いは、結婚を前提にしたお付き合いの入口になりますから、できれば天中殺が明けてからのほうがうまくいきます。

デート

デートの場合は、年天中殺や月天中殺の影響は受けにくいのですが、日の天中殺には災いが出やすくなります。ちょっとしたことから誤解を招いたり、意見の食い違いが出たり、うっかりミスからケンカになったりと自分の思いが通じにくくなります。できれば天中殺の日のデートは、二人きりになる場所よりも、大勢の人が集まる遊園地やスキー場といった郊外のほうが楽しめます。

婚約・結納

これは結婚へのセレモニーで物事の完結ではありませんから、天中殺の災いは受けません。

結婚

結婚式・婚姻届は、新スタートになりますから2人の天中殺の年・月・日は避けてください。
物事の途中経過であったり、物事の準備期間であるような時は天中殺の災いは受けません。問題は、結論を出す時や物事を決定する時が天中殺の場合です。これらは災いを受けます。そこから新

しいスタートになりますから、天中殺の災いを受けることになるのです

出産

出産に関しては、三つのケースがあり、それぞれ対処法が異なります。

父親が天中殺の年に生まれた場合

女の子が産まれた場合は、なんの問題もありません。ただ、男の子が産まれた場合は問題が発生します。父親がサラリーマンの場合は、とくに影響はありませんが、老舗の後継者や会社の跡継ぎになる運命を背負っている場合は、父親の期待に反することになります。つまり、後継者にならない可能性が大きいです。

母親が天中殺の年に生まれた場合

父親が天中殺の場合と逆になります。男の子が産まれた場合は、まったく影響を受けません。母親が天中殺の年に生まれた女の子は、母親べったりの子供になってしまいます。母親と娘は一卵性双生児と言ってもいいでしょう。結婚しても、いやなことがあるとすぐ実家に帰ってしまう娘になってしまうのです。逆に、母親のほうも、つらかったらいつでも帰ってきなさい、と平気で言ってしまう親子関係になります。

両親がともに同じ天中殺、その年に生まれた場合

男女とも、両親と縁の薄い子供になります。子供時代から、親と波長の合わない子供になりますから育てにくい子供になってしまいます。できれば、祖父母の協力を借りて育てるようにしたいものです。一般的に、親の天中殺の年に産まれた子供は親以上の成功は望めないと言われています。

お宮参り

天中殺の災いを受けるのは、人間の欲に関連して動く時です。その時は、天中殺の災いをまともに受けますから覚悟してください。しかし、神事

は人間界の事柄とはまったく異なりますから、天中殺の災いはまったく受けません。むしろ、天中殺の時のほうが神事はありがたいのです。子供の天中殺であっても、両親の天中殺であっても関係ありません。神事は、天中殺の時に行なうほうが効果を得ることができます。

離婚

天中殺の時の離婚は、まったく問題ありません。もともと天中殺というのは、新しいことをスタートする場合にはマイナスですが、壊す場合にはまったく問題ありません。後腐れなくすっきり別れられるのが天中殺の時です。

ただし、慰謝料がほしい、子供の養育費がほしいなど、相手に要求するものがある場合は、成立しにくくなりますから気を付けましょう。

再婚

再婚にもいろいろなケースがあります。

子供がいる再婚同士の場合

相手に子供がいるかいないかで違いますが、天中殺の結婚で一番強く災いが出るのが「初婚者同士」の結婚です。再婚する場合、相手に子供がいても、自分に子供がいても、子供と一緒に同居すれば天中殺の災いは避けられます。その場合、再婚同士でなければなりません。再婚同士で、お互いに子連れで、全員で一緒に生活する場合は大丈夫です。そして、子供が小さければ小さいほどうまくいきます。

相手は再婚だが自分は初婚の場合

片方が再婚で、もう一方が初婚の場合は、子供がいるかいないかが問題になります。相手が再婚で、自分は初婚で子供がいない人の場合は、天中殺に結婚してもなんの災いも受けません。しかし、子供が生まれれば、天中殺の災いを受けることになります。

浮気

浮気がよいか悪いかは別にして、天中殺の時の浮気はバレやすいのが特徴です。それに天中殺の時の浮気は別れにくいというのも特徴の一つです。「天中殺ではない時の浮気だから大丈夫」と言う人がいますが、それは間違いです。次に回ってくる天中殺の年に発覚することになります。これは浮気だけに限らず、脱税、横領といったすべての隠し事を隠しきれなくなるのが天中殺なのです。

不動産の取得

天中殺の年に土地を購入する場合は、目的によって吉にもなり凶にもなります。

土地を土地のままで活用する場合

天中殺の年に、動産を買うことと不動産を買うことはまったく違います。神が造ったものに対しては何の災いも受けませんが、人間が造ったものや人間の意志が入った人工的なものに対しては天中殺の災いを受けます。

土地そのものは「神が造ったもの」ですから、どんな大きな土地を買っても、土地だけなら天中殺の災いは受けません。したがって「吉」です。土地のままで売却しても問題ありません。

天中殺の年に購入した土地に家を建てる場合

天中殺の年に購入した土地が、建築が目的で購入した土地だったら、家を建てた段階で天中殺の災いを受けることになります。天中殺中に買った土地に建築する場合は、天中殺が明けてから、その土地を売り、買い換えた新しい土地に家を建ててください。土地のままなら、天中殺の災いは受けませんが、その土地に人間の意思が介入すると、その時点から天中殺の災いを受けることになります。天中殺に購入した土地は何年も更地にしていても、家を建てた段階で天中殺の災いは必ず起きてきます。

天中殺の年に購入した土地に、隠居するための家や子供や孫の家を建てる場合

現役を引退して「隠居するための家」「子供や孫のために建てる家」であれば、天中殺の年に購入した土地に建築しても災いは受けません。したがって「吉」です。ただし、表面的には隠居生活といって、実際はまだまだ実社会への影響力が強い人は、天中殺の災いを受けますから気を付けてください。

増改築

家相や外観が変わるような大改築を天中殺中に行なうと災いを受けます。天中殺中に増改築して家相が変わると、悪い運気が家に宿ってしまいますから避けてください。ただし、内装や室内装飾だけを変える場合は、天中殺の災いは受けません。

地鎮祭・建て前

地鎮祭は神事ですから、天中殺中であっても問題ありません。ただし、3人以上の神主さんか、お坊さんによって行なってください。算命学の約束事の天・地・人の三方の災いを避けるためです。地鎮祭と建て前は同時に行なってはいけません。地鎮祭は、土地の神様にお許しを請う神事ですから天中殺中でも構いません。しかし、建て前は、家を建て始める行事になりますから、天中殺中にはやってはいけないのです。天中殺中には、家を建てることはやめてください。

学校

入学試験が天中殺と重なった場合

誰かに庇護されている人は、天中殺の影響を受けにくいのが原則です。ですから、小学校から高校の受験（15歳まで）は、本人の実力が優先します。天中殺の影響が一番出るのが大学受験です。天中殺の時は、本人の実力が十分発揮できない時期ですから、第一志望校に入りにくいのが特徴です。

浪人したくなければ、1ランク下げた第二志望校も受験するようにしましょう。ただし、天中殺の時には、コネは通用しません。コネを利用したことで、逆の結果になる場合がありますから気を付けてください。

留学が天中殺と重なった場合

天中殺中に単身で留学する場合は、天中殺の災いが現われますからやめましょう。災いが現われやすいのは、ホームステイ先やホームメイトとのトラブルなどで、勉学に集中できないといったことが起こります。とりわけ、一人でいく留学は控えましょう。

天中殺中でない友人と一緒に留学する場合は、夏期留学、短期留学といった1～6カ月以内の留学なら問題ありません。

親元を離れるのが天中殺と重なる場合

天中殺中に親元を離れることは問題ありません。学校に通うのに、親元からは遠すぎて通いきれない場合は問題ありません。ただし、それが就職、結婚といった目的のために親元を離れる場合は災いが出てきます。また、会社からの転勤命令で親元から通えなくなって離れる場合は、なんの支障もありません。

転校

転校が天中殺の年と重なった場合

自分の意志によるもの（自力的転校）と親の転勤、親の環境の変化によるもの（他力的転校）の二つに分かれます。

①他力的転校

親の転勤という他力的な要素によって転校する場合は、天中殺現象を受けることはありません。ひとつだけ気を付けたいことがあります。担任の先生が同性のほうがうまくいきやすいといわれています。女の子の場合は女の担任先生、男の場合は男の担任先生という具合です。

②自力的転校

自分の意志で転校する場合はうまくいきません。本人の人為的なわがままや、欲が絡むと天中殺の災いを受けることになります。

転居

転居も「自力的転居」と「他力的転居」の二つに分かれます。

①自力的転居

自力的な転居は、気分転換をしたいから、またはもっと広いところに引っ越したい、といった欲から生まれた引っ越しを言います。

このような自力的転居を天中殺の時に行なうと、天中殺の現象がかなり強く出ます。たとえば転居後に「健康運」が低下したり、周りの人たちと仲よくなれなかったりと、居心地が悪くて精神的に安住できない環境になっていきます。

②他力的転居

他力的な圧力（会社からの転勤、移動命令）で引っ越しをしなければならない場合は、会社の命令に素直に従っていれば、天中殺の災いを受けることはありません。さらに、会社側に引っ越し先の家探しもお任せするほうがベターです。もし探してくれた住まいが気に入らなくても天中殺の間だけは黙って従っていれば、天中殺の災いを受けることはありません。その家が気に入らなかったら、天中殺が明けてから、家探しを始めてください。

旅行

国内旅行と海外旅行の二つに分かれます。

①国内旅行の場合

国内の場合は、単独で行っても複数で行っても、天中殺の災いは受けません。旅行は気分転換になりますから、精神の安定を取り戻すにはよい方法です。ただし、旅行に仕事を挟むと、天中殺の災いを受けますから気を付けてください。

②海外旅行の場合

海外の場合は、単独よりも複数で行動したほうが、天中殺の災いを受けにくいと言われています。できれば、旅行に関するすべての手続きは旅行代理店に頼んで、現地に着いたら、ホテルなど手配の手続きを添乗員がすべてやってくれる旅行は、天中殺の災いは受けません。

天中殺の災いは、旅行による事故ではなく、パスポートを紛失したり、税関でもめたり、手続き上の書類の不備などに、天中殺の災いが現われます。

就職

①天中殺の年に就職した場合

自分の天中殺の年に就職した場合は、天中殺が明けてしばらくすると嫌気がさして辞めたくなるのが特徴です。2～3年ぐらいで辞めたくなりますが、天中殺中には辞めないことです。転職する時も、天中殺が明けてからにしましょう。

天中殺中に入社してしまったけれども、このまま勤め上げたいと思っている場合は、トップにならず補佐で満足することです。目上に尽くす形をとり続けることが大事です。そのためには、組織のなかで自分が尽くすに値する「親分」を作っておく必要があります。そして、自分を捨てて、親分に完全に従う形の生き方にします。

②天中殺の年に転勤命令が出た場合

天中殺の災いを防ぐ方法に「自分を無にして相手に従う」という約束事があります。天中殺中に会社から転勤命令が出た場合は、会社の命令に逆らわず素直に流れに従えば天中殺の災いは受けません。

天中殺の年に転職した場合

天中殺の間は、これといった理由もないのにイライラすることが多くなります。とくに人間関係のトラブルが原因で会社を辞めたくなるケースも出てくるでしょう。しかし、このような一時的な感情から転職してもいい結果は得られません。天中殺中の転職には、守らなければならない約束事が三つあります。

①欲のため

収入増や名誉欲のために転職する場合は、最大の凶運になりますから避けるべきです。

②会社からの指令

会社からの指名で子会社に転職する場合は、天中殺の災いは一切受けません。逆に断って、自分の意思で他社へ転職した場合は天中殺の災いをもろに受けてしまいますから気をつけましょう。

③退職

天中殺中の退職は、問題ありません。しかし、後で復職したいと思ってもできません。

会社設立

天中殺中に始めた事業は、ほとんどの場合はうまくいきません。最初はうまくいっているように見えても2年目、3年目頃から、業績が低下したり、従業員の定着率が悪くなったり、資金繰りが悪くなったりしてきます。このような状態を改善させるには、会社の業績が低下してもオーナー(社長)の天中殺が明けるまではそのままの状態をつづけることです。そして、天中殺が明けたら、新しい場所で社名を変更して事業を再スタートしてください。

事業の拡張・縮小

この場合も約束事が三つあります。

①オーナー社長の場合

オーナー社長が天中殺中に事業を拡張すると、社運が傾いたり、事業に失敗したり、資金繰りが悪くなったりと、窮地に追い込まれる可能性があります。どうしても拡張しなければならない場合は、オーナー社長がいったん社長職を退き、相談役または会長になり、別の人を社長に立てます。そしてその社長の権限で事業を拡張するなら、天中殺の災いは受けません。または別会社を興して、新しい社長のもとで事業を拡張するなら問題ありません。別会社でもオーナーの自分が社長になったらだめです。

②サラリーマン社長の場合

サラリーマン社長が事業の拡張を行なう場合は、社長が天中殺中であっても問題ありません。ただし、重役間の意見がまとまらず、心理的なことから人間関係で苦労する場合が多くなるかもしれません。

③縮小・倒産

天中殺は、新しいことを始めたり拡張したりすると災いを受けますが、縮小したり、壊したりする分には何の災いも受けません。むしろ、スムーズに事が進みます。

事業の合併

企業の合併は集団の合併になりますから、大勢の人の運気が影響するので、社長個人の運気だけに左右されることはありません。ただし、オーナー社長の独断で、合併を進める場合は、天中殺の災いを受けますから気を付けてください。サラリーマン社長の場合は、事業の拡張と同じく合併も天中殺の災いはほとんど受けません。

病気・病院

天中殺の時に病気をすると重くなるのではないかと思っている人がいますが、天中殺の現象は精神的な乱れから起こる病気になるので一概には言えないのです。病気とは、肉体を損なう現象を言いますから、むしろ、天剋地冲（てんこくちちゅう）の年に発病したほうが病気は重くなります。天中殺現象は、精神的な乱れやストレスが原因で発症すると病気になりますから、適応障害やうつになると長引きます。天剋地冲は、精神と肉体の両方が壊れますから、病気になると重くなります。

①天中殺中に病気になった場合

自分の運命を他人任せにすることです。すべて、家族任せ、医者任せ、病院任せにして、我を張らないことが一番です。担当医師や病院が気に入らないからといって、自分の意思で変えないことです。天中殺中は、病院を変えれば変えるほど、医者を変えれば変えるほど病気の回復が遅れます。ただし、その時に運び込まれた病院が専門外で、その時の医者の紹介で専門病院に移るのは構いません。むしろ断るほうが天中殺の災いを受けます。あくまでも自然な流れに任せるほうが、いい結果を生みます。どうしても病院を変えたい場合は、天中殺が明けてからにしてください。

②病気中に天中殺が回ってきた場合

天中殺期間中は、精神的に不安定になり、医者や病院に対する不信感が出てきます。そのため、患者自身がほかの病院に移りたいとか、担当の先生を変えてもらいたいと言い出すことがあります。この場合も、天中殺が明けるまでは動かないほうがうまくいきます。

また、この期間中は、見舞客をなるべく少なくしてもらいましょう。見舞客が多いと精神的な乱れからストレスになりますから気をつけてください。

③天中殺中に手術を受ける場合

これは、むしろお勧めです。天中殺中は病気が見つかりやすい時ですから、早期発見しやすくなります。もし病気が見つかって手術が必要なときは、自分で悩まないで医者を信頼して任せるのが一番効果的です。逆に、天中殺中に手術をすると失敗すると思いこんで躊躇したりすると精神的なストレスでマイナスになります。運・不運というのは、自分の心の中にもその要因があることを認識してください。

④天中殺中に健康診断があった場合

日頃発見されにくい病気が見つかる確率が高くなるので、自分の天中殺の年に健康診断を受けるようにしてください。

改名する

名前は無形なものですから、天中殺期間に改名、ペンネーム・雅号を付けても、天中殺の災いはまったく受けません。

改名して困るのは、商品名です。商品は有形のものですから形があります。形ある「商品名」を改名すると最大級の凶運になり、場合によっては会社の存続が危ぶまれる場合があります。

印鑑・実印を改印する場合は、改名と同様に天中殺期間であっても、まったく天中殺の災いを受けることはありません。改印だけでなく、新しい実印を作っても、何の災いも受けません。

借金すること・お金を貸すこと

①借金する場合

天中殺期間に借金したものは、予定どおり返済できなくなります。できれば、天中殺期間には借金はしないことです。どうしても借金しなければならない場合は、最小限の金額に留めておくこと。そして、天中殺が明けた時に、別の人からお金を借りて、天中殺期間に借りた借金を払います。借金していることに違いありませんが、天中殺期間の借金はトラブルの種になりやすいので、きれいに返済しておきましょう。

②お金を貸す場合

自分が天中殺の時にお金を貸すと、期日どおりに返済してくれないのが普通です。返済期間が、後々へずれ込むという欠点があります。自分が天中殺の時には、他人にお金は貸さないことです。貸す時は覚悟して貸すこと。返ってこなくても、相手に対して憎しみを感じない金額を貸すことです。そうすると、後々苦しむことはありません。

第六章

天中殺のエネルギーと現象

一　目に見えない宇宙のエネルギーが他力運

人間の「運」には、自分の才能や努力によって得られる「自力運」と、自分の力が及ばない宇宙の力「他力運」の二つの運があります。他力運は、当人にとって目に見えない力が後押ししてくれる感覚みたいなものとしか言いようがありません。昔から言われる「神風が吹く」という不思議な現象のことと言ってもいいでしょう。

私自身、「神様か仏様かはわかりません」が誘導してくださったとしか思えない行動をしたことがあります。11年ほど前、私が「血栓性血小板減少紫斑病」という難病を患った時のことです。今振り返っても、考えられない行動を無意識にとっていました。

実は、胆石手術で以前入院していた病院に行くつもりでタクシーに乗ったのです。ところが運転手さんに指示した場所は、その病院よりも遠いホームドクターの個人病院だったのです。貧血気味で朦朧としていたこともありますが、なぜなのか今でもわかりません。しかし、その結果、命が助かったという事実だけははっきりしています。

病院に着くと、すぐ血液検査をし、その結果、緊急を要するということで、胆石の手術をした病院に搬送されたわけです。病院に着いて名前を告げた後は覚えていません。ホームドクターから血液の検査データがすでに病院に届いていたので、処置が早くできて助かったのだと、後日聞かされました。私の意識が戻ったのは1週間後。これは、自分以外の何か（神様）の力によって、唯一その病院に一人しかいない「血栓性血小板減少紫斑病」の専門の先生に看てもらえるよう、導かれたのではないかと思っています。

誰にでも、あとから思えば、なぜあんな行動を取ったのかわからないといったことがあると思います。

たとえば、駅の売店で買い物をし、一本後の電車に乗ったことで事故に遭わなかったとか。逆に、予定より早く着いて一本前の電車に乗って事故に遭ってしまったというようなケースです。

1 他力運とは？

他力運の六つのパターン

科学では証明されていない不思議な力、自分の力ではコントロールできない力が他力運です。他力運の存在は、一流のスポーツ選手や役者達も感じていることで、あのホームランを打ったのは、あの演技をしたのは、「自分であって、自分ではない」という言葉からもうかがえます。

算命学では、「他力運」を六つのパターンに分けて、その時に現われやすい現象を示しています。この現象は、自分の力でコントロールできないものです。ただ、前もってこんな現象が起こるかもしれないとわかっていれば、場合によっては避けられるかもしれません。万が一避けられなくても、痛手を最小限に食い止めることができるはずです。

六つのパターンとは、

①子丑天中殺のエネルギーから現われる現象
②寅卯天中殺のエネルギーから現われる現象
③辰巳天中殺のエネルギーから現われる現象
④午未天中殺のエネルギーから現われる現象
⑤申酉天中殺のエネルギーから現われる現象
⑥戌亥天中殺のエネルギーから現われる現象

あなたは、どのパターンに属しますか。自分の生まれた日の「干支」を「六十花甲子表と天中殺表」から探してください。そして、その欄の下に書かれている天中殺があなたの天中殺です。

天中殺現象は、二つの十二支が1セットになります。現象はその人の運気のリズムによって、どちらかの年に偏って強く現われることがあります。

以下、六つの天中殺ごとに２０１６年から２０２７年までの12年間に現われる現象を説明します。

② 子丑天中殺のエネルギー秘められた現象

生まれた日が甲寅・乙卯・丙辰・丁巳・戊午・己未・庚申・辛酉・壬戌・癸亥の人に現われる「他力運」現象

２０１６年（申年）と２０１７年（酉年）と２０１８年（戌年）に現われる現象

２０１６年（申年）は、２０１４年（午年）と２０１５年（未年）で落ち込んだ運気が一気に回復し、さらに運気がアップします。しかもこの運気の勢いは２０１８年（戌年）まで続きます。

２０１６年（申年）は、財運、名誉運、人気運が共に思いのままと言えるくらいラッキーな年。

２０１６年（申年）～２０１８年（戌年）の３年間のエネルギーは、自分の努力ではどうすることもできないエネルギーです。このチャンスは、実力があって日々努力している人にだけ与えられる「神様からのプレゼント」なのです。

２０１６年（申年）には、人間関係によってチャンスをつかみ、２０１７年（酉年）は、行動範囲が拡大し営業成績が伸びます。２０１８年（戌年）は、自分の努力によって社会的評価がアップして、夢が叶う年になるでしょう。

２０１９年（亥年）に現われる現象

２０１９年（亥年）になると運気が一気に落ちて、自分の周囲に暗い陰が差し込んできます。凶現象の前ぶれの年になりますから、油断は禁物。すべて慎重に行動しましょう。

２０２０年（子年）と２０２１年（丑年）に現われる現象

２０２０年（子年）と２０２１年（丑年）は天中殺の年です。天中殺のためこの2年間は、有形無形の凶現象が現われます。仕事の失敗、金銭問題、人間関係のトラブル、盗難、事故、失恋、離婚、病気などが起こりやすい期間です。

しかも精神的な重圧感に襲われますから、何かしなければと心が焦り、あれこれやりたくなりますが、ここはじっと我慢して現状維持を貫き通すのが一番です。

12年に一度回ってくる2年間の天中殺は、悪い現象のほうが多いのですが、なかにはあなたに幸運を授けてくれる相手に出会える場合があります。それは、あなたの自力運が強くて幸運のチャンスを受け入れる準備（つぼみが充分膨らんでいる状態）ができている場合だけです。

２０２２年（寅年）と２０２３年（卯年）に現われる現象

２０２２年（寅年）は、自分の考えや主張が世の中に認められる年になります。自己アピールには最高の年になりますから、今までに温めてきた企画がある人は社会に公表するチャンスです。また、就職活動、転職、出版、お見合いなど、自分を売り込むには絶好のチャンス。

２０２３年（卯年）も引き続き他力運が強い年ですから、大いに自己アピールして自分の存在価値を高める努力をしましょう。

この2年間は、自分だけでなく家族全員がウキウキするような幸せな年になるでしょう。

２０２４年（辰年）と２０２５年（巳年）に現われる現象

運気は前年に引き続き上昇運になります。とくにサラリーマンは２０２４年（辰年）には社会的な地位が1ランクアップします。そして２０２５年は、財運がついてきます。つまり、この2年間は名誉運と財運に恵まれる年になります。

子丑天中殺の人は、寅年から巳年までの4年間は人気運が最高潮に達する時期になります。サラリーマンは昇進の時期です。

子丑天中殺の人は、サラリーマンは昇進が先で、次に給料がアップして収入増につながります。事業家やフリーで仕事をしている人は、自己アピールに力を入れ、人気がアップすることが先になります。

２０２６年（午年）と２０２７年（未年）に現われる現象

２０２６年（午年）は危険な時期に入ります。これまで登り調子で来ていた4年間と同じような気持ちで物事を進めていると、とんでもない落とし穴にはまってしまいます。家庭のある人は、家族の危機に会うことも。会社では部下の手違いや失敗などで、あなたの運気が大きく乱れます。とくに２０２６年（午年）に不幸が集中すると言ってもいいでしょう。

※天中殺は、空間（十干）が欠け、時間（十二支）のみが存在している期間ですから、この現象は12年のサイクルで回ります。そのため、12年ごとに似たような現象が起こります。

❷子丑天中殺の波動
（幸運と衰運のサイクル）

子丑天中殺の人の他力運グラフ

子丑天中殺	申	酉	戌	亥	子	丑	寅	卯	辰	巳	午	未
年	2016	2017	2018	2019	2020	2021	2022	2023	2024	2025	2026	2027
エネルギー	9	12	12	1	0	0	3	4	6	6	1	3

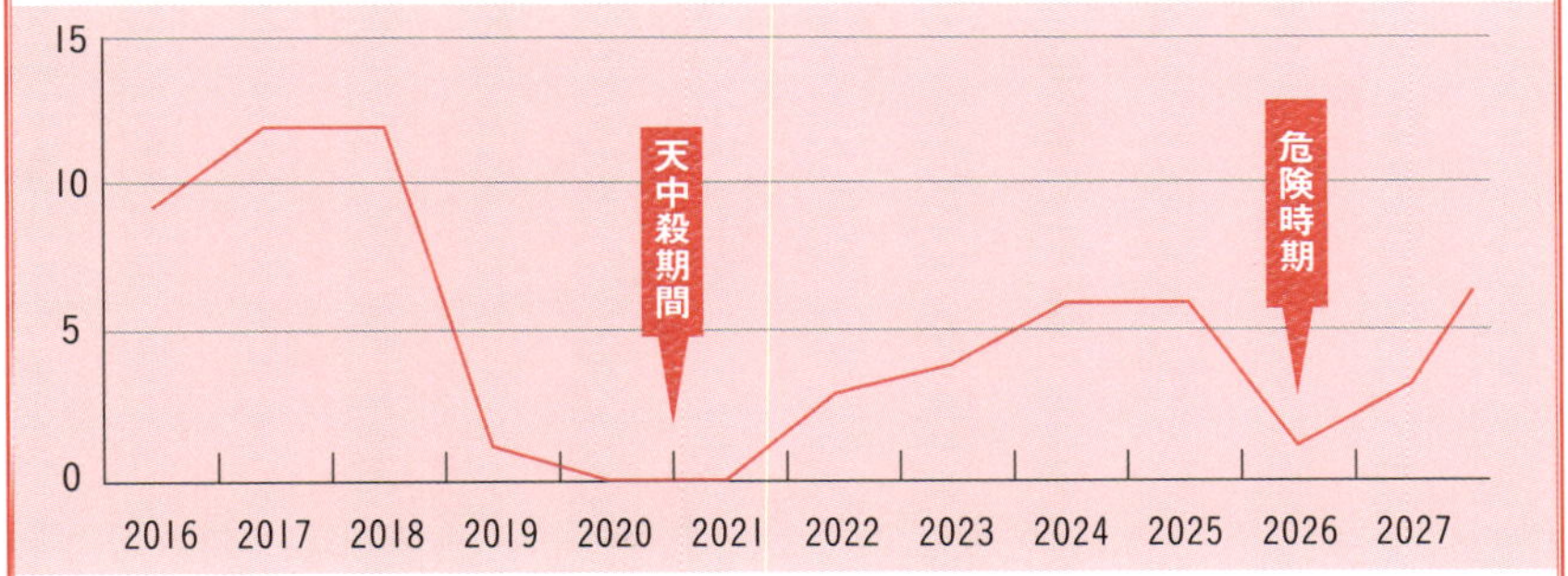

天中殺期間
危険時期

毎年来る	丑	寅	卯	辰	巳	午	未	申	酉	戌	亥	子
月の波動	1月	2月	3月	4月	5月	6月	7月	8月	9月	10月	11月	12月
エネルギー	0	3	4	6	6	1	3	9	12	12	1	0

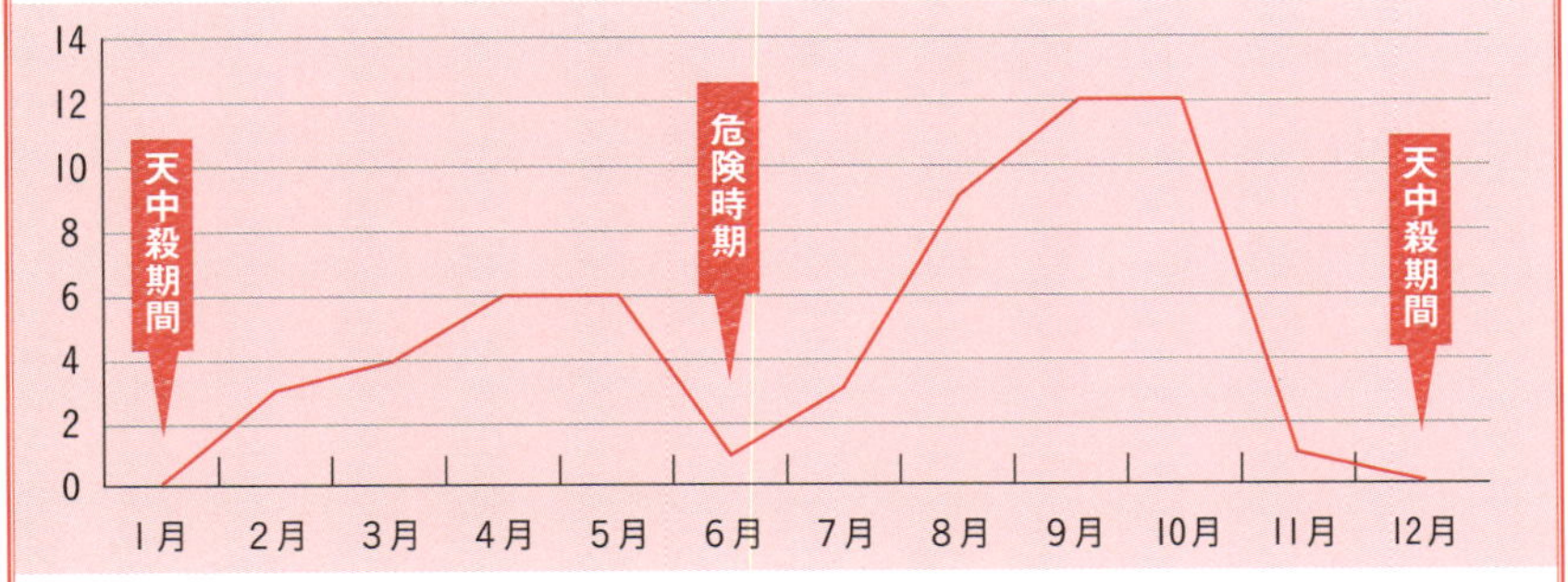

天中殺期間
危険時期
天中殺期間

２０２７年（未年）は前年に不幸が集中した人は、やや穏やかな運気の年になります。しかし、後遺症は残ります。体力の消耗によってやる気が起こらず、スランプ状態に陥りやすくなりますから気を付けましょう。なかには、２０２６年（午年）と２０２７年（未年）の現象が反対に出る人がいますので注意してください。

③ 寅卯天中殺のエネルギー 秘められた現象

生まれた日が、甲辰・乙巳・丙午・丁未・戊申・己酉・庚戌・辛亥・壬子・癸丑の人に現われる「他力運」の現象

２０１６年（申年）と２０１７年（酉年）に現われる現象

２０１６年（申年）は、気力と運気が共に充実した最高運の年になります。自分の知識力、才能、能力、経験、人脈、社会的信用度、行動力をフル回転させて、夢を叶えるチャンスの年です。２０１５年（未年）に出会った人脈によって、社会的信用度がますます強くなっていきます。

２０１７年（酉年）には、さらに名誉と地位が加わり充実した生活が得られるでしょう。サラリーマンなら昇進の年。それも大抜擢です。一気に子会社の社長とか重役に昇進ということも夢ではありません。芸能人なら、爆発的な人気が出る年。財運と名誉運が非常に強い年です。

２０１８年（戌年）と２０１９年（亥年）に現われる現象

２０１８年（戌年）は、２０１６年（申年）と２０１７年（酉年）の活躍によって得られた経済力によって、家族と共に楽しい時間を持てるでしょう。

自分へのご褒美として有意義な時間を持つのもいいかもしれません。2019年（亥年）は学びの年。次へのステップのために知識を吸収することに専念しましょう。ここでの知識欲の大きさが、今後の人生に大きく関わってきますから、怠け心を起こさないように気を付けましょう。

2020年（子年）と2021年（丑年）に現われる現象

2020年（子年）には、嗜好、趣味、ファッション、食べ物の好みに変化が現われます。つまり、「体質の変化」が起こります。このように外見や体質だけでなく、ものの考え方や価値観といった精神的な面まで変わってきます。この時期に変身することは、2022年（寅年）と2023年（卯年）に回ってくる天中殺の凶現象を弱めますので、上手に変身しましょう。

2021年（丑年）は、経済力アップの年。収入が増えます。しかも経済面だけでなく、異性運もアップしますから、ステキな恋人に巡り会うかもしれません。

2022年（寅年）と2023年（卯年）に現われる現象

2022年（寅年）と2023年（卯年）の天中殺の年には、新しい仕事が次々とやってきます。しかも積極的に仕事をやってしまう傾向があります。実はこのように「新しいことに着手すること」が、寅卯天中殺現象なのです。ただし、欲張らないことが大事です。

2年間の天中殺期間に働きすぎると、そのゆがみが、2025年（巳年）になって凶現象となってどっと吹き出すことになるのです。人生最大の危機の年が2025年（巳年）です。

一般的には、天中殺期間に新しいことを始めても実らないと言われていますが、寅卯天中殺の人だけは別です。新しいことを始めたくなるのが天中殺現象なのです。他の天中殺の人と同じように、新しいことを始めなかったら、２０２５年（巳年）には何も起こりません。

２０２４年（辰年）と２０２５年（巳年）に現われる現象

２０２４年（辰年）は、天中殺が明けたばかりですから、まだまだ運気にも勢いがあり天中殺に始めた仕事も順調に伸びて、思わぬ収入増につながっていく場合があります。「天中殺の時に新しいことを始めたらだめ」と言われたのに、「成功した」と思うくらい順調です。でも、次の２０２５年（巳年）に大きな衝撃がやってきます。運気が一気に落ち込みます。人生最大のピンチです。

天中殺の年に始めた仕事と天中殺の年に出会った人間関係のすべてがだめになってしまいます。この時の痛手が原因で人間不信にまで拡がり、社会的な信用と信頼を失うことになってしまいますから気を付けましょう。

２０２６年（午年）と２０２７年（未年）に現われる現象

２０２６年（午年）は、非常に孤独な年になります。反省したり、思案したりと、自分の人生はこれでいいのかと、考えあぐねる年になります。つまり、精神的な悩みが多くなる年です。

そして、２０２７年（未年）になると、新しい運気がスタートします。これまでの天中殺の〝ツケ〟を払って、自分の生き方を反省して、出発点に立つのが２０２７年（未年）ということです。行動範囲や人間関係も拡がり、本格的な上昇運に乗ります。人生の師となる人にも出会えます。まさに、幸運の入り口に立つ年といってもいいでしょう。

❸寅卯天中殺の波動
（幸運と衰運のサイクル）

寅卯天中殺の人の他力運グラフ

寅卯天中殺	申	酉	戌	亥	子	丑	寅	卯	辰	巳	午	未
年	2016	2017	2018	2019	2020	2021	2022	2023	2024	2025	2026	2027
エネルギー	10	12	12	10	5	5	1	1	4	0	3	6

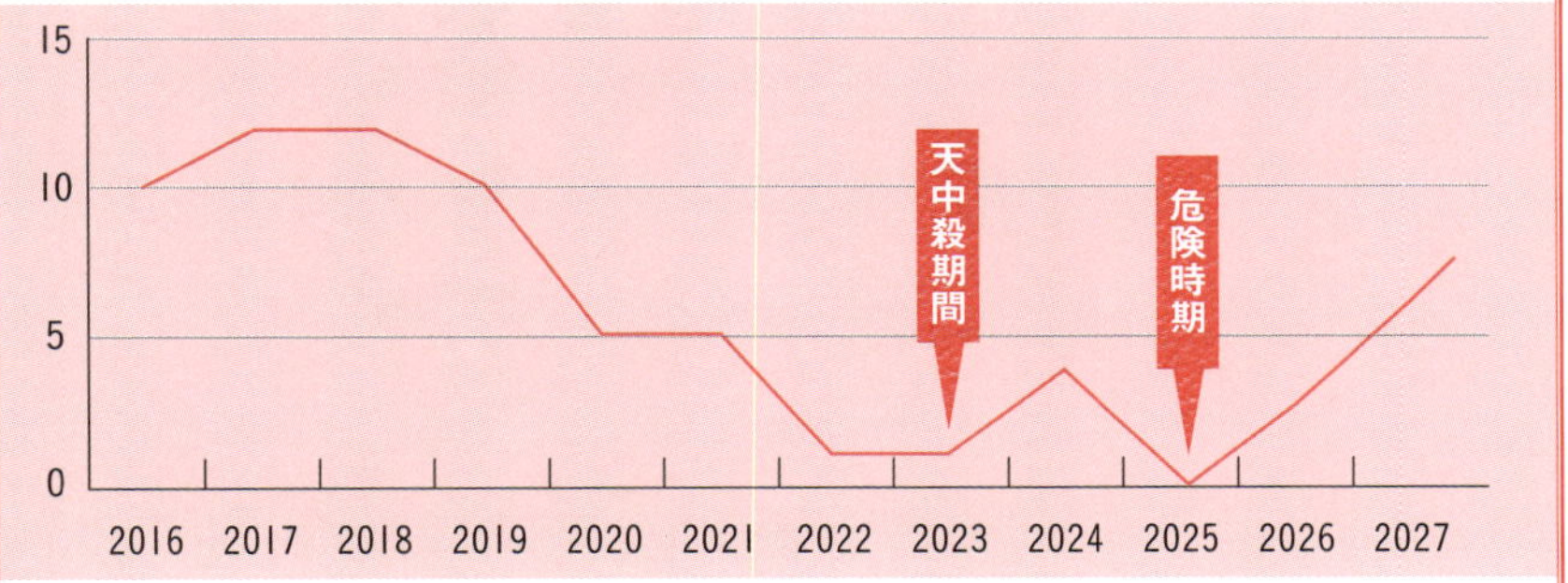

毎年来る	丑	寅	卯	辰	巳	午	未	申	酉	戌	亥	子
月の波動	1月	2月	3月	4月	5月	6月	7月	8月	9月	10月	11月	12月
エネルギー	5	1	1	4	0	3	6	10	12	12	10	5

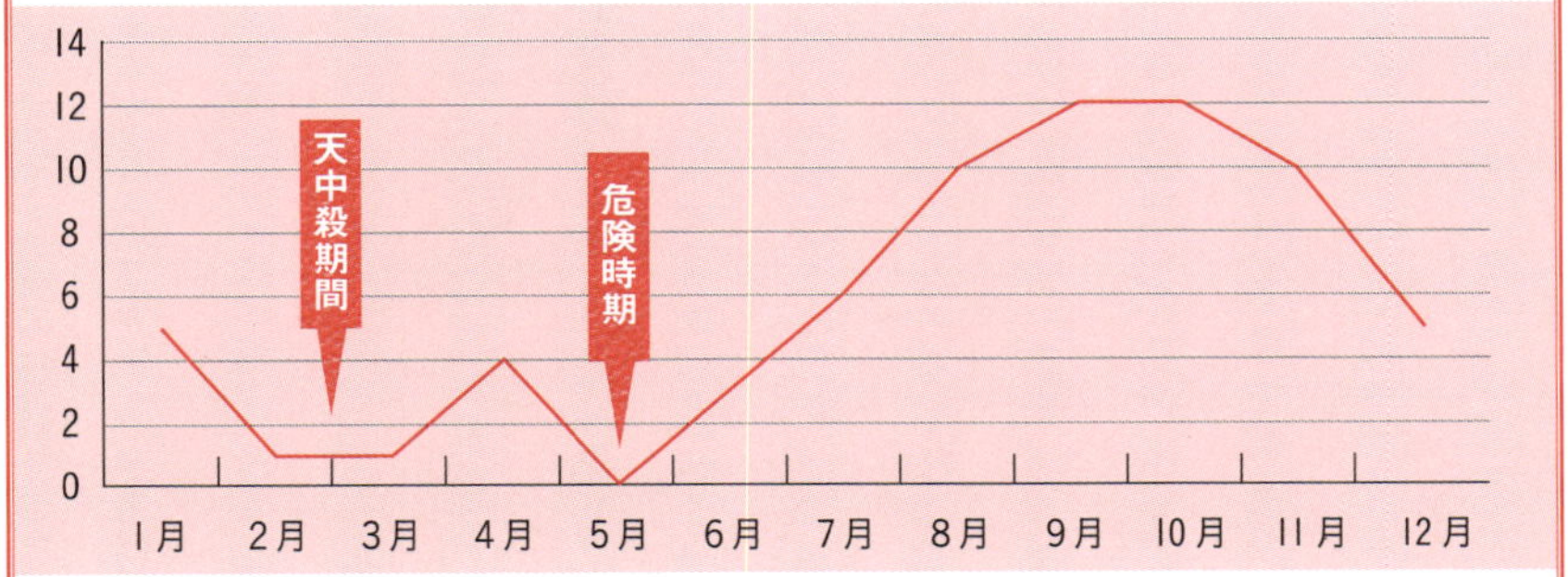

辰巳天中殺のエネルギー 秘められた現象

生まれた日が、甲午・乙未・丙申・丁酉・戊戌・己亥・庚子・辛丑・壬寅・癸卯の人に現われる「他力運」の現象

2016年(申年)と2017年(酉年)に現われる現象

２０１６年（申年）になってようやく運気が立ち直り、財運期に入っていきます。運勢的には、まだ最盛期ではありませんが、これから運気は上昇運に向かいます。

２０１６年（申年）は、お金が入る見込みがつく年です。収入源になる仕事の話や不動産の話などと儲け話が入ってくることで、お金が集まってくるような運気が出てきます。

そして実際にお金が入ってくるのが２０１７年（酉年）になります。この2年間でがっちりと財力をつかみましょう。

2018年(戌年)と2019年(亥年)に現われる現象

辰巳天中殺の人は、２０１８年（戌年）と２０１９年（亥年）が他力運の一番強い年になります。自分が企画した作品がトントン拍子に実現する可能性が高い時期が、他力運の強いこの2年間です。

２０１８年（戌年）は、社会的地位が上がったり、人気が出るという現象が現われます。サラリーマンなら昇進のチャンスです。

２０１９年（亥年）は人脈運が最高の年です。ちょっと紹介されただけの人が思いがけない幸運を運んできてくれたり、またその人が次の幸せを与えてくれたりというような連鎖的な広がりが起こる年です。

２０２０年（子年）と２０２１年（丑年）に現われる現象

２０２０年（子年）は、ものの考え方が変わる「思考の変化」の年です。「自分の生き方は、これでいいのか」と、疑問を持つ年になります。特に青年期に当たると、この傾向が強く現われます。そして、この考えを実行に移すのが２０２１年（丑年）になるのです。しかし、この丑年が辰巳天中殺の人にとっては大問題の年なのです。

２０２１年（丑年）は、危険な落とし穴の年になります。何か新しいことを始めたくなる年だからです。丑年になると冒険心が湧いてくるのが、辰巳天中殺の人の特徴です。当然、ここで行動を起こすと危険です。最初の1～2年はうまくいきますが、長続きしません。たとえば、当てにしていた協力者が途中で突然消えてしまうということが起こりやすいのです。どうしても始めるなら、信用できる相手で、しかも運勢の強い人と組むといいでしょう。

２０２２年（寅年）と２０２３年（卯年）に現われる現象

２０２２年（寅年）は、非常に活力のある年になります。丑年で落ち込んだ後だけに、ぐーんと跳ね上がって運気が回復したように見えますが、この運気は2年間だけです。

２０２２年（寅年）と２０２３年（卯年）の2年間は、体力が勝負の年になりますから、エネルギー全開で目一杯働きましょう。

２０２４年（辰年）と２０２５年（巳年）に現われる現象

２０２４年（辰年）と２０２５年（巳年）は天中殺の年です。辰巳天中殺のエネルギーは、天中殺に入る時に急激に悪い現象が現われ、その後だらだらと抜けるのが特徴です。

誰にでも回ってくる天中殺の時期は、予期せぬ運気の乱れによって様々な悪影響を受けることになります。なかでも、辰巳天中殺というのは他の天中殺に比べて運の乱れが大きく、運勢のアップダウンが非常に荒いのが特徴です。また、衝撃的なことが起こりやすいのも特徴です。たとえば、飛行機事故や交通事故、遭難や火災に遭うということです。

２０２６年（午年）と２０２７年（未年）に現われる現象

２０２６年（午年）は、天中殺の2年間ですっかりエネルギーを使い果たして無気力状態の年になります。そのため、だらだらした静かな年になるはずです。

２０２７年（未年）になると本来の活力を取り戻し、夢や欲が湧き出してきます。未来へ向けて新しい運気がスタートします。具体的に何をやればよいかが見えてきます。そして、その夢に向かって準備を始めます。

5 午未天中殺のエネルギー秘められた現象

生まれた日が、甲申・乙酉・丙戌・丁亥・戊子・己丑・庚寅・辛卯・壬辰・癸巳の人に現れる「他力運」の現象

２０１６年（申年）と２０１７年（酉年）に現われる現象

２０１６年（申年）は、運気がぐーんと跳ね上がり「人生の変化期」を迎えます。つまり「生活環境の変化」です。職業、住居、人間関係に変化が起こります。しかし、この変化はマイナスではなくプラスの方向に変化するための準備ですから、

④辰巳天中殺の波動（幸運と衰運のサイクル）

辰巳天中殺の人の他力運グラフ

辰巳天中殺	申	酉	戌	亥	子	丑	寅	卯	辰	巳	午	未
年	2016	2017	2018	2019	2020	2021	2022	2023	2024	2025	2026	2027
エネルギー	8	10	12	10	6	1	6	7	0	0	3	5

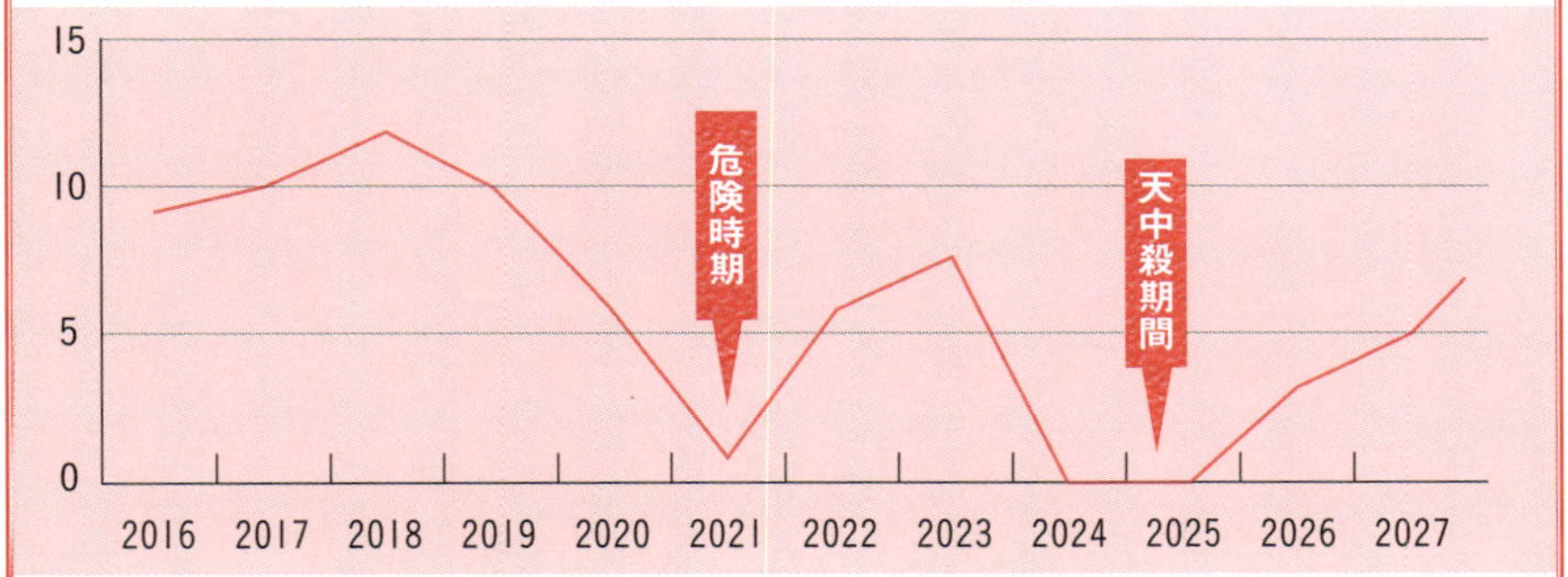

毎年来る	丑	寅	卯	辰	巳	午	未	申	酉	戌	亥	子
月の波動	1月	2月	3月	4月	5月	6月	7月	8月	9月	10月	11月	12月
エネルギー	1	6	7	0	0	3	5	8	10	12	10	6

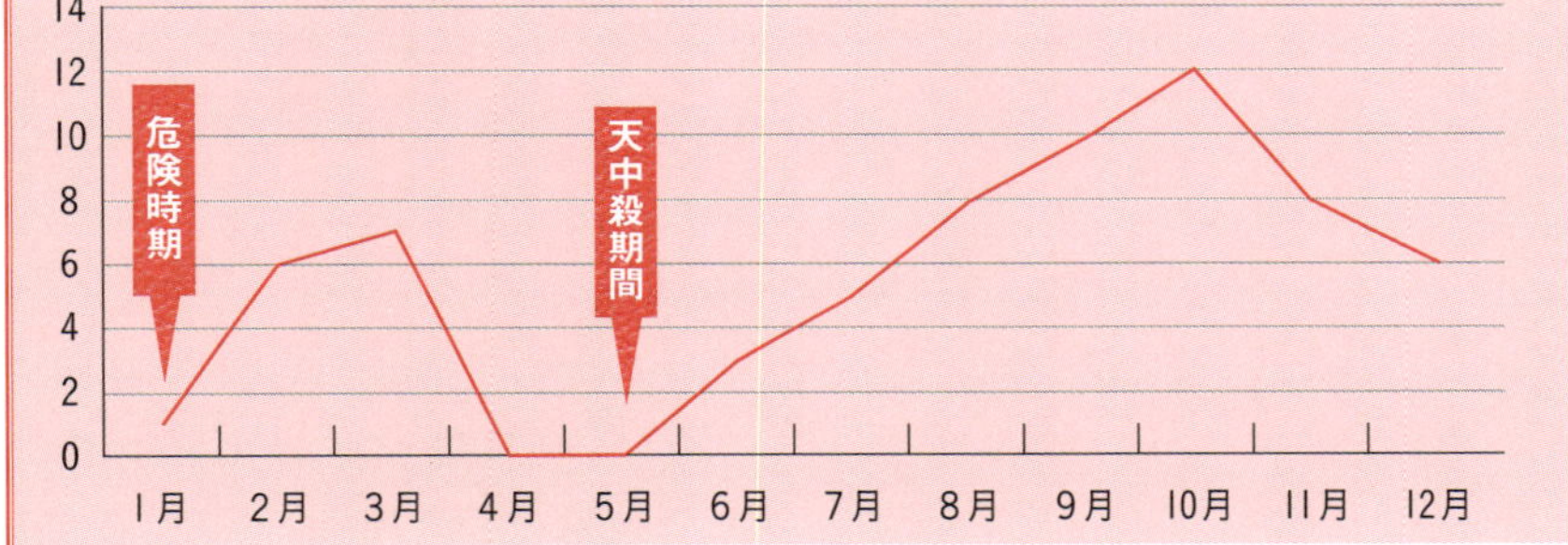

変化することを怖がらないでください。積極的に動くほうが、あなたの未来が明るい方向へ発展していきます。

２０１７年（酉年）は、生活環境が変わったことで、仕事にもやる気が出てきて、楽しく働けるようになります。自分の気持ちが明るくなっていくのがわかるはずです。

２０１８年（戌年）と２０１９年（亥年）に現われる現象

２０１８年（戌年）になると、急に運気が落ち込み、体調に変化が現われてきます。とくに健康運が落ちます。自分だけでなく親や家族の病気やケガといった現象が現われます。それも２０１８年（戌年）と２０１９年（亥年）に集中して現われます。この2年間は、試練の年。変化期の一時的な現象で、飛躍するためには越えなければならないハードルです。

２０２０年（子年）と２０２１年（丑年）に現われる現象

２０２０年（子年）は、自分の仕事が周囲に認められ、あなたの存在価値が高く評価される年になります。もちろん運気もぐんぐん上昇していきます。サラリーマンなら、今まで地味な存在だったのが、急に脚光を浴びるような仕事や子会社の社長に抜擢されるということです。

芸能関係や作家は、ぱっと人気が出る年です。この現象はあなたの実力とは無関係な現象ですから、運をつかみすぎると次の年に苦しむことになります。

まさに２０２１年（丑年）は、前年につかみすぎた運をどう扱えばいいか思案する年です。「社長職が務まるか」、「次の作品が書けるか」といったようなストレスを抱えることも。ある意味では贅沢な悩みの年といえるかもしれません。運気は下がっていないのに、精神的に落ち込んで憂鬱になる年です。自信のない人は、断る勇気も必要になる年です。

2022年（寅年）と2023年（卯年）に現われる現象

２０２２年（寅年）は、悩んだりしていられないくらい忙しい年です。運気が急激に上昇して、財運と名誉運が一度にやってきます。

２０２２年（寅年）と２０２３年（卯年）の２年間は、思いがけない幸運がやってくる年になりますから、何か目標がある人、夢を実現させるために準備している人は、この時期に合わせて実行するといいでしょう。12年間の中で一番他力運が強い年になりますから、積極的にチャレンジしてください。

2024年（辰年）と2025年（巳年）に現われる現象

２０２４年（辰年）と２０２５年（巳年）は安定期。心身ともに穏やかな年になります。そして、運気はじわじわと下降線をたどり、ゆっくりと天中殺へ入っていきます。例外はありますが、ほとんどの人は天中殺に入る時、そのことに気付きません。したがって天中殺現象を甘く見てしまう傾向があります。天中殺で一番危険なことは、天中殺から抜け出す時です。

天中殺期間には、かなりエネルギーを消耗していますから、体力のない人は、健康面に十分気を付けてください。

２０２５年（巳年）は、天中殺へ入るためにゆっくり運気は下降線をたどりますが、精神的には穏やかで安定した年になります。

2026年（午年）と2027年（未年）に現われる現象

２０２６年（午年）と２０２７年（未年）は天

❺午未天中殺の波動（幸運と衰運のサイクル）

午未天中殺の人の他力運グラフ

午未天中殺	申	酉	戌	亥	子	丑	寅	卯	辰	巳	午	未
年	2016	2017	2018	2019	2020	2021	2022	2023	2024	2025	2026	2027
エネルギー	7	5	2	1	8	4	12	12	10	6	0	0

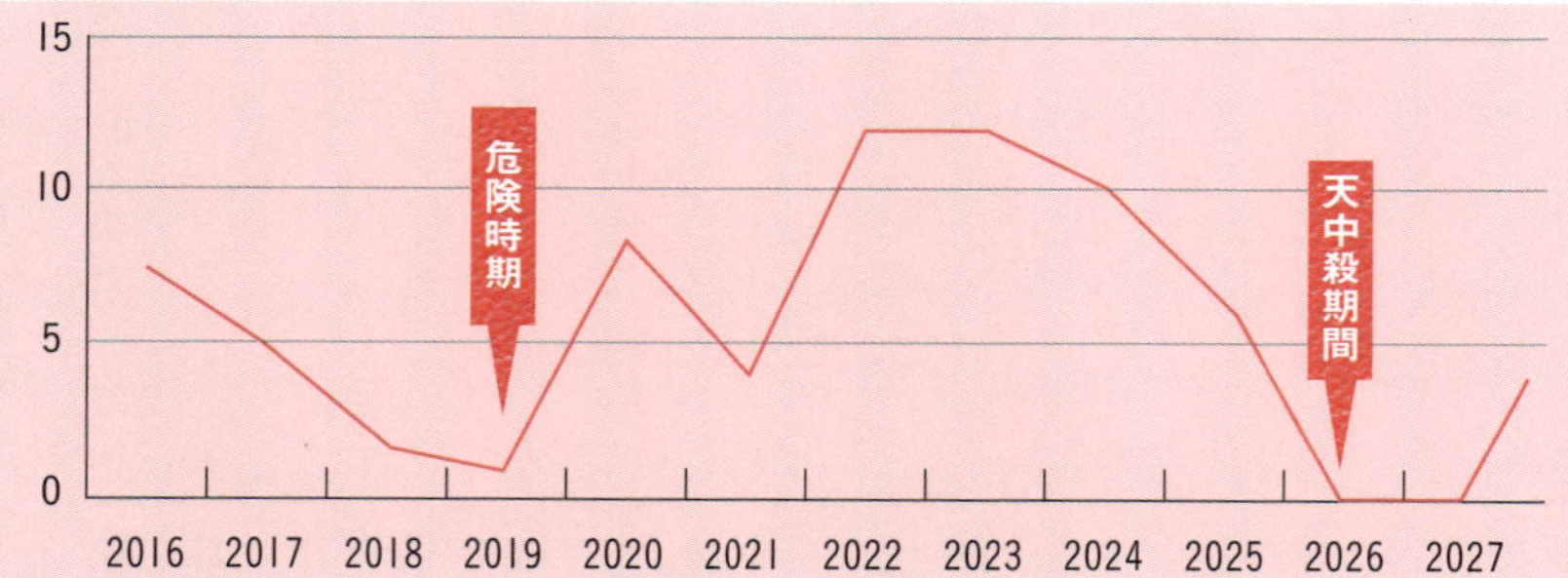

毎年来る	丑	寅	卯	辰	巳	午	未	申	酉	戌	亥	子
月の波動	1月	2月	3月	4月	5月	6月	7月	8月	9月	10月	11月	12月
エネルギー	4	12	12	10	6	0	0	7	5	2	1	8

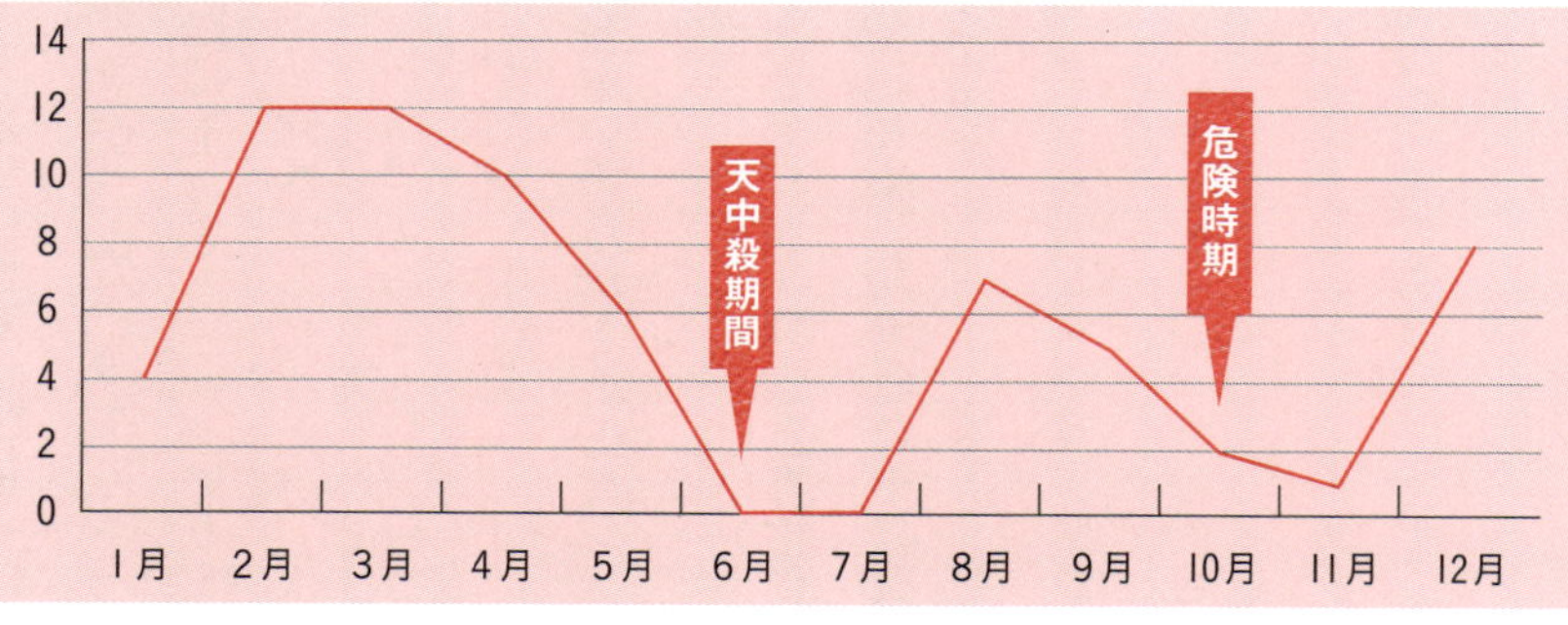

中殺の年になります。他の天中殺に比べると、運気の乱れはそれほど強くありません。比較的浮き沈みの少ない運勢と言っていいでしょう。

天中殺期間ですから、もちろん仕事上での思いがけない失敗やトラブルは付いて回ります。とくに、子供のトラブルや部下が起こしたトラブルの影響を受けて、責任問題が起こりやすい年ですから、気を付けましょう。

また、管理責任不充分ということで、部署替えや戒告処分を受けるなど、他人のとばっちりにあう場合もありますから、身の回りの気配りにも気を付けましょう。

6 申酉天中殺のエネルギー 秘められた現象

生まれた日が、甲戌・乙亥・丙子・丁丑・戊寅・己卯・庚辰・辛巳・壬午・癸未の人に現われる「他力運」の現象

２０１６年（申年）と２０１７年（酉年）に現われる現象

２０１６年（申年）と２０１７年（酉年）は、天中殺の年。天中殺に入ったとたんに、一気に凶現象が吹き出します。他人にだまされて大金を失い、親しい人と別れることになるかもしれません。死別、離婚といった人間関係のトラブル、仕事のトラブルなどが集中します。そして２０１７年（酉年）は、同じ天中殺の年でも、案外穏やかな年になります。精神面は不安定ですが、外に出てくる現象は弱いでしょう。

２０１８年（戌年）と２０１９年（亥年）に現われる現象

天中殺から抜けて安定するかと思えば、とんでもありません。２０１８年（戌年）は、運気が沈

下して、自分の身辺に変化が現われます。転職、転勤、転居といった移動が起こる時期ということです。人間関係にも変化が現われ、結婚目前の恋人と別れたり……。一見不運の連続に見えますが、この身辺整理が次への飛躍の礎（いしずえ）になるのです。

２０１９年（亥年）になると、身辺整理をしたことで、よい運気を呼び込んだと思える出来事が起こるでしょう。運気はプラスの方向へと好転していきます。

２０２０年（子年）と２０２１年（丑年）に現われる現象

２０２０年（子年）は、２０１８年（戌年）に身辺整理したことで、運気がプラスの方向へ好転し上昇気流に乗り、なにごとも順調に発展します。やっと本来の運気が戻ってきたと実感できる年になります。特にお金につながる仕事が増えてきます。

次の２０２１年（丑年）は、人脈運が強い年です。また、自分の運を引き上げてくれる救世主が現われる年でもあります。２０２１年（丑年）に出会った人の中に、将来「福の神」を運んできてくれる人がいますから、感謝の気持ちを忘れず、人間関係は大事にしましょう。

２０２２年（寅年）と２０２３年（卯年）に現われる現象

２０２２年（寅年）と２０２３年（卯年）の２年間は、運気がぐんぐん上昇して最高運の時期に入ります。あなたの夢が実現する年です。社会的にも認められ、業績に似合った地位や名誉職が与えられる年になるはずです。ときには遠慮したい同窓会の幹事やご近所の世話役などが回ってくることがありますが、この時期だけは快く引き受けましょう。後で、必ずやっていてよかったという場面に出会うことになるでしょう。

２０２２年（寅年）と２０２３年（卯年）の２

年間は、思いがけない幸運がやってくる年になりますから、体力がある人は積極的に行動しましょう。

2024年(辰年)と2025年(巳年)に現われる現象

２０２４年（辰年）は、〝中落ち運〟の年です。これまで順調に発展していた事業にかげりが出てくる年になります。そして、天中殺現象に似たようなことが起こります。この時期は「何か生活を変えたい」という気分になりますが、変化することは危険です。ここは我慢して現状維持を守り通すことが、運気の軌道を狂わさないコツです。

２０２４年（辰年）に引っ越し、転職、結婚などをすると、よい運気の軌道から外れ、自分に不利な現象が現われることになります。たとえば、信用していた取引先が倒産したり、恋人に裏切られたり、尊敬していた上司が転勤というようなマイナス面が多くなります。

２０２５年（巳年）は、同じく〝落ち込み運〟になりますが、こちらは「他人の誘惑によって、穴に落ちる」タイプです。

友人に勧められて、つい購入してしまった株で大損失。不倫に走るのもこの時期です。あくまでも自分のスタイルを守って、誘惑に負けないようにしましょう。

2026年(午年)と2027年(未年)に現われる現象

２０２６年（午年）は、２０２４年（辰年）と２０２５年（巳年）の2年間の落ち込みを一気に取り返そうという気が働いて、運気がぐんぐん伸びていきます。停滞していた仕事も動き出し、大変多忙な年になります。体力が勝負の年なので、休む暇もなく働くことになるでしょう。

２０２７年（未年）は、前年に比べると、やや落ち着いた年になります。とくに、精神的なゆと

⑥申酉天中殺の波動
（幸運と衰運のサイクル）

申酉天中殺の人の他力運グラフ

申酉天中殺	申	酉	戌	亥	子	丑	寅	卯	辰	巳	午	巳
年	2016	2017	2018	2019	2020	2021	2022	2023	2024	2025	2026	2027
エネルギー	0	0	3	6	5	8	12	12	1	2	6	7

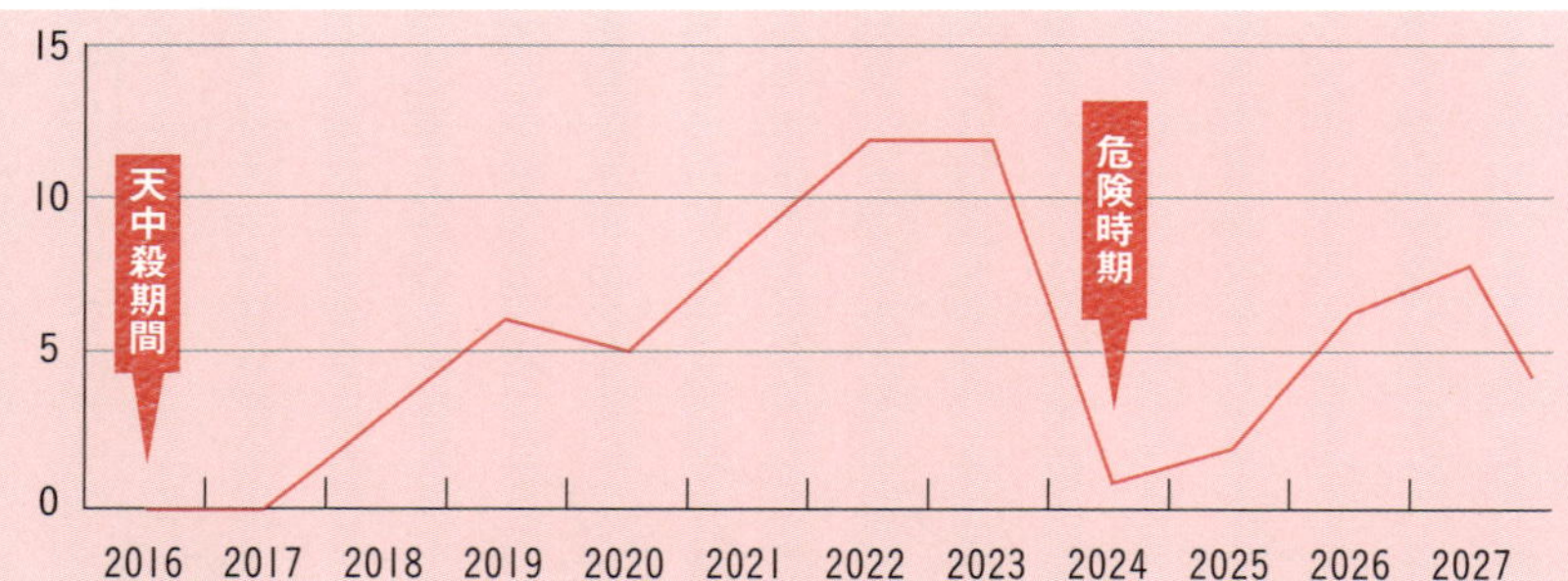

毎年来る	丑	寅	卯	辰	巳	午	未	申	酉	戌	亥	子
月の波動	1月	2月	3月	4月	5月	6月	7月	8月	9月	10月	11月	12月
エネルギー	8	12	12	1	2	6	7	0	0	3	6	5

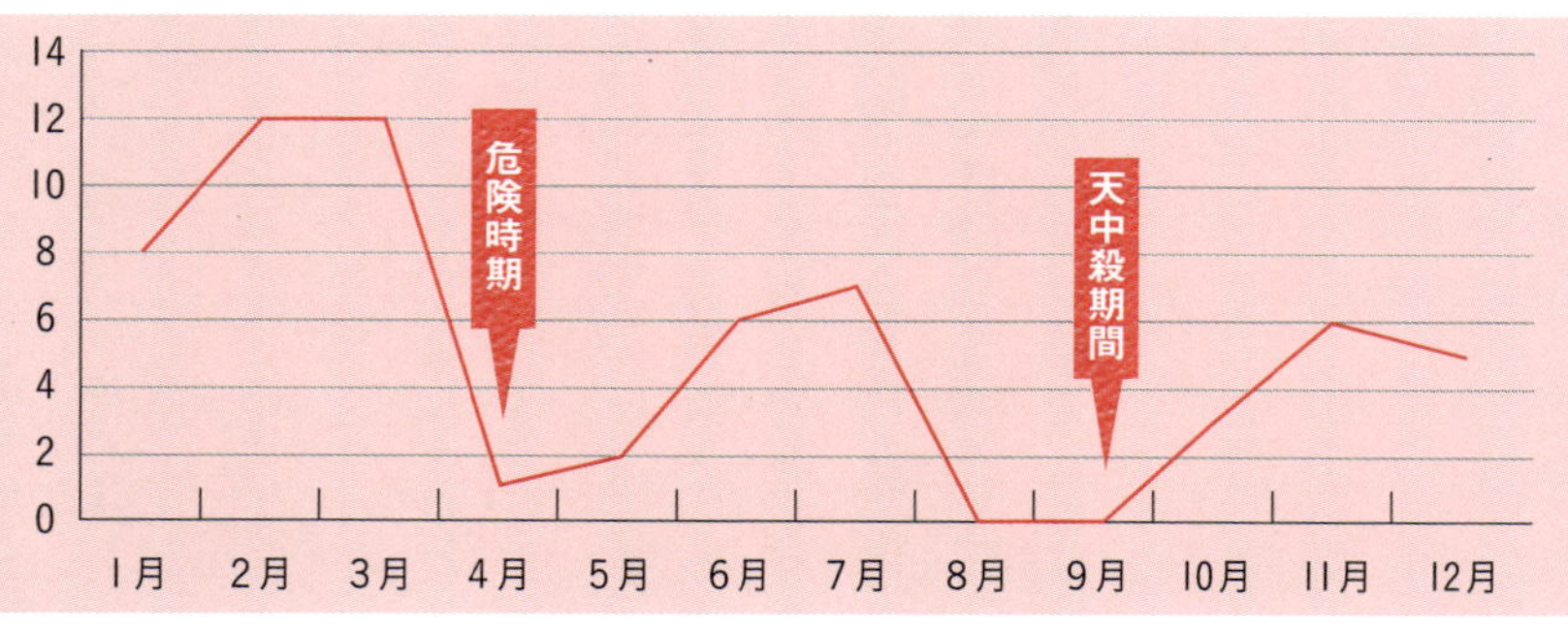

りが出てきますから、仕事でミスをしたり、悩んだりすることはありません。

戊亥天中殺のエネルギー秘められた現象

生まれた日が、甲子（こうのね）・乙丑（おつのうし）・丙寅（へいのとら）・丁卯（ていのう）・戊辰（ぼのたつ）・己巳（きのみ）・庚午（こうのうま）・辛未（しんのひつじ）・壬申（じんのさる）・癸酉（きのとり）の人に現われる「他力運」の現象

２０１６年（申年）と２０１７年（酉年）に現われる現象

２０１６年（申年）と２０１７年（酉年）は、戦いの年です。迷うことなく自分の道を進んでください。２０１７年（酉年）になると、迷いが出てきますから、進む方向性は２０１６年（申年）中に決めておくことが、幸運をつかむコツになります。もし２０１７年（酉年）に迷いが出ても、変更しないことです。決められたレールの上を走るのが２０１７年（酉年）です。

２０１８年（戌年）と２０１９年（亥年）に現われる現象

２０１８年（戌年）と２０１９年（亥年）は天中殺の年です。別名「試練運」と言われるように、この２年間は試練の多い年になります。とくにそれが精神面に現われ、心の悩みが多くなります。反省や後悔の連続になるかもしれません。あなたはいくつもの試練を乗り越えることで、少しずつ魂が洗われて人間として成長する人ですから、労を惜しまず、人助けには積極的に参加するようにしましょう。

２０２０年（子年）と２０２１年（丑年）に現われる現象

天中殺が明けたのに「躁」と「鬱」の状態が交互に出てくるような不安定な精神状態が続きます。

しかし、運気は確実に上昇していますが、気分的には天中殺の余韻が残っている状態です。本来なら2020年（子年）に現われる現象は「財力運」です。この現象は、よく働いたから収入が増えるということではありません。予期していないことでお金が入ってくるということです。相続で不動産がもらえる、宝くじに当たるなど、自分の生活環境が変化するということです。

2021年（丑年）は、変身願望が強くなります。考え方の変化、生き方の変化を望むようになります。しかしここで、願望どおり変化することは必ずしもよいことではありません。というのは、戊亥天中殺の人は、人生の途中で生き方を変えると運が悪くなると言われているからです。本業は変えないで、趣味や夢でカバーしましょう。

2022年（寅年）と2023年（卯年）に現われる現象

2022年（寅年）は、いろいろなことが「しっかり根付いていく年」です。就職も決まり、住居も決まり、生活の基盤が安定し、運気も上昇運になっていきます。また、今までの努力が周囲の人々に認められる年でもあります。

そして2023年（卯年）は、人間の輪が広がり交際費が多くなりますが、この時期の出費は、自己投資につながりますからケチらないことです。これはただの散財ではありません。ここで投資したものは、やがて大輪の花を咲かせることになるでしょう。

2024年（辰年）と2025年（巳年）に現われる現象

ゆるやかに上昇してきた運気が「最高運」になるのが、2024年（辰年）と2025年（巳年）です。でも、戊亥天中殺の人に限り、無条件で喜べる「幸運期」とはいえません。この時期はエネルギーが強すぎて、自分の実力以上の仕事を抱えて苦労することになるでしょう。また、派手に振る舞いすぎてスキャンダルになったりすることも。これは戊亥天中殺の人の「解脱」のための試練法の一つです。このようにいろいろな試練を乗り越えることで、脱皮しながら成長していくのが戊亥天中殺の人の特徴です。

2026年（午年）と2027年（未年）に現われる現象

２０２６年（午年）と２０２７年（未年）の運気は下降線をたどります。ただし、仕事や経済面には、さほど影響はありません。影響を受けるのは、自分自身ではなく、自分の周りの人に不運が起こります。

たとえば、親が倒れ入院する、配偶者や子供が事故でケガをするといったような現象が現われます。あなたの周囲に不幸が起きたら、親身になって助けてあげましょう。実はこのことが、次の天中殺現象を防ぐための必要条件なのです。

２０２７年（未年）は、自分自身が変化したくなる年です。とくに２００９年（丑年）に転職、転居した人は、ここでまた動きたくなりますから気を付けてください。できれば、ここでは我慢して動かないほうが運気は安定します。変化するなら、辰年の２０２４年がベストです。

❼戊亥天中殺の波動
（幸運と衰運のサイクル）

戊亥天中殺の人の他力運グラフ

戊亥天中殺	申	酉	戌	亥	子	丑	寅	卯	辰	巳	午	未
年	2016	2017	2018	2019	2020	2021	2022	2023	2024	2025	2026	2027
エネルギー	6	7	0	0	3	6	8	10	12	12	2	1

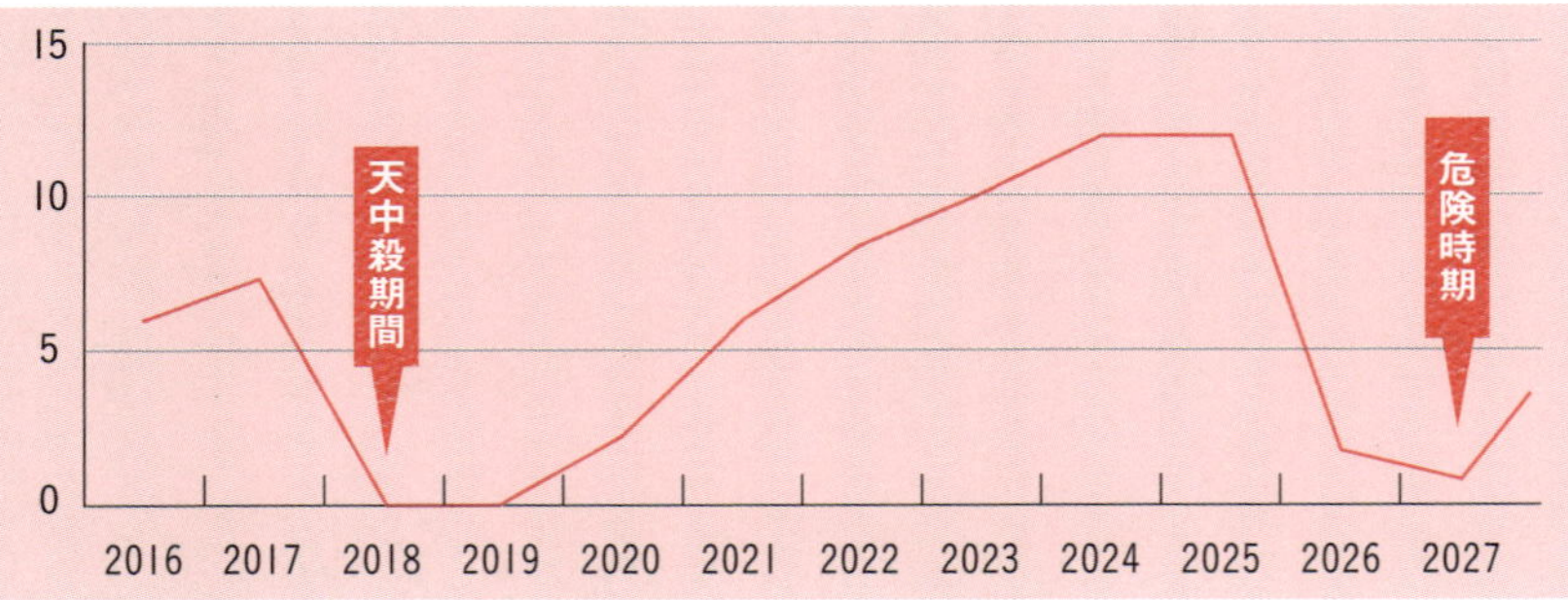

毎年来る	丑	寅	卯	辰	巳	午	未	申	酉	戌	亥	子
月の波動	1月	2月	3月	4月	5月	6月	7月	8月	9月	10月	11月	12月
エネルギー	6	8	10	12	12	2	1	6	7	0	0	3

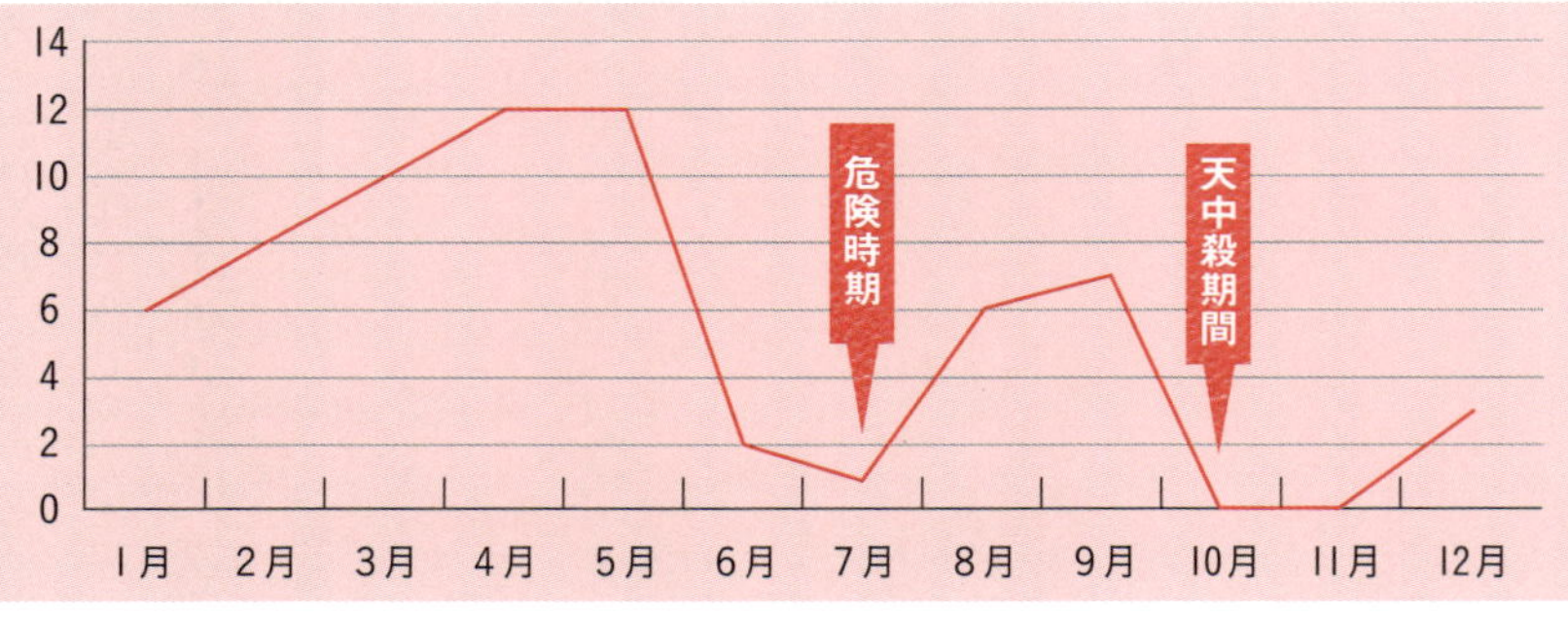

第七章
算命学の約束事

一　宇宙の法則「陰陽五行論」

算命学の理論は、すべて「陰陽五行論（いんようごぎょうろん）」から生まれたものです。事実、中国の古代人たちは、さまざまな法則を自然界から学んできました。自然界の法則を知ることが、神の意志を知ることにつながるからです。

 十干と十二支の陰陽五行

自然界の法則を知るために

「陰陽五行論」第一は、「天地人の思想」です。人間は天と地の間に存在して、人は生まれて一年目は、天から気を受けて「天の神」の意志を得、二年目には地の気を受けて「地の神」の意志が備わると言われています。そして三年目に人の気を受けて、人間界への仲間入りができると言われています。

子供の成長を祝う「七五三」の儀式も、三歳になった時に人間界に仲間入りできたということで祝い、天地創造の神に感謝するためです。

第二は、自然界の「中庸の原理」です。宇宙が自然界のバランスを失うと、すべてのものが消滅すると考えられています。そのため自然界が「中庸」であることが宇宙の真理と考えたのです。

第三は、陰と陽の思想の「陰陽説」です。陰陽

の考え方は二元論の考え方で、天地の万物はすべて二元素に分類されると考えられています。そして二進法が生まれ、奇数、偶数が生まれることになったわけです。

宇宙に存在するあらゆるものの構造は「陰」と「陽」の二つの要素からなる「一極二元の法則」から成り立っています。

人間を一つの極とすれば、女が陰、男が陽になります。一日を極とすれば、夜が陰で昼が陽です。陰と陽の関係は、同格であり、同価値になります。つまり、男と女は同格であり、同価値ということになります。ただ男と女は役割が違うだけです。

男女が、相対立しながら相補っているのが人間ということになります。

2 相生と相剋の関係

相生と相剋は表裏一体

第四は「五行説の相生相剋の理論」です。相生は、自然界に存在する「木火土金水」の間にお互いが助け合う関係があって、そこに循環理論が働いているという考え方です。この考えを一つの図にまとめると「木生火」「火生土」「土生金」「金生水」という関係図が出来上がります。相生論は、必ず一方方向にのみ順行することです。

相生論に対して対抗的なのが「相剋論」です。相生に対して相剋は、傷つけ合う関係になりますから、算命学ではこれを「剋す」といいます。

自然界での相剋状態を一つの図にまとめると、「木剋土」「土剋水」「水剋火」「火剋金」「金剋木」という関係図が出来上がります。

【五行説の相剋】

木
水
火
金
土

【五行説の相生】

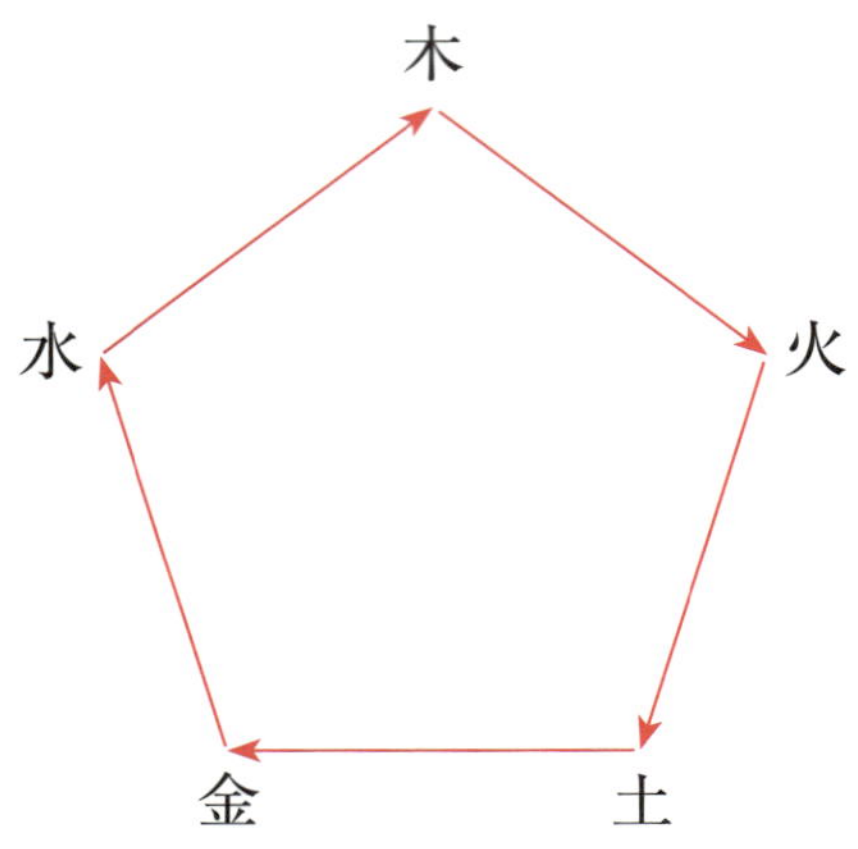

相生論と相剋論は、常に表裏一体になりますから、促進作用を示す相生と抑制作用を示す相剋の循環によって自然界は中庸（バランス）が保たれていると言えるのです。

【五行説の比和】

同じ気の組み合わせに
なります。

木＝木
火＝火
土＝土
金＝金
水＝水

同じ気が重なると、
その気が強くなります。

3 人間は宇宙を持つ

「宇宙の法則」の基本

算命学の思想では、人間は大宇宙の一員であり、一人一人が小宇宙を持っていると考えています。それが「人間小宇宙論」です。

人間を一つの有機体として捉えると、自然界の仕組みと人間の仕組みが同じということがよくわかります。肉体は「五臓六腑」に分類でき、精神は「五本能」で示すことができます。

そして自然界では、この仕組みのバランスが崩れると、災害にあうことになります。人間界では、各臓器が相生・相剋し合って生命が維持されていますが、仕組みのバランスが崩れると病気になってしまいます。

このように算命学は、実に膨大な内容と複雑多岐にわたる技法を持っています。世界でもまれにみる精緻な占いです。

誕生日から、算命学独自の暦を用いて、それを「宇宙の法則」に置き換えて解釈するのが「陰占法（いんせんほう）」で、実際に現われる現象から鑑定します。

また、「十大主星」と「十二大従星」の星に置き換えて解釈するのが「陽占法（ようせんほう）」で、あなたの心のあり方を見ていきます。

算命学には「陰占法」と「陽占法」の二通りの技法で、その人の生き方や運勢を判断していきます。

「宇宙の法則」の基本は、すべてのものが五つの元素「木火土金水」と、五元素の「陰と陽」に分類することができます。

この「宇宙の法則（陰陽五行論）」は、これから解いていくすべての事柄の基本になるものですから、頭に入れておいてください。

【宇宙の法則】

水の気		金の気		土の気		火の気		木の気		五行
陰	陽	陰	陽	陰	陽	陰	陽	陰	陽	陰陽
癸	壬	辛	庚	己	戊	丁	丙	乙	甲	十干
亥	子	酉	申	丑 未	辰 戌	巳	午	卯	寅	十二支
玉堂星	竜高星	牽牛星	車騎星	司禄星	禄存星	調舒星	鳳閣星	石門星	貫索星	十大主星
習得エネルギー		攻撃エネルギー		引力エネルギー（魅力エネルギー）		伝達エネルギー		守備エネルギー		本能エネルギー
智		義		信		礼		仁		五徳
伝統の知恵	改革の知恵	勇気	闘争	蓄積	信用	自己表現	自由表現	集団の守り	単独の守り	意味・内容
冬		秋		土用		夏		春		季節
北		西		中央		南		東		方位
腎臓		肺臓		脾臓		心臓		肝臓		五臓
膀胱		大腸		胃		小腸		胆嚢		五腑
塩		辛		甘		苦		酸		五味
寒		燥		湿		熱		風		五気
触		味		嗅		聴		視		五感
睡眠欲		名誉欲		食欲		色欲		財欲		五欲
立		臥		坐		視		行		五労

4 合法と散法

合法と散法の意味

合法と散法は、十二支の組み合わせによって生まれる約束事です。十二支だけを使って割り出す技法です。

命式と後天運（大運・年運）の十二支が合法（融合・拡大）の組み合わせになれば発展性が望めます。逆に、十二支が散法（分裂、破壊）の組み合わせになれば、苦労することになります。

5 合法（融合）

合法（融合）は4種類

合法には「三合会局」「半会」「支合」「方三位」の四種類あります。一つ一つ説明をしていきます。

6 三合会局＝異次元融合

「三合会局」には、四つの組み合わせがあります。組み合わせによって、「人間として満足感が得られることは何か」を知る方法です。

三合会局とは？

①三合木局＝未・卯・亥の組み合わせです。この組み合わせは、拡大・発展・異分野との融合が生まれます。

単独では、未は土性で、亥は水性になりますが「未卯亥」の三つがそろうと木性に変化します。

②三合火局＝寅・午・戌の組み合わせです。この組み合わせは、拡大・発展・異分野との融合が生まれます。

単独では、寅は木性で、戌は土性になりますが「寅午戌」の三つがそろうと火性に変化します。

③三合金局（さんごうきんきょく）＝巳・酉・丑の組み合わせです。この組み合わせは、現実性が優先します。すべてに対して、現実のみを追い求めます。現実に実体験してからではないと、真の学びは身につかないということです。

単独では、丑は土性で、巳は火性になりますが「巳酉丑」の三つがそろうと金性に変化します。

【三合図】

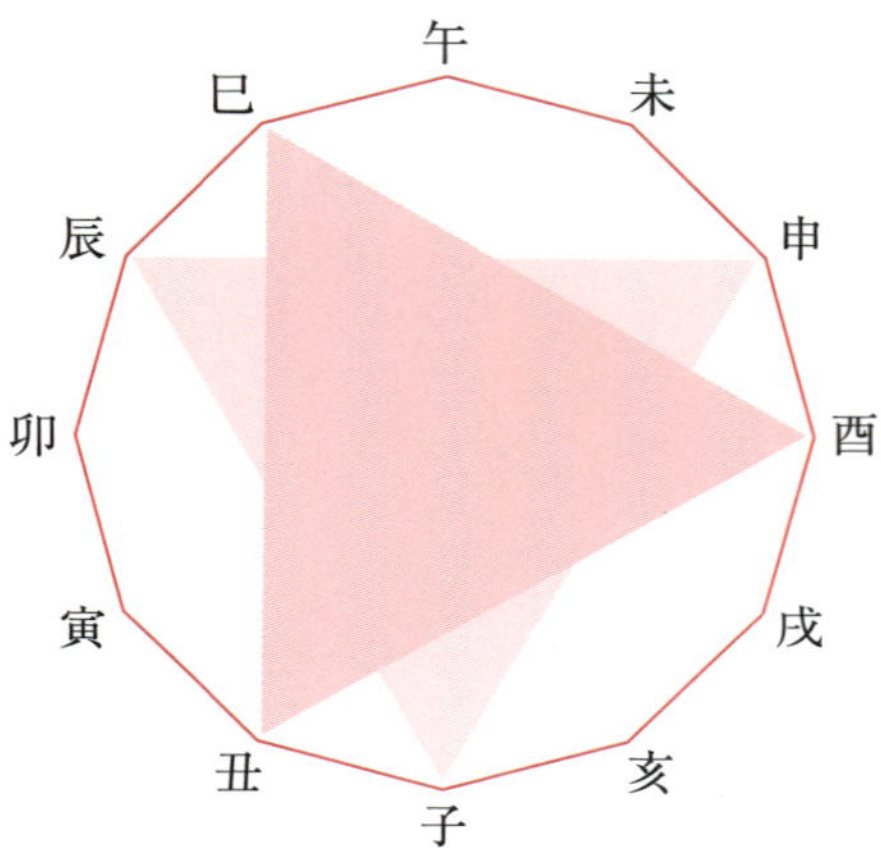

④三合水局（さんごうすいきょく）＝申・子・辰の組み合わせです。この組み合わせは、拡大・発展・異分野との融合が生まれます。

単独では、辰は土性で、申は金性になりますが「申子辰」の三つがそろうと水性に変化します。

7 半会＝異次元融合

半会＝異次元融合の一覧

①三合木局……「未卯亥」・卯未・卯亥・未亥

②三合火局……「寅午戌」・午寅・午戌・寅戌

③三合金局……「巳酉丑」・酉巳・酉丑

・丑巳

④三合水局……「申子辰」・子申
・子辰
・申辰

8 三合会局・半会の異次元融合による現象

命式で半会が成立した場合の現象

「東」＝現実の未来の場所になります。
「中央」＝現実の欲が遂行される場所で、手段と方法を試す場所。
「西」＝欲の結果・蓄積が現われる場所。

★命式の月支（中央）と日支（西）が半会になる

物事をまとめる能力を発揮する人ということになります。未来よりも過去に強い人ですから、過去のデータを分析する仕事に適しています。

★命式の月支（中央）と年支（東）が半会になる

未来を切り開いていく人ですから、前進力が強い人です。将来性があると判断したら、異分野にもアタックします。

★命式の日支（西）と年支（東）が半会になる

現実離れした想念の世界が広がるだけです。理想の世界を夢見て、現実では満足できない人です。

★命式の年支（東）と後天運が半会になる

現実の夢や欲が膨らみます。経営者なら、異業種でのコラボレーションを考えたり、仕事の拡張を考えたりします。融合して変化するのが、三合会局と半会が回ってきた時の現象です。

★命式の月支（中央）と後天運が半会になる

月支の中央は手段や方法ですから、やり方や方法が大きく飛躍することになります。

★命式の日支（酉）と後天運が半会になる

酉は、過去・結果・成果になりますから、いい結果が得られる年になるということです。

支合＝同次元の融合

1 支合の意味

支合とは、同次元融合になります。

子から午までを「陽」、午から子までを「陰」とします。二つの十二支が結びついて、六種類の組み合わせができます。支合は融合になりますから、この組み合わせの五行は変化します。

六支合の組み合わせ

①北方支合＝子丑・水性に変化する
②南方支合＝午未・火性に変化する
③東方支合＝寅亥・木性に変化する
④西方支合＝巳申・金性に変化する

【支合図】

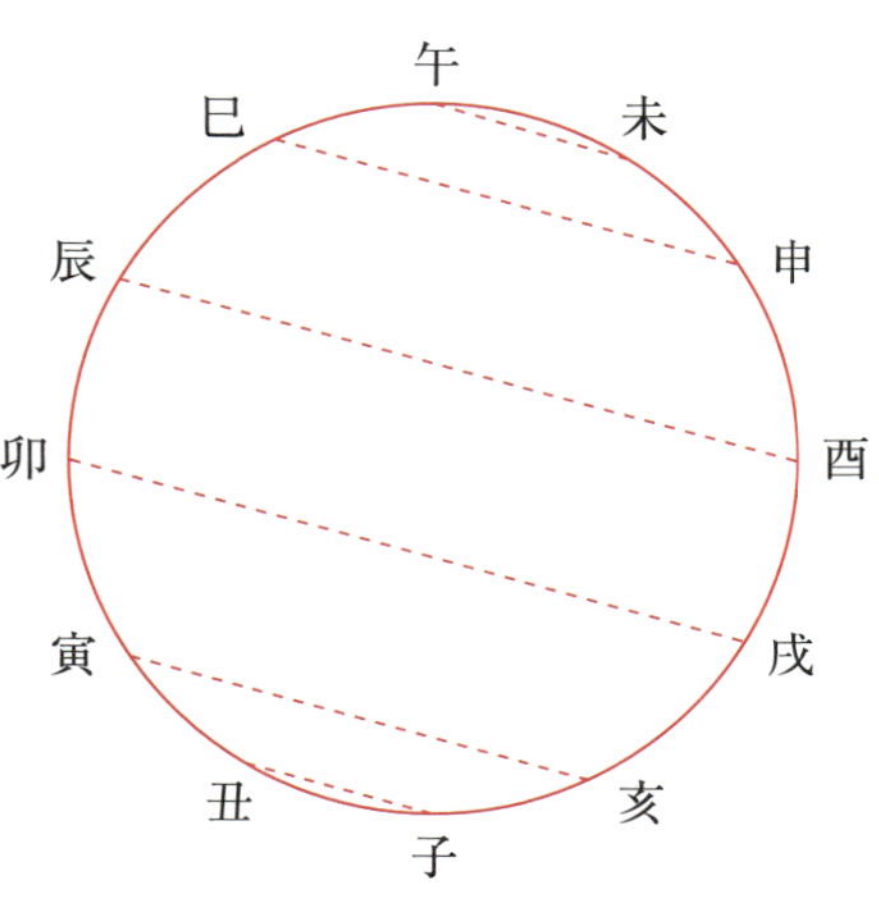

⑤中央支合＝卯戌・命式に多いものに従う
⑥天軸支合＝辰酉・命式に多いものに従う

命式支合が成立した場合の現象

支合は同次元の融合ですから、堅実で失敗が少ないのです。相手に振り回されることもありませんから、安心感があります。

年干支＝「東」……未来＝仕事・前進力・拡大

月干支＝「中央」……現在＝方法・手段
日干支＝「西」……過去（結果）＝成果・蓄積

★命式の月支（中央）と年支（東）が支合になる

前進力の支合になります。心と行動が一致していますから、迷いがありません。ただし、男型で、持ち出しが大きくなる経営。

★命式の月支（中央）と日支（西）が支合になる

家庭をうまく収めていける人です。新しいことを始めるのは苦手ですが、物事を纏めるのは得意な人です。女型で、利益をうむ経営。現実型で、足元がしっかりしていますから、着実で健全型です。

★命式の年支（東）と日支（西）が支合になる

前進即結果の人ですから、新しいことを始めても、結果が気になって仕方がない人です。前進と結果が一緒の人ですから、ローンで物を買うことができません。

幼児型で、我慢ができないので「波乱型」の経営。

2 命式と後天運との組み合わせが支合になる場合

★年支と後天運が支合になる場合

支合の年は、自分が何か新しいことをやりたくなる年ということです。これが半会なら、自分でやるのではなく、勝手に物事が動いて引きずり込まれてしまいます。

★月支と後天運が支合になる場合

支合が回って来ている時は、心と現実が常に一致しているので自信を持って、物事を行なうことができます。

★日支と後天運が支合になる場合

支合が回って来ている年は、結果がうまくいきます。自分の思いが叶う年といってもいいでしょう。

方三位支合＝同次元の融合

方三位は、次の四組に分かれます。

①東方三位―寅卯辰―木性に変化する
②西方三位―申酉戌―金性に変化する
③南方三位―巳午未―火性に変化する
④北方三位―亥子丑―水性に変化する

【方三位図】

子 丑 寅 卯 辰 巳 午 未 申 酉 戌 亥
北方三位 東方三位 南方三位 西方三位
冬 春 夏 秋

散法（分裂）

散法の意味

散法（分裂）には、「対冲（たいちゅう）」「刑法」「害法」「破」の4種類の組み合わせがあります。いずれも分裂・衝突・破・対立する組み合わせになります。散法の組み合わせは、片方だけでなく両方に対立現象が現れるのが特徴です。散法の組み合わせには、気の変化はありません。

人間関係が散法になる組み合わせは、どの組み合わせも、最初は気が合いそうな相手と思っていても、そのうちに意見の対立が出てきます。とくに、お互いの命式の中に散法の組み合わせができる人とは、うまくいかないので避けたほうがいいでしょう。後天運が回ってきた時期だけ散法になる場合は、その時期だけの対立になりますから、その時期が過ぎればまた仲よくなれます。

対冲の組み合わせは6種類

対冲は、物事の分裂や破壊を意味し、片方だけが破壊されるのではなく両方に同じ現象が現われます。組み合わせは、次の通りです。

「子・午」「丑・未」「寅・申」「卯・酉」「辰・戌」「巳・亥」の6種類です。

命式内に対冲を持っている人は、人生の波が荒くなります。用心深いようでも、行動を起こすと物事が破壊の方向へ導かれていく傾向があります。

また、お互いの命式同士が対冲になる組み合わせの人とは、はじめは気が合うように見えても、いずれ意見の対立や衝突が起こる相手になります。

命式内が対冲になる場合

★東と中央が対冲になる場合

現実が先で、精神が後になります。したがって、精神的な悩みではなく、仕事上の問題で直接に現象が現われます。たとえば、ケガ、交通事故、事件などでスケジュールが狂ってしまいます。

★西と中央が対冲になる場合

家庭内で問題が発生する。父親が入院する、子供がケガをするといったような家庭問題が起こり

【対冲図】

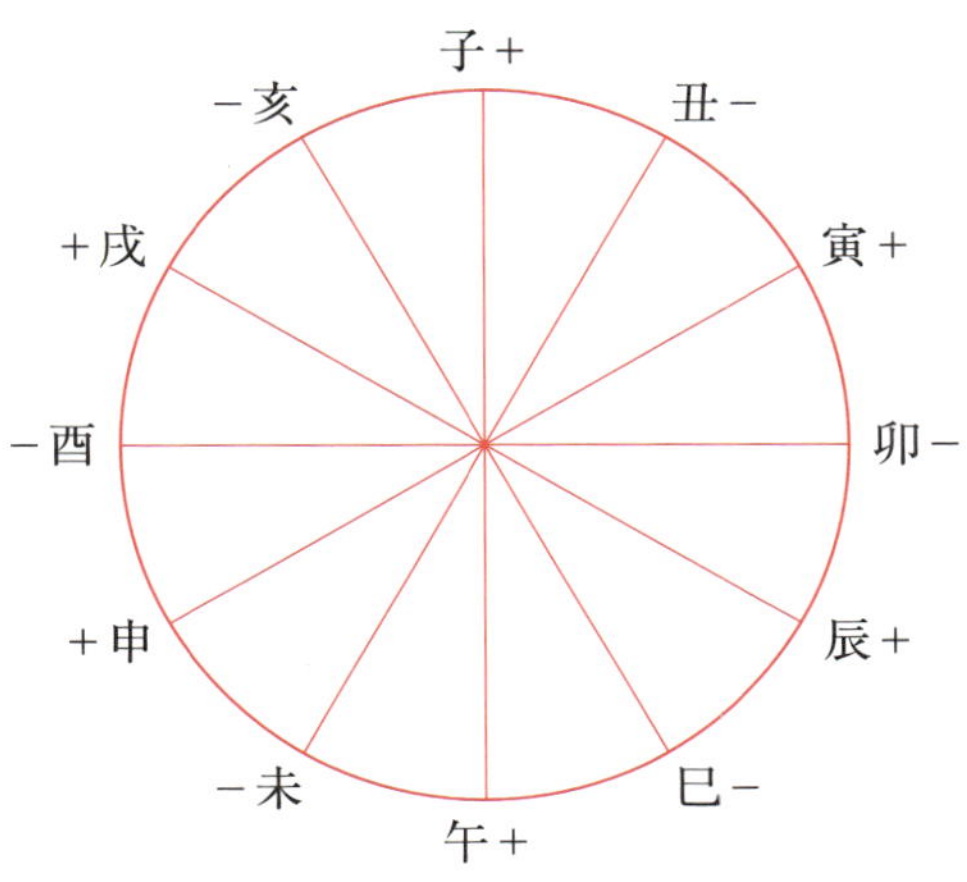

ます。

★西と東が対沖になる場合

何か新しいことを始めようとすると、必ず家族の反対に合うということです。子供の学校選びや住まい選びも、なかなか決まらない傾向があります。

命式と後天運(大運・年運)が対沖になる場合

★東と後天運が対沖になる場合

現時点で会社に不満がある人は、後天運と東が対沖になると転職を考えます。年運に対沖になる干支が回ってきた時は一年間だけですから、慎重に考えることです。対沖になる干支が消えてしまうと、転職のことなど忘れてしまいます。対沖は、破壊・分裂の現象が起こるということを忘れないようにしましょう。

★中央と後天運が対沖になる場合

現状に変化が現われます。仕事の面では、本人の社会的立場に変化が現われますから、転職や異動があります。また、物事が挫折しやすくなるのも特徴の一つです。中央が対沖になると、決断が鈍り、迷いが多くなります。

★西と後天運が対沖になる場合

家庭内に災いが起こります。問題のほとんどが、家庭問題、財産問題、離婚問題などです。父親が倒れた、子供の交通事故、親との同居などが起こるかもしれません。仕事関係では、西が対沖になる人は素直さが欠けるので秘書には不向きです。

刑法の組み合わせは4種類

刑法の意味するもの

刑法は、「争い」です。「人を傷つける」「人から傷つけられる」という組み合わせで、4種類あります。

①生貴刑（南方刑）＝目下との争い
②庫気刑（北方刑）＝目上との争い
③旺気刑（東方刑）＝他人との争い
④自刑（西方刑）＝身内との争い

①生貴刑（南方刑）＝目下との争い

目下との争いです。「寅・巳」「巳・申」「寅・申」の組み合わせになります。上司と部下の間に、この組み合わせが成立する相手とは、仕事がうまくいきません。

②庫気刑（北方刑）＝目上との争い

目上との争いです。「丑・戌」「戌・未」「未・丑」の組み合わせになります。自分と上司の間に庫気刑が成立する相手だと、仕事がやりにくいだけでなく出世はあきらめたほうがよいでしょう。

③旺気刑（東方刑）＝他人との争い

他人との争いです。「子・卯」の組み合わせになります。取引先の担当者との間に「庫気刑」の組み合わせが成立した場合は、あなたが努力するより別な人に代わってもらうほうが成果は上がります。

【刑法図】

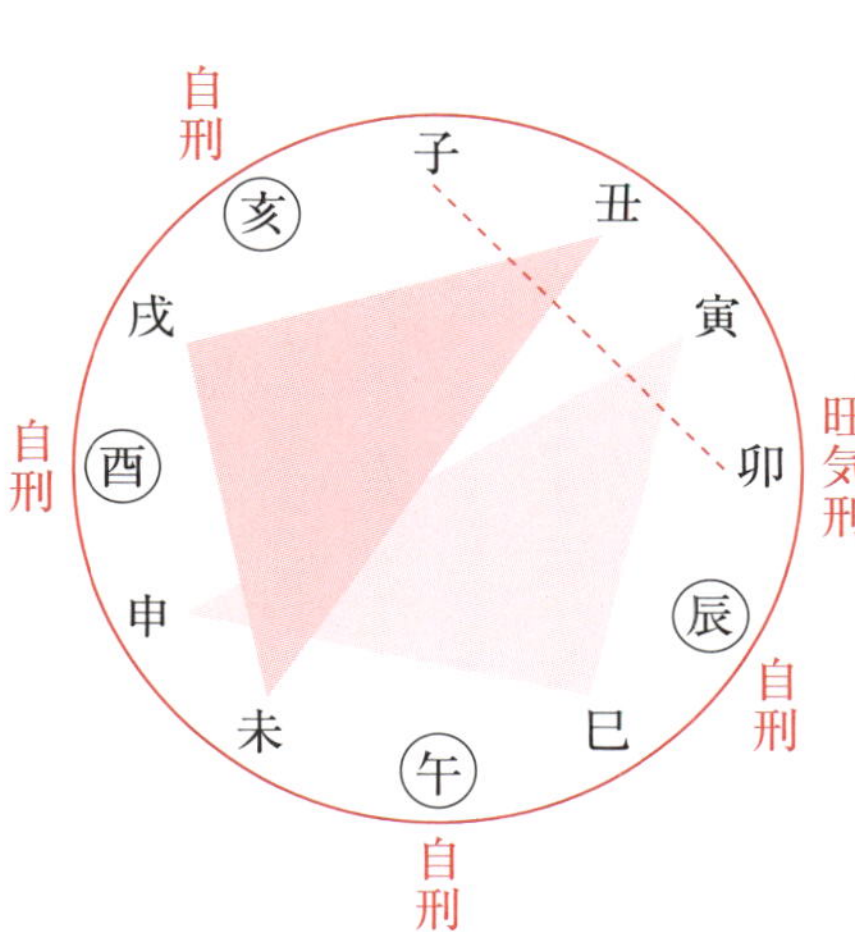

④自刑（西方刑）＝身内との争い

身内との争いです。「亥・亥」「午・午」「辰・辰」「酉・酉」の組み合わせになります。この組み合わせが成立する相手と結婚すると、親戚間でのトラブルが絶えません。この組み合わせは、年・月・日のどこにあってもトラブルになります。

⑫ 害法の組み合わせは6種類

害法の意味するもの

害法は、精神と現実の不完全燃焼を意味します。自分の考えと現実が一致しないわけですから、満足感が得られない形です。常にストレスとの戦いになります。そのために、体に害を与えることになりますから、別名を「病気の運」とされています。

「子・未」「午・丑」の害は、精神的ストレスが原因で起こる病気です。「寅・巳」「亥・申」の害は、働きすぎや過労が原因で起こる病気です。「酉・戌」「卯・辰」の害は、肉体疲労と精神疲労の両方が原因で起こる病気です。

「害」の組み合わせが成立する相手と仕事をする場合は、ストレスがたまりやすいので、たまには気分転換を心がけましょう。

⑬ 破法の組み合わせは4種類

破法の意味するもの

「午・卯」「辰・丑」「子・酉」「未・戌」の4種類があります。

命式内の「破」は、大きな影響はありませんが、他の害・刑・対沖などと重なった場合は、作用が大きくなります。命式内に「破」を持つ人は、心が不安定になりやすいのが特徴です。
「破」の組み合わせが成立する相手と仕事をすると、「害」の組み合わせと同じようにストレスがたまりやすいので、余裕をもったスケジュール表を作成しておくことです。

14 合法の組み合わせはうまくいく

合法の組み合わせ例

合法と散法の組み合わせと現われる現象を説明してきましたが、この組み合わせが年支にある場合、月支にある場合、日支にある場合で、意味合いが違ってきます。

【合法が回ってきた時に現われる現象】

日干支	月干支	年干支	
庚申	壬戌	戊辰	干支
西	中央	東	方角
過去	現在	未来	時代
結果、業積 評価、後退	手段 方法	目的 やりたいこと 前進力	場所の意味
家庭、身内 配偶者 秘書	現状 部下 子供	仕事、目上 親 社会	現われる現象

年支「東＝辰」が半会・支合・方三位になる時に現われる現象

年支「東＝辰」と半会（子・申）、または支合（酉）方三位（卯・寅）になる相手を仕事のパートナーに選ぶと物事がうまくいきます（相手の年支、または月支と半会・支合する人がベスト）。

また、新しいことを始めるのも「東」が半会・支合になる年だと順調に進展します。半会・支合が回ってきた年は、活動範囲が広がりますから、積極的に行動すれば、周囲からの協力や援助が得られてスムーズに物事が運びます。

月支「中央＝戌」が半会・支合・方三位になる時に現われる現象

月支「中央＝戌」と半会（寅・午）、または支合（卯）、方三位（酉、申）の年・月は心の場所になりますから、この場所が半会・支合・方三位になる相手とは心を許し合えます。しかも、精神的に安定し、満足感が得られるので、長続きする人間関係になるでしょう。この時期は気持ちが大きくなりますから、自信過剰になっていきます。経営者は、つい事業を拡張したくなりますが、3年先の自分の運勢に自信が持てる人でないと、後で苦労することになるかもしれません。よく考えて行動に移すことが大事です。

日支「西＝申」が半会・支合・方三位になる時に現われる現象

日支「西＝申」と半会（辰・子）、または支合（巳）方三位（酉・戌）の年・月には、まとまらなかった契約などが成立することがあります。家庭、身内の関係は、穏やかで心配事など起こりません。お見合い、合コンなども、うまくいきます。とくに、結婚にはよい年です。

15 散法の組み合わせはトラブルを招く

散法の組み合わせ例

年支「東＝辰」が対冲・刑・害になる時に現われる現象

年支「東＝辰」に「対冲＝戌」が回ってきた年は、事業の進展はありません。仕事は縮小に向かっていきます。また、対冲の相手と組んで仕事をする場合も、なかなか仕事が進みません。そのうちに争いが始まりますから気を付けましょう。

素晴らしい才能の持ち主であっても、対冲になる相手と組んで仕事をすると破壊につながります。どうしてもという場合は、仲介役になる「卯」の人を入れるとうまくいきます。「辰・卯＝方三位の合法」で、「戌・卯＝支合の合法」になりますから、対冲の破壊現象は弱くなります。このように考えて、人間関係をうまく組み合わせると、対冲の相手と仕事をしてもトラブルにはなりません。

月支「中央＝戌」が対冲・刑・害になる時に現われる現象

月支「中央＝戌」に「対冲＝辰」が回ってきた年は、今までうまく回転していた物事がストップします。たとえば、結婚話が進行していたのに、急に破談になったり、延期になったりということが起こります。

中央は心の場所ですから、心に変化が現われます。些細なことでも判断不能になり、迷いや悩みが多くなるからです。また、社会的な地位や立場が変化する時期。仕事面では、転勤や異動が起こる可能性があります。

日支「酉＝申」が対冲・刑・害になる時に現われる現象

日支「酉＝申」に「対冲＝寅」が回ってきた年は、自分と親しい人との別れがあるかもしれません。また、家庭内、身内間のトラブルが起こりやすい年でもあります。仕事面では、秘書の手違いで取引先の相手を怒らせてしまったり、予算オーバーになったりと、手違いの多い年になりやすいので、再確認するように心がけましょう。

このように東・中央・西に毎年巡ってくる十二支によって、合法になったり、散法になったりします。合法が回ってきた年はうまくいきますが、散法が回ってきた年は、トラブル続きの一年になってしまいますから、気を付けることです。

【合法(融合)と散法(分散)の早見表】

年支（年の十二支）、月支（月の十二支）、日支（日の十二支）の十二支三つによって成立する現象は、次のようになります。

相手 自分	子	丑	寅	卯	辰	巳	午	未	申	酉	戌	亥
子		支合 方三位		旺気刑	三合		対冲	害	三合	破		方三位
丑	支合 方三位				破	三合	害	対冲 庫気刑		三合	庫気刑	方三位
寅				方三位	方三位	害 生貴刑	三合		対冲 生貴刑		三合	支合 破
卯	旺気刑		方三位		害		破	三合		対冲	支合	三合
辰	三合	破	方三位	害 方三位	自刑				三合	支合	対冲	
巳		三合	害 生貴刑				方三位	方三位	支合破 生貴刑	三合		対冲
午	対冲	害	三合	破		方三位	自刑	支合 方三位			三合	
未	害	対冲 庫気刑		三合		方三位	支合 方三位	方三位			破 庫気刑	三合
申	三合		対冲 生貴刑		三合	支合破 生貴刑				方三位	方三位	害
酉	破	三合		対冲	支合	三合			方三位	自刑	害 方三位	
戌		庫気刑	三合	支合	対冲		三合	破 庫気刑	方三位	害 方三位		
亥	方三位	方三位	支合 破	三合		対冲		三合	害			自刑

合法（融合）現象は、三合、支合、方三位の３通りです。

散法（分散）現象は、対冲、害、破、生貴刑、庫気刑、旺気刑、自刑の７通りになります。

二 宿命に持っている特殊星

「基本命式図」に持っている干支の組み合わせから割り出される「特殊星」によって、あなたの隠れた才能を見つけられます。

基本命式図（年干支・月干支・日干支）に現われた特殊星は、あなたの一生に影響しますが、後天運（大運と年運）に現われた特殊星は、大運の場合は10年間、年運の場合はその年だけ影響を受けることになります。

宿命に現われた特殊星の出し方、そしてその意味を説明していきます。

1 特殊星の出し方と見方

特殊星の種類

特殊星には、「三業干支」と「異常干支」の2種類あります。三業干支は「業」の深い干支で、先祖のさまざまな行ないが干支に現われたものです。割り出し方は、命式（年干支・月干支・日干支）のどこにあってもかまいません。三業干支は20干支で、異常干支は13干支あります。

三業干支の出し方と現象

三業干支に現われる現象

三業干支は、命式（年干支・月干支・日干支）のどこにあっても現象は現われます。

三業干支に出てくる「業」とは、通常は先祖が行なってきた善悪の行為の積み重ねが「業」となって子孫に影響を及ぼすと言われているものです。なかでも悪行を比較的多く含むものを「三業干支」と名づけ、算命学では重要な奥義の一つとされています。

三業干支を命式に持つ人は、あなたの先祖（あなたから見て六代前まで）の悪行を背負って生まれてきたことになりますから、先祖供養を忘れないことと、あなたの血を引く子供や孫のために、あなた自身が正しい生き方、恥ずかしくない生き方をすることが家系の存続を守ることになります。

不族（ふぞく）の業（ごう）……甲子（こうのね）／甲辰（こうのたつ）

不族の業の意味するもの

婚姻関係に欠陥が生じる業。平凡な結婚生活を送ると波乱が起きます。宿命にこの干支を持つ男性は、何代も続いた家系の最後の人となり、一代限りの家庭運です。

また、この干支を持つ女性と結婚した男性は仕事運がなくなり、やはり一代限りとなります。何代か前の先祖に大成功者がいて、子孫の福分を使い果たしてしまったからです。

祇王の業……乙巳／乙酉

祇王の業の意味するもの

結婚関係に問題が起こる業。または、結婚を何回も繰り返すという業です。いろいろな波乱を経ることで業が消化され、平穏な人生を送ることになります。

この星を持っている人が、幸せな結婚生活をしていると「業」が消化されないので、仕事に悪影響を与えることになります。つまり、結婚生活と仕事のどちらかが犠牲になるという星です

不信の業……丙辰／丙戌

不信の業の意味するもの

人生で一番大事な時や肝心な時に、大切な人に裏切られることがあるという業です。たとえば、親、身内、配偶者、親友などです。結果、人が信じられなくなりますが、逆に、裏切られるごとに運気や才能は上昇するという形です。反対に、自分のほうが大切な人を裏切ってしまうこともあります。この場合は、運気が下降します。

徳攻の業……丁丑／丁未

徳攻の業の意味するもの

人に好かれすぎて逃げられなくなる業です。人におだてられ、自分もその気になり一生懸命に尽くそうとするのですが、皆に頼りにされる反面、自分にはいつも空しさが残ります。それは本当の人徳者でないからです。ただ人に好かれたいがために、策略的に行なう行為なのです。

晩年になって、その人たちから逃げられなくな

りますから気をつけましょう。

参籠(さんろう)の業(ごう)……戊辰(ぼのたつ)／戊戌(ぼのいぬ)

参籠の業の意味するもの

自分の人生を自分で仕切れない業です。自由のない人、制約の多い人になります。参籠とは、寺や神社などにおこもりをして行をすることです。その間自由な行動は許されません。そして、この業は神の意志であるとされています。逆に自由を求めると、短命に終わるか、身の破滅につながるとされています。

たとえば、好きでもない仕事に縛られたり、離婚したくてもできなかったりと身動きがとれない状態、あるいは想念の中で何かに捕らわれてそこから抜けられないなど、とかく自由がない人生になるという形です。

倒柱(とうちゅう)の業(ごう)……己巳(きのみ)／己酉(きのとり)

倒柱の業の意味するもの

一家の大黒柱を倒す業です。父親の跡を継いでも、家業を潰す可能性があります。したがって「倒柱の業」の干支を持つ子供が産まれたら、特に長男の場合は、跡継ぎにしないこと。養子に出したほうが安全です。会社の場合も同じく、「倒柱の業」の干支を持つ社員は、役員にしないことです。女性には該当しません。

傷体(しょうたい)の業(ごう)……庚辰(こうのたつ)／庚戌(こうのいぬ)

傷対の業の意味するもの

ケガをしたり、身体を傷つけられたりする業です。直系の先祖で六代前までに不慮の死を遂げた人の業を受けている人です。それも普通の死ではなく交通事故か自殺です。

常に先祖供養をすることで自分の身を守るか、それとも本当に自分の身体を傷つけるようなことが起これば、逆にあなたの運気が上昇するという因果関係が生まれます。皮肉なことですが、平穏無事で何もなければ運気は平凡に終わるでしょう。自分の身を傷つけることによって、「傷体の業」を消化していくという業の形です。

一人行の業……辛丑／辛未

一人行の業の意味するもの

独身を通すと運が上昇し、結婚すると運気が下降する業です。女性の場合は、結婚して夫と早く死別したり、離婚したりすると、財が入ります。しかし、再婚すると財がなくなります。男性の場合は、結婚に失敗しやすく、二度三度と結婚を繰り返すと財運が上がります。

不子の業……壬辰／壬子

不子の業の意味するもの

子供縁がない業です。ただし、子供が早く親元を離れていけば問題ありません。親が子供に密着していればいるほど、子供が短命になります。

または、突発的な事故死に遭う確率が高くなります。子供が成人するまでは、全寮制の学校に通わせることで、親との距離を持つといいでしょう。そして、あなたの老後は、子供と同居できず、兄弟姉妹と暮らすことになる可能性が大きいでしょう。

倒異の業……癸亥／癸酉

倒異の業の意味するもの

倒異の業は三業干支のなかで最も深くて強い業で、よそから来た者だけを倒す業です。倒異の業を持つ男性なら、妻と息子の嫁に不運をもたらします。倒異の業を持つ女性は、夫には影響ありませんが、娘婿が不幸になります。

3 異常干支の出し方と解釈

通常異常干支と暗合異常干支

異常干支は、「通常異常干支」と「暗合異常干支」に分かれます。全部で13干支あります。

「異常干支」を宿命に持つ人は、世間一般の人々と異なった考え方をします。そして、行動も発想もユニークです。したがって、周りの人々には「変わった人、変な人」と言われることが多くなります。とくに、命式の日干支に異常干支を持つ人は、異常性が現われる確率が50％、年干支と月干支はそれぞれ25％と言われています。

この異常性を抑えるには、干支によって異なります。その異常干支に適した環境の中に身を置くと、異常性が目立ちにくくなります。算命学では、とくにこの組み合わせの干支を「異常干支」と名づけ、重要な奥義の一つになっています。

通常異常干支の特徴

通常異常干支とは

通常異常干支は甲戌、乙亥、戊戌、庚子、辛亥、丁巳の6干支です。

通常異常干支を宿命に持っている人は、社会の常識の枠にはまらない生き方をします。13種ある異常干支のなかの六つが「通常異常干支」になります。その特徴が一番よく現われるのは日干支に持っている場合です。

最大の特徴は、自分の考えが他人に理解されにくいことです。そのために、友人ができにくくなります。もし、仲よくなった相手がいたら、必ずその相手も宿命に異常干支を持っているはずです。宿命に持っていなくても大運期間に異常干支が回ってきている間は仲よくなれます。

(1)甲戌　独身の場合は異常性が出ません。結婚しても子供がいない家庭や海外で生活している家庭には、ほとんど現象が現われません。標準的な家庭生活を送ると波乱が起こります。日座天中殺＝申酉天中殺に似た現象が起こるので家庭運が悪いのが特徴（男性に強く出ます）。

(2)乙亥　独身の場合は異常性が出ません。結婚しても子供がいない家庭や海外で生活している家庭には、ほとんど現象が現われません。波瀾が多いのは、平均的な家庭生活を送る場合です。日座天中殺＝申酉天中殺に似た現象が起こるので家庭運が悪いのが特徴（女性に強く出ます）。

(3)戊戌　天才肌の人。高い教養を身につけるほど、ものの考え方が常識から外れておかしな人になっていきます。知能指数が高い人が多く、親は学歴を重視するようになりますが、早く実社会に出て技を身につけるほうが異常性は出ません。一度目の結婚に失敗すると、同じことの繰り返しになるので気を付けましょう。

(4)庚子　実父母に過保護に育てられると健康面（特に内臓が弱い子どもになる）に現象が現われます。ただし、大家族に育てられたり、寮生活で育てられたり、養子や養女になると健康に育つと言われています。

(5)辛亥　体の形態に異常性が出やすいと言われています。ケガや事故で片足、片腕を失うといった身体に異常が出る現象です。手術などで傷が残りやすいのも特徴。また、先天的に身体面に問題を持って生まれてくることがあります。整形手術は失敗しやすいので要注意です。

(6)丁巳　あなたの先祖は非常に隆盛な家系でしたが、この干支を持った子が生まれてきた時点で終止符が打たれ、これを境に家運が低迷するという暗示があります。しかし、この干支を持った子は、経済力に恵まれますから、一代運としては栄えます。ただし、養子に出されるとこの現象は消えます。

5 暗合異常干支の特徴

暗合異常干支とは

暗合異常干支は辛巳、壬午、丙戌、丁亥、戊子、癸巳、己亥の7干支です。

暗合異常干支を宿命に持っている人は、社会の常識の枠にはまらない生き方をします。13種ある異常干支のなかの七つが「暗合異常干支」になります。その特徴は「通常異常干支」よりも異常性が強くなります。とくに、日干支に持っていると霊感が強く現われる傾向があります。

(1)辛巳　非常に貧しい家庭に育つと異常性が現われます。逆に上流家庭や王族貴族の中で育つと異常性は出ません。そのほかに霊感が強くなるのも特徴の一つです。

(2)壬午　霊感の素質があります。それは、事前に正夢を見ることで予知ができるという現象です。または、精神面に異常が現われるともいわれています。反射神経が素晴らしい人ですから、ヨガ、新体操で活躍することも可能でしょう。ただし、晩年は視力に異常が出やすいので注意。

(3)丁亥　霊感力の高い星です。特別な修行をしなくても予測や予言ができる勘のよさを持っています。精神面に異常が出ますので、世間一般からは、変わっている人と見られることがあります。これは病気ではありません。

(4)丙戌　「戊戌」と同じような現象が現われます。なるべく早く実社会に出て技を身につけると異常性は出ません。一度目の結婚が大切で、失敗すると離婚と再婚を繰り返すことになります。

(5)戊子　平均的な家庭に育つと、ものの考え方や言動が普通ではなくなり、非常に気まぐれで身勝手な性格が強くなります。しかし、親がいなかったり、片親に育てられたり、祖父祖母に育てられたりすると、素直な礼儀正しい人になります。

(6)癸巳　この干支を持つ人が結婚すると、相手に異常現象が出ます。つまり、本人ではなく、補佐する人や周りの人たちに異常性が現われるのが特徴です。また、異常性を持った配偶者と結ばれやすいので気を付けましょう。

(7)己亥　霊感的体質を持っています。非常に器用なところがあり、普通の人にはできない運動や仕事をやってしまいます。ヨガ、行（ぎょう）などで素晴らしい技術を発揮します。視力に異常が出やすいので要注意です。

特殊星の「三業干支」や「異常干支」を宿命に持っている人は、干支によって現われる現象が違いますから、その現象に合った環境で働ける職種を選ばなければなりません。

第八章 才能と適職の見つけ方

一　宿命が示す才能と適職

自分の天職はなんだろう。誰もが知りたいことです。自分の好きなことを生業にできれば幸せですが、社会で認められる仕事と自分の好きな仕事が一致するとは限りません。自分にはどんな才能があるのか、今の仕事をこのまま続けていてもいいのか。何かしら仕事に不満や悩みを抱えている人は、この章が自分の個性を生かすヒントになるかもしれません。

自分の宿命が示す仕事と、社会で認められる仕事が一致するとは限りません。算命学では、その人が宿命に持っている星のエネルギー値を割り出し、エネルギー値が一番大きい星を「才能星」と定めています。そして、エネルギー値が大きい星から燃焼させるのが自然な現象です。

才能とは、理性が及ばない自然爆発現象ですから、あなたの宿命に持っている最大エネルギー値の星になります。そして、そのエネルギーが不完全燃焼している時は、いつもなんとなくイライラしてしまうのです。このように才能というのは完全燃焼の状態をいいます。

算命学でいう適職とは、現実的なものと精神的なものの二つに分かれます。もちろん現実的なものと精神的なもの両方が満たされる仕事が見つかれば、理想的ですが、自分の才能とは別のものに

なってしまう場合があります。

「東の星」で見る現実的な適職

現実的なものは、宿命の「東に出た星」が適職へ進む入口になります。精神的なものは、宿命の「南に出た星」が適職への入口になります。

東に貫索星がある場合

貫索星（かんさくせい）の適職は、何かを「守る」という行為が主体をなす職業が適職になります。たとえば、次のような仕事です。

①古美術品を守る博物館や美術館の仕事
②人間の命を守る仕事
③他人の物を保管して守ってあげる仕事
④社会生活を守り保障する保険業務の仕事
⑤自分は動かず、相手のほうからやってくる仕事

〝待ちの仕事〟はほとんど該当する

東に石門星がある場合

石門星（せきもんせい）の適職は、和合することが本質になりますから、組織やグループの形成、起業することが適職になります。

石門星には、政治家、宗教家などの意味が含まれていますから、その本質に大衆の和合の意味が含まれています。このようにその星の根幹になる意味合いを捉えられれば、自然と適職が浮かんできます。

①企業の合併や統合の仕事
②人と人をつなぐ仕事。紹介業または人材バンク的な仕事
③宗教家。政治家など、大衆の心を一つにまとめる仕事
④外交官など外国との和合に役立つ仕事
⑤組合活動など集団を守る仕事

東に鳳閣星がある場合

鳳閣星（ほうかくせい）の適職は、どちらにも偏らないバランスを必要とする仕事が適職になります。とくに、バランスには正確さや的確さも同時に必要になりますから、報道に関する仕事のなかに多く存在します。その他に「食録（しょくろく）」という意味も持っていますから、食物・健康に関する仕事も適職になります。

①報道関係の記者、ニュース取材などの仕事、レポーターなどの仕事
②宣伝・広告など、物事を正確に伝えなければならない仕事
③電信・通信など相手の意思を正確に伝える仕事
④会計士・計理士など複雑な数字を整理し、経営状態を正確に伝える仕事
⑤出版などに関する仕事
⑥食物に関する仕事。調理師、栄養士、レストラン経営などの仕事
⑦健康に関する仕事。人の心をいやす仕事になりますから、大きな意味で観光も含まれる
⑧いやしの空間を提供する仕事

東に調舒星がある場合

調舒星（ちょうじょせい）の適職は、鳳閣星の適職とほぼ同じような意味を持っています。ただ異なるところは、鳳閣星が大衆や団体を相手にするのに対して、調舒星は常に個人が基本になります。つまり、自分の考えを自分なりの表現方法で伝達することができる仕事が適職になります。

①芸能など個性を生かした表現力で伝える仕事
②芸術など作品を通して自己主張を表現する仕事
③自己の考えを他人に伝達する仕事。講演も入りますが、人を育てる仕事は入らない
④プロデューサー・編集者などコーディネーター的な仕事
⑤音楽など音に関する仕事。芸術的な仕事（作

詞・作曲・歌手）だけでなく、音響技術者なども入る

東に禄存星がある場合

禄存星は引力の本能から生まれている星ですから、人やものを引き付ける力を持っています。人やものを引き付けるには、その人に魅力がなければなりません。その根源にあるものは、奉仕の愛と財力です。よって、禄存星には、奉仕の愛と財力の二つに分かれる職業運を持っています。

①ボランティア的な奉仕の仕事
②宗教的な人助けの仕事
③医療事務・薬剤・医療全般の仕事
④証券・銀行など他人の財産を運用する仕事
⑤動産・不動産を運用する仕事

東に司禄星がある場合

司禄星も引力の本能から生まれた星ですが、禄存星と異なり蓄積・準備するという意味が強くなります。そのため、適職が探しにくい星の一つです。物事を起こすためには、知識の蓄積、経験の蓄積や準備が必要ですから、多くの職業が適職になります。

①情報収集に関連した仕事
②対象を問わない、コレクション的な仕事
③保険業務関係の仕事
④銀行・証券業、金融業などに関係した仕事。ただし、相場的なものは含まない

東に車騎星がある場合

車騎星は攻撃本能から生まれた星ですから、前進も後退も含めて常に動いているということです。車騎星の適職は、常に動きがあり、動きの中に攻撃性を持っていなければ適職とはいえません。

①スポーツ選手
②スポーツ関係に付随した仕事
③警察官・消防官・自衛隊に関係した仕事

④肉体労働を主体とした仕事

⑤漁業・狩りなどハンターの仕事。野生動物を捕獲する仕事はすべてハンターになる。ただし、養殖などの仕事は育てる仕事に入るので、ハンターの部類には入らない

東に牽牛星がある場合

牽牛星（けんぎゅうせい）は、車騎星と同じように攻撃性を秘めている星ですが、車騎星のような直接攻撃ではなく間接的な攻撃、または知的な攻撃になります。

①国家試験を必要とするすべての仕事

②大企業のサラリーマン

③大きな権力を背景にして動ける仕事。肩書が有利に働く仕事

④役人、公務員、教育者など

⑤秘書などの補佐役の仕事

東に竜高星がある場合

竜高星（りゅうこうせい）は、体験から得られる習得本能になりますから、自分が何かを吸収できると思えるような仕事が適職になります。また、新しい知恵を生み出していくクリエイティブな仕事も適職になります。

①新しいものを創り出す仕事

②人や動物を育てる仕事

③美的感覚を必要とする仕事

④交通、観光に関する仕事

⑤古いものを探究する仕事。考古学、歴史学などに関連した仕事など

⑥理学・数学的な要素を必要とする仕事。コンピュータ分野の仕事も入る

⑦専門的な技術が必要な仕事

⑧貿易や商社に関連した仕事

⑨建築、設計に関連した仕事

⑩カメラマンなど、写真に関係した仕事

東に玉堂星がある場合

玉堂星は、純粋な学問の星です。竜高星と同じ習得本能の星でも、玉堂星は机上の学問の世界になります。現代のような厳しい競争社会で頭角を現わすのは難しいかもしれません。

①学問の世界の仕事。大学教授、学者、研究者など適職

②アドバイザー、コンサルタント的な仕事

③伝統を受け継いでいくような仕事

④教育関係の仕事

⑤書道、生け花、茶道、ダンサー、バレリーナ、日舞など関連した仕事

東に出た星の仕事は、現実性が強い仕事になりますから、この仕事を選んだ場合は、嫌いではないが達成感が得られません。

自分に合った仕事で、しかも精神的にも満足できる仕事を探すには、次に解説する「南に出た星」の内容を満たす必要があります。

２ 「南の星」で見る精神的な適職

現在の仕事に満足しているかどうかを見る場所です。今の仕事は嫌いではないが、なんとなく物足りないと思っている人は「南に出た星」で生き方（手段と方法）を変えてみてください。今よりもっとやる気が出てくるはずです。

南に貫索星がある場合

貫索星は独立独歩の単独行動の星です。なにごとも自分の思いどおりにしたいタイプですから、単なるサラリーマンでは満足できません。できれば、独立して事業家になるほうが満足するでしょう。会社に勤めるなら、事務職ではなく、専門的な技

術職を選ぶほうが長続きします。組織のなかの一つの歯車になってしまうと、充実感は得られません。精神が優先するので、理想が高くなります。

南に石門星がある場合

石門星は大勢の人と交流できる場所があれば満足します。石門星を南に持っている人は、孤独な作業が一番苦手ですから、このようなポジションにつかないことです。いつも人と人が絡み合うような仕事、人材発掘とか、人と人をつなぐ紹介業的な仕事ができれば満足度がアップするでしょう。

南に鳳閣星がある場合

鳳閣星は他人に喜んでもらいたい気持ちが強いので、食品関係やレストラン、サービス業的な仕事ができれば満足します。人が楽しむ場所、遊ぶ場所を提供できる仕事、観光関係の仕事、社員旅行や忘年会などの世話役になると、生き生きしてくるはずです。また、この星には、ものを生み出すためのアイデアが問われる宣伝関係の仕事でやる気が出てきます。

南に調舒星がある場合

マスコミの世界で、個人の表現力が生かせる仕事ができれば満足します。他人に干渉されたり、縦社会束縛されたりするのが苦手な人ですから、縦社会のなかでは生きにくいタイプです。本来は、芸術の世界で単独で活躍する人ですが、企業のなかで満足を求めるなら、マスコミ関係、コマーシャル関係の世界なら、充実感を得られるでしょう。

南に禄存星がある場合

自己顕示欲の強い人ですから、自分の存在が認められなければ満足できません。それには、サラリーマンなら上司に認められるような仕事をして、しかも部下にも親しまれ尊敬される人になれば満足します。また、人に喜ばれる仕事、人助けになる仕事は全部が対象となります。金融業、医学の分野、宗教の世界、理容関係、ボランティアの仕事などが、人助けになりますから充実感を得ることができるでしょう。

南に司禄星がある場合

司禄星には、自分は「会社にとって必要な人間だ」という意識が持てれば満足します。対象は会社でなくても友人、家族でもかまいません。ただ、「誰かのために役立っている」という自覚が持てないとやる気が出てきません。この星にはある種の犠牲的な精神が秘められています。

南に車騎星がある場合

車騎星には、岐路に立たされた時には、必ず苦労する道、または割の合わない損をするほうへ、本能的に動いてしまうところがあります。つまり、誰もがやりたがらない仕事や危険な仕事ができれば、やる気が出てきて満足度がアップします。

南に牽牛星がある場合

牽牛星の本質は「自己愛」ですから、優越感が持てれば満足します。サラリーマンなら出世コースに乗らないと満足しません。事業家や自由業の人は、人気者になるか、ヒット商品を出すか、何か賞を取るかしないと満足しません。あなたが優越感を得られる仕事ならなんでもかまいません。

南に竜高星がある場合

竜高星は、好奇心が強い星ですから、最先端の仕事、創造力が発揮できる仕事ができれば満足します。体制側に迎合しにくいタイプですから、会社でもはみ出し者になってしまう可能性がありす。できれば、特殊な分野で異色な生き方ができればやる気が出てきます。できれば国内の企業よりも外資系の企業のほうが、あなたの能力が発揮できるかもしれません。

南に玉堂星がある場合

玉堂星は環境の変化に弱い星ですから、体験したことのある仕事、両親と同じ仕事、自信がある仕事のほうが安心でき、能力を発揮できます。まず精神的な安定がないと満足しません。そして、一度始めたら継続することが大切です。転職はもちろん職場の配置転換も避けるほうがいいでしょう。

このように適職には「東に出た星」と「南に出た星」の二通りあります。東は現実的な仕事で、南は精神的満足度が高い仕事になります。この両方が満たされなければ、本当の意味での適職にはなりません。

たとえば、東に「調舒星」、南に「牽牛星」を持つ人がいたとします。調舒星は芸術の星です。この人が画家になって、自分の作品を展覧会に出品しただけでは満足しないのです。そこで、なんらかの賞をもらって人気が出ないと精神的な満足は得られません。南にある牽牛星が名誉・名声の星だからです。

左ページの命式の人（東に「調舒星」、南に「牽牛星」）は、調舒星と牽牛星の両方を満たす職業でなければ満足できません。

今の仕事は嫌いではないが、なんとなく物足りないと思っている人は、南に出た星を見て仕事のやり方を工夫してみてください。今よりもっと充実感が得られるはずです。

【優先星を見つける技法】

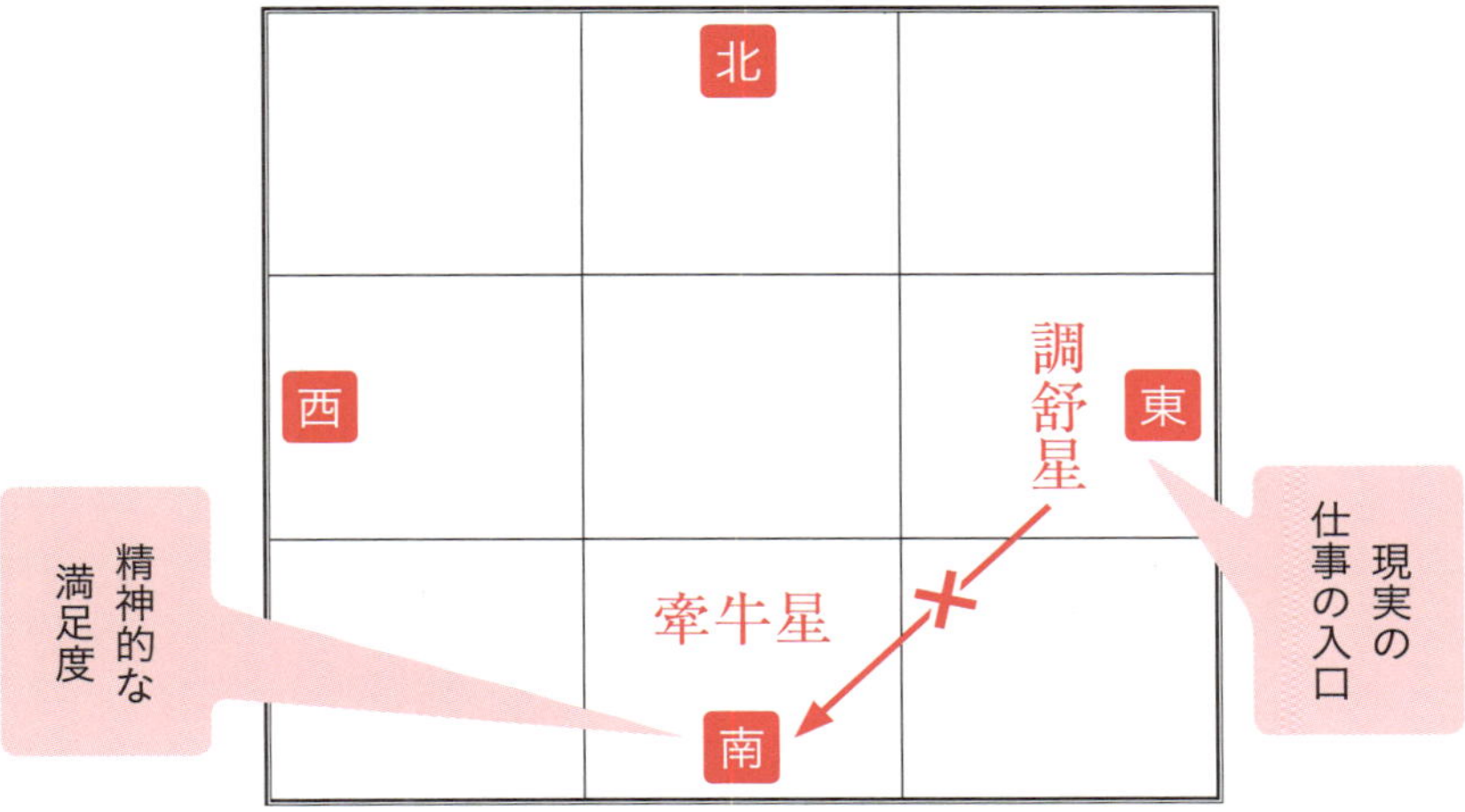

調舒星（火）→牽牛星（金）火剋金となり、「火・調舒星」が強くなるので、調舒星が優先します。

③ 現実的な「東の星」と精神的な「南の星」

優先する星の見つけ方

「東の星」と「南の星」の相生・相剋・比和の関係によって、残った星が優先する星になります。

相生関係

残った星が東ならば「現実的な仕事」、南ならば「精神的な仕事」になります。

①木生火　木星（貫索星・石門星）→火星（鳳閣星・調舒星）＝火星が残ります。

②火生土　火星（鳳閣星・調舒星）→土星（禄存星・司禄星）＝土星が残ります。

③土生金　土星（禄存星・司禄星）→金星（車騎星・牽牛星）＝金星が残ります。

④金生水　金星（車騎星・牽牛星）→水星（竜高

【五行の相生関係】

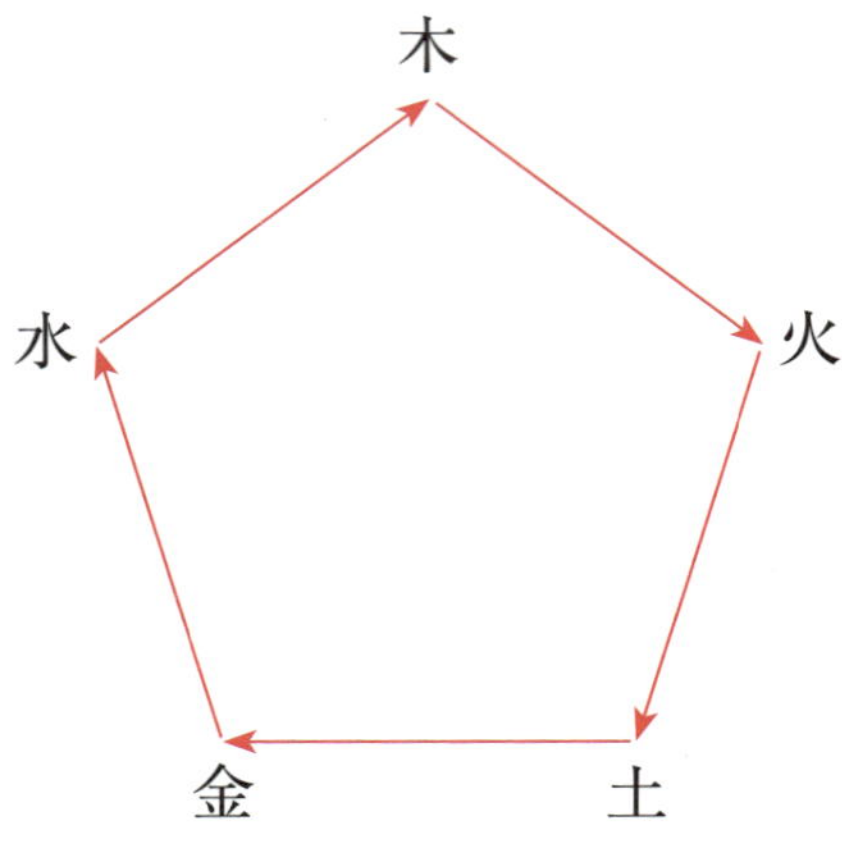

星・玉堂星）＝水星が残ります。

⑤水生木　水星（竜高星・玉堂星）→木星（貫索星・石門星）＝木星が残ります。

相剋関係

残った星が東なら「現実的な仕事」、南なら「精神的な仕事」になります。

①木剋土　木星（貫索星・石門星）→土星（禄存星・司禄星）＝木星が残ります。

②火剋金　火星（鳳閣星・調舒星）→金星（車騎星・牽牛星）＝火星が残ります。

③土剋水　土星（禄存星・司禄星）→水星（竜高星・玉堂星）＝土星が残ります。

④金剋木　金星（車騎星・牽牛星）→木星（貫索星・石門星）＝金星が残ります。

【五行の相剋関係】

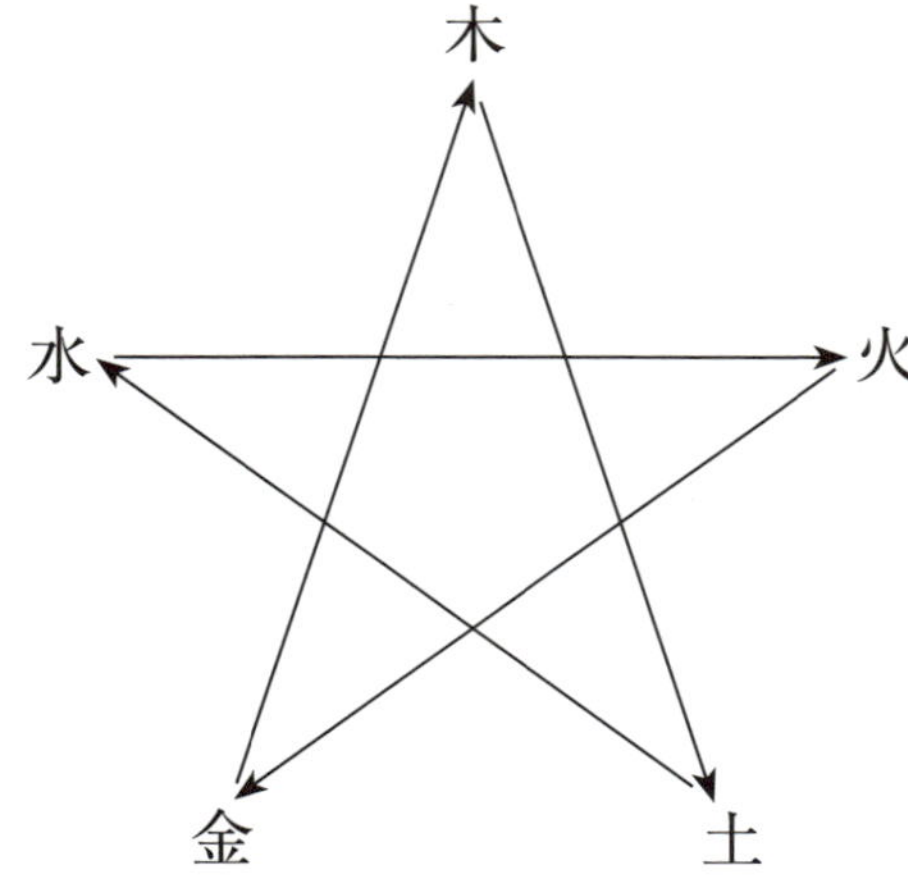

⑤水剋火　水星（竜高星・玉堂星）→火星（鳳閣星・調舒星）＝水星が残ります。

比和関係

現実・精神の両方を満足させる仕事になります。

①木と木　木星（貫索星・石門星）と木星（貫索星・石門星）＝同格になります。

②火と火　火星（鳳閣星・調舒星）と火星（鳳閣星・調舒星）＝同格になります。

③土と土　土星（禄存星・司禄星）と土星（禄存星・司禄星）＝同格になります。

④金と金　金星（車騎星・牽牛星）と金星（車騎星・牽牛星）＝同格になります。

⑤水と水　水星（竜高星・玉堂星）と水星（竜高星・玉堂星）＝同格になります。

相性関係・相克関係・比和関係の例

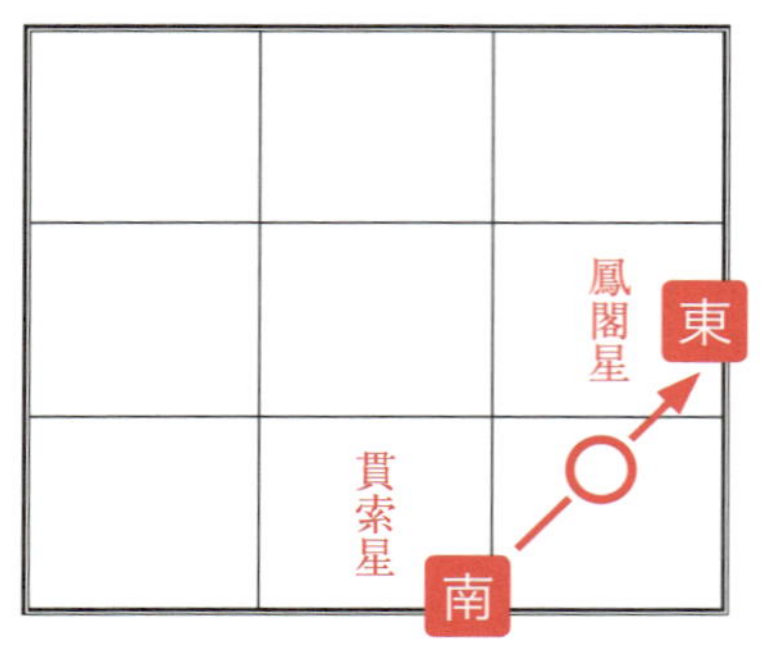

相性関係＝東の鳳閣星の仕事

「木生火」で
火が強い。
この宿命は
「鳳閣星」の仕事

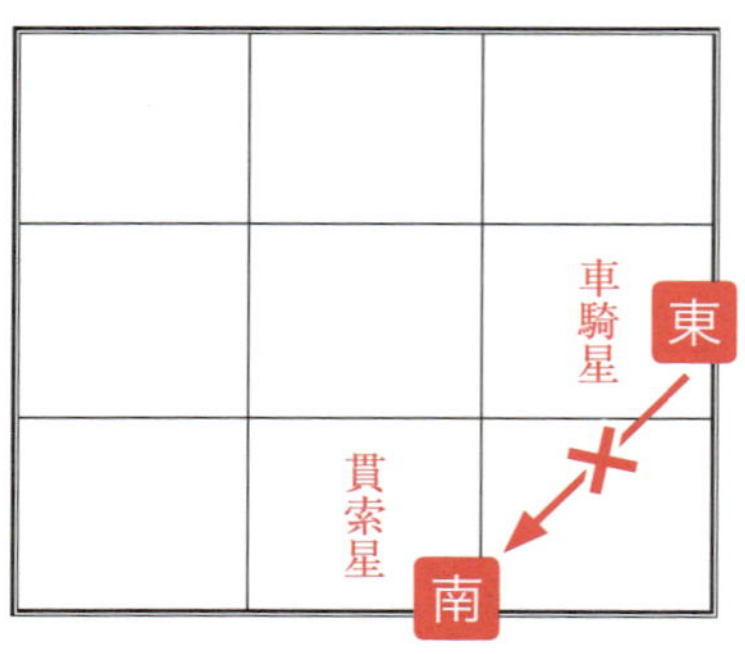

相剋関係＝東の車騎星の仕事

「金剋木」で
金が強い。
この宿命は
「車騎星」の仕事

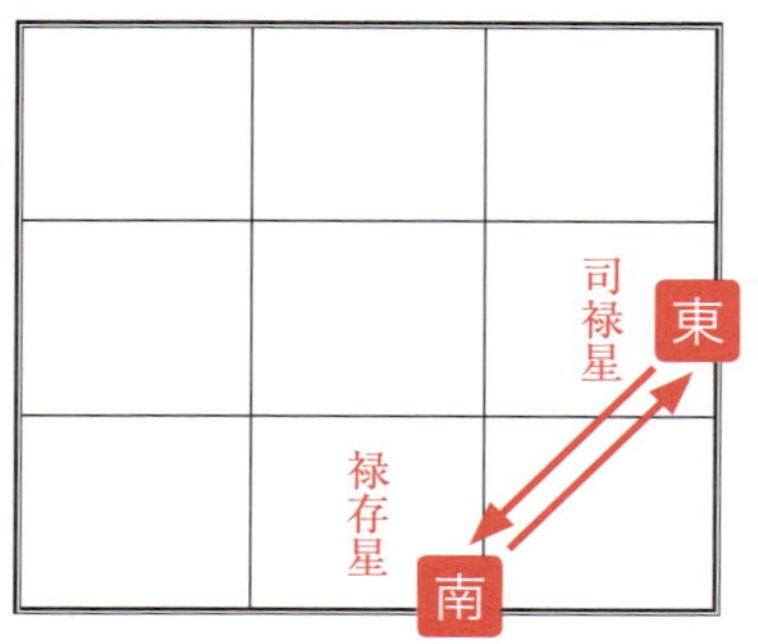

比和関係＝
司禄星と禄存星の両方

この宿命は
「司禄星」「禄存星」
どちらの仕事でもよい

二　適職の見つけ方

宿命図の「東の星」と「南の星」の相生・相剋・比和の関係によって、残った星があなたの適職になります。

「東に出た星」の仕事は現実性が強く、「南に出た星」の仕事は精神性が強くなりますから、あとは、あなたの性格が現実的に強い性格なら「東の星」を優先し、精神的な要素が強い性格なら、「南の星」を優先するとよいでしょう。

「東に出た星」で見つける適職

貫索星の適職

拘束されず単独で自由に行動できる仕事。自由業、企業家、事業家なら内容はなんでもかまいません。個人でできる商売ならすべてよいでしょう。

石門星の適職

政治家、宗教家。人をまとめる仕事。仲介業、商社、仲人業、パーティー業など。人材バンク、紹介業。

鳳閣星の適職

遊びの手助けになる仕事、食品関係の仕事、レストラン関係の仕事などが適職。マスコミ関係、報道関係、出版関係、芸能関係の仕事のほとんどが適職。観光事業関係、サービス業（遊び場関係、飲食店）のほとんどが適職。

調舒星の適職

芸術性や創造性など個性を生かせる仕事はすべて入ります。マスコミ関係の仕事は全部適職になります。華道、詩人、茶道、俳人、画家、作家、マンガ家、作詞家、作曲家、オペラ歌手、ダンサー、バレリーナーなど、芸術性があるものはすべて適職になります。

禄存星の適職

多くの人を助ける職業のすべてが適職になります。他人の財産を運用する金融関係の仕事はほとんど適職です。ボランティアや個人的な宗教財団。運命診断、占いの世界、悩み相談、カウンセラーの世界も適職になります。医療関係、介護関係の仕事はほとんど適職です。理容、美容関係の仕事は適職になります。人助けの仕事はすべて適職。

司禄星の適職

日常生活に密着した職人、商売ならすべてが適職になります。司禄星は家庭の星ともいわれますから、家事代行、家庭を守る仕事、介護・育児に関する仕事はすべて適職です。家族を守る保険業務の仕事。家庭の経済を支援する資産運用に関する仕事。家庭教師、学習塾の経営、園芸や庭師、保育士、介護士などが適職になります。

車騎星の適職

攻撃性があって、前進・後退を含め常に動きのある仕事が適職。スポーツ選手、スポーツに関連した仕事はすべて入ります。自衛官、警察官、消防官、船員も適職です。すべての商品の営業マン。

船乗り、漁業、ハンター的な仕事。ただし、養殖の仕事は入りません。野生動物を確保する仕事、自然を保護する仕事は適職になります。ただし、動物園、植物園など人工的に作ったものは入りません。

牽牛星の適職

免許が必要な仕事はすべて入ります。国家試験によって権威に保護された仕事はすべて入ります。サラリーマンなら大企業に向くタイプです。国家試験が必要な弁護士、税理士、会計士、教員、検事、裁判官、司法書士、医者、歯医者、建築士など。

竜高星の適職

旅行に関連した仕事。運転手、タクシードライバー、自動車・ヨット・バイクのレーサー。建築家、設計士、美容師、理容師、カメラマン、外交官、冒険家。貿易商、探検家、音楽家、パイロット、空港関係の仕事。輸送関係の仕事。解体業の仕事。映画、芝居に関係する仕事。推理作家、外科医（禄存星があると名医になる）。

玉堂星の適職

古典、歴史、考古学に関連した仕事はすべて適職になります。作家、企画プランナー、コンサルタント業、アドバイザー業。保母、ベビーシッター。保育園、幼稚園の仕事。教育者、塾に関連した仕事、趣味の教室の先生なども適職になります。習いごと、稽古ごとに関連した仕事はすべて入ります。

2 「南に出た星」で見つける適職

貫索星の適職

なにかを守るという行為が主体になる職業が適職です。古美術品を守る博物館や美術館の仕事。

人間の命を守る仕事。臨床医、保育士、看護師など。他人の物を保管管理する仕事。人間の生活を守り保障する保険業務。自分は動かないで、相手のほうからやって来る〝待ちの商売〟はすべて入ります。

石門星の適職

グループの形成や組織作りといった「和」を創り出す仕事ならなんでもOKです。政治性が発揮できる仕事。質の異なった人や組織を和合させる仕事。外交官、仲人業・仲介業など。組合活動、人を集める仕事はすべて入ります。

鳳閣星の適職

どちらにも偏らない正確さや的確な判断が必要な仕事。報道関係の仕事。記者、レポーター、宣伝・広告・通信・電信関係。出版関係の仕事。会計士、税理士など。食べ物に関係した仕事。観光に関係した仕事はすべて入ります。

調舒星の適職

個人の考えや主張を伝達する仕事ならすべて含まれます。鳳閣星は大衆・団体・集団を相手に伝達する仕事ですが、調舒星は個人で伝達する仕事が中心になります。芸能・芸術など、作品を個人で表現する仕事。自己の考えを他人に伝達する講師など。コーディネーター的な仕事。プロデュース、編集者、指揮者など。音楽など音に関する仕事全般。音響技術者なども入ります。

禄存星の適職

人や物を引き付ける、引力が生かされる仕事なら満足します。回転財になる仕事。ボランティア的な奉仕につながる仕事。宗教的な人助けにつながる仕事。医療関係の仕事全般。証券・銀行など、他人の財産を運用するサービス業的な仕事。不動産関係、アパート、マンションなどの運用に関する仕事。理容師、美容師、トータルファッション・

コーディネーターといった美的サービス業など。多くの人を助ける行為はすべて入ります。

司禄星の適職

引力の本能から生まれた星ですが、内容は蓄積、準備という意味が強い星です。運命のエネルギー燃焼が遅いので、結果が出るまでには時間がかかります。そのために、適職が探しにくい星になります。蓄積や準備が必要な仕事ならなんでもＯＫ。情報収集に関すること、コレクション的なことは適職になります。金融業、保険業務、銀行関係の仕事。ただし、株や相場的な仕事は入りません。家庭の星でもありますから、家庭生活に密着した仕事はすべて入ります。

車騎星の適職

スポーツに関連する仕事はすべて適職になります。頭脳を使う仕事よりも、肉体を使う仕事のほうが得意になります。肉体労働が主体になる仕事、漁業、狩猟、野生動物を確保する仕事などは適職になりますが、動物園に関連した仕事は入りません。警察官、自衛隊、消防官など、男性的な攻撃力を必要とする仕事が適職になります。前進・後退を含め常に動きのある仕事が適職になります。

牽牛星の適職

牽牛星は文官の星ですから、役人、公務員、議員、政治家、学者、研究者など、権力や名誉が得られる仕事にあこがれます。資格が必要な免許制の仕事は全部入ります。補佐役、サポート役など女性的な攻撃力が必要な仕事。大きな権力を背景にして動ける仕事も入ります。

竜高星の適職

観光、交通、旅行に関連した仕事。考古学・歴史学などが探究できる仕事。建築、デザイナー、音楽、美容関係、写真などに関連した仕事。人を育てる仕事。アイデアを必要とするプランナーなど。ものを壊す解体業も入ります。

玉堂星の適職

純粋な学問の世界なので、研究者、学者が適職になります。教育に関連する仕事ならすべて入ります。伝統を継承する仕事。芸術など創作が必要な仕事。古典芸能に関連した仕事。人を育てる仕事。育児、介護に関連した仕事。母親代理業的な仕事はすべて入ります。

三　あなたの隠れた才能の見つけ方

自分にはどんな才能があるかを見つける技法を紹介します。

算命学でいう「才能」とは、エネルギーが一点に集中する星を指します。そして、「その星を燃焼させたいという欲求」、それが才能です。

才能の占技には、二つの技法があります。一つは自分の宿命に持っている星でエネルギー値が一番大きい星を見つける技法。もう一つは、現実才能を精神才能から割り出された「四天運」の技法です。

まず、才能の領域を区分します。精神的な世界に才能があるのか、現実的な世界に才能があるのかを見極めるためです。

 南北分類の条件に当てはまる人

精神才能領域の条件（縦線）

自分の宿命図の縦線（北・中央・南）に精神の星（竜高星・玉堂星・鳳閣星・調舒星）が一つでもあれば精神才能領域になります。

こういう人は、個人主義的傾向があり、単独行動を得意とします。つまり、一匹狼的で自由業的な分野で活躍できる人です。

またはカリスマ的な行動ができる人か、指導的立場になれる人です。個性が生かされる仕事に適しています。芸術家や学者などに多いタイプです。自意識過剰の人が多いのも特徴です。

［精神才能領域］

	北 禄存星	
	中央 石門星	
	調舒星 南	

精神の星＝竜高星・玉堂星・鳳閣星・調舒星

南に「調舒星」があるので「精神才能領域」の人

現実才能領域の条件（縦線）

自分の宿命図の縦線（南・中央・北）が、全部現実の星（貫索星・石門星・禄存星・司禄星・車騎星・牽牛星）になる場合です。縦線に一つでも精神の星（鳳閣星・調舒星・竜高星）があったら、この条件に当てはまりません。

こういう人は、集団に溶け込みやすく、協調性がありますから、組織の歯車的存在になります。

つまり、他人に使われるタイプになりますから、典型的なサラリーマンタイプです。

［現実才能領域］

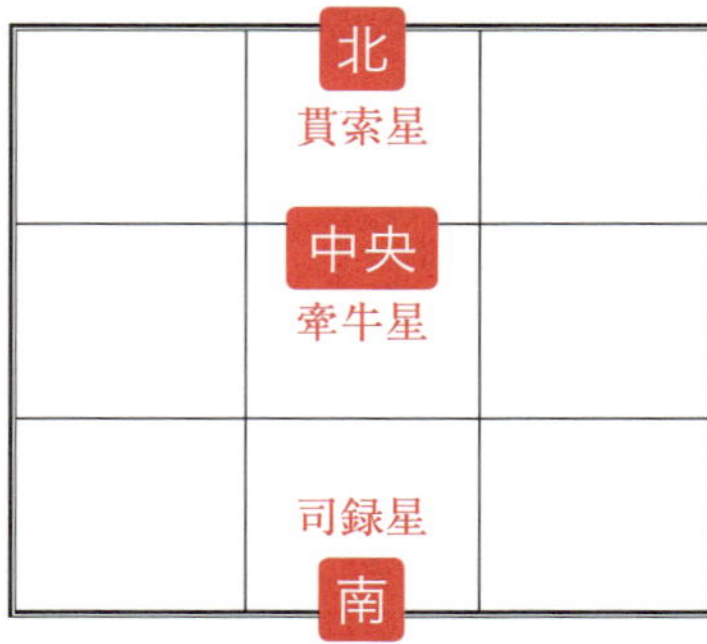

現実の星＝貫索星・石門星
禄存星・司禄星・車騎星・牽牛星

縦線全部が現実の星なので「現実才能領域」の人

東西分類の条件に当てはまる人

立型の条件（横線）

自分の宿命図の横線（東・中央・西）に、精神の星（竜高星・玉堂星・鳳閣星・調舒星）がどれか一つでもあれば、「立型(りつがた)」になります。

立型は、考えながら行動するのが特徴です。ですから、突発的なことが起こった場合の対処法は実にうまい。物事に対して、計画をきちんと立ててから動くのではなく、走りながら考え、軌道修正しながら対処していきますから、経営者などに向く形です。

【立型の条件】

西 鳳閣星	中央 牽牛星	玉堂星 東

精神の星＝竜高星・玉堂星・鳳閣星・調舒星

東と西に、「鳳閣星」と「玉堂星」があるので「立型」の人

坐型の条件（横線）

自分の宿命図の横線（東・中央・西）が全部現実の星（貫索星・石門星・禄存星・司禄星・車騎星・牽牛星）になる場合です。一つでも精神の星があると「坐型(ざがた)」にはなりません。

坐型は、行動のなかに思考性が入りませんから、全エネルギーが行動になります。ですから、創造力が弱いので、新しいものを造り上げていくタイ

プではありません。あくまでも、組織のなかの一員として仕事をするタイプです。物事を管理する、守ることに適していると言えるでしょう。

現実の星＝貫索星・石門星・禄存星・司禄星・車騎星・牽牛星

横線すべてが現実の星なので「坐型」の人

ここまで説明してきた四つの分類は、才能を出す前の準備段階であって、才能ではありません。

縦線と横線に分けたものをそれぞれ組み合わせると、次の四パターンになります。この四パターンに、それぞれ名称がついています。四つのどのグループに入るかによって、才能の範囲が絞られてきます。

③ 才能の範囲と特徴を知る技法

四天運の技法

精神才能領域

①立型＝北天運（日常生活の外に才能あり）

②坐型＝西天運（日常生活の外に才能あり）

現実才能領域

③立型＝東天運（日常生活のなかに才能あり）

④坐型＝南天運（日常生活のなかに才能あり）

北天運

行動よりも思考が先行しますから、行動を起こすまでに時間がかかります。つまり、理屈は言うが実行が伴わないタイプになりやすいのです。理論性、思考性、創造性を備えたタイプで、天才か狂人かと言われやすい傾向があります。純粋な学者、研究者、評論家、宗教家、芸術家に多く見られるタイプです。

西天運

精神のところに考える星があり、行動すべき所に行動の星がありますから、実に理想的な形です。前進力の強い、やる気のある形です。ただし、要領はよくないほうでしょう。

この場合は、考えることと行動が別々になります。前もってきちんと計画を立てて、そのとおりに実行するタイプです。計画が狂うと途端に戸惑ってしまいます。計画を白紙に戻して作り直すことになりますから、常に時間がかかります。一般的には、頭の回転がよいとは言えないタイプでしょう。

逆に、物事が計画どおり順調に運んでいる時は、すばらしい力を発揮します。すべてに考えと行動が伴っていますから、言行一致で地に足が着いた生き方になります。

東天運

現実性が強く、生活に密着した知恵と才能を生かした分野で能力を発揮します。思考より行動が優先します。ものを売ったり買ったりすることに直結した分野で才能を発揮します。現実重視型と言えるでしょう。

思考力よりも行動が優先しますから、感情的になりやすい形です。人間は、考えるところに考える星がない人は、他人から少しでも文句を言われるとカッとしやすいのです。東天運は、西天運よりさらに現実重視の考え方になります。目の前のことにしか関心がありませんから、「10年先のために何をするか」ということはできません。まず、今が大事ということ。夢みたいなものには価値がないのです。直接ものを売ったり買ったりすること、現実に直結したもののなかに才能があります。

南天運

精神の星が、縦線にも横線にも存在しない形です。つまり、情的人間。理性よりも感情で行動するタイプです。すべての行動が「好きだから」「かわいそうだから助けてあげる」となります。つまり、すべて自分の生活に密着したものからヒントを得て、それをビジネスにするタイプです。庶民に密着した日常的なものが仕事の範囲になります。そして、動物的な勘を持っている人です。

夢や理想を追わなくても、その日その日を楽しく、堅実に生きていければいいというタイプ。非常にたくましく、どんな苦労にも耐えられる強さを持っていますが、我田引水的な人もになりやすい。他人から理解されようとされまいと、自分の都合のいいように解釈してしまうのが特徴です。

ここまでは、あなたの才能の領域範囲です。この技法は才能の中身を知るものではありません。ただ、自分の才能生活圏はこのあたりにあるらしい、という大体の領域を知るだけの技法です。間違えないでください。

社会で認められる才能の順位

才能の「四天運」

社会で認められる才能の順位は、次のようになります。

才能の「四天運」（北天運・西天運・東天運・南天運）がわかれば、次に適職星を探します。「宿命図」に持っている星が社会で認められる順位の「第1位・第2位」の範囲に入っていれば、その星が

【社会で認められる適職星の順位】

南天運	東天運	西天運	北天運	順位
禄存星 車騎星 貫索星	司禄星 牽牛星 石門星	竜高星 鳳閣星	玉堂星 調舒星	第１位
司禄星 牽牛星 石門星	禄存星 車騎星 貫索星	玉堂星 調舒星	竜高星 鳳閣星	第２位
竜高星 鳳閣星	玉堂星 調舒星	禄存星 車騎星 貫索星	司禄星 牽牛星 石門星	第３位
玉堂星 調舒星	竜高星 鳳閣星	司禄星 牽牛星 石門星	禄存星 車騎星 貫索星	第４位

あなたの適職星になります。適職星の順位は、第1位が一番です。次が第2位になります。第3位以下の場合は、社会に認められるまでには苦労が多いと覚悟しなければなりません。

5 四天運と十大主星でわかる適職

自分の本来の才能と社会が受け入れてくれる才能とは違います。必ずしも自分の才能が、世の中で認められるとは限らないのです。北天運、西天運、東天運、南天運のどの領域にあっても、第1位と第2位にランクされているものが社会で必要とされているものです。仕事を選ぶ時は、このことを頭に入れておくことが大切です。

自分の才能と社会に受け入れられるランクが一致した場合は、満足のいく仕事ができますが、逆に一致しない場合は、努力が報われないでしょう。もちろん、苦労が多く、満足も得られません。

十大主星のどの星が来ても、北天運は精神世界、西天運は精神と現実の中間、東天運は現実の世界、南天運は超現実的な才能と覚えておくのがコツです。

「才能が認められる適職星の順位」に当てはめて、自分の才能星の順位を確認します。確認した星が、第1位・第2位にランクされていれば、あなたの希望する適職星になります。

北天運…精神才能が生かされる分野は、玉堂星、調舒星、竜高星、鳳閣星の順位

玉堂星＝文学、芸術、学問の世界。実生活からかなりかけ離れた分野です。

調舒星＝観察力と洞察力が見事です。感受性の能力が才能になります。評論家に向きます。ただし、実践の能力はありません。

竜高星＝純粋な芸術の世界。しかも立体的な造形に才能を発揮します。彫刻家、建築家、音楽家といった分野です。

鳳閣星＝マスコミ関係で能力を発揮します。報道、レポーターなど。

北天運…精神才能が生かされにくい分野は、司禄星、牽牛星、石門星、禄存星、車騎星、貫索星の順位

司禄星＝精神的な世界で〝集めること〟に能力を発揮します。

牽牛星＝力がないのに名誉だけをもらう他力名誉の才能と言えるでしょう。名誉が得られるとしても長い歳月がかかります。

石門星＝宗教家、同じ宗教でも個人的な創始者になります。

禄存星＝完全な奉仕です。ただし、愛情ではありません。知的な愛情は相手には伝わりません。それは理屈が先に出てしまうからです。

車騎星＝間接的な戦いになります。スポーツ記者といった職業など。

貫索星＝知的な守り、伝統を守ること。精神的な守りになります。

西天運…精神才能が生かされる分野は、竜高星、鳳閣星、玉堂星、調舒星の順位

竜高星＝生活に密着した創造性です。ファッションデザイナー、インテリアデザイナーやコーディネーターなどが最適です。

鳳閣星＝娯楽の分野に適しています。演出家、プロデューサーなど。ゲームソフトのプログラム、演出なども該当します。

玉堂星＝日常生活を発展させる学問や知識を形にする分野です。放送、出版業など。

調舒星＝マスコミに関係したこと。放送、出版映画の分野で、それも生活に密着したことに能力を発揮します。

西天運…精神才能が生かされにくい分野は、禄存星、車騎星、貫索星、司禄星、牽牛星、石門星の順位

禄存星＝現実に密着した奉仕です。医療関係、医学の世界で現実に人を救う仕事など。

車騎星＝戦略家、参謀的な仕事に向きます。マネージャー、営業企画などに才能を発揮します。スポーツの世界で選手を養成する才能もあります。

貫索星＝独立業、自由業です。自分の才能を生かして独立します。

司禄星＝蓄積の部分だけが生かされます。収集してきたものを商うことなど。才能を生かしにくい星です。

牽牛星＝自力の名誉です。とても名誉を欲しがります。サラリーマンなら、出世欲のために能力を発揮します。

石門星＝世の中に流布する役割です。宗教なら伝道師です。その他セールスマン、訪問販売に関する仕事です。

東天運…現実才能が生かされる分野は、司禄星、牽牛星、石門星、禄存星、車騎星、貫索星の順位

司禄星＝家庭を守る、お金を貯める、ものを集める、日常生活をすることが才能です。財を残すこと。

牽牛星＝国家権力に保護された仕事。免許制度のある仕事。サラリーマンなら大企業で。

石門星＝政治家。政治性を必要とする仕事に能力を発揮します。

禄存星＝お金の運用がうまい。投資家、証券マン、銀行マンなど。お金を借りるのも、財をつくるのもうまい。商売の能力があります。

車騎星＝自分の体を使う仕事。警察官、自衛官、消防士など。

貫索星＝商売、商店主。日常生活に密着したものならなんでもよい。

東天運…現実才能が生かされにくい分野は、玉堂星、調舒星、竜高星、鳳閣星の順位

玉堂星＝日常生活に必要な分野の仕事、保母、先生、教育者など。

調舒星＝演芸家、手品師。

竜高星＝放浪性が出てきます。交通、観光に関する仕事。

鳳閣星＝料理人、飲食店、喫茶店など水商売の能力もあります。

南天運…現実才能が生かされる分野は、禄存星、車騎星、貫索星、司禄星、牽牛星、石門星の順位

禄存星＝株や相場の才能。

車騎星＝肉体を駆使する仕事。

貫索星＝純粋な職人気質。

司禄星＝純粋なお金儲けです。商売そのものの才能。普段はかなりケチです。が、使う時は散財します。

牽牛星＝自己主張が強くなります。悪名のほうが強い。

石門星＝組織や団結心をあおるのがうまい。

南天運…現実才能が生かされにくい分野は、竜高星、鳳閣星、玉堂星、調舒星の順位

竜高星＝放浪性が出てきます。交通、観光に関する仕事。

鳳閣星＝料理人。評論家。

玉堂星＝日常生活に必要な分野の仕事、保母、先生、教育者など。

調舒星＝演芸家、一人でできる仕事。

適職を見つける場合、社会に受け入れられるものを選択したほうが満足度は高くなります。

四 星のエネルギー値で適職を見つける方法

自分の宿命にある十大主星の中で一番エネルギー値が大きい星が適職になります。さらにその星が社会で認められる星であれば、精神的満足度は高くなります。もっと簡単に適職を見つけたい人は、守護神になる星を適職に選ぶこともできます。

1 エネルギー値の見方

「才能星」の定め方

ここでは、自分の宿命に持っている星のエネルギー値で適職を見つける技法を使います。

【例題】太郎さん／1988年11月1日生まれ

太郎さんの命式を使い説明していきます。左の表は「命式に持っている星のエネルギー値の計算法」です。エネルギー値が一番大きい星を「才能星」と定めますから、「例題」太郎さんの才能星は「竜高星」になります。

「竜高星」を適職に選ぶと太郎さんは、忌神になります。現実面では苦労が付いて回ることになるでしょう。ただし、精神的には満足する生き方ができます。守護神になる星は「禄存星」と「鳳閣星」になりますから、サービス精神を活用して業績アップに努めれば、成果は上がるでしょう。

【星のエネルギー値一覧表】

癸	壬	辛	庚	己	戊	丁	丙	乙	甲	日干／十二支
11	12	9	2	1	3	1	3	4	7	子
10	8	6	5	5	6	5	6	8	10	丑
7	4	3	1	2	9	2	9	12	11	寅
9	2	1	3	4	7	4	7	11	12	卯
6	5	5	6	8	10	8	10	10	8	辰
3	1	2	9	12	11	12	11	7	4	巳
1	3	4	7	11	12	11	12	9	2	午
5	6	8	10	10	8	10	8	6	5	未
2	9	12	11	7	4	7	4	3	1	申
4	7	11	12	9	2	9	2	1	3	酉
8	10	10	8	6	5	6	5	5	6	戌
12	11	7	4	3	1	3	1	2	9	亥

【太郎さんが持っている十干の数】

主星	干	個数
調舒星	癸	1
鳳閣星	壬	2
石門星	辛	1
貫索星	庚	2
玉堂星	己	0
竜高星	戊	4
牽牛星	丁	1
車騎星	丙	0
司禄星	乙	1
禄存星	甲	0

【太郎さんの命式図】

日干支	月干支	年干支	
57	59	5	No.
庚申	壬戌	戊辰	干支
戊壬(庚)	辛丁(戊)	乙癸(戊)	蔵干

【太郎さんの星のエネルギー値の計算法】

エネルギー値				年支	月支	日支	日干	十大主星
合計	小計	個数	小計	辰	戌	申	庚	
18	0	0	15	8	6	1	甲	禄存星
	18	1	18	10	5	3	乙	司禄星
21	0	0	19	10	5	4	丙	車騎星
	21	1	21	8	6	7	丁	牽牛星
76	76	4	19	10	5	4	戊	竜高星
	0	0	21	8	6	7	己	玉堂星
77	50	2	25	6	8	11	庚	貫索星
	27	1	27	5	10	12	辛	石門星
64	48	2	24	5	10	9	壬	鳳閣星
	16	1	16	6	8	2	癸	調舒星

太郎さんに備わったエネルギーの配分

干支	庚	辛	壬	癸	甲	乙	丙	丁	戊	己
星	貫索星	石門星	鳳閣星	調舒星	禄存星	司禄星	車騎星	牽牛星	竜高星	玉堂星
エネルギー	50	27	48	16	0	18	0	21	76	0
意味	自我	仲間	表現力	芸術	財力	家庭	行動力	名誉	創造力	学習

【棒グラフで見る】

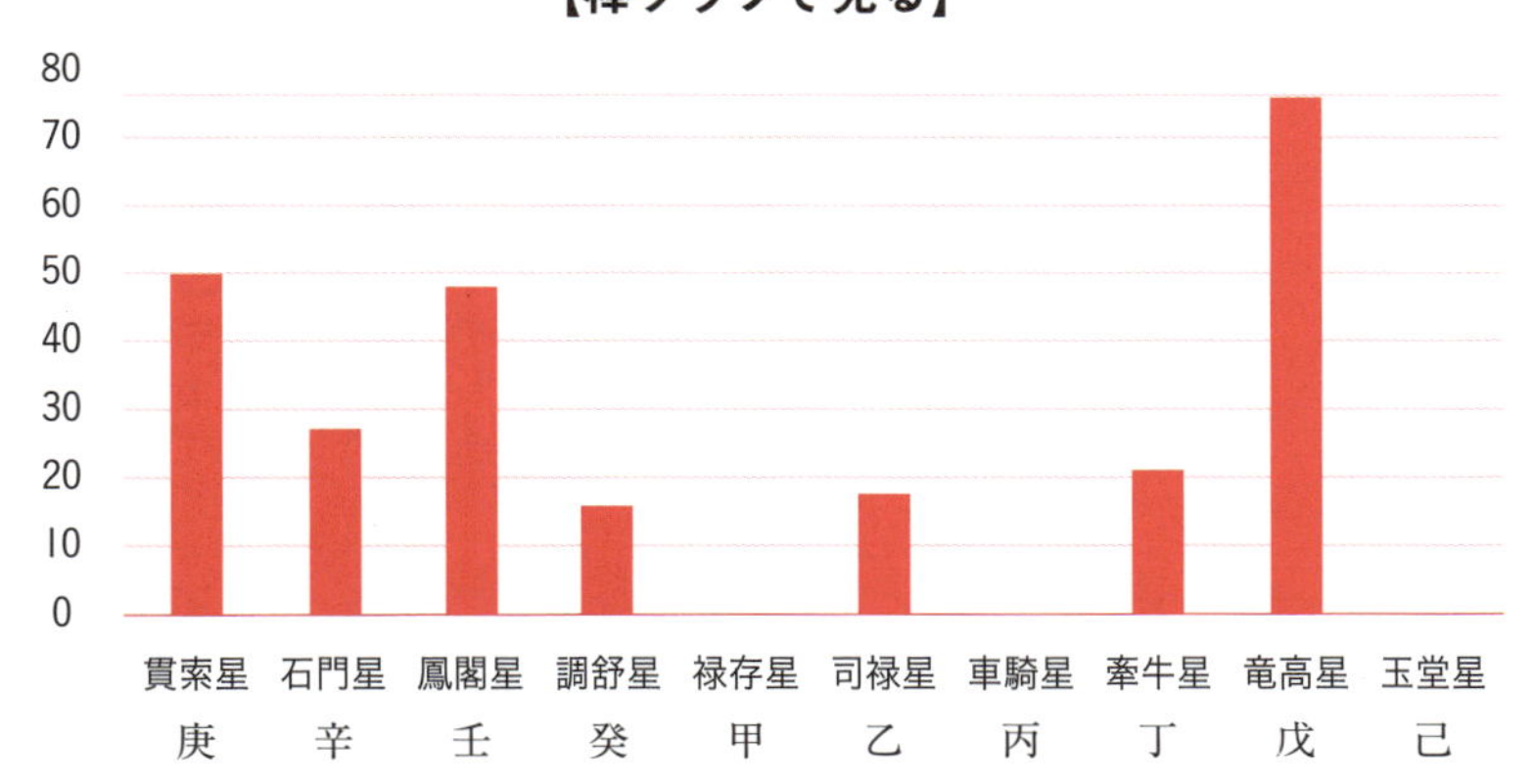

【円グラフで見る】

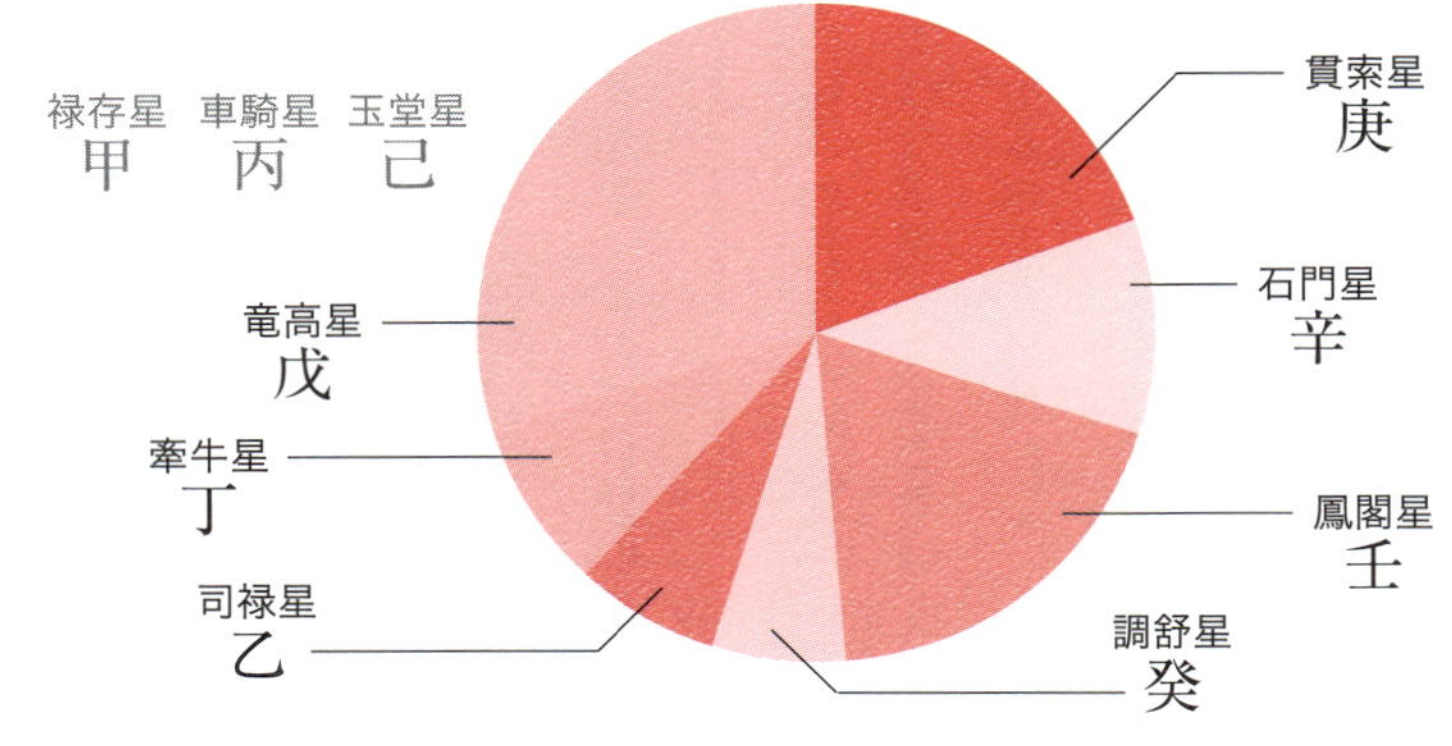

② 才能占技の応用

4つに分けられる才能の判定法

才能の判定は、宿命に出てきた十大主星の剋線の数で決まります。十大主星の剋線の数と形によって次の4つのパターンに分けられます。

①畢型運（ひつがた）　②尾型運（ががた）　③参型運（さんがた）　④箕型運（きがた）

剋線の数と形で分けられる才能占技の応用編は4パターンあります。

宿命に出た星（十大主星）の剋線が一番多い星が才能星になります。才能星は、その人の十大主星の一つですから、日干と他の十干との組み合わせになります。

このほかの十干のことを特別に「光体」と呼びます。光体（戊）を日干に持つ人と一緒に仕事をするとあなたの才能が輝きます。光体が干合・対冲・納音・半会・天剋地冲になると、才能の裏側で支えている光体が変化し才能にも影響します。

①畢型運＝陽占に現われる星

自分の光体になる干と干合する干が、相手の日干にある組み合わせを「畢型の運」と言います。

この畢型の運は相性とは関係なく、自分の才能を引き出してくれる相手、または自分の才能に気づかせてくれる相手になります。

②尾型運＝陽占に現われない時の星

この才能は、隠れた才能になりますから、この才能の光体と干合する相手と出会わないと、自分の才能に気が付きません。この才能を「他力運の才能」と言い、自分で見つけることができない才能です。他人の助けを借りないと、活用できない才能です。

③参型運＝マイナス才能

才能の光体が、宿命の中で「天剋地冲」になっている場合「参型運」と言い、別名をマイナス才能、または破壊才能と言います。

【例題】子丑天中殺の人

甲申と戊寅＝天剋地冲
戊＝車騎星＝剋線2
戊と癸＝干合

日	月	年
壬戌	戊辰	甲申
甲壬癸	乙癸戊	戊壬庚

「例題」の才能は「車騎星」で光体は「戊」になります。戊辰と壬戌が天剋地冲になり光体の「戊」が剋されます。

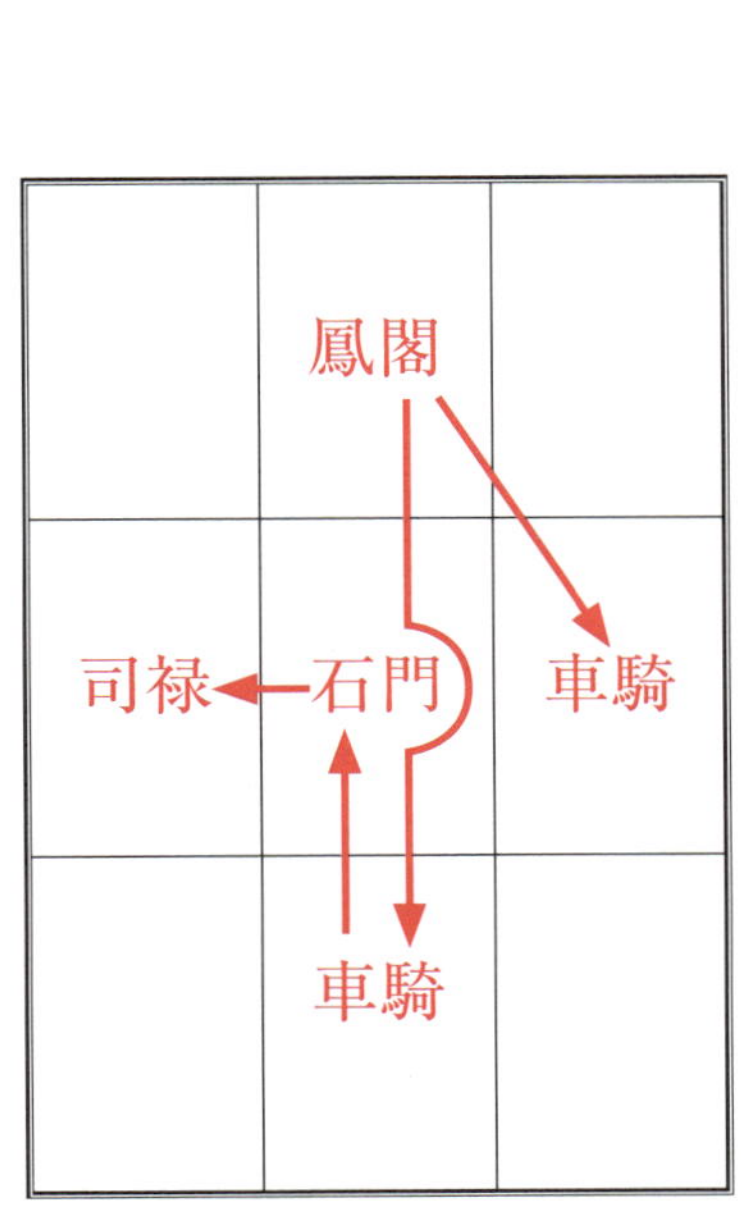

したがって、この人の才能は「マイナス才能＝破壊才能」になります。

車騎星のプラス才能がスポーツマンなら、マイナス才能はスタントマン、カーレーサーといった瞬間的な能力で才能を発揮します。

④箕型運＝変化する才能

才能の光体が、宿命の中で干合または暗合されている場合です。

光体が、宿命の中で干合したり、暗合されたりすると、才能の星に変化が現われますから、どちらが本当の自分の才能かわからなくなることを言います。

【例題】寅卯天中殺の人

戊寅＝生月中殺・戊・癸＝干合

戊＝車騎星＝剋線４

光体「戊」が「干合」するため、才能「車騎星」が不安定になります。さらに「戊寅」が生月中殺ですから、車騎星の才能は精神世界でしか生かされません。したがって才能は、ヨガや座禅といった精神修行に向きます。

［光体が干合・暗合する命式］

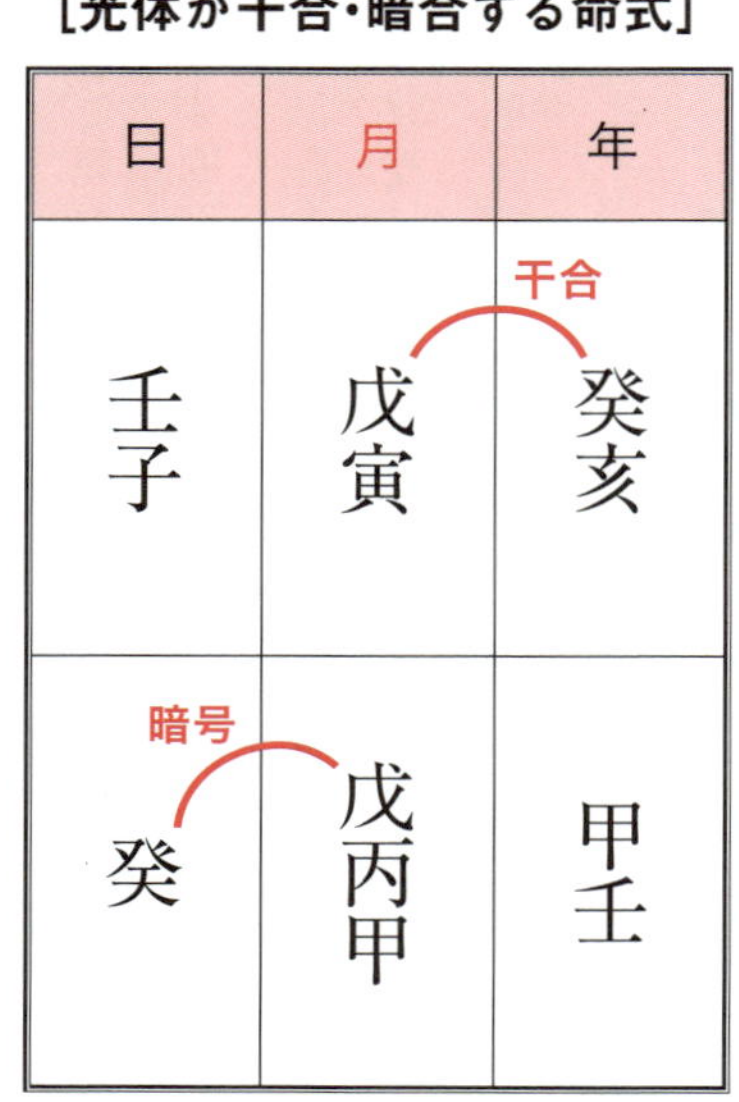

日
月
年
干合
壬子
戊寅
癸亥
暗号
癸
戊丙甲
甲壬

［剋線の取り方］

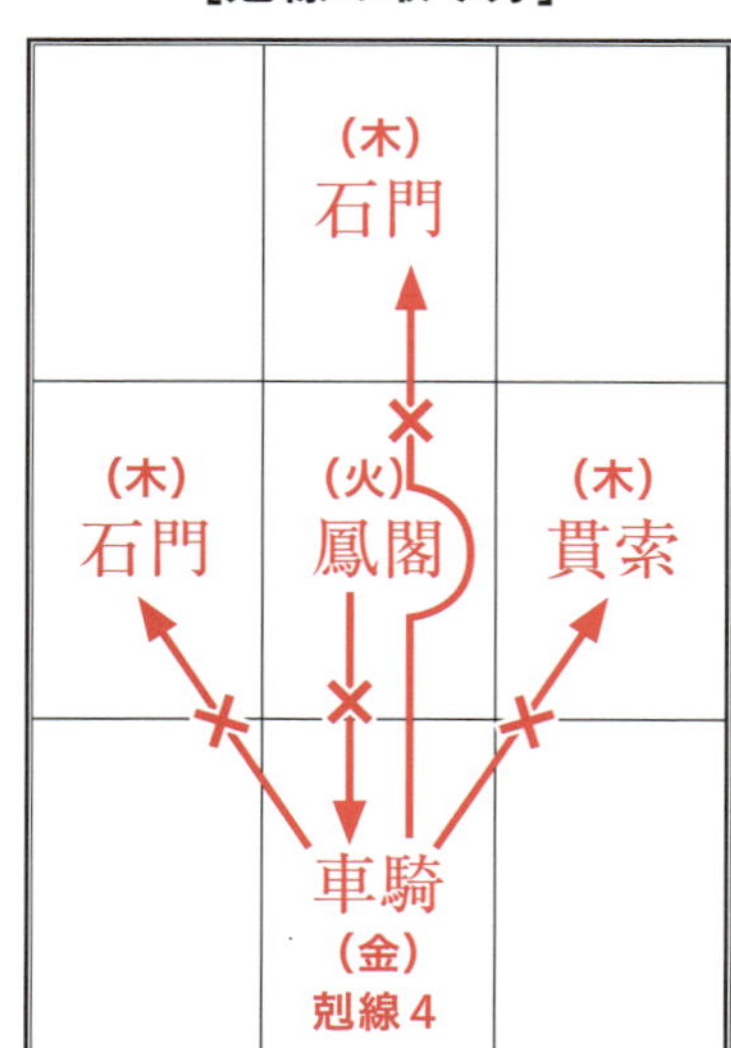

適職鑑定法

では、「例題」太郎さんの適職を鑑定してみましょう。

光体「壬」を日干に持っている女性と結婚すると、結婚後はますます才能に磨きがかかってきます。

この宿命に持っている星の中でエネルギーが大きい星は、「竜高星」「貫索星」「鳳閣星」の3つになります。この三つの星が消化できる適職を考えなければなりません。

太郎さんにとって重要なことは、エネルギーが一番大きい星が「竜高星」、守護神になる星が「鳳閣星」ということです。才能の剋線が一番多い星は、「鳳閣星」。「竜高星」は「忌神＝戊」から生まれた星です。

「適職の形」は、北天運の一点集中型で「天才型」になります。そして一番エネルギー値が大きい「竜高星」が適職になります。

太郎さんの適職を鑑定してみましょう

剋線が一番多い（剋線＝3）星＝鳳閣星　才能＝鳳閣星（壬＝守護神）
才能の形は＝「箕型運」になります。
光体「壬」が暗合になる「丁」を宿命に持っているので、才能の鳳閣星は不安定になります。そのため才能が一つに絞り切れません。多角的で器用な人になってしまいます。

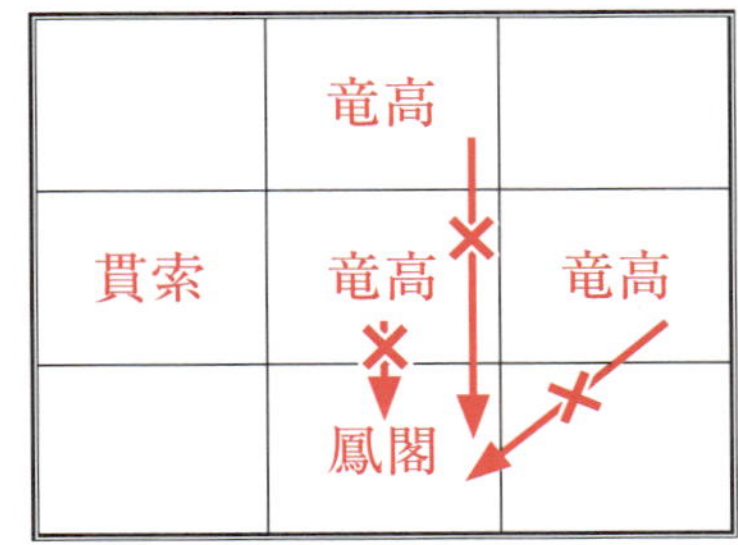

日	月	年
庚 申	壬 戌	戊 辰
戊 壬 庚	辛 丁 戊	乙 癸 戊

暗号

竜高星は、創造力と探求心が豊かで、チャレンジ精神が旺盛な星です。海外にも縁が深い星になります。

太郎さんの主星は「鋼鉄」になりますから、厳しい環境に身を置かないと成長できません。それには、海外の大きな舞台で活躍するのが、自分の才能を磨く絶好のチャンスになるかもしれません。

【結論】

太郎さんの適職は「竜高星・貫索星・鳳閣星」の三つの星を消化させることができる仕事が適職になります。

竜高星＝探求心、チャレンジ精神、海外

貫索星＝自分の好きなこと

鳳閣星＝自然体で自由な生き方と表現力

この三つの星が生かされる仕事を選ぶと満足する生き方ができます。主星は「鋼鉄」になりますから、自分の身を厳しい環境に置かないと、鋭い感性が磨かれないという人です。

「適職の形」は「天才型」になりますから、独自の手法で才能を磨いていくことになります。

プレッシャーには強い人です。プレッシャーのなかで自分の才能が磨かれる人と言ってもいいでしょう。

才能になる星は「鳳閣星」です。鳳閣星は、守護神の「壬」から生まれた星です。「壬＝大海」で、大きな舞台であなたの才能は開花するとなっていますから、海外へ進出しても十分に活躍できる人です。

第九章

うまくいく結婚・いかない結婚

一　結婚と恋愛の違い

結婚して、幸せになれる人となれない人がいます。その違いは、結婚と恋愛の違いを理解しているか、いないかです。恋愛の延長が結婚だと思っている人は、幸せな結婚生活を維持することができません。

結婚と恋愛 気の流れの違い

恋愛相手が結婚相手？

恋愛の延長線上に結婚があると思っていたら、幸せな結婚生活はできません。

恋愛相手は、あなたの生まれた年と相性がいい人。結婚相手は、あなたが生まれた日と相性がいい人だからです。もし、あなたの命式が「年干支（ねんかんし）」と「日干支（にっかんし）」が同じなら、恋愛時代と同じように結婚後も愛は変わることなく続きます。しかし、こういう人はごくまれで、ほとんどの人が「年干支」と「日干支」が違うのが普通です。だから「恋愛時代は優しかったのに、結婚したら口うるさくなった」といったことが起こるのです。つまり、恋愛相手が必ずしも結婚相手ではないということです。

恋愛は、その人自身の純粋な心のあり方で、あくまでも精神的なものですから、人間としては同格になります。これが結婚になると、人間としては同格でも、そこに夫婦としての役割が入ってきますから集団（小社会）になり、必ず上下関係が生まれます。

結婚は現実の生活で、ファミリーを作ることです。今付き合っている恋人が本当に好きでも、相手に経済力や将来性がなかったら、毎日の生活が成り立ちません。毎月の家計が赤字ではすぐに家庭は崩壊してしまいます。

結婚の枠のなかで生きる工夫を

結婚とは、会社と同じように役割分担を持ったコミュニティーなのです。当人同士が好きというだけでは結婚は成立しません。お互いの家族が仲よく集う社会が生まれるということです。だから、結婚式場には「○○家と××家の結婚式」といまだに書かれているのです。つまり結婚式は、結婚相手の家族や親戚の全員と絆を結ぶ儀式だからです。家族の一人が嫌いだから付き合わないというわけにはいかないのです。二人だけの世界を壊したくなければ、いつまでも恋人のままでいることです。

家庭という小社会をうまく維持していくには、それぞれの役割をきちんと守っていかなければなりません。個々が自己主張して「自分らしい」生き方を始めたら、そこから家庭は崩壊していきます。国に法律があるように、会社にも社則があり、学校にも校則があります。当然家庭にも、大なり小なりの家訓という名の決まり事があります。

このように、秩序ある生き方をしなければ「形のあるもの」を守ることはできません。結婚という枠のなかに入った以上、その枠内で自分らしい生き方を模索するしかないのです。恋愛と結婚の意味をよく理解して、幸せをつかみましょう。

二 主星別に「愛の傾向」を知る

自分らしさが一番現われるのが「主星」です。ここでは、10個ある主星の「愛の形」を、女性に向け説明していきます。

1 大樹（甲）の人の愛の傾向

傷つくのが怖くて、最初から恋の勝負は逃げ腰。恋愛や結婚には臆病な人。

あなたの主星は、まっすぐ伸びる一本の「大樹」です。樹が成長して大樹になるにはどうすればよいかを考えれば、自ずと自分の生き方がわかるはずです。

もともと、あなたは恋愛や結婚願望が強い人ですが、とても臆病なところがあります。それは、断られたらカッコ悪い、恥をかきたくない、傷つきたくないという気持ちが先にあって、一歩前へ踏み出せないのです。

あなたの性格は、まっすぐ伸びる一本の大樹のように、正直でストレート。曲がったことが大嫌い。責任感が強く、道徳や規則を重んじる人です。他人からは融通が利かない人のように見えるかもしれませんが、それは自分のペースを乱されると立ち直れなくなる自分を知っているからです。

これからは、一歩踏み出す勇気を持つことです。

自分の気持ちを告白して拒否されても、それはいっときの恥。だまって告白しなかったら、一生後悔するかもしれません。樹木の人は、早い時期に一度挫折を経験しておくと打たれ強くなります。初体験は早目に。自分に自信が持てれば、すてきな恋にも恵まれるでしょう。

敏捷性に欠け臨機応変に対処することができないので、注意しましょう。また、環境の変化にも弱いこと。一度落ち込むと立ち直りが遅いので、早めに挫折の経験を味わっておくといいでしょう。

❷ 草花(乙)の人の愛の傾向

優しさと強靱さを内に秘めた理想の女性。ソフトなムードが人を引きつける魅力に。ただし、嫉妬深いのでご用心。

あなたの主星は「草花」。野に咲く草花であったり、華やかな大輪の花であったりと……。どんな花であれ、人々の目を楽しませてくれる花の世界があなたの宿命です。一輪の花を美しく咲かせる環境づくりが、あなたの生き方になります。一見、穏やかで優しい人に見えますが、一度裏切られたら豹変するタイプです。

算命学では、「草花」は女性の理想像とされています。それは、女らしく、きめ細かい心遣いで、優しく包み込んでくれるムードを持っているからです。女性であれば、男性にモテモテのはず。あなたがその気にさえなれば、恋愛も結婚も思いのままです。

「本命」と思う相手が現われたら、外で会うよりも自分の部屋に招待して、自慢の手料理でもてなしてあげるほうが効果的です。家庭的な雰囲気で自分をアピールすれば、プロポーズされる確率が高くなるでしょう。

ただし、あなたの一生懸命さが負担に思われてしまうと、逆効果になってしまいますから八分目で止めておきましょう。さりげなく母性本能を発揮して、相手にうとまれないようにすることが大切です。

あなたは、女っぽい人ですが、嫉妬心やヤキモチも人一倍強い人です。もし、あなたが失恋を繰り返していたら、それは相手に一生懸命尽くしすぎるからです。なんでも、やりすぎると相手は逃げ腰になるのが常道。サービス過剰にならないのが、長続きするコツです。もうひとつ注意したいことは、同性からの「ねたみ」です。

3 太陽(丙)の人の愛の傾向

あなたはすべての人に、明るさと希望と活力を与える太陽です。ただし、自分は誰にも助けてもらえない孤独な人ということを自覚しておくこと。

あなたの主星は、地上の万物にあまねく照らす「太陽」です。太陽はすべての人を平等に照らしているだけ。受け取る側によって効果が違います。よい効果を与える時と、悪さを与える時があります。真夏の太陽はちょっと避けたいけど、真冬の太陽がありがたいように。

ただし、熱しやすく冷めやすい人。独りよがりで、常に感情のおもむくままに動き回るのが本来の姿です。明るくて行動的、感情が豊かで情にもろく、さっぱりしていて気前がいい。些細なことは気にしない。開けっぴろげで隠しごとができない。物事を単純に割り切ってしまうのでクヨクヨ悩まないのも特徴の一つ。あくせく働くことや難しい理屈を聞かされることも苦手です。

人間的には、温かくて情にもろい人なのに、いつも自分が主役です。そして、自慢話ばかりするので、相手に煙ったがられてしまうことがあります。まずは、会話のなかの「私が」を「あなたは」に変えることから始めましょう。「あなたは」に変えるだけで、相手に与える印象が違ってきます。

また、あなたが本気で結婚を望むのなら、恋愛期間を短くして出会って3カ月以内に結婚に踏み切ることです。恋愛期間が長くなれば長くなるほど、結婚への可能性は遠のきます。お見合い結婚のほうが成功率は高まるでしょう。

4 灯火(丁)の人の愛の傾向

激しく燃え上がる炎の人。一見温和で礼儀正しい人に見えますが、一度堪忍袋が切れたら手がつけられない人になります。

あなたの主星は「灯火」。赤々と燃える炎、暗闇を照らすロウソクの炎があなたの宿命の世界です。一見、穏やかで優しい人に見えますが、内には熱いマグマが渦巻いている人です。それは、火から連想される炎があなたの本質だからです。他人からは、何を考えているか、つかみ所がないミステリアスな人物に映っていることでしょう。たとえ小さな炎でも、これが発火点に達すればものすごいパワーになります。

このように怒ると怖い人かもしれませんが、本質は自らを犠牲にして相手に尽くすタイプといっていいでしょう。だから、自分となんらかの縁がある人には、親身になって面倒を見てしまうのです。この一生懸命さが仇になり、相手に裏切られたとわかったときにマグマが暴れ出すのです。普段は静かで優しい人だけに、感情が爆発した時のギャップが大きすぎて、相手を驚かしてしまうことがあります。相手によっては、二重人格と間違えられることがありますから気をつけましょう。

恋人には、自分の言葉で話せる相手を選びましょう。自分をよく見せたいがために、背伸びをしたり、見栄を張ったりしないこと。何よりも一緒にいて楽な相手が、あなたにとって一番大切な人になります。そして、不満やストレスはためこまないで、小出しにケンカすることが長続きするコツ。

5 山岳(戊)の人の愛の傾向

あなたはどっしりと動かない大きな山の人。じっと待っているだけでは、恋も実りにくくなります。本質は、愛と財がシンボルの人。

あなたの主星は「山岳」です。山はいつも同じ姿で動きません。そのため、安定感があって、何事にも動じない風格から、人々に頼られる存在になります。つまり、面倒見のいい愛情奉仕型と言えるでしょう。算命学では、「山」は財と愛のシンボルになります。

サービス精神が旺盛な性格の人ですから、人に頼まれると「ノー」と言えません。また、周りの人たちに嫌われたくないがために、無理を承知で引き受けることもあります。つまり、人に喜ばれることをするのが、自分の生き甲斐になっている人だからです。

あなたの本質は、無償の愛です。しかも、しっかり者で現実志向型。急がずあわてず、足元をしっかり固めてから行動を起こすタイプです。ロマンを追い求めるよりも、現実の生活のなかで確実にできることからチャレンジしていきます。山に登る時のように、一歩ずつ確かめながら前進する人なので、時にはチャンスを逃すこともあるでしょう。しかし当の本人は、現状を大事にしますから、さほど後悔していません。あくまでもマイペースの人。自分の生活のリズムは崩しません。そういう意味では、頑固なタイプといえるかもしれません。

もし、デートに誘われたら、まずその日のうちに、なんらかの返事をすることをおすすめします。自分の幸せは、自分の手でつかみ取るものです。じっと待っていても、これまでのようにあなたの前を素通りしてしまうだけです。

6 大地(己)の人の愛の傾向

何かと人に頼られる親分タイプの人。でも、気やすく恋愛の橋渡しをすると、略奪愛で泣かされるかもしれません。

あなたの主星は「大地」です。大地は自ら動こうとはしません。しっかりと腰を据えて、あらゆるものを受け入れる心の広さを持っています。大地にはたくさんの栄養分が含まれ、それが植物を育てるパワーになっています。このような雄大な大地の特質があなたの宿命の世界です。

多芸多才で、どんなことでも器用にこなす人です。しかも穏やかで、善良な人が多いので、友達からはキューピット役を頼まれてしまいます。それに、フットワークも軽い人です。

本質は庶民的で気さくなタイプですから、誰からも好感を持たれます。しかし、内面には複雑なものを秘めていますから、他人が思うほどお人好しではありません。

勉強家で吸収力は抜群です。自分にとって必要であれば、日常生活のなかからでも、社会体験からでも、積極的に取り入れようとする人です。そこで得た知識や知恵が、すべて蓄積されてあなたの血となり肉となって、それが人間的な魅力になっていくのです。

あなたは、八方美人的で誰にでも優しく接するところがあります。そのために、自分の大切な恋人なのに、他人の目にはただの友達にしか見られていないケースがあります。このように周りから誤解されやすいので、友達と恋人の区別をはっきりと行動で示しておきましょう。そうすることが、恋人にも安心感を与えますし、友達に大切な恋人を略奪されることもないでしょう。

7 鋼鉄（庚）人の愛の傾向

自分の本当の魅力をわかってもらえるまでには時間がかかる人です。あきらめずに時間をかけて、あなたのよさをわかってもらいましょう。

あなたの主星は「鋼鉄」。鉄は打たれてはじめてよさがでてきます。ですから、自分を過酷な環境におくことが一番です。甘やかされたり、過保護になったりすると、社会性のない人間になってしまいます。

本来のあなたは、お世辞を言うことも、甘えることも苦手な人です。言いたいことがあれば、直接本音でずばりと言ってしまう人。そのために、他人からは冷たい人とか、薄情な人とか、思いやりのない人とか思われがちですが、根は優しくて情にもろい人です。どんな時でも常に、相手のことを考えて行動する人です。

性格は、正直で一本気。行動力があって働くことが大好きです。内面にはとても人間味あふれるものを持っています。正義感が強く、正しいと思えば損得勘定抜きでまっしぐらに突き進んでいきます。ただ、このような激しい性格が災いしてか、あきらめが早く、ときには感情的になって損をすることもしばしばです。

恋人とは時間をかけて付き合わないと、あなたのよさはわかってもらえないでしょう。一度や二度の浮気でカリカリするようだと、まだまだ修行が足りません。あなたの本当の魅力は、相手の言い訳を聞いてあげて、納得したら「条件付き」で許してあげることです。そして、ここで蓄積された不満を回収しましょう。条件は、あなたの望みどおりのものを提示してください。高価なものほど効きめがあります。

8 宝石(辛)の人の愛の傾向

美しく輝く宝石があなたの世界。いつもスポットライトを浴びていたい人です。普通の恋では満足できないでしょう。

主星は「宝石」です。宝石は、原石を磨き上げてはじめて美しく輝くものです。ですから価値ある人間になるには、自分自身を磨かなければなりません。教養の有無が、あなたの運勢に大きな影響を与えます。

とにかく、理想が高い人です。あなたが高望みするなら、相手のレベルまで自分もレベルアップしないと出会いはありません。

あなたの本質は、自尊心が強く、メンツを傷つけられることを極端に嫌います。また感性も鋭く、美しいものや高級なものに憧れる傾向があります。常に優雅に暮らしたいという願望が強い人ですから、あくせく働かなければならない生活には不満が大きくなっていく人です。

しかし、自分自身を磨くことで可能性はどこまでも広がっていきます。そして、自分が宝石であるという意識を持つことが大切です。たとえどんな環境に置かれても、宝石が似合う人になれたら、幸運の女神はいつまでも寄り添ってくれるはずです。

もともとあなたは、地位、名誉、人気に恵まれた「宿命」の持ち主ですから、過剰な心配はしないことです。恋人も同じことです。常に自分自身を磨くことを忘れなければ、自分から探しに行かなくても時期が来れば自然に現われます。身分不相応は不縁の元と言われるように、結婚は自分とつり合いの取れた相手を選ぶことが幸せをつかむコツです。

9 大海(壬)の人の愛の傾向

自由を愛し、夢とロマンを求める旅人。惚れっぽくて、言い寄られると拒めないタイプ。異性から見て恋人にはいいが、結婚相手には向かないタイプです。

あなたの主星は「大海」です。果てしなく広がる大きな海、この穏やかで雄大な自然の姿が、あなたの持って生まれた宿命の世界です。水の本質は、常に流れ動いていないと、清い水を維持することができません。

海の人は、このようにゆったりとした大きな心を持ち、あらゆるものを飲み込んでしまう包容力があります。そして止まることを知らず、どこへでも流れていける自由な生き方を望んでいるタイプです。

このように自由を愛するが故に、恋愛も結婚も型にはまらない、束縛されない生き方を求めます。このことが傍目には、女性であれば恋多き女、男を渡り歩く女と映ってしまうのです。あなた自身、簡単に気持ちが変わってしまうのも事実です。

相手を選ぶ時でも、ルックスのよさやセンスのよさに惹かれたり甘い言葉に惹かれたりと、外面だけで即決してしまうところがあります。

惚れっぽいことは悪くありませんが、男の間をフラフラしているうちに、せっかくの出会いを見逃してしまいます。もしあなたの恋人が、結婚話を避けているようだったら、それはあなたの行動に問題があるからです。まずは、相手に不安感を与えないようにしましょう。

雨露(癸)の人の愛の傾向

母性愛の強い現実の人。しかも、環境や人に対しても順応性があります。別れた恋人が忘れられず、次の恋を呼び込めないタイプです。

あなたの主星は「雨露」です。雨は、人間はもちろん、すべての生き物にとって必要不可欠な生命の源になります。この雨の持つ特性が、あなたの宿命の世界です。

水の人は、クールで冷たい人と見られがちですが、本質は慈愛にあふれた母性愛の強い人です。どちらかというと、親切で「尽くし型」。また、水はどんな形にでもなれるという特性がありますから、丸い器に入れれば丸くなり、三角の器に入れれば三角形になるように、自由自在に変形します。

つまり、どんな環境にも、どんな人にも合わせられる順応性を持っているということです。女性はとくに、尽くす相手を間違えないようにしましょう。また、尽くしすぎも相手を甘やかすことになりますから注意することです。

あなたが持っている心配性が出ると、相手に根掘り葉掘り聞きたがります。それは、相手が一番嫌がる行為ですからやめましょう。別れた恋人が忘れられなくて、いつまでもイジイジしていたら、新しい出会いはありません。気持ちの切り替えができないでいると、どんどん悪いほうへと落ち込んでいくのがあなたの性格です。嫌なことは早く水に流して、次の出会いを期待しましょう。

三　十大主星で見る理想の結婚相手

あなたの結婚相手は、どんなタイプの人でしょう。それを知る方法を紹介します。命式図の「日干支」の蔵干にある「干」が、結婚相手になる星です。

【理想の結婚相手の条件】

家庭星	恋人星	結婚星	日干
己	戊	己	甲
戊	辛	庚	乙
辛	庚	辛	丙
庚	癸	壬	丁
癸	壬	癸	戊
壬	乙	甲	己
乙	甲	乙	庚
甲	丁	丙	辛
丁	丙	丁	壬
丙	己	戊	癸

生まれた日の十二支が子・卯・酉の人は、蔵干が一つです。あなたが好きになるタイプは、いつも同じタイプの人になります。十二支が午・亥の人は、蔵干が二つです。好きになる対象が2タイプあるということです。蔵干が三つある人は、二つの人よりも、もっと理想の対象が広がります。

【例題】太郎さん／1988年11月1日生まれ

次のページにある太郎さんの命式で、太郎さんの理想の結婚相手を調べてみましょう。

【太郎さんの「結婚星」「恋人星」「家庭星」】

結婚星＝
乙・1つ

恋人星＝
甲・なし

家庭星＝
乙・1つ

【太郎さんの命式図】

	日	月	年
No.	57	59	5
干	庚	壬	戊
支	申	戌	辰
蔵干	戊 壬 庚	辛 丁 戊	乙 癸 戊

日干支が庚申（戊壬庚）の人が好きになるタイプは三つです。

【理想の結婚相手】

庚

①庚（貫索星）・エネルギー値＝25
②壬（鳳閣星）・エネルギー値＝24
③戊（竜高星）・エネルギー値＝19

「例題」太郎さんの場合は、貫索星、鳳閣星、竜高星の3タイプになります。理想の相手は、エネルギー値が大きい順になります。つまり、①貫索星、②鳳閣星、③竜高星の順になります。

これを参考にして、自分の理想の結婚相手はどんなタイプの人かを調べてみましょう。

貫索星タイプの人

結婚観

友達感覚の夫婦になります。自分のことは自分で責任を持って行動するタイプです。しかも、精神的にも、経済的にも自立している人。たとえ夫婦であっても、人間としては同格という意識が強いので、相手に従属することはありません。あくまでも、マイペースの人です。

そして、自我を強く押し出してくるのは、物事がうまく進展している時です。逆に、物事が停滞している時や、トラブルが起こっている時は、寡黙になってしまいます。

とくに、叱られている時は、相手の高ぶった感情がおさまるのを、静かにジッと待っているという感じです。「悪かった」という反省の気持ちはまったくありません。

気に入らないからといって、文句を言ったり、暴力を振るったりすることもありません。ただただ、忍耐です。たとえもめごとが起きても、あれこれと策を講ずることも、誰かに仲裁を頼むこともしません。苦難に対しては、あたかも楽しんでいるかのように、いやなことが通り過ぎるのをジッと待っているという感じです。

女性から見た男性像

背が高くスラットしたイケメンタイプよりも、横幅が広い小太りな体型の人が好み。そして、サラリーマンよりも実業家を選びます。会社の経営者か、自由業の人、商店の主といった、独立独歩で生きている人に感動する女性です。

顔は角張った感じで、少しエラが張っている精悍な感じの人を好きになります。

男性から見た女性像

細かいことにこだわらない肝っ玉母さんタイプの人で、バイタリティのある女性が好みです。そして、自分と同等に渡り合えるような、ファイトがなければついていけません。ただ、おとなしくて従順なだけでは、役不足で満足しないでしょう。つまり、多少の浮き沈みにも耐えられるだけの、根性とたくましさを持っている女性にしかプロポーズしないでしょう。

❷ 石門星タイプの人

結婚観

楽しいことも苦しいことも、家族全員で協力しながらやっていこうという「ファミリー型タイプ」の人です。どんな家庭でも仲良く協力しながら生活しているはず。しかしこの星の人にとって、協力の意味が、ちょっと違います。上下の感覚はまったくありません。夫に従う形の協力ではなく、対等に人間同士のつながりを大事にするということです。

一般の人は、家族はタテ社会と思っています。しかし、石門星の人は、家族はヨコ社会と思っているのです。タテ社会のように、夫に従う形の協力ではなく、ヨコ社会での協力は、子どもであっても一人の人間として、自分にできることで協力するということです。

たとえば、夫がリストラされて経済的に困った場合は、タテ社会の家族は、まず、生活を切り詰めます。お小遣いを減らす、旅行や外食をしないというようにネガティブな発想になってきます。

しかし、ヨコ家族の場合は、家族全員で話し合い、子供であっても自分ができることは人間として協力するという平等意識が働きますから、現在の生活を維持していくために、まず自分は何ができるかを考えます。

母親が働きに出ることになったら、子どもが家事をする。それも学業に差支えがないように、家族で話し合い計画を立てるというやり方。これがヨコ家族の考え方です。

この星は、仲間意識が強い星ですから、親であろうと、夫であろうと、子供であろうと、大変なときはみんなで協力し合うのが当たり前と思っている人たちです。

女性から見た男性像

明るくて、いつも前向き。しかも、一緒にいて楽しい人が好きです。いつまでも友達感覚で対等に付き合える人。仕事だけでなく、プライベートでも一緒に遊びに行ったり、旅行に行ったりできる男性が好みです。

つまり、社交性があって、友達がたくさんいて、仲間と一緒に家族ぐるみでお付き合いができるような人でないと、満足できないでしょう。ただ真面目だけの男性では、物足りなさを感じてしまう人です。欲をいえば、〝チョイ悪的〟なセンスを持っている男性が好み。

社内旅行、宴会やイベントなどの世話役タイプの人に、あなたの心は揺れ動くでしょう。

男性から見た女性像

社交性があって、いつも明るくて笑顔が素敵な女性が好みのタイプです。友達を家庭に連れてきてもいやな顔をしないで、しかも、その雰囲気のなかに溶け込めて一緒に楽しめるような女性が、あなたの理想とする女性像です。

家族や自分の身内に優しいだけでは、うまくいかないでしょう。夫の友達、部下、きょうだい、もちろん両親にも公平に優しくできる女性でないと、だんだん気まずくなってくるでしょう。

とくに、人見知りが強い人や家に閉じこもりがちの人、ぐちっぽい女性は敬遠されてしまいます。少々の失敗は許されますから、肩ひじを張らず笑顔で「ウェルカム」しましょう。そうすることが、すべてを丸く収めるコツです。

3 鳳閣星タイプの人

結婚観

あくまでも自然体で、子供のようにあるがままに生きようとする人です。それが他人の目には、のん気すぎるのではないかと不安に見えるかもしれませんが、本人は将来に対する不安など微塵もありません。

お金がなければ、お金のかからない生活を工夫して、そのなかで楽しみを見つけ出していくのが、この人の本来の楽しみ方だからです。だから、型にはまった生き方を強いられると、息が詰まってしまいます。できることなら自分流に、自由に生きたいと思っている人ですから、将来の生活設計図を妻に示されると、逃げたくなるタイプです。

なかには都会の生活がいやになって、突然、田舎暮らしをしようと言い出すのも、このタイプの人に多く見られます。

この鳳閣星タイプの人の最大の特徴は、一つの考えにこだわらないことです。その時の自分の置かれた状況によって、自由に発想の転換ができるという強みを持っているからです。だから、現代のように社会情勢が変化するなかで生きていくには、無駄な贅肉をつけずに、身軽に生きていたいと思っている人です。

女性から見た男性像

なんとなくのんびりとした雰囲気を持ち、しかも父親のような包容力を持っている人を好きになります。自由な発想と自由な行動ができる男性に魅力を感じる人です。他人から見ると、こんな身勝手で怠け者にしか見えない人を好きになって、「生活はどうするの」と言いたくなりますが、本人は「好きだから、いいの」とケロッとしています。

一般女性が望む結婚の相手は、エリートコースの人で高学歴、高収入の男性になりますが、このタイプの女性はまったく違います。外見よりも中身を重視する人です。欲を言えば、自由になんでもやらしてくれる男性のほうが好感を持たれます。

男性から見た女性像

丸顔でふくよかな可愛い女性。目は大きくてパッチリした人。小柄な人よりも大柄な人のほうが好みです。明るくて素直な人。しかも、子供っぽくて無邪気な人で、何があってもケセラセラ。明日は明日の風が吹くと笑っていられる人が大好きです。

ただし、多少のわがままは許してもらえますが、料理がうまくなければだめ。ギスギスした人やヒステリックなタイプは敬遠されます。

4 調舒星(ちょうじょせい)タイプの人

結婚観

芸術家タイプ。繊細で、感受性が強くて神経質。理想が高く、つねに完璧を求めて生きていく人です。とくに、他人から束縛されるのを極端に嫌います。反骨精神が旺盛で、協調性はまるでない。孤独に強く、独立独歩で生きていく人です。

しかし、ふだんは冷静で、自分と相性のいい人には、これほど温かい情愛を持って接する人はいません。つまり、涙もろい人情家と言ってもいいでしょう。

もう一つの特徴は、個性が大変強いということです。ある人には天才と言われ、またある人には奇人変人とも言われてしまう人です。このように、他人の評価に大きな違いがあるのが特徴です。

人の好みにも、大きな違いがあります。嫌いな人には、どんなにおだてられても、絶対になびきません。自分を抑えてまで妥協することはありません。意見の相違で一度仲たがいしてしまったら、絶対に元には戻らないという潔癖さを持っている人です。一度、怒らしてしまったら、怖い人です。

女性から見た男性像

繊細で、どことなく愁いを帯びた顔をしている人に惹かれていきます。芸術家っぽい雰囲気のある人が好みです。

あなたは、ぬるま湯にどっぷりつかったような安定した生活よりも、ハラハラ、ドキドキした緊張感のある生活のほうを選んでしまう人です。だから、生活力がなくても、夢を追いかけている男性が魅力的に見えてしまうのです。また、本当に好きな相手なら、生活の苦労は気になりません。それよりも、親身になって、相手に尽くすタイプですから、裏切られたとわかった時は、豹変しますから気を付けましょう。

男性から見た女性像

精神的に自立していて、しかも家庭的な女性を求めています。そして、神経がこまやかで、よく気が付く女性。お茶が飲みたいと思うと、言われる前にサッとお茶が出てくる。そんな感度のいい女性なら最高。でも素直な人なら、彼の好みに合うような女性になれるように努力をすればいいことです。

中身よりも、どちらかというと見た目が美しいものを求める人ですから、美的感覚が抜群で、おしゃれのセンスもよく、スタイルもいい女性を求めようとします。

5 禄存星タイプの人

結婚観

自分を高く評価してくれる人には優しく、そうではない人には冷たいという人ですが、本質は面倒見のいい人です。

ただし、基本は自己顕示欲が強い人です。お金と愛情表現は他人を惹きつける道具と思っている人です。あなたは情が深く優しい人なので、人に頼まれると損得を抜きで引き受けてしまうところがあります。ボランティア・スピリットにあふれる世話好きタイプと言っていいでしょう。

身内と他人を区別することなく、すべての人に平等に愛を注ぐことができる人です。その根底にあるものは、周囲の者すべてを惹きつけたい、自分の存在を認めてほしい、みんなに好かれたい、愛されたいと願う気持ちが強いためです。とりわけ異性に対しては親切で優しい人です。

お金は貯めるより使うほうが好きな人ですから、つい周りの人たちにカッコいいところを見せたがります。そのために、おだてられると大判振る舞いをしてしまうタイプです。

禄存星を持っている人は、支出に見合った収入があるという不思議な宿命の人ですから、一生を通してお金で苦労することはないでしょう。ただし、コツコツと貯めていくタイプではありません。このタイプの人は「回転財」で、お金を膨らましていくわけですから、元金がないと回転させることができません。

引力は無になることで最大になりますから、「お金がなくなると、またお金が入ってくる」、この繰り返しがないとお金は入ってきません。つまり、儲けもしたが損もした、成功もしたが失敗もしたといった経験がないと、この星の魅力は発揮されないということです。

愛情が豊かで、面倒見がいい人だけに、波長の合わない相手には、ただの「お節介」になってしまうことがありますから気を付けましょう。

女性から見た男性像

なんといっても、経済力のある男性でないと満足しません。デートコースも、ありきたりのコースでは物足りない人です。精神面よりも物欲が強い女性ですから、セレブ的な扱いをしてくる男性でないと満足しないでしょう。

優しい心遣いを持っている男性よりも、高価なプレゼントをもらったり、スター気分にさせてくれたりする男性のほうに傾いていく傾向があります。好みの男性は、お金持ちで贅沢させてくれる高収入、高学歴が自慢できる男性。医者、歯医者、不動産業、金融業、パイロット、実業家に縁があります。

男性から見た女性像

自分の性格や育った環境と相反する女性に、心が惹かれる傾向があります。自分が裕福な家庭に育っていたら、逆に貧しい家庭に育った人を好きになっていくということです。つまり、同情が愛情に変わっていくケースと言っていいでしょう。

頼りにされる相手には弱いタイプですから「あなたがいないと、生きていけない」とか、「あなたに捨てられたら、自殺する」と言われたら、すぐその気になってしまうので、気を付けましょう。

同情からは、本当の「愛」は生まれません。

司禄星（しろくせい）タイプの人

結婚観

「自分は誰かのためになっている」という使命感

が心の支えになる人です。このタイプの人は、ある種の犠牲的な「愛」といってもいいでしょう。

司禄星の人は、禄存星の人と同じように孤独に弱い人です。独りぼっちになるのが、寂しいというよりも「怖い」といったほうが、ぴったりかもしれません。だから、サービス精神が旺盛になって、愛によって相手を引きつけようとするのです。そして、その愛の形が、司禄星の人と禄存星の人とでは違ってくるのです。

禄存星の人の愛情は、すでに述べたように「自己愛」ですが、司禄星の人の愛情は「尽くす愛」です。つまり、犠牲的な愛で「内助の功」と言われるものです。

恋人がいたら、恋人においしい料理を食べさせてあげたい、夫がいたら、夫に役立つことをという具合です。あくまでも、自分のことは二の次。自分は、「あなたにとって必要な人間なのだ」という確信が欲しいのです。だから、家族や夫から、「君がいるから、安心して仕事ができる」と言われると、いつもイキイキしていられるのです。

また、保険が大好きなのも、司禄星の人の特徴です。子供が生まれると「学資保険」に入り、夫には「がん保険」。老後のためにと「年金保険」。いざという時のために、準備しておかないと安心できないのも、心配性であるこの星の特徴。普段は、質素で地味な生き方をする人です。

女性から見た男性像

仕事よりも、家庭を大事にしてくれるマイホーム型の男性が好みです。真面目で堅実な人。経済的にも安定した職業の人。大企業に勤めているサラリーマン、公務員、教職員といった安定している職種でないと安心して生活できない人です。自由業や芸術家で、毎月の収入が不安定な人には向きません。

　また、自分が育った環境と生活環境がまったく違う男性も、結婚相手には向きません。あなたが安心できる相手は、自分が一度体験したことがある範囲内ということになります。

男性から見た女性像

　非常に家庭的な女性を好みます。できれば家庭をしっかり守ってくれる専業主婦を願望します。素直でおとなしい人。きれい好きで料理がうまい人。地味で和服が似合う女性。つまり、純日本風の京美人がお好みということになります。

　普通の男性に比べると独占欲が強いために、やや嫉妬深いところがありますので、奥さんの行動の自由を規制するところがあるかもしれません。それは、この星の愛の形で、愛情が深いほど束縛も強くなります。しかも自分に自信がない人ほど、拘束が強くなる傾向があります。

7 車騎星（しゃきせい）タイプの人

結婚観

　男女とも猪突猛進型の人で、なかなかの働き者。責任感が強すぎて、グレーゾーンのままにしておくことができません。すべてに対して、白黒をはっきりしないと気がすみません。この点をよくわきまえて、相手方が「鎮静剤」の役割をしてくれれば、周囲の人たちとのコミュニケーションもうまくいくでしょう。

　この星のもう一つの特徴は、何かを決断する時には、必ずといっていいくらい苦労する方向、または割に合わない方向に動く傾向があることです。普通なら楽な方向に行きたがりますが、この星の人は誰もが嫌がってやりたがらないことに、生きがいを感じるという犠牲的な心を持っているのが特徴です。

ここでいう犠牲的とは、誰もやりたがらない難問に挑戦して勝ち取った時の喜びに感動することで、司禄星の同情から生まれる犠牲的な愛とは違います。

この星には、闘争心、行動力、前進力、スピード力がありますから、平凡で静かな家庭的なムードは生まれてきません。どちらかと言うと、忙しく動き回る商家に向くタイプの人と言えるでしょう。他の星との組み合わせによっては、口よりも手のほうが早い人がいますから、暴力には気を付けましょう。

女性から見た男性像

スポーツマンタイプで、活発で明るく、ぐいぐいと引っ張っていってくれる、頼りがいのあるたくましい男性が好みです。休日に家で、テレビを見ながらゴロゴロしているような人は嫌いです。

一番気を付けてほしいことは、結婚で失敗した不運な男性と親しくなり苦労話を聞かされると、ついかわいそうになって「私が守ってあげる」と同情して結婚してしまう危険性があることです。同情から生まれた愛で犠牲的な結婚をしても、幸せをつかむことはできません。

スポーツ選手、スポーツに関係した職業の人、自衛官、警察官、消防士、船舶関係などの人と縁があります。

男性から見た女性像

バイタリティがあり、健康的でよく動き回る人。おとなしい人よりも、どちらかというと活発なスポーツマンタイプの人が好みです。家庭はいつも明るく笑い声が絶えない家。早寝早起き、よく食べ、よく遊ぶ家庭が理想。

休みの時には、家族みんなでジョギングしたり、ドライブやキャンプに出かけたり、アウトドアの生活をしたがるタイプです。この星の人とは、のんびり読書をしたり、テレビを見たりという静かな家庭生活は望めないでしょう。

8 牽牛星タイプの人

結婚観

大変几帳面で潔癖な性格の人です。プライドが高く、社会的な対面や世間体を気にするタイプです。さらに、他人の評価も気になる人です。一言で言うと、自己愛に近い自己中心主義者ともいえるでしょう。

このタイプの人は、エリート意識が非常に強いので、すべてが一流でないと満足しません。そして、常に他人とは違うという優越感を持っていたいタイプです。

たとえば、住まいは有名人が多く住んでいる高級住宅街に、子どもは有名校の幼稚園から大学までといった具合。とにかく、中身よりも体面や形にこだわる人です。それも、理想に近い願望を、家族に押し付けますから、周りにいる人たちは気苦労が絶えません。家族だけでなく、自分自身も自分で描いた理想の枠にはめようとしますから、自分にも家族にも厳しい生き方になります。

女性から見た男性像

人間性よりも、肩書を重視する傾向があります。超一流大学を卒業した役人、または一流大学を卒業して、一流企業に勤める男性。これが結婚対象になる最低限の条件と思っている人です。

さらに欲を言えば、ルックスもよく、品格もあり、高身長で高収入、家持ち、相手の親とは別居が理想。はたしてあなた自身が、この結婚条件にふさわしい女性であるかが問題です。結婚はあくまでも身分相応でないと成立しません。

あなたの相手は、医者、弁護士、会計士、公務員、教職員、外交官など国家資格が必要な職業に従事している人と縁があります。

男性から見た女性像

家の格式や肩書を重んじるタイプですから、家柄のよいお嬢さんがお好みです。当然学歴も、有名大学出身者に限ります。お互いに育った生活環境が似ていたほうが、結婚生活はうまくいきます。とくに家風が違いすぎる相手と結婚すると、気苦労が多くなるでしょう。

共稼ぎなど、とんでもないと思っているタイプですから、一般的にハイレベルと言われている職業の人でないと仕事は続けられません。かなり世間体を気にするタイプですから、大学教授、医者、歯科医、弁護士、公認会計士といった職業の人でないと無理でしょう。

9 竜高星(りゅうこうせい)タイプの人

結婚観

体制に従うことを好まず、つねにチャレンジ精神を持っている人です。他人からの命令や束縛を嫌いますから、自分が育った環境や家風などにも縛られることはありません。かといって他人の命令や束縛に対して、あからさまに反抗したり、反発したりすることはありません。そのため、周囲からは「何を考えているかわからない人」と見られているところがあります。

このタイプの人は、もともと好奇心の強い人ですから、興味のあることに対しては、相手がどんな立場の人であっても自分の思いを貫きます。自分が会いたいと思う相手がいたら、海外に住んでいる人でも、外国人でも平気で打ち解けるタイプだからです。人見知りなど無縁です。どんな環境に育った人であっても、それなりに周囲の人々と溶け合って生きていけるのが、この星の特徴です。

国際的な感覚も持っています。あくまでも、自分の意志で自由に行動したいタイプですから、形式や常識にはこだわらない人です。

女性から見た男性像

自分と違った生き方をしている人にあこがれます。もともと好奇心の強い人ですから、平凡な生活よりも、多少苦労しても刺激的な生活のほうに惹かれていくタイプです。

好きになる男性は、非常に個性的な人か外国人。安定した生活よりも、不安定でも自分が望む目的であれば、苦労を共にする覚悟のある人です。運がよければ、玉の輿も夢ではありません。

あなたの相手は、外交官、画商、旅行関係者、貿易業、建築家、音楽家、デザイナー、パイロット、レーサー、冒険家、カメラマンなどに縁があります。

男性から見た女性像

おしゃれで、どことなくエキゾチックな雰囲気を持っている人がお好みです。自分と違った環境に育った女性が魅力的に見えてしまうのです。安定した生活よりも、刺激的な生活に生きているという実感が持てるタイプですから、国際結婚でもうまくやっていける人です。

生きる目的、目標がはっきりしていれば、どんな困難に遭遇しても這い上がるだけの底力を持っている人です。

玉堂星（ぎょくどうせい）タイプの人

結婚観

この星の最大の特徴は、環境の変化に対応しにくいということです。自分が育った環境や体験したことのあるものに対しては、自信を持って生きていけますが、未経験のことや初体験のことは不安で仕方がないというタイプです。つまり、内弁慶タイプといえるでしょう。

結婚しても、親の近くに住みたい人です。自分が育った環境と同じ環境の男性でないと、安心して心を開くことができないでしょう。つまり、肉親と他人をはっきり区別する、いわゆる身びいきをするタイプになりますから、どんなに親しい間柄になっても一定の距離を持ってつき合う人です。

そのため結婚相手は、当然狭い範囲の中から選ぶことになってしまいます。幼なじみであったり、学校の先輩や同級生だったり、友人の兄姉だったり、同じ会社の同僚というように絞られてしまうでしょう。

結婚後も、相手の行動を把握していないと不安で仕方がないタイプですから、毎日の行動を根掘り葉掘り聞きたがるのも、この星の特徴です。家族に対しても、時間厳守、出かけた時は「帰るコールをする」といったように、厳しい規則の枠にはめたがる人です。

女性から見た男性像

自分と同じ生活環境で育った男性でないと、仲よくなれません。サラリーマン家庭に育った場合は、相手もサラリーマンの家庭の男性。教育者の家庭で育った人は、相手も教育者の家庭。商家なら、商売をしている家庭の人。このように、同じ生活環境でないとうまくいきません。

しかも、美男子で、頭のよい人と、条件もハイクラス。自分が描いている理想の男性像が高いので、晩婚になりやすい傾向があります。そして、自分が厳格な家庭に育てば、夫にも子供にも厳しくなるのが特徴です。

あなたの相手は、真面目で硬い仕事をしている人、学者、研究者、教育者、塾の先生、大企業のサラリーマン、公務員などに縁があります。

男性から見た女性像

賢い人で、自分は一歩下がって夫を立てるような謙虚さがある日本的な女性が好みです。しかも家庭をしっかりと守ってくれる良妻賢母型の人に惹かれます。

和服が似合う人で、専業主婦に徹してくれる家庭的な女性を望みます。ただし、自分と同じ生活環境で育った人のほうがうまくいくでしょう。相手を判断する時は、その人の母親と同じ生き方になりますから、母親を見て決めれば間違いないでしょう。

宿命に持っている結婚星と恋人星と家庭星から見る結婚運

命式のなかに結婚星・恋人星・家庭星が何個ありますか？　結婚星は持っていますか？　結婚星を持っていなくても、結婚ができないというわけではありませんから、いじけたり、悩んだりしないでください。

結婚星がある人とない人の違いは結婚生活のスタイルと生き方が違うだけで、結婚相手が現われないということではありませんから、心配しないでください。

命式図の十干（じっかん）から、結婚星・恋人星・家庭星を持っているかいないかを調べます。

「例題」太郎さんの命式を参考にして説明します（309ページ）。

太郎さんの命式は、結婚星と家庭星が同じ「干＝乙」になります。結婚相手を選ぶ時には、家庭的な人で家族を大事にする人を選びます。

自分のわがままをある程度受け入れてくれる年上の女性で、心の広い母親のような人になります。

太郎さんの命式を参考にして、自分の命式に結婚星・恋人星・家庭星を持っているかどうかをチェックします

結婚星だけを持つ人の結婚運

結婚星だけを持つ人の特徴

結婚星（夫星・妻星）の有無は、結婚ができる、できないを示すものではありません。結婚星が意味することは、結婚に対する憧れや願望、考え方です。

たとえば、結婚星が一つある人は、結婚という形を大切にする人です。恋愛をする場合でも、あくまでも結婚できる可能性のある相手でないと恋愛の対象にはなりません。その人の人間性よりも、生活しやすい環境、家柄や経済力を重視しますから、離婚の確率が低くなります。つまり、結婚星を持っている人は、このように現実をしっかり見つめて決断します。だから「結婚星」を持っている人は、結婚運がよい人になるのです。

結婚星を一つ持っている人の結婚観

命式に結婚星を一つ持つ人は、星の位置によって年干支・月干支・日干支とそれぞれ意味合いが違ってきます。異性との付き合いも、好きという前に独身であることが条件です。しかも、結婚できる相手でなければ恋愛できない人です。結婚相手の判断基準も、その人の人間性ではなく、結婚後の生活環境を重視します。相手の職業は安定した会社か、家族構成は複雑でないか、といった相手の条件が自分の考えと合えば結婚を決断します。

そして、「結婚している」という形を大切にしますから、自分よりも、まず家族を守ることに重点を置きます。自分の自由がない、自分らしくなれないからといって、不倫や離婚を考えるようなことはしません。万が一、離婚したら男性観が変わるかもしれません。

「結婚はもうコリゴリ」、「優しい言葉でその気にさせて、男はみんな同じ」となってしまうタイプです。そして、再婚には慎重になる傾向があります。

結婚星を二つ以上持っている人の結婚観

命式に結婚星が二つ以上ある人も、やはり最終ゴールは結婚という形を望みます。お付き合いをする対象者も独身の人に限ります。そして、相手の人間性ではなく、生活環境がよい人を好みます。経済力があって高学歴。職業は医者、弁護士、有名企業のエリートでルックスのよい人と、外見ばかりを気にする傾向があります。ここまでは、結婚星一つの人と同じです。

結婚星が一つの人と二つ以上持っている人との違いは、結婚に失敗しても「次があるから」という意識がありますから、どうしてもノリが軽くなることです。結婚の決断も早いが、離婚の決断も早い人です。「こんなはずじゃなかった」と努力せずにあっさり別れてしまいます。そして懲りもせず、また好きになって再婚。また別れて再々婚と繰り返すタイプです。

❷ 恋人星だけを持つ人の結婚運

恋人星だけを持つ人の特徴

恋人星を持っている人は、恋愛体質の人です。いつも、いくつになっても、恋をしていたい人ですから、結婚しても恋心を忘れないタイプ。永遠に「女」であることを捨てきれない人です。恋人星を二つ以上持っている人は恋多きタイプと言ってもいいでしょう。

恋人星を一つ持っている人の結婚観

命式に恋人星を持っている人は、いつも恋をしていないと落ち着かないという恋愛体質の傾向があります。

恋人星を持つ人は、結婚星を持つ人と異なり、好きになっても、必ずしも結婚を意識するわけではありません。ときめいている間は一緒にいたいと思いますが、ときめきがなくなると一緒にいるのが苦痛になってきます。新たに好きな相手を求めて、またその人と暮らしたくなるというのが恋愛体質の人の「愛の形」です。

このような恋愛体質の人が結婚した場合、愛の形は恋人同士ですから、相手がオヤジ臭くなったり、オバサン風になったりするのを嫌がります。男女ともいつまでも男としての魅力、女としての魅力を失わず生きていたいタイプです。しかも、会社でも輝いている人でないと魅力を感じない。そんな欲張りな結婚観を持っている人ですから、仕事は辞めないでしょう。そして、彼（夫）との関係も対等なパートナーでありたいと思う人です。だから、経済も家事も平等に分担することになるでしょう。

恋人星を二つ以上持っている人の結婚観

恋多きタイプで、熱しやすく冷めやすい人でもあります。そして、恋愛の延長が結婚につながるとは考えていませんから、恋愛に対してもフランクです。好きになったら「この人が一番」と思ってしまいますが、新たに素敵な人と出会ってしまうと、あっさりと鞍替えしてしまう節操のない人。こんなことの繰り返しの人生になりやすいのです。

恋人星を二つ以上持っている人は、その一つが結婚星の夫に代わっても、あと一つが残ります。結婚しても恋人星を持ち続けることになりますから、夫以外のボーイフレンドが欲しくなってもしかたがありません。これが正直なあなたの気持ちです。

一人の男性に縛られたくないという思いがどこ

かにあり、結婚に踏み切れない人が多いのもこのタイプです。

③ 結婚星と恋人星両方を持つ人の結婚運

両方を持つ人の特徴

結婚星と恋人星の両方を宿命に持っている人は、恋愛と結婚を区別して考えます。恋愛はロマンチックな雰囲気にふさわしい相手と楽しみ、結婚は安定して生活が続けられる相手、または生活しやすい相手を選びます。

たとえば、学生時代に付き合っていた素敵な恋人とは結婚しないで、親がすすめるお見合いで、条件のいい男性と結婚してしまった友人。このように、周囲をびっくりさせるのが、結婚星と恋人星の両方を宿命に持っている人たちです。

あなたがこのタイプで、今、とても好きな男性がいても、結婚を真剣に考える適齢期になったら、安定した結婚生活ができる相手かどうかを考えるようになるはずです。経済的なこと、両親との同居などを真剣に考えて、別な選択をするかもしれません。

このような考え方をする人を他人は打算的と言うかもしれませんが、気にすることはありません。あなたがそれだけ、幸せな結婚を真剣に考えている証拠なのです。

恋愛とは、非現実的な世界を夢見ている状態です。だから、恋人星だけを宿命に持っている人が結婚すると、夢の延長線をいつまでも追いかけていることになりますから、現実の結婚生活がうまくいかなくなってしまうのです。

恋人星だけを持っている人に比べると、物事を判断する時に夢と現実を使い分けて生きていける人と言えるでしょう。

でも、結婚後も恋人星はなくなりませんから、心のどこかに恋愛願望がくすぶっています。結婚星と恋人星の両方を満足させるには、結婚後も恋愛時代のように、ときにはデートやドライブに誘ってくれたり、甘い言葉をささやいてくれたりと、夫と恋人の二役をこなしてくれる男性が、あなたの理想の結婚相手になるでしょう。

しかし、現実はそう甘くはありません。夫や子供を愛していても、素敵な男性に出会うと心がときめいてしまいます。そんな小さな悪魔を抱えているのがあなたです。

両方を持たない人の結婚運

結婚星と恋人星両方を持たない人の特徴

自分の宿命に結婚星も恋人星もなかったら、ちょっとショックかもしれません。自分が女性なら「男性とは縁がないの?」、自分が男性なら「女性とは縁がないの?」となってしまいます。でも、落ち込まないでください。結婚星と恋人星がないからといって、恋愛も結婚もできないというわけではありません。

恋愛や結婚のチャンスは、誰にでも平等にあります。ただ、相手からのアプローチをキャッチする能力が結婚星を持っている人に比べると低いかもしれません。つまり、相手があなたに興味を示しているのに気付いてくれないので、嫌われていると思われてしまうからです。これでは、せっかくのチャンスを逃がしてしまいます。

あなたの本来の姿は、結婚という枠にとらわれず、自由に自分の人生をクリエイトしていく人ですから、結婚したくなった時があなたの結婚適齢期です。とくに、このタイプの人は、結婚しても仕事はやめないことです。社会と縁を切って家庭に入っても、いずれ不満が出てきます。どんなに恵まれた結婚生活であっても、社会とのつながりを持っていないと満足できない人だからです。

このタイプの人にとっては、結婚することはさほど問題ではありません。ただ宿命に子どもの星を持っている人は、結婚したほうがいいでしょう。それは後になって「子どもを産んでおけばよかった」と後悔する確率が高いからです。

5 子供の星を持つ人の結婚運

子供の星を持つ人の特徴

女性から見た子供の星と男性から見た子供の星は違います。

女性から見た子供の星(自分の日干から出す)

【女性から見た子供星】

日干	男の子	女の子
甲	丙	丁
乙	丁	丙
丙	戊	己
丁	己	戊
戊	庚	辛
己	辛	庚
庚	壬	癸
辛	癸	壬
壬	甲	乙
癸	乙	甲

男性から見た子供の星（自分の日干から出す）

【男性から見た子供星】

日干	男の子	女の子
甲	辛	庚
乙	壬	癸
丙	癸	壬
丁	甲	乙
戊	乙	甲
己	丙	丁
庚	丁	丙
辛	戊	己
壬	己	戊
癸	庚	辛

自分の宿命図のなかに「子供の星」があるか調べてください。男性と女性とでは、子供の星が違いますから間違えないようにしましょう。

五

結婚星と恋愛星の場所でわかる結婚運のゆくえ

「命式図」から、結婚星・恋人星の場所を（次ページ）確認してください。結婚星の位置であなたの結婚の時期または結婚相手の傾向がわかります。

❶ 基本宿命図の場所で判断する結婚運

①の場所に結婚星がある人

大恋愛タイプで、しかも年上好みですから不倫をしやすい人。職場の上司と恋に落ちる傾向があります。しかも早婚。女性は、父親に似たタイプの人を選びます。父親が嫌いな人は、父親とまったく逆のタイプの人を選ぶ傾向があります。

②の場所に結婚星がある人

相手がかなり年下になりますから、ペットのように可愛がるべったりタイプ。年の差が大きい相手になります。晩婚。

③の場所に結婚星がある人

年の差が大きい年上の人が好みです。自分のわがままを全面的に受け入れてくれる太っ腹な人、または悪さをしても許してくれそうな人を選ぶ傾向があります。男性は、母親に似たタイプの人を選びがち。母親が嫌いな人は、母親とまったく逆のタイプの人を選ぶ傾向があります。

【星の場所でわかる結婚運】

日干支	月干支	年干支	
57	59	5	No.
日干	②月干	①年干	干
日支	月支	年支	支
⑤日の蔵干	④月の蔵干	③年の蔵干	蔵干

日干：自分自身の主星

①早婚。年上の人。年齢差が大きい。女性は父親に似た人

②晩婚。年下の人。年齢差が大きい人。ペット的存在になりやすい

③早婚。年上の人。年齢差が大きい。男性は母親に似た人。自分で見つけて大恋愛結婚

④家庭、家族をしっかり守っていく人。子供の教育、家庭のやりくり、親戚付き合いがうまくできる人。親が決めたお見合い結婚

⑤仕事よりも家庭、家族を大事にしてくれる人。べったりペアルック型タイプ

④の場所に結婚星がある人

一緒にいると安心する相手、いやされる相手を選びやすい傾向があります。家庭のすべてのことを任される大黒柱的な存在になれる相手。子供の教育、家計のやりくり、親・きょうだい・親戚とうまく付き合える人ということです。親が決めたお見合い結婚のほうがうまくいきます。

⑤の場所に結婚星がある人

マイホーム的な人。仕事よりも家庭や家族が一番というタイプの人を選ぶ傾向があります。とくに女性は、主人を盛り立て、控えめでおとなしい人になります。

親が決めたお見合い結婚になる確率が高くなるでしょう。または、幼なじみか、職場結婚になる傾向が大きい。自分で相手を見つけ、大恋愛の末に結婚しても、うまくいかないタイプです。

①～⑤に結婚星ではなく恋人星があっても、基本的な場所の考え方は同じです。

結婚星の場所で見る五つの「愛の形」

1 年干に結婚星がある人の「愛の形」

年干に結婚星を持っている人は、大恋愛の末に結婚を望むタイプです。思い込んだらまさに命がけです。周囲の反対にもめげることなく、強行突破で貫く愛が、あなたの「愛の形」です。それも少し理想の高い相手がお好み。しかも一度恋に落ちると、たとえ親に反対されても、自分の意志を貫き通します。そして、駆け落ち・家出という強硬手段に出る場合もあります。これが年干に「結婚星」を持つあなたの「愛の形」です。

恋愛の対象になる相手は、自分にないものを持っている人、自分と違った世界に生きている人。

それは他人に誇れる仕事をしている先輩、または先生や上司といった年長者が相手です。この「愛の形」は男性も女性も同じです。

あなたが女性の場合

どことなく父親に似たタイプの男性を好きになる傾向があります。それは、あなたが父親を尊敬している場合であって、父親が大嫌いという人は、父親と正反対の男性を好きになります。

そして、恋愛も仕事も情熱的でエネルギッシュ。こうと思ったら一直線に進むのがあなたです。しかも、仕事は男の人と肩を並べてやっていけるだけの力量を持っています。それは、あなたが負けず嫌いの頑張り屋だからです。そのために、周りの人たちからは「しっかり者」に見られてしまいがちです。しかし、あなたは外見に反して内面はナイーブで傷つきやすい甘えん坊です。結婚したら夫に対しは父親のように甘えられて、保護してもらいたいと願っているはずです。

とくに、父親と早い時期に死に別れ、生き別れた人は、父親に対する思いが強く残りますから、年上の男性に引かれていく傾向が強くなります。そして、結婚は早いでしょう。

また、あなたには特殊な能力があり、あなたと結婚した夫は、夫の実力以上の不思議な力が加わって、仕事運がぐんぐん上昇します。

あなたが男性の場合

責任感が強く、仕事に対してもプライドを持って、部下をぐいぐい引っ張っていくような女性に魅力を感じるタイプです。家庭的なタイプよりも、男性と肩を並べて仕事ができる年上の女性が対象になります。このタイプの女性は、出世願望が強いので経済面でも援助してもらえるはずです。そのかわり、あなた自身も家事や育児に協力的でないと、結婚生活を維持していくことができないでしょう。

稼ぎ手が「妻」で、家事・育児をするのが「夫」という夫婦もいますが、そのほとんどが「年干に結婚星を持つ宿命」の人が多いのが特徴です。とくに、家の中でできる仕事（作家、芸術家など）で、収入が不安定の人に多く見られるパターンです。

2月干に結婚星がある人の「愛の形」

月干に結婚星を持っている人は、豊かな母性本能を有します。男気のある「オレについて来い」といった男性はだめ。どちらかというと、私がいないとだめになってしまうと思わせるような相手が対象です。そして、保護してあげたい相手に「子供みたい」と言いながら、かいがいしく世話を焼きながら幸せな気分になれるのが、あなたです。

あなたの母性を満足させてくれる相手は、年下で甘え上手な人。そして、ときどきあなたを優しく包みこんでくれる、そんないやしの愛を求めているる人です。あなたと同じフィールドに生き、一緒にいてリラックスできるタイプが最高の相手になるはずです。

あなたが女性の場合

結婚を焦ることはありません。それよりも、生活の基盤をしっかり確立させるほうが先です。なぜならば、あなたが好きになる男性は、経済力はソコソコで、男としても少し物足りないくらいの人がベストだからです。そして、あなた自身が精神的にも経済的にも自立できた時が、あなたの本当の結婚適齢期になります。最初は、相手をイマイチに思うかもしれませんが、そのうちに心も体も満たされるようになるでしょう。

あなたは人一倍母性本能が強い人で、かなり心配性です。何をしていても、相手のことが気になって集中できません。しかも、心配性で、独占欲が強く、嫉妬心も強い人なので、つい知らず知らずのうちに、夫であっても子供に接するような対応をしてしまうのです。

とくに、好きな男性ができると独占欲が強くなり、相手の行動をすべて把握しておきたいタイプになります。帰りが遅いと「女がいるのでは」とか、「交通事故では」とか、ついネガティブに考えてしまうのが特徴。

そんなあなたを満足させてくれる相手は、地位や名誉などではありません。何よりも心のつながりを大切に思っている人。さらに欲を言えば、自分の夢をサポートしてくれる人なら最高でしょう。

あなたが男性の場合

結婚相手は12歳ぐらい年下の娘みたいな女性が対象になります。いわゆる「歳の差婚」と言われるパターンです。このように月干に結婚星を持つ男性は、歳の割には若く見られることが多いので、周りの男性にうらやましがられる場合があります。

そんなあなたを満足させてくれる相手は、地位や名誉などではありません。何よりも心のつながりを大切に思ってくれる女性。欲を言えば、自分の夢をサポートしてくれる若い女性なら最高でしょう。

3 年支に結婚星がある人の「愛の形」

年支に結婚星を持っている人は、「結婚相手は自分で見つけます」と、親がすすめるお見合いを拒否するタイプです。それも、身近で探せる相手ではなく、人がうらやむような大恋愛の末に結ばれる結婚が願望です。ただし、あなたが好意を示す相手は、男女ともに年上の人です。年支に結婚星があり、さらに年支以外の場所に恋人星を持っている人は、不倫関係になりやすいので気を付けましょう。

あなたの恋愛のお相手はずばり、自分にないものを持っている人。それは経済力であったり、他人に誇れる仕事だったりと、自分の欲望を満たしてくれる相手が理想像。それは人間としての精神的な成熟度ではなく、むしろ経済的に豊かでハイレベルの生活に向けられたものです。

あなたの本心は、いい生活がしたい、おいしいものが食べたい、おしゃれもしたい、旅行にも行きたいと際限がありません。このようなあなたの欲望を満たしてくれる相手は、当然年齢差の大きく経済力があるおじさま、おばさまが相手になってしまいます。

そして、好きになってしまったら、すぐに一緒に暮らしたくなるタイプ。その情熱は、誰にも負けません。たとえ遠距離の障害があっても、親の反対にあっても、実行あるのみ。ときには、駆け落ちや家出といった強硬手段に出ることもあります。

あなたが女性の場合

自分の生き方がはっきりしている人ですから、結婚したからといって生き方を変えるようなことはしません。結婚後も仕事をしたければ、仕事と家庭を両立させる工夫を考えます。あなたは妻としても、母としても自覚を持って生きていける人です。

ただし、外見が「しっかり者」に見られてしまいますから、すり寄ってくる男性に軟弱な人が多いのが最大の不満でしょう。あなたは、見た目と中身のギャップが大きすぎるため、自分では男運が悪いと思っているかもしれませんが、それは誤解です。あなたには、しっかり者で負けず嫌いなところがありますから、知らず知らずのうちに相手に実力以上のものを期待してしまうからです。だからといって、自分の夫と友達の夫を比較してグチをこぼしたり、ハッパをかけたりしないことです。何事もやりすぎるとケンカの元になります。どんな場合でもほどほどが一番。完璧主義は、お互いが息苦しくなるだけですからやめましょう。

あなたが男性の場合

どことなく母親に似たタイプの女性を好きになる傾向があります。それは、あなたが母親を尊敬している場合であって、母親が大嫌いという人は、母親と正反対の生き方をする女性を好きになるかもしれません。

対象になる女性は、年上の世話女房タイプでしょう。そして、結婚が早いのが特徴。それは「愛の形」が母親から妻に移行しただけです。母親から受けた無償の「愛の形」を、そのまま妻に求めようとしているからです。妻から、「私はあなたの母親代わり」と言われても仕方がありません。こんな「愛の形」を求めているのが、年支に結婚星を持っている男性なのです。

4 月支に結婚星がある人の「愛の形」

月支に結婚星を持っている人は、あなたの心の支えになってくれる人です。つまり、あなたの要になる心の場所に「夫または妻」がいるわけですから、自分の気持ちを素直に話せる相手でないとうまくいきません。

あなたは、結婚相に仕事や上司のグチを言ったり、自分の心の悩みを打ち明けたりすることができる人で、それを優しく聞き、いやしてくれる人を求めています。これらはあくまでも精神的なもので、実際の解決に役立つ具体的なアドバイスを求めているのではありません。ただ一言「苦労しているね。体には気をつけて」と言ってくれるだけで十分。この一言で、明日も「がんばろう」と思えるのがあなたなのです。

お金の有無や、仕事ができるかできないかで結婚相手を選ぶのではなく、相手の前で本当にリラックスできるかどうかのほうが重要です。できれば、気の許せる仕事仲間や、同級生、幼なじみ、自分と似たような環境で育った人、同じ夢を持っている人など、自分と同じフィールドを持っていることのほうが重要です。

結婚したら、家事も育児も協力し合うことが理想。できれば、二人で一緒に仕事ができれば、お互いにいい刺激を受けながら成長し続けるカップルになれるでしょう。

このタイプは、お見合いでも、恋愛でも、職場結婚でもかまいません。また、適齢期にもこだわる必要はありません。それよりも、あなたの結婚相手は、家系を継承しなければならない立場の人、つまり長男の確率が高くなることを心得てください。たとえば、老舗の跡継ぎといった相手が、あなたの結婚相手になるということです。

あなたが女性の場合

一緒にいると心がいやされ安心できる男性に引かれていきます。相手との精神的なつながりを何よりも強く求めます。一緒にいると自然体でいられて楽しい相手、しかも対等な立場で話し合える相手が理想です。まずは、心が通い合うかどうかが最大のポイントになります。

対象になる相手は、家系を継承しなければならない跡継、または長男になるという宿命の女性です。恋愛よりもお見合いになるケースが多いでしょう。

逆にあなたが、家系を継承しなければならない跡継の役割を担っていれば、婿養子をもらうことになるでしょう。いずれにしても、どちらかの家系を守っていかなければならない宿命の人ということです。

あなたが男性の場合

家庭のすべてのことを任される大黒柱的な存在になれる女性。子供の教育、家計のやりくり、親・きょうだい・親戚の付き合いができる女性が、あなたにとっては最高の相手です。できれば、親と同居してくれる女性がベストです。

結婚相手を選ぶ時は、両親に気に入ってもらえる女性を選ぶことです。それには、両親がすすめる「お見合い」で結婚するのがうまくいくコツです。とくにあなたは、嫁姑間のトラブルに巻き込まれることを嫌うタイプですから、晩婚になる傾向が強くなります。そして、嫁姑間を考え「独身でもいいかなあ」と思ってしまうタイプです。

5日支に結婚星がある人の「愛の形」

日支に結婚星を持っている人は、相手に望まれて結婚するタイプです。相手にしつこく言い寄られて、やっとOKするのがあなたです。自分から積極的にアタックするタイプではありません。つまり、相手に望まれて惚れられて、渋々結婚を決断する人。しかし、内心は早くプロポーズしてくれないかと、ヤキモキしているタイプです。

もともと、結婚が最終職場と思っている人ですから、結婚したら専業主婦になる確率が高いでしょう。あなたは「働くのは男性で、食べさせてもらうのが女性」という古典的な考え方を持っている人ですから、間違っても追いかける大恋愛ができる人ではありません。

あなたは、外で働くのがそれほど好きではないはず。とりあえず就職したとしても、結婚と同時に仕事をやめて専業主婦になるタイプです。夫から生活費をもらって、多少趣味的な習い事ができれば、それで十分。家庭にどっしり落ち着いて、家庭を仕切ることに生きがいを感じるタイプです。

家庭のなかでも、遊びに行く時でも、夫が一緒でないと楽しめないという密着度の強いベッタリ型夫婦。何をするにも家族単位で考えて行動するのが当たり前と思っている人です。だから、いつも相手との絆を実感していないと安心できない人。相手によっては、仕事が忙しくイライラしていると「オレのことがそんなに信用できないのか」と言いたくなることもあるでしょう。

依頼心も強いが、それ以上に強いのがジェラシー。結婚したら「いつも私だけを見つめていてほしい」と願っている人です。夫がちょっとでもほかの女性に関心を示すと大変。嫉妬心がメラメラと燃え上がります。

あなたが女性の場合

出世願望が強い男性よりも、家庭が第一のマイホーム型男性のほうが円満な家庭を維持することができます。もともと家事以外はすべて夫の役目と思っている人ですから、家族旅行のプランニングから切符・宿泊の手配まで任せっきり。子供が生まれたら、幼稚園選び、親子面談、運動会の親子リレーまで参加してくれないと不満なタイプです。

あなたは、夫の出世よりも家庭と家族が一番大切な人です。ですから、自分が描く理想の家庭像作りに協力的な人が、あなたを幸せにしてくれる相手になります。

あなたが男性の場合

家庭と家族を大切にしてくれて、専業主婦になりきれる人が理想。愛する妻に「行ってらっしゃい」と送り出してもらい、「お帰りなさい」と迎えてもらいたい、そんな願望が残っているタイプです。

日支に結婚星を持っている男性は、仕事ができる賢い女性よりも素直なかわいい女性が好み。甘えん坊でもわがままでも大丈夫です。ただし、何をするにも妻のＯＫがないとできないのが難点。

恋人星の場所で見る五つの「愛の形」

宿命に恋人星を持つ人の特徴

宿命に恋人星を持っている人は、恋人星がどこの場所にあっても、つねに恋をしていたいという恋愛体質の人です。恋人星の場所によってはある程度の差はありますが、結婚前も結婚後も、恋心が失われないのが特徴です。

1 年干に恋人星がある人の「愛の形」

年干に恋人星を持っている人は、不倫体質の傾向が強くなり、しかも早熟です。

恋人星が年干にある女性は、素敵な男性に出会うと、その人が妻帯者であろうと、会社の上司であろうとおかまいなしです。恋愛の対象になる基準は、好きか嫌いかで決まります。それは、恋愛イコール結婚ではないからです。

あなたは、かなわぬ相手を追いかける恋でなければときめきません。釣り合いのとれた普通の恋では、物足りないと感じてしまうのです。それも、かなり身分不相応な相手や刺激的な相手で、スリルのある愛を追いかけるのがあなたです。

そんな高嶺の恋があなたのエネルギー源になって、あなたを成長させているのです。恋する相手が会社の上司だと、ほめてもらいたくて必死に仕事をする。また、恋する相手が海外勤務の先輩だと、自分も英会話の勉強を始めたり、国際免許証を取得したりと、恋をしながら自分自身をスキルアップさせていくのが、年干に恋人星を持っている人の特徴です。

結婚願望は強いほうです。しかし、結婚しても家庭に収まる人ではありません。つねに社会とつながっていないと、時代に取り残されてしまうのではないかと不安になるタイプです。

そんなあなたですから、結婚する前に心の支えになるもの、または夢中になれる仕事や趣味を会得してから結婚したほうが、うまくいきます。無理に結婚しなくても恋人がいれば、あなたの心は満たされます。ただし、宿命のなかに子供の星を持っていたら、子供は産んでおきましょう。そうでないと、あの時のプロポーズを素直に受け入れていれば子供にも恵まれたのにと後悔することになるからです。

2年支に恋人星がある人の「愛の形」

年支に恋人星を持っている人は、いつも恋をしていないと、女としての自信が持てない恋愛体質の人です。そして、恋愛から結婚へ発展しにくいタイプです。それは、結婚後も相手に刺激的な恋を望んでいるからです。

あなたはどちらかと言うと、安定した結婚生活よりも恋心を大事にしたい人ですから、相手に妻子がいても好きになったら、感情のままに突っ走ってしまいます。しかも恋の相手は、レベルの高い成熟した男性になりますから、かなり年上の人になります。

このタイプの人は、自分がその気になれば、いつだって恋人ができると思っています。女としての自信が、かなわぬ恋を追いかけさせてしまうのかもしれません。

でも、宿命に子供の星がある人は、30歳になったら実現可能な恋に方向転換しましょう。好きな人が、必ずしも相性がいい相手にはなりませんから、身近な人にも関心を向けてください。思う人には思われず、思わぬ人に思われる傾向があるのが、このタイプの特徴でもあります。

あなたが本気で結婚を考えているのなら、理想を追いかける恋には終止符を打ちましょう。そして、身分相応な相手とお付き合いをすることです。

3月干に恋人星がある人の「愛の形」

月干に恋人星を持っている人は、誰にも邪魔されないで、自分らしく自由な生き方をしたいと思っている人です。結婚しても、家庭のなかに閉じこもっているようなタイプではありません。

あなたは、精神的にも経済的にも自立してから結婚を考える人ですから、結婚するのは40歳を超えてからになりそうです。

「妻」として「母」としては、生きられない人です。いくつになっても「女」を捨てきれない人です。だから、相手の経済力や年齢、生活環境などは気になりません。「愛があれば歳の差なんて」というタイプ。とくに、あなたを「女」として認めてくれる年下の男性にメロメロになってしまいます。

基本は、心が通い合うかどうかが最大のポイント。今、あなたの恋人が、このような男性であったら、あなたはとことん尽くすでしょう。母親が子供の面倒を見るように、彼に対して世話を焼きたがるでしょう。

月干に恋人星を持っている人は晩婚です。35歳からが本当の結婚適齢期。それまでに、しっかりと自分のやりたい仕事の基盤を築いて経済力をつけておきましょう。

あなたは完全な専業主婦にはなりきれませんが、だからといって家庭をないがしろにするわけではありません。あなたの意識のなかでは、いつも家庭が第一なのです。もし、宿命のなかに子供の星があったら、勇気を出して結婚してください。でないと、後で後悔することになります。

逆に、宿命に子供の星がない人は、結婚という形にこだわらなくても、心の支えになってくれる恋人がいたら十分。

4 月支に恋人星がある人の「愛の形」

月支に恋人星を持っている人は、恋人との精神的なつながりを何よりも強く求めます。一緒にいるとリラックスできて、なんでもオープンに話せる相手、しかも対等な立場で意見交換ができる相手が理想の恋人です。

恋人星を持っている人は、どの場所に恋人星があっても「愛の形」はさほど変わりません。相手の経済力や地位、職種や年齢、生活環境といったことは問題でなく、あくまでも相手の人間性を重視します。一番重要なことは、自分らしく自由な生き方を求めている人ですから、自分の考えに同意してくれる人でないと、結婚生活はうまくいきません。結婚しても家庭に縛られたくない人ですから、いざ結婚となると、仕事か家庭かで迷ってしまいます。でも、自分を捨ててしまったら、必ず後悔する人です。

好きになった恋人のために、仕事を辞めて協力してあげようと思うかもしれません。しかし、それは一時的な感情。あとで「こんなはずじゃなかった」となってしまいます。

あなたの理想の結婚は「共稼ぎで子供を作らない人生エンジョイ派の夫婦」。それには、似たような環境で育った人、同じ夢を持っている人同士でないと難しいでしょう。間違っても、お金があるから、よい生活ができるから、カッコいい人だから、といったことで結婚相手を選ばないことです。

もし、宿命に子供の星がなかったら、無理に結婚しなくてもかまいません。夢中になれる仕事があれば、自分なりの幸せをつかむことができるでしょう。さらに、あなたを精神的に支えてくれる恋人がいると、より楽しい人生が送れます。

5 日支に恋人星がある人の「愛の形」

日支に恋人星を持っている人は、唯一結婚星を持っている人と同じ愛の形になります。ただし、宿命に結婚星を持っていない人に限ります。

そのために、恋人が現われると、すぐに結婚したくなります。理想は恋愛から結婚に発展するケースを望んでいますが、残念ながら自分では見つけられない宿命の人です。最初の出会いは、友達の紹介、合コンに誘ってもらう、お見合い、出会い系サイトなどでチャンスをつかんでください。それから恋愛に発展するというスタイルをとらないと、結婚までたどりつけません。

日支に恋人星を持っている人は、経済的に恵まれた人と結婚したら、専業主婦を望みます。もちろん有名になりたいという野心もありません。仲良しグループの友達と、趣味的なことができればそれで満足というタイプ。

就職しても、結婚相手が見つかれば、女性の場合は寿退社する人がほとんどです。外見は日支に結婚星を持っている人と同じように、家庭にどっしりと落ち着く専業主婦ですが、結婚に対する意識が違います。

結婚しても、恋人気分でときめいていたい人ですから、あくまでも夫とは同格。家事も育児も共同で分担するのが当たり前と思っている人です。だから、「夫に従う」という関係にはなりません。家庭内の行事は、自分が仕事をしていても、仕事をしていなくても、二人で暮らす以上、話し合いで決めるというのがこのタイプの特徴です。

日支に恋人星を持っている女性は、相手に夫役と恋人役の両方を求めますから、一人で二役を演じることができる男性でないと、あなたは満足しないでしょう。真面目なだけの男性では満足できません。あなたの夢物語にも、ときには思い出のディナーショーにも付き合ってくれるマメな男性でないと難しいでしょう。

第十章
結婚の相性診断

一　うまくいく結婚は相性がよいこと

結婚生活がうまくいくためには、一つの生活空間を長い期間共有できる相手でなければなりません。好きか嫌いかだけで相手を選ぶと、3年が限界でしょう。

そこで「算命学」では、結婚の相性を判定する場合「血のつながり」つまり、きょうだいや親子が持っている遺伝子レベルのつながりを「結婚の相性」と定義しています。

皆さんに理解していただくために、便宜上「血のつながり＝きょうだいのような関係」が結婚の相性と書きました。それはきょうだいの仲というのは、ケンカをしても心から憎めないもの、そしていつの間にか仲直りしている関係だからです。きょうだいの悪口を自分が言うのはいいが、他人に言われるのは許せない。どうしようもない兄でも、病気になったり、悲しい顔をされたりすると手助けしてしまうものです。それがきょうだいというもので、心の奥には切っても切れない信頼関係で結ばれています。

このような関係を算命学では、「血のつながり」と言います。同じきょうだいでも、すべてのきょうだいが「血のつながり」を持って生まれてくるとは限りません。なかには、仲が悪いきょうだいもいます。そのほとんどの人が、この「血のつながり」を持っていません。なんとも不思議な現象です。

夫婦の仲も同じようなものです。長い間にはケンカもします。浮気や不倫もあるかもせれません。しかし、「血のつながり」を持っている夫婦は、どんな状況下になっても乗り越えるだけのパワーと信頼関係が生まれて夫婦仲はうまくいくのです。

結婚相手は一生涯変わらないというのが従来の常識でしたが、現代では離婚になるケースがとても多くなっています。それは、結婚の相性も、恋愛の相性も、仕事の相性も、友人の相性も、同じ相性の定義で判定しているからです。

厳密に言うと、恋愛の相性と結婚の相性はまったく違います。結婚相手には「血のつながり」を持っている人を選ぶようにしましょう。

1 結婚相手は「血のつながり」がある相手

判定の仕方

二人の「命式図」の年干支（ねんかんし）・月干支（げっかんし）・日干支（にっかんし）で判定します。そして、二人の「命式図」の間に「血のつながり」が成立する間柄になるかどうかを調べます。

結婚の相性は、自分の日干支と「血のつながり」が成立する相手になることが条件です。

①結婚の相性が一番よいのは、自分の日干支と相手の月干支の間に「血のつながり」が成立する組み合わせです。

②結婚の相性が二番目によいのは、自分の日干支と相手の年干支の間に「血のつながり」が成立する組み合わせです。

③結婚の相性が三番目によいのは、自分の月干支と相手の日干支の間に「血のつながり」が成立する組み合わせです。

④結婚の相性が四番目によいのは、自分の年干支と相手の日干支の間に「血のつながり」が成立する組み合わせです。

⑤自分の日干支と相手の日干支の間に「血のつながり」が成立する組み合わせは、相性がよさそうに見えます。しかし、最初はうまくいっても愛が憎しみに変わりやすいので、避けたい組み合わせです。

[20ブロックで「血のつながり」が成立する組み合わせ]

E群	D群	C群	B群	A群	群／星
癸亥 癸卯 癸未	辛亥 辛卯 辛未	己亥 己卯 己未	丁亥 丁卯 丁未	乙亥 乙卯 乙未	木星
壬寅 壬午 壬戌	庚寅 庚午 庚戌	戊寅 戊午 戊戌	丙寅 丙午 丙戌	甲寅 甲午 甲戌	火星
癸丑 癸酉 癸巳	辛丑 辛酉 辛巳	己丑 己酉 己巳	丁丑 丁酉 丁巳	乙丑 乙酉 乙巳	金星
壬辰 壬子 壬申	庚辰 庚子 庚申	戊辰 戊子 戊申	丙辰 丙子 丙申	甲辰 甲子 甲申	水星

①自分の日干支と相手の月干支の間に「血のつながり」が成立する組み合わせ

自分「女性」		
日	月	年
乙亥	戊申	壬子

相手「男性」		
日	月	年
乙丑	乙亥	甲辰

(注意すること)　自分の「日干支」と相手の「月干支」との間に「血のつながり」が成立する組み合わせです。ケンカをしても仲直りできる相手になります。必ず自分の「日干支」と「血のつながり」が成立する組み合わせの相手を探してください。それがよい結婚相手の条件です。

②自分の日干支と相手の年干支の間に「血のつながり」が成立する組み合わせ

自分「女性」		
日	月	年
乙亥	戊申	壬子

相手「男性」		
日	月	年
甲辰	壬午	乙卯

(注意すること)　女性の愛が強いパターン。二人の間に「木星・A群」の「血のつながり」が成立する組み合わせです。結婚の相性は、自分の日干支と相手の月干支か年干支との間に「血のつながり」が成立する組み合わせになる相手でないと長続きしません。

③自分の月干支と相手の日干支の間に「血のつながり」が成立する組み合わせ

自分「女性」		
日	月	年
庚申	乙丑	壬子

相手「男性」		
日	月	年
乙丑	癸酉	甲辰

(注意すること)　男性の愛が強いパターン。二人の間に「金星・A群」の「血のつながり」が成立する組み合わせです。相手の日干支と自分の月干支の間に「血の繋がり」が成立する組み合わせです。家庭を大事にする男性ですから、女性の心が変わらないかぎり結婚生活は維持できます。

④自分の年干支と相手の日干支の間に「血のつながり」が成立する組み合わせ

自分「女性」		
日	月	年
戊申	甲申	乙巳

相手「男性」		
日	月	年
乙丑	癸酉	甲辰

(注意すること)　男性の愛が強いパターン。二人の間に「金星・A群」と「水星・A群」に「血のつながり」が成立する組み合わせです。相手の日干支と自分の年干支の間に「血のつながり」が成立する組み合わせです。家庭を大事にする男性ですが、女性のほうは恋人のつもり。女心は変わりやすいもの。結婚までたどりつけるかどうかは、男性としての魅力を失わなければ大丈夫でしょう。

⑤自分の日干支と相手の日干支の間に「血のつながり」が成立する組み合わせ

自分「女性」		
日	月	年
戊申	甲申	乙巳

相手「男性」		
日	月	年
戊申	辛亥	丁巳

(注意すること)　日干支同士に「血のつながり・水星のC群」が成立する組み合わせは、一度こじれると元に戻りにくいので気を付けること。二人の生まれた日の干支が同じになる場合は、相手の気持ちがとっさにわかるため、一目惚れすることがあります。相手の気持ちが理解し合えるため、一見よいように見えますが、長い結婚生活を維持していくにはかなりの努力が必要になる組み合わせです。一度不信感を持ってしまうと愛は憎しみに変わる可能性が高く、「顔も見たくない」「声も聞きたくない」となってしまうからです。時間をかけて、ゆっくり決断しましょう。同じ干支でなく「群」の組み合わせだと現象が穏やかになります。

「主星」で見る結婚と恋人の相性

主星の特質から見た相性

人間は、それぞれ異なった使命を受けて生まれてきています。

宿命は、10個の「干」と12個の「支」の組み合わせで成り立っています。人によって、それぞれ組み合わせが違いますから、性格も生き方も運命も違ってきます。

前項で「主星別の愛の傾向」を説明しましたので、ここでは「主星の特質から見た相性」を述べることにします。

「主星」10個の組み合わせで、100通りの相性になります。

3 女性が大樹（甲）の人

大樹の男性との相性

似た者同士で気心がわかりやすい相手。同じ仕事仲間と結婚するとライバル関係になってしまいます。結婚するなら異業種の人のほうが、恋人なら同業でもよいでしょう。それも一時的で長続きしないかもしれません。

草花の男性との相性

他人なのにきょうだいのような信頼感がありますから、どちらかというと楽な男性。恋愛も結婚も友達感覚で付き合えます。ケンカをよくする間柄。でも、相手の好物が食卓に並ぶと笑顔になって、いつの間にか仲直りができているような間柄です。恋人、結婚の相性は中吉。

【主星から見た結婚の相性】

女＼男	大樹	草花	太陽	灯火	山岳	大地	鋼鉄	宝石	大海	雨露
大樹	△	○	◇	☆	▲	◎	●	※	◆	★
草花	○	△	☆	◇	※	▲	◎	●	★	◆
太陽	◆	★	△	○	◇	☆	▲	◎	●	※
灯火	★	◆	○	△	☆	◇	※	▲	◎	●
山岳	●	※	◆	★	△	○	◇	☆	▲	◎
大地	◎	●	★	◆	○	△	☆	◇	※	▲
鋼鉄	▲	◎	●	※	◆	★	△	○	◇	☆
宝石	※	▲	◎	●	★	◆	○	△	☆	◇
大海	◇	☆	▲	◎	●	※	◆	★	△	○
雨露	☆	◇	※	▲	◎	●	★	◆	○	△

【表の見方】

●＝男性のほうが強い組み合わせ。恋人も結婚の相性も大凶。

▲＝女性のほうが強い組み合わせ。究極の恋（破壊の恋）で大吉変じて大凶になる。結婚の相性も大凶。

◎＝結婚の相性は大吉。お互いを気づかいながら切磋琢磨する組み合わせ。恋人の相性も大吉。

○＝きょうだいのような組み合わせ。喧嘩しても仲直りできるので、恋人も結婚の相性も中吉。

☆＝女性に助けられる組み合わせ。優しい相手かもしれないが経済力がない相手。恋人も結婚の相性も小吉。

★＝男性に助けられる組み合わせ。恋人は大吉で、結婚の相性は小吉。

△＝似た者同士。最初はいい関係だが、そのうちトラブルになる関係。お互いの運気が同じになるので、恋人ならいいが、結婚相手にはよくない。恋人の相性は小吉。結婚の相性は小凶。

◇＝いい時と悪い時の差が激しい組み合わせ。女が主導権をとる。恋愛は小凶、結婚の相性は中凶。

◆＝いい時と悪い時の差が激しい組み合わせ。男が主導権を取る。恋愛も結婚の相性も中凶

※＝刺激的な相手。恋人としてはよいが、結婚相手としては疲れる相手。恋人の相性は小吉。結婚相性は小凶。

太陽の男性との相性

お互いの主張が強くなるともめ事が多くなる組み合わせ。女性に全権を預けてそれに従う男性であればうまくいきます。かなり年下の男性で現在修行中（医者の卵、司法試験の受験生など）の面倒を見ているという相手。その間は恋人気分でいられますが、結婚できる確率は低い。

灯火の男性との相性

主導権は女性にありますから、結婚するなら経済力のある女性でないとうまくいきません。その場合は、優しいだけで経済力がない男性でもかまいませんが、頑張っても恋人止まり。かなりの経済力があって自信がある男性でないと、女性をコントロールすることはできません。

山岳の男性との相性

お互いに自己主張が強いので、意見の衝突が激しい組み合わせ。女のほうが先に折れれば収まりますが、謝るタイミングを失うと最後は愛が憎しみに変わる組み合わせです。できれば結婚相手に選ばないほうがよいでしょう。女性が振り回す組み合わせ。

大地の男性との相性

一目惚れの相手。恋人としても、結婚相手としても最適な組み合わせになります。お互いに相手のことを考え前向きにチャレンジし、刺激し合いながら切磋琢磨する組み合わせです。恋人としても、結婚相手としても大吉。男性が主導権を持つほうが安定します。

鋼鉄の男性との相性

亭主関白型で、しかも短気な性格ですから生活ペースは乱れっぱなし。女性が尊敬できる男性と思える間は恋人として付き合えるでしょう。口よりも手が早い暴力亭主になりかねないかもしれません。恋人、結婚の相性は大凶。

宝石の男性との相性

よい意味の刺激を受けて、お互いが成長できる組み合わせです。主導権は男性。この男性についていけるかどうかの判断は、自分が成長するために必要な相手かどうかで決まります。結婚相手としては一抹の不安があります。まずは、恋人として付き合ってみてからにしましょう。

大海（たいかい）の男性との相性

それぞれが自分を大事にするため、想いが一致すればうまくいきますが、一致しないと破滅する組み合わせ。男性が主導権を持てば、うまく回転していくでしょう。狙い目は、経験豊富なバツイチの男性になるかも。恋人、結婚の相性は中凶。

雨露（あめつゆ）の男性との相性

男性に助けられる組み合わせ。何かにつけ面倒見がよく、世話好きな男性です。ただし、甘えすぎるとあなたにとってはマイナス。自分の社会人としての成長を止めることになります。恋人、結婚の相性は中吉。

女性が草花（乙〔おつ〕）の人

大樹の男性との相性

面倒見のいい姉さん女房タイプ。男性のわがままをすべて受け入れて丸く収められなければうまくいきません。スポーツ選手に多いカップルです。お互いのいいところを認め合うことができれば、恋人でも、結婚でもＯＫ。

草花の男性との相性

ペアルックのベッタリ型。それも最初の3カ月、長くて3年間。一度相手を疑い出したら、疑いがエスカレートします。洋服のチェックに始まり、携帯電話のチェック、最後は興信所に頼むはめに。そしていずれは修羅場での取っ組み合いが始まるでしょう。

太陽の男性との相性

女性が主導権を取ります。男性は優しいけれど経済力がないかもしれません。恋人には最高ですが、結婚相手には物足りなさを感じるかも。ただし、女に経済力があれば、笑いと話題に事欠かない楽しい家庭を築くことができるでしょう。

灯火の男性との相性

かなり気むずかしい男性なので、恋人にしても、結婚相手としても疲れる相手です。よほど相手の才能に惚れ込まないと難しいでしょう。恋人・結婚相手、どちらも一緒にいられる期間は短い。資産家の女性の場合、主導権を持てば長続きするかも。

山岳の男性との相性

好きになった男性にはしつこく付きまとう女性。相手を独り占めにしたいタイプですから、結婚したら夫の行動が気になって仕方がない。外出はいちいちチェックされる。帰るコールは必ず。細かいチェックが入るので、男性は帰宅拒否になりやすいカップル。

大地の男性との相性

女性の生き方に男性を引き込もうとすると失敗します。男性の生き方を変えるのではなく、女性が相手に合わせる努力をしないと、うまくいかない組み合わせ。恋人も結婚も失敗する可能性が大きい相性です。男性が主導権を持つとなんとかクリアできます。

鋼鉄の男性との相性

一目惚れの相手。恋人としても、結婚相手としても最適な組み合わせになります。お互いに欠点を補いながら切磋琢磨する組み合わせです。男性が主導権を持つと家庭が安定します。

宝石の男性との相性

結婚も恋人も大凶の組み合わせ。一見よさそうなカップルですが、中身はまったく別物。女性の甘い言葉に惑わされないように。一度だけが、一生付きまとわれることになりますから、男性は気を付けましょう。

大海の男性との相性

物心両面であなたを助けてくれるありがたい男性です。ただし、あなたが援助を望んでいればの話です。男性には多少の下心がありますから、もめ事を避けたいなら、肌の合わない人には断る勇気も必要です。

雨露の男性との相性

恋人でも結婚相手でも、最後は裁判沙汰になる可能性が大きい組み合わせ。お付き合いの時点で無理とわかったら、結論をずるずる引き延ばさないで早く決着を付けることです。恋人がいない寂しさから、つい付き合ってしまうことはＮＧです。

5　女性が太陽（丙）の人

大樹の男性との相性

性格の違いがあっても、親子関係みたいな組み合わせになりますから、ケンカしながら親しみを重ねていく組み合わせ。それでもケンカが多くなると、恋人であっても別れることに。かなり年上の男性が大きな包容力で包みこむことができればなんとかクリアできるかも。

草花の男性との相性

いやし系の男性のペースにはまっていく組み合わせ。事業家の女性には、経済力がなくても家事、子育てをしてくれる主夫だとありがたい存在。それもお互いが話し合い、男性が納得してくれればうまくいきます。世間体を気にする男性なら無理でしょう。

太陽の男性との相性

似た者同士。最初は気心がわかり合える都合のいい相手。それがいつかはライバル関係になりかねない存在になるので、恋人止まりで終わったほうがよいでしょう。ただし、仕事の違う相手なら、恋人も結婚も大丈夫です。

灯火の男性との相性

ケンカをしても仲直りができるきょうだいのような組み合わせ。男性なら姉のような存在、女性なら弟のような存在。静かに穏やかに暮らしたかったら、恋人相手としても結婚相手でも、理想に近い組み合わせになります。ただし、お互いの運気上昇は小さい。

山岳の男性との相性

友達関係ならいい相性ですが、恋人としては刺激が少なくて物足りないかも。でも、困った時はすぐ助けに来てくれる相手なので、女性にとっては手放したくない相手になります。結婚相手の本命にはなりにくい男性。

大地の男性との相性

こだわりの多い人ですから、相手の生活リズムに合わせられればうまくいきます。根は優しい人ですが、無口すぎて対応に困る時は、相手を気にせず自分流に進めて文句を言われなければ結婚相手として吉。ただし、女性が主導権を持ってリードできる男性でないとダメです。

鋼鉄の男性との相性

顔を見るとケンカになる相手です。「会わなければ」と思うのですが、時間が経つと気になってくる相手です。ケンカの内容によっては、お互いが人間として成長させられる相手になります。せいぜい月に一度会う程度の友達。恋人、結婚の相性はともに大凶。

宝石の男性との相性

恋人、結婚ともに相性としては最高。お互いの足りないところを補い合いながら、成長していく組み合わせです。女性が主導権を取るとうまくいきますが、男性が主導権を取ると、子育ての仕方や方針に食い違いが出てくる組み合わせ。

大海の男性との相性

まったく合わない組み合わせ。中途半端にわかった振りをすると、かえって相手を怒らせることになります。考え方も行動もかみ合うところが少ない相手。大ケガをする前に退散しましょう。2人とも自己主張が強いので、相手の領域を守り、適度な距離を持って付き合えば、相性が大凶であっても、普通に付き合えます。

雨露の男性との相性

似たような生活環境で育った者同士なら、恋人、結婚相手としてもうまくいくでしょう。ただし、育った環境が違うと、男性の「家風」に合わせようとしますから、女性はストレスがたまります。逆に家庭を守りたいなら、女性が主導権を取るほうが安定します。ただし、夫の親とは仲が悪くなりますから、心遣いを忘れないこと。

6 女性が灯火(丁)の人

大樹の男性との相性

男性から見ると扱いやすい女性のようですが、それは最初だけです。そのうちに、経済力のない男性は女性に振り回されます。経済力のある女性は、困った時には助けてくれる都合のいい恋人になってくれそう。女性がリードできれば結婚相手としてもまあまあです。

草花の男性との相性

最初はよいが、そのうち修羅場になる可能性を秘めている組み合わせ。お互いに束縛されるのが嫌いなタイプですから、そのうち一緒にいるのが窮屈になってきます。結婚はダメ。恋人としても一年間が限度。

太陽の男性との相性

きょうだいのような組み合わせ。ウマが合う相手ですから、恋人にも結婚相手にもよい相性。女性がリードしたほうが、家庭生活は安定します。心配事がない家庭生活を送っていると、男性は浮気心が出てきますので気を付けること。

灯火の男性との相性

似た者同士でうまくいきそうですが、激しい炎のぶつかり合いになる組み合わせ。それは、相手の本音が見抜けないからです。お互いに気を使い、「よい」と思ってやったことが逆効果になったりして。深い付き合いができにくい組み合わせ。恋人も結婚も長続きしません。

山岳の男性との相性

長く付き合って本音がわかってくると、味わいが出てくる相手。恋人としては最高。お互い束縛し合うのがいやなタイプですから、相手の領分を侵さず、節度あるお付き合いができれば長続きします。ただし、一度ケンカすると修復できません。いち早く女性のほうから謝らないと、険悪な仲が続きます。相性は小吉。

大地の男性との相性

相性はいいように見えますが、本質は気の合わない組み合わせ。女性が細かいことにこだわりすぎるとトラブルが絶えません。目に付くことでガミガミ言ってしまう、この欠点がなくなれば、恋人ならなんとかなるかも。男性が主導権を持つと家庭が安定します。

鋼鉄の男性との相性

男性の才能を磨いてくれるありがたい女性です。

恋人として付き合えるかどうかは、相手の才能に惚れ込むことができるかどうかです。主導権は女性にありますから、男性に尽くすだけの一生になります。相手からの見返りを期待しないこと。愛は片道キップです。

宝石の男性との相性

恋人、結婚相手ともまったく合わない組み合わせです。女性にずたずたに傷つけられる組み合わせ。男性は傷つけられないうちに逃げ出しましょう。恋人にも結婚相手にも向かない相手。付き合いが長くなるほど憎しみが増えてくるカップル。

大海の男性との相性

結婚の相性は大吉。足りないものを補いながら切磋琢磨して、お互いが成長していく組み合わせです。ただし、お互いにプライドが高すぎるので、言動にはできるだけ気を遣うこと。べたべたしすぎないほうが結婚生活は長続きします。

雨露の男性との相性

恋人も結婚もダメ。3日続けてデートすると3日目にはケンカになるという相性のよくない組み合わせ。どちらかの浮気が見つかったら、嫉妬の炎が燃え上がるでしょう。三面記事になりそうな事件になってもおかしくない組み合わせです。

7　女性が山岳（戊）の人

大樹の男性との相性

男性に振り回される組み合わせ。相手の才能に惚れ込んで、自分を犠牲にしてもよいという覚悟があれば恋人にはなれるでしょう。結婚は苦労の連続です。本来は、恋人としても結婚相手としても大凶の組み合わせ。髪結い亭主のパターン。

草花の男性との相性

刺激がほしい時の恋人としてなら悪くない間柄。

ただし、深入りすると抜けられなくなるので気を付けること。貢いで、遊ばれて捨てられるのが関の山。危険すぎる相手には近寄らないことです。恋人の相性は小吉。結婚の相性は小凶。

太陽の男性との相性

まずまず息の合う相手。主導権を持つのは女性。ケンカをすると、しばらくは遠ざかっても、また元に戻る間柄です。女性に救いを求めて近寄ってくる気弱な男性というパターン。よくて恋人止まり。結婚は苦労が多すぎるかも。

灯火の男性との相性

比較的仲よくやっていける相性です。ただし、女性でなく母親的な愛情で接していると問題は起こりません。あなたが母親から女になったら、許せないことだらけ。恋人としてもほどほどのほうが傷は浅いでしょう。もちろん結婚はNG。

山岳の男性との相性

真心が通じない相手。無理をとおせば、必ずトラブルになります。一匹狼同士ですから、相手の強引さに音を上げます。つかず離れずのお付き合いがベスト。恋人も結婚もNG。たまに会う友達という関係が限界。

大地の男性との相性

お互いがマイペースの人。相手の領域に侵入しなければ、小さなトラブルがあっても恋人なら関係は保てそう。ただし、結婚までは難しいでしょう。社会的な地位で主導権が決まります。恋人の相性は小吉。結婚の相性は小凶。

鋼鉄の男性との相性

女性が主導権を持つと男性の才能をつぶしてしまう組み合わせ。それは、甘やかせすぎ、面倒を見すぎで、その結果ダメにしてしまうパターン。悪女になりきれれば、男性は成長します。これも一つの愛の形。

宝石の男性との相性

優しいかもしれませんが、経済力のない男性が近寄ってくる組み合わせ。あなたに経済力があれば、かゆいところに手が届くマネージャー的存在に。特殊な仕事なら、恋人も結婚も可能です。ただし、恋人も結婚も一般人には向かない組み合わせ。

大海の男性との相性

お互いに気が合いそうでいて、一度のトラブルで憎しみに変わる組み合わせ。気を遣いながら仲良くしようと努力しても、ちぐはぐになってしまう間柄。無理してまで付き合うのはやめましょう。

雨露の男性との相性

ウマが合う相手。細かいことに気が回る男性ですから、楽しいデートになるでしょう。傍目にもお似合いのカップルに見えます。ただし、夫ではなく妻の不倫が原因で、つかず離れずの間柄になります。平和な結婚生活を望むなら、専業主婦になって異性に会うチャンスを少なくすることです。

女性が大地（己（き））の人

大樹の男性との相性

あなたは何かと男性に頼られる存在。男性を自分のテリトリーに引き込もうとする女性。恋人時代はそれでもいいですが、結婚したら両家のお付き合いは平等にしないとトラブルになる組み合わせ。恋人、結婚の相性は大吉。男性が主導権を持つほうがもめ事が少ない。

草花の男性との相性

亭主関白型で「黙って俺について来い」というタイプ。仲良くなればなるほど彼女が気になり、一日何回も連絡をする。その間に一度でも嘘が発覚すると猜疑心が強くなっていきます。幸せを長続きさせるためには、相手に安心感を与えることです。相性は大凶。

太陽の男性との相性

細々と面倒を見たがる男性。空気が読める男性ならいいですが、その逆はNG。交際が深まるほどトラブルが多くなる組み合わせです。女性に主導権があれば長続きしますが、男性が主導権を持つと別れが早い。

灯火の男性との相性

折り合いが付きにくい組み合わせ。何かにつけて意見が衝突します。ケンカをしては離れ、ほとぼりが冷めるとまた接近することを繰り返す間柄。女性が主導権を持ち、それに合わせてくれる男性なら長続きします。相性は恋人も結婚も中凶。

山岳の男性との相性

自分のことしか考えていない人同士なので、共有するものがないと話が合いません。衝突することが多い組み合わせ。家庭よりも自分が大事な二人ですから、自分にとって必要な相手なら付き合うという感じ。せいぜい恋人止まり。

大地の男性との相性

頑固な性格で、どちらも折れない者同士。主導権も譲れない。たまに会う友達ならいいですが、一緒に暮らす相手ではありません。恋人、結婚の相性は大凶。どちらかが、相手を受け入れて素直に従うことができれば、恋人なら3年は我慢できるでしょう。

鋼鉄の男性との相性

性格は正反対ですが、愛情が豊かな人なので互いに補い合うことでうまくいく組み合わせです。女性は尽くすタイプ。男性は好き嫌い、イエス・ノーがはっきりしていますから、断られたら素直に引き下がる人。本音で付き合う男性ですから、その意味では安心できる相手。

宝石の男性との相性

お互いとも非常に疲れる相手です。女性が主導権を持つと、丸く収めることができるかもしれませんが、それでも男性の顔色をうかがいながらの範囲です。女性に助けてもらいながら、わがままで威張っている男性です。相性は恋人も結婚も中凶。

大海の男性との相性

やんちゃな男性をうまくコントロールしてくれる女性です。自由気ままに遊び回っていた男性が、結婚と同時に真面目になりよきパパぶりを発揮するというパターンが、この組み合わせです。女性が主導権を持つほうがうまくいきます。

雨露の男性との相性

堅実で安定志向のあなたと、用心深くてなかなか芽が出ない相手。つい口から出た一言でケンカになり、そのケンカで壊れてしまう組み合わせです。男性が主導権を持つと恋愛期間は長くなります。一緒に暮らすと疲れる相手。相性は恋人も結婚も大凶。

9 女性が鋼鉄(庚)の人

大樹の男性との相性

女性が主導権を取れれば理想に近い恋人。心の通じ合う兄貴のような間柄。あなたが困った時には積極的に援助の手を差し伸べてくれる相手です。よい関係を保ちたいなら恋人止まり。結婚相手としては、最初はよいがそのうちにトラブルが多くなり別居になるパターンです。

草花の男性との相性

結婚の相性は大吉。お互いを理解でき、信頼し合える組み合わせです。細々と世話を焼いてくれる相手ですが、嫉妬深いところが玉にキズ。男性の嫉妬がエスカレートし、女性が自由に行動できなくなると、相性が大吉でも離婚します。何事もほどほどがベター。

太陽の男性との相性

お互いに行動力がありますから、遊び仲間としては最高。共通の趣味があれば、さばさばしたお付き合いになります。何をするにも、ケンカをしながら妥協点を見つけるやり方。甘いムードは期待できないが刺激を求める相手としてならよいかも。恋人は小吉。結婚の相性は大凶。

灯火の男性との相性

あなたの才能を引き出してくれる相手になります。あなたにとっては厳しい男性ですが、その厳しさを受け入れて努力すれば、一回りも二回りも大きく成長できる組み合わせ。あなたに自分の才能を輝かせたい意欲があればありがたい相手です。ともに相性は小吉。

山岳の男性との相性

男性が主導権を持ち支配したい相手。でも、簡単には従わない女性。共通の趣味がなければ無理でしょう。逆に女性が主導権を持てば、あなたが困った時に助けてくれる恋人になります。恋人の相性は小吉。個性が強すぎるので結婚はNG。

大地の男性との相性

頑固者同士の組み合わせ。社会的地位の上下で主導権が決まります。恋人や結婚の場合、男性が主導権を取れればうまくいきますが、女性が主導権を取れば、壊れる組み合わせです。

鋼鉄の男性との相性

似た者同士のマイペース型。それぞれの人生を突き進むタイプですから、一緒にいて得るものがないと成立しません。お互いに干渉せず、何かの時に役に立つ存在。それも恋人止まり。トラブルは死ぬまでついて回ります。結婚の相性は小凶。

宝石の男性との相性

意見の食い違いはありますが、気のきく弟みたいな関係。表面的にはわかり合えそうに見えますが、本音は強情者同士。建前の付き合いでは、いずれ不満が爆発します。本音で付き合える相手なら、恋人も結婚の相性も小吉。

大海の男性との相性

あなたには手に負えない相手。都合のよい時だけ助けを求めてくる男性です。逆に、あなたが困った時は知らん顔。気づかなかったと無視されるだけです。無償の愛は子供だけにしておくこと。

雨露の男性との相性

子供が母親に助けを求めるような男性ですから、あなたに経済力がないと付き合っても長続きしません。女性が主導権を持って、男性がマネージャー的存在で満足する人なら続くかもしれません。恋人の相性は小吉。結婚の相性は小凶。

10 女性が宝石（辛）の人

大樹の男性との相性

束縛や干渉を嫌うマイペース型の男性ですから、あなたが指示したり、細かいことを言ったりするとケンカになる組み合わせ。相手は「愛は束縛」と考えていますから、一緒に行動するならあなたが従わないとうまくいきません。恋人なら小吉。結婚の相性は小凶。

草花の男性との相性

結婚も恋人も大凶の組み合わせ。甘い言葉に惑わされないように。一度だけのつもりが、一生付きまとわれることになります。執念深い男性ですから、気を許さないこと。できれば近づかないほうがよい相手です。

太陽の男性との相性

結婚の相性は大吉。お互いの足りないところを補いながら成長していく組み合わせ。相手は楽しくあるがままに生きようとする人ですから、計画どおりにやりたいあなたは、イライラさせられっぱなし。どうせかりかりさせられるなら、家庭生活まで遊びの場にしてしまえば、気持ちが楽になります。

灯火の男性との相性

気むずかしい性格の男性ですから、あなたが傷つくことが多い組み合わせ。恋人も結婚相手としても大凶。男女ともに、何気ない言葉のなかに毒を感じてしまう関係。事件にならない前に別れたほうが得策かも。

山岳の男性との相性

仲よくコンビを組んでいける間柄。いろいろな面で助けてもらえるのは女性です。ひたむきにあなたを愛してくれる男性ですが、まるまる頼りすぎると、あなたの才能は成長しません。できるだけ自分の力で生きる努力をするように心がけましょう。

大地の男性との相性

男性が主導権を持っていますから、好きな女性が現われると大盤振る舞いを繰り返します。出し惜しみをしない浮気っぽい男性。女性は軽い気持ちで受け入れてしまうと後悔します。それは男性の考え方が、愛することと束縛がイコールだからです。恋も結婚の相性は中凶。

鋼鉄の男性との相性

相性はきょうだいのような関係。ケンカをしてもいつの間にか仲直りできているという間柄。男性の言うことは言行一致でほとんど本音。ストレートに愛を表現しますから、気を回す必要がありません。もし嫌いな相手ならはっきり断りましょう。直接断っても大丈夫。それよりも、中途半端な気持ちで付き合うほうが、相手を怒らしてしまうことに。恋人、結婚の相性は中吉。

宝石の男性との相性

うまくいかない組み合わせ。自分の考えを強引に押しつけると、内政干渉になり気まずい関係になってしまいます。相性は中凶。似た者同士でウマが合いそうですがそれも最初のうちだけ。恋人として長く付き合うには、異業種の人で相手のエリアに入らないことが条件。

大海の男性との相性

かなり年下の男性ならうまくいくかも。面倒を見たがる女性ですから、新入生で経済力が不安定な優しい男性が狙い目。恋人ならよいが結婚までは難しい相手になります。女性が主導権を持つほうがうまくいきます。男性が主導権を取ると、女性は振り回されるだけです。

雨露の男性との相性

なんとなく気になる相手ですが、恋人にするとろくなことはありません。はじめはともかく、交際を続けているうちに嫉妬深い男性の性格にうんざり。別れようとした時は、すでに遅すぎる。こんな結果になりやすい相手なので気を付けること。恋人、結婚の相性は中凶。

女性が大海（壬）の人

大樹の男性との相性

男性っぽい二人です。気が合う時はうまくいきますが、一度の意見衝突で、それまでの関係は一瞬にして消えてしまう組み合わせです。男女ともマイペースな性格なので、どちらが主導権を持っても、不満を感じイライラさせられる間柄。相性は中凶。

草花の男性との相性

男性から見ると頼りがいのある母親みたいな女性です。頼りにするのは自分が独り立ちできるまで。自立できたら、あとは小うるさいオバさん扱いになってしまいます。子供の成長を見届けるように、相手が自立するまでの恋人。恋人の相性は吉ですが、結婚の相性は凶です。

太陽の男性との相性

お互いが自由人。万事が自分の思惑どおりにいかないと不満です。お付き合いするためには女性のほうが折れるしかありません。それも時間の問題。いずれケンカ別れをするでしょう。恋人、結婚ともに大凶。

灯火の男性との相性

恋人、結婚の相性は大吉。ただし、すべての人が大吉になるわけではありません。優しそうに見えて計算高い男性ですから、相手の下心が見えてしまうと一気に愛が冷めてしまいます。相手の本心が見えにくい人ですから、時間をかけて付き合うことです。

山岳の男性との相性

あなたの悩み事を聞いてくれる男性。そして会うたびに親密度が増してきます。夢や目的が同じで自信がある男性であれば、あなたの水先案内人になってくれる人。基本は恋人も結婚の相性も大凶なので、主導権を男性に渡すと長続きします。女性が主導権を持つと関係は崩壊します。

大地の男性との相性

自由人のあなたを気持ちよくサポートしてくれる男性。あなたにとっては頼りになるし、ありがたい存在ですが、相手が安定志向で常識人のため、窮屈な思いをするかも。あなたがそれを束縛されていると感じたら、破局を迎えることになります。男性が主導権を握ると長続きします。頑固者同士なので相性は吉凶両面あります。

鋼鉄の男性との相性

男性とは、気心が通じ合う相手です。交際期間が長くなればなるほど親しみが増してくる相手。しかし、同時にわがままが出てきてケンカも多くなり、次第に反発し合うように。お互いのわがままをいかにコントロールするかが課題となります。恋人、結婚の相性は中凶。

宝石の男性との相性

あなたの世話を焼きたがる男性。相手の好意を素直に受け入れられる女性であれば、うまくいきます。ただし、頼りすぎは自分をダメにするので要注意。親子のような関係なので、恋人、結婚の相性は中吉。

大海の男性との相性

似た者同士でライバル意識が強い組み合わせ。自分を持っている年下の男性が狙い目。あなたがあれこれと世話を焼いたり、サポートしたりする姉さん女房。相手が心を開いてくれればうまくいきます。ただし、過保護になりすぎると相手をダメにしてしまうので要注意。恋人の相性は小吉、結婚の相性は小凶。

雨露の男性との相性

仲のよい友達関係。あなたにとっては弟分。つい細かいことまで面倒を見すぎてしまいがちです。何事も度を越しすぎると嫌がられるので気を付けましょう。恋人も結婚の相性も中吉。お互いに一人の人間として認め合うことが大事。

女性が雨露（癸）の人

大樹の男性との相性

年下の男性が狙い目。世話焼きの姉さん女房タイプなので、男性に経済力がなかったり、勉学中の男性にとってはありがたい存在。でも、相手が自立できるようになったら別れる可能性が大きい男性です。育てる喜びで満足できる女性でないともめる相手。恋人、結婚の相性は小吉。

草花の男性との相性

優しくて、細かい気配りができる年下の男性が相手。万事が女性のペースで進められますから、口うるさかったり、出しゃばりすぎたりすると嫌われます。太っ腹な母性愛で接し、相手の自主性と自由度も認めてあげること。尽くしすぎると吉が凶に変わる相性です。

太陽の男性との相性

危険な関係とわかっていても、あきらめられない相手になります。相手は熱しやすく冷めやすい男性。そのうち女性の優しさがうっとうしくなり逃げ出すはめに。うまく付き合うためには相手を拘束しないこと。あなたに自信があれば相手を自由にできます。結婚の相性は小吉。

灯火の男性との相性

親しくなればなるほどトラブルが多くなる組み合わせ。ひ弱でおとなしそうに見える男性なので、女性が主導権を持ち引っ張っていく形になります。男性のほうに不満がたまり相手の一言で爆発する可能性が大きいでしょう。傷つける言葉は言わないこと。恋人、結婚の相性は大凶。

山岳の男性との相性

無茶をしない常識人、優しくて几帳面で真面目な人。結婚するならこんな男性が一番。ただし、尊敬できる男性でないと、女性は素直になれません。尽くし従うこともできません。女性は専業主婦になるほうがうまくいきます。男性が主導権を取ることで相性は大吉。

大地の男性との相性

結婚の相性は大凶ですが、責任感が強くて純粋で働き者の男性ですから、生まれた年と生まれた月の相性がよければ、仲よく暮らせる相手。短気な一面を持つ男性なので、それを柔らかく包み込んであげる女性であればうまくいきます。恋人、結婚の相性は中吉。

鋼鉄の男性との相性

結婚の相手は父親のような男性。どんなわがままも受け入れてくれる年上の男性が狙い目。バツイチでもＯＫ。ただし、あなたの行動はすべてチェックされていると思っていたほうがよいでしょう。あなたが相手の束縛に耐えられるかどうかが決め手となります。恋人、結婚は中吉。

宝石の男性との相性

最初はウマが合うと思って付き合い始めますが、そのうちに嫌気がさしてくる相手。よい時と悪い時の差が激しい組み合わせ。男性が主導権を持ち、女性が従うという専業主婦なら、なんとかうまくいくでしょう。結婚の相性は中凶。

大海の男性との相性

きょうだいのような組み合わせ。どんなにケンカしても、いつの間にか仲直りしている間柄です。恋人も結婚の相性も中吉。あなたにとっては頼りになる兄のような存在。ただし、お互いに尊敬できる何かを持っていたら鬼に金棒。

雨露の男性との相性

似た者同士で気心がわかりあえる相手と思って手を抜くと、他の女性にさらわれてしまうかもしれません。お互いに努力しなくても、「俺しかいない」「わたしが一番」という変な自信があるからです。恋人の相性は小吉ですが、結婚の相性は小凶。

二 天中殺から見た結婚の相性

天中殺には、子丑(ねうし)天中殺、寅卯(とらう)天中殺、辰巳(たつみ)天中殺、午未(うまひつじ)天中殺、申酉(さるとり)天中殺、戌亥(いぬい)天中殺の6種類あります。この6種類の天中殺には、それぞれ違った宿命、現象、行動パターン、運気の流れといったものがあります。

天中殺で強く引き合う相手との結婚運

天中殺のタイプ

まず自分の天中殺がどんなタイプで、どんな運命をたどるかを知ったうえで、自分の運気を上昇させてくれる天中殺の人と結婚することが大事です。天中殺には、お互いが持っていないものを本能的に求め合う作用があります。このような関係は一見よさそうに見えますが、天中殺の組み合わせの場合はよくありません。その理由は、お互いのバランスが取れた段階でエネルギーが止まってしまうからです。

ただし、病気で入院した時や商売がうまくいっていない時に出会うと、不運なエネルギーを止めてくれる相手になりますから、大変ありがたい人になるのです。しかし、逆に不運を乗り越えて元気になって「これからやるぞー」という時には、伸びようとする運を引っ張る人になってしまいますから気を付けましょう。

運気を止める危険な天中殺の組み合わせは、次の3通りになります。

①子丑天中殺――午未天中殺
②寅卯天中殺――申酉天中殺
③辰巳天中殺――戌亥天中殺

この3通りの組み合わせは、強く引き合う相手になりますから、事業家・スポーツ選手・自由業・作家・音楽家・漫画家など、単独で仕事をしている人には向きません。

ただし、組織に守られているサラリーマンや公務員には、さほど影響はありません。

② 天中殺の組み合わせで見る結婚の相性

1 子丑天中殺とほかの天中殺との相性

子丑天中殺というのは、親、上司、先輩といった年上の人に助けてもらえない宿命の人です。ですから、親離れは早ければ早いほど、あなたの運が上昇します。運勢は大器晩成型なので、中年以降でないと運の上昇は期待できません。

子丑天中殺生まれの人は、初代運の宿命になりますから、若い時代の苦労は当たり前。この苦労を乗り越えられなければ大成できません。いつまでも親元でぬくぬく暮らしていたのでは、あなたの運気は上昇しません。サラリーマンであっても、上司に従っている間は運がよくなりません。部下を持つようになって、ようやくあなたの本領が発揮できるのです。本来は、苦労の多い境遇に置かれても、それを乗り越えるだけのパワーを持っている人です。サービス精神も旺盛で世話好きな人ですから、部下からは好かれるタイプ。晩年は部下に助けられて悠々自適な暮らしが保証されています。

子丑天中殺と子丑天中殺のカップル

気楽な関係。ただし、不倫関係になると別れられなくなる相手です。仕事相手として発展性はありません。

お互いのよいところも、悪いところも手に取るようにわかります。個人的には楽に付き合える関係です。気が楽だからといって、ずるずる付き合っていると別れられなくなる相手です。結婚して、夫を出世させたい人には向きません。

波乱が少ない楽な相手。「似た者同士」ということで、刺激がなく、すべてが「なあ、なあ」で片づけてしまう恐れがあります。資産家同士の結婚にはよいが、若者同士でゼロからのスタートの結婚は苦労が多い結婚になります。

子丑天中殺と寅卯天中殺のカップル

寅卯天中殺のパワーに振り回されて疲れる組み合わせです。逆に、太っ腹な性格でしっかりと受け止めてくれる相手であり、あなたの隠れた才能を引き出してくれる相手でもあります。

寅卯天中殺のパワーに引きずりまわされて、自分のペースが維持できないかもしれませんが、あなたが女性なら最高の相性です。寅卯天中殺の大らかさの影響を受けて、あなた自身の迷いが消えて自信が持てるようになってきます。相手の家庭にもすんなりと溶け込めて、堅実な家庭を築くことができるでしょう。仕事面でも、チャンスを運んできてくれる相手です。

子丑天中殺と辰巳天中殺のカップル

代々継承を続けている家運を没落に導く相性です。ただし、ゼロからの出発ならうまくいく相性。仕事面では出世が早い組み合わせ。

この組み合わせの結婚は、親の援助もすべて捨てて、ゼロから二人で努力して出発すればうまくいきます。次々と浮かぶ辰巳天中殺のアイデアが当たり、仕事運だけは不思議とうまくいきます。
逆に、この二人が親の後を継いだ場合は、家運は下降し没落の道をたどることになります。この組み合わせは別名「家運没落の相性」と言われ、昔から敬遠された結婚相手です。

子丑天中殺と午未天中殺のカップル

いい運も悪い運も止めてしまう組み合わせです。子丑天中殺の冒険心を抑え、さらに用心深くしてしまう相手になるので事業家のパートナーとしては不向きです。

子丑天中殺にとって不運な時代に出会うと、悪い運を止めてくれるのでありがたい相手です。しかし、不運から脱出して発展しようとする運気まで止めてしまう組み合わせなので、「これから」という若いカップルには避けたい相手です。ただし、中年以降の結婚や再婚相手としては、現状を維持してくれる相手になりますから、今の地位を守ってくれるよい組み合わせになります。

子丑天中殺と申酉天中殺のカップル

あなたの悩みを親身になって聞いてくれる相手ですが、資金までは出してくれません。ただし、未来へ向かうパワーが出てくる相手。

自立している者同士にはよい相性です。元来、申酉天中殺の人は「自分のことは自分の力でやる」が建前ですから、手取り足取り助けてくれることはありません。自分で考え行動するのが当たり前と思っている人です。そのための知恵やアドバイスだけなら与えてくれます。このような精神だけの結びつきで十分という人にはよい相性です。

子丑天中殺と戌亥天中殺のカップル

現実の生活は恵まれますが、心の葛藤が大きい組み合わせです。なぜか頼まれ事を断れないのが戌亥天中殺の人です。

恋人同士であっても、ライバル意識が生まれる組み合わせです。そのためお互いが刺激剤になって仕事がうまくいきますから、現実の生活は豊かになり、他人がうらやむほど恵まれた生活ができます。

しかし、心の葛藤が大きい組み合わせです。生活が豊かになればなるほど、精神的な満足が得られなくなり孤独になっていきます。あなたが持つ精神的な「情愛」が、合理主義の戌亥天中殺のエネルギーに消されてしまうために、精神的な満足が得られず空しくなってくる組み合わせです。

2 寅卯天中殺と他の天中殺との相性

寅卯天中殺の人は、よくも悪くも度胸がよく、スケールもエネルギーも大きい人です。本質は、親の跡を継ぎ、それをさらに大きく発展させるという二代目運（親孝行運）の人です。ただし、きょうだいや友人には恵まれにくいかもしれません。その代わり本能的に家庭と家族を求めます。

大胆で大ざっぱな性格から、家族の日常的な悩みや愚痴を聞くのが苦手なタイプ。どちらかと言うと、家庭のことは奥さま任せ。「好きにやれ」と突っぱねるので、家族からは冷たい人間と誤解されることもあります。しかし、他人からは頼りになる人なので、大変好かれる存在になるでしょう。

男女関係には、めっぽう真面目な人。それだけに、いったん恋に落ちると始末が悪い人。浮気のつもりが、本気になってしまう危険性があるからです。

寅卯天中殺と子丑天中殺のカップル

ふだんは口うるさいが、いざという時には頼りになる人。女性が寅卯天中殺であれば、カカア天下になるタイプ。

悩みや愚痴を聞き、アドバイスもしてくれる面倒見のよい人。必要ならばお金も出してくれるし、力も貸してくれるというありがたい存在が子丑天中殺の人です。

優しいだけではありません。金も出すが、口も出す、厳しいことも言うし批判もします。うるさいことを言う母親みたいな人が子丑天中殺の人と思っていればいいでしょう。

あなたが男性か女性かで、ずいぶん関係が変わってきます。あなたが男性なら、非常に明るい家庭になります。そしてあなた自身にチャレンジ精神が出てきて、やる気が倍増し「亭主関白」になっていきます。あなたが女性なら「カカア天下」で女権の強い家庭になります。亭主関白でもカカア天下でもどちらがよいとか悪いとかではありません。それは単なる価値観の問題であって、相性には関係ありません。

寅卯天中殺と寅卯天中殺のカップル

ウマが合う相性。よい時は最高だが、仲が悪くなると最悪の相手。どんなにがんばっても思うように成果が上がらない組み合わせ。

出会った瞬間に「ウマが合う」と思える相手。似た者同士なので「なんだか前から知っている人みたい」と感じる相手です。同質の力を持っている相手ですから、基本的には気心の知れた楽な関係になります。天中殺だけでなく宿命から見ても相性がよければ、呼吸がぴったり合った相性になります。

ただし、一度仲が悪くなると収拾がつかないような険悪な仲になり、憎しみ合うようになるでしょう。若い人には、ウマが合いすぎて刺激の少ない組み合わせになりますから、飽きない工夫が必要かもしれません。

寅卯天中殺と辰巳天中殺のカップル

長い付き合いになってもストレスを感じない相手。あなたの運を上昇させてくれますが、振り回される危険性もあります。

最高の相性です。お互いの性格や行動の違った面に魅力を感じるという不思議な相性です。似た者同士の結びつきでなくて、自分にないものを持っているという一種憧れに似たもので引き合う組み合わせです。

ですから、あなたのよい面をぐんぐん引き出し発展させてくれる相手。ただし、お互いの能力や力のバランスが取れていないと、相手に振り回され疲れるだけの人になってしまいます。

寅卯天中殺と午未天中殺のカップル

落ち着いた、安定した人生を送りたい人には最高の相性。ただし、大胆さとスピードが武器の寅卯天中殺のよさが失われてしまいます。

落ち着きのあるのんびりとした人生を送る組み合わせです。ただし、スピード感が武器の寅卯天中殺の人のよさが消えてしまいます。つまり、あなたのほうにストレスや不満がたまるということです。それは活動的な寅卯天中殺の行動力が、午未天中殺の用心深さに足を引っ張られるため身動きできなくなるからです。

寅卯天中殺と申酉天中殺のカップル

困った時には助けてくれる相手になりますが、後々まで支配される相手。駆け込み寺的な存在になりますが、自分の運気まで止めてしまうので危険な相手になります。

あなたの危機を救ってくれる相手にはなります

が、後々まであなたを支配することになります。あなたが女性の場合は、夫に従っていればいいわけですが、男性の場合は後々で足かせになる危険性があります。

たとえば、寅卯天中殺の男性が病気で入院したとします。親身になって看病してくれるのが申酉天中殺の女性です。そして、病気が回復して「さあ頑張るぞ」という時に、足を引っ張るのがこの女性です。男性の場合は特に、入院中や不運な時に結ばれたカップルは、このケースが多いので気を付けましょう。

寅卯天中殺と戌亥天中殺のカップル

あなたの落ちた運気を一気にアップさせてくれる相手ですが、残念ながら一度だけ。しかも、相手の人生まで狂わせてしまうので結婚相手には不向きです。

仕事の相手としてはいいかもしれませんが、熱しやすく冷めやすい性格で運気に持続性がないので、結婚には向かない相手といえるでしょう。あくまでも恋愛相手にとどめておくことです。もうひとつの特徴として、お互いの天中殺が作用し合って、相手の人生が正反対の方向へ変化してしまう危険性があることです。貧乏だった相手が裕福な生活へ転じるのならいいですが、裕福な生活から貧乏な生活に転じてしまうのは困ります。戌亥天中殺の人と結婚する場合は十分に気を付けましょう。

3 辰巳天中殺と他の天中殺との相性

辰巳天中殺の人は、世間の常識的な生き方から見ると、波乱万丈でなんとなく不安定な生き方に見えてしまいます。しかし、本人はごく普通な生き方をしているつもりです。行動力にも、たくましさがあります。どんな逆境にあってもしたたかに生きていく、そんな生命力の強さを持っている人です。

辰巳天中殺は、他の天中殺の人とはちょっと変わったエネルギーを持っていますから、物の見方も、考え方もユニークです。普通の人が考えつかないようなアイデアで一発ヒットさせて大儲けするのも夢ではありません。

常識や社会の枠にはまらないところが、辰巳天中殺の人の特徴です。そのために、運勢の波が非常に荒くなり、運のよい時と悪い時の差が大きくなります。このような不安定な要素を抱えながらの生活になりますが、カンのよさに救われることが多い人生になるでしょう。

辰巳天中殺と子丑天中殺のカップル

新しい世界へ前進する手助けをしてくれる相手。運のアクセル役をする頼れる相手です。

この組み合わせは、一般的には波乱の多い結婚生活になると言われています。あなたの運に影響を与える相手になりますが、出会った時期によって相性が変わる相手です。

あなたが運のよい時期に子丑天中殺の人に出会うと、アクセルを踏まれますから運がどんどん上昇していきます。福の神に出会ったような気分です。逆に運の悪い時に出会ったら、不運に拍車がかかって運はどんどん悪くなっていきます。つまり、子丑天中殺の人に出会った時期の運の状況によって、相性がよくなったり悪くなったりするのです。結婚は、慎重に選ばないと幸せになれない相手です。

辰巳天中殺と寅卯天中殺のカップル

よき理解者ではあるが、相手のペースにあなたが巻き込まれてしまう関係。仕事の相手としては、よい関係でいられるが結婚相手としてはストレスがたまりやすい相性です。

理解者の少ない辰巳天中殺の人にとっては、強い味方になってくれる相手です。ただし、あなたのユニークな感性、独特な個性が発揮できなくなるかもしれません。相手にあなたが振り回される関係になりますから、あなたのほうにストレスがたまるでしょう。あなたが男性なら、カカア天下になる組み合わせです。あなたの行動は細かくチェックされるかもしれません。あなたが女性の場合は、相手の生き方に同調できればうまくいく相性です。あなたのブレーキ役になるのが寅卯天中殺の人ですから、あなたが普通の生き方を望むなら、寅卯天中殺とはよい相性です。逆に自分の個性を生かした自由な生き方を望むなら、相性の悪い組み合わせになります。

辰巳天中殺と辰巳天中殺のカップル

同じ波長と気質を持つ相手ですから、気楽に付き合える関係。ただし、人生をともに歩く相手としては、幸運と不運の差が激しいので、平穏な生活が保てない相手です。

うまくいっている時は機嫌よく付き合えますが、一度つまずいたら立ち直れない組み合わせになります。しかも激しい気質で、思いどおりに突っ走りたい人ですから、二人の意見が一致すると暴走してしまいます。安定した穏やかな生活は送れないと思っていたほうがいいでしょう。勘が当たってうまくいけば大成功も夢ではありませんが、勘が外れたら家庭が崩壊するでしょう。ただし、休む間もなく忙しく、何かに追われるような状態（子供の多い大家族）であれば、家庭の平和を保つことができるという不思議な力を持っています。

辰巳天中殺と午未天中殺のカップル

辰巳天中殺の人の不安定な運気を安定させてくれるのが午未天中殺の人。しかも、あなたのよい面を引き出してくれ、さらに手助けしてくれるというありがたい相手になります。

辰巳天中殺の人は、一風変わった個性と才能を持つ人ですから、人生の起伏が激しく、ものすごくよい時と悪い時の差が大きいのが特徴です。このように激しく揺れる運を押さえ、精神的に安定させてくれる相手が午未天中殺の人です。その意味では大変よい相性ですが、あなたにとってはブレーキの役割をするわけですから自由はなくなります。ただし、それもあなたの受け取り方次第です。相手はかなり厳しい批判を浴びせるでしょう。このアドバイスをありがたいと受け取れるようでしたら、結婚生活はうまくいきます。ただし、離婚の確率が高いのも事実です。

辰巳天中殺と申酉天中殺のカップル

触れただけで火花が散りそうな相手が申酉天中殺の人。お互いのパワーをぶつけ合いながら伸びていく関係なので、甘いムードは望めません。

切磋琢磨して伸びていく関係ですから、生活のなかに甘いムードや優しさを望むことはできません。あくまでもお互いが張り合うことで相手の力量を認め、尊敬することになっていきます。他人から見ると、ケンカをしているとしか映らないかもしれませんが、この組み合わせは、このような表現の仕方で相手の力量を認め合う関係になりますから、戦友のような相性といえるでしょう。甘い結婚生活を期待しなければ、安定した生活を送ることができるでしょう。

辰巳天中殺と戌亥天中殺のカップル

あなたの不運を止めてくれるありがたい相手が戌亥天中殺の人です。でも、あなたが立ち直ってやる気が出てくると、逆に足かせになってしまう厄介な相手が戌亥天中殺の人。

困った時や不運の時には、強い味方になってくれる相手です。ところが、どちらかが成功すると歯車がギクシャクしてくるのが特徴です。この組み合わせは、正反対になる天中殺同士ですからよくも悪くも運気を止める働きをします。不運のときは親身になって助けてくれる相手ですから何も問題はありません。ただ、何か新しいことを始めようとすると「足かせ」になる組み合わせになるので気を付けましょう。出会って即結婚すると壊れやすいカップルになりやすいといわれています。この組み合わせは、恋愛期間が長いほうが結婚生活はうまくいきます。

4 午未天中殺と他の天中殺との相性

午未天中殺の人は、長男・長女として生まれなくても、中年期になるとなんとなく一家のまとめ役が回ってきます。家庭の行事や冠婚葬祭など、気が付くと自分が仕切っていたり、自分が乗り出さないと事がまとまらないということに気が付くはずです。つまり、家系の後始末を全部して、最後にあの世に行くという宿命の人だからです。そのために、どの天中殺の人よりも長寿であるということです。

もう一つの特徴は、非常に凝り性であるということです。芸術的な才能にも恵まれていますから、何か好きなことを見つけて専念すれば、大成するでしょう。午未天中殺の人は、子供の縁が薄いとも言われていますから、老後の寂しさを補うために旅行、絵画、音楽、写真、詩や俳句といった趣味を持つことで、共通の仲間を広げていけば、楽しい人生を送ることができます。

午未天中殺と子丑天中殺のカップル

あなたが不運な時代には強い味方になってくれる相手が子丑天中殺の人。ただし、不運を乗り越えて、上昇気流に乗り出すと相手の存在がうっとうしくなってきます。伸びようとするあなたの運気を止めてしまう相性だからです。

不遇な時代には、よく助け合い、協力し合う仲のよい関係でいられます。ところが、どちらかが成功すると、歯車がギクシャクしてきます。つまり、相手がその雰囲気にそぐわなくなってくるのです。相手に伸びようとする運を止めるブレーキの働きが出てくるからです。

ただし、地位や名誉、財産を築き上げた晩年の再婚相手には、よい組み合わせです。

午未天中殺と寅卯天中殺のカップル

いろいろな面から見てマイナスの要素が少ない相手が寅卯天中殺の人です。神経質なあなたと大ざっぱで約束してもすっぽかされる寅卯天中殺の人とでは「のれんに腕押し」の相性です。

午未天中殺のあなたは、細かいところによく気が付くタイプ。寅卯天中殺の相手は、おおらかであまり気にしないタイプ。こういう感じですから、夫が寅卯天中殺のほうがうまくいきます。逆の場合は、ちょっと疲れるかもしれません。ただし、寅卯天中殺の人は、約束を時々忘れることがありますが、意図的ではないので、あまりかっかとしないこと。このカップルが結婚しようとすると、どういうわけか周囲の反対に遭いやすいのも特徴の一つです。そのため、結婚生活を始めた当初は、苦しいことが多いかもしれませんが、だんだん理解し合える仲になっていきますから心配しすぎないこと。さらに幸せなことは、午未天中殺の人が持っている「子供が離れていく運」を引きつないでくれるのが寅卯天中殺の人なのです。

午未天中殺と辰巳天中殺のカップル

お互いの手の内が見えてしまう組み合わせ。あなたにとって辰巳天中殺の人は、一気に運を上昇させてくれる相手です。一種のショック療法的存在になる相手です。

結婚は長い人生を共に歩む相手ですから、瞬間的によい結果を与えてくれても長続きしなければ結婚生活は維持できません。ただし、この組み合わせの夫婦が窮地に追い込まれた時は、ものすごいパワーを発揮して助けてくれます。そのたくましさには素晴らしいものがあります。しかし、普通は穏やかな結婚生活を望みますから、このような運気の乱れを持つ相手との生活にあなたは満足できないでしょう。いずれあなたのほうにストレスがたまり、お互いの心は離れていくでしょう。

午未天中殺と午未天中殺のカップル

会った途端に親しみを感じる相手ですから、ウマが合う相性と言えます。気楽な関係ですが、夢だけが広がり現実性に欠ける傾向があります。

ウマが合う相手と言っていいでしょう。会った途端に親しみを感じる相手ではありますが、夢だけが広がって、話がどんどん浮世離れしていく傾向があります。一見理想的な結婚相手のようですが、同格意識が強すぎて協調性がありません。いつまでも友達感覚から抜け切れないため、旅行するにもまとまりにくいカップルです。結婚相手としては、ひと工夫必要な相性です。

午未天中殺と申酉天中殺のカップル

積極的にあなたの運をバックアップしてくれる相手です。ただし、お金には恵まれるが、精神的な安らぎは得られません。心のつながりにズレが出てくる相性です。

積極的にあなたの運を押し上げてくれる相手です。ただし、財には恵まれますが、精神的な葛藤が多い相性です。心のつながりが生まれにくい組み合わせになりますから、お互いの欠点を補いながら発展していく相性です。アイデアマンのあなた（午未天中殺）と行動力のある相手（申酉天中殺）のパワーが合体するわけですから、発展性のある相性になります。ただし、あなたの理想が高すぎたり、完璧を望みすぎたりすると、うまくいかなくなります。物質的なものに恵まれても、老後はそっぽを向いて暮らすようになるかもしれません。

午未天中殺と戌亥天中殺のカップル

長い時間をかけて、あなたの才能を引き出し育んでくれる相手が戌亥天中殺の人です。ただし、その成果が現われるのが10年先になりますから、尊敬できる相手でないと無理でしょう。

あなたの人生観まで変えてしまう相手です。ただし、その成果が現われるのは10年先になりますから、果たしてそれまで相手を信じてついていけるかどうかが問題です。あなたにとって戌亥天中殺の人は、生き方、考え方、価値観まで変えてしまうほど強い影響力を持っている人です。ただし、相手（戌亥天中殺）はまずふつうでは理解できない人ですから、いったんこの人についていこうと決めたら、とことん付き合ってみることです。そうすると、別のあなたを発見することができるかもしれません。

5 申酉天中殺と他の天中殺との相性

申酉天中殺の人は大変な働き者で、コタツに入ってのんびりテレビを見ているようなタイプではありません。どちらかというと「ながら族」タイプ。一人で二役も三役もこなせる人ですから、会社では責任ある仕事をやりながら、家庭でも家事、子育てをうまく両立することができる人です。このように、その時々の環境や状況に素早く対応できるからこそ、何役もこなせるのです。

申酉天中殺の女性は、もともと家庭のなかに閉じこもるタイプではありませんから、温かい家庭がいやしの場にはならないのです。だからと言って、結婚運が悪いというわけではありません。親の面倒も家系もしっかり守っていく二代目運の人。二人の関係は、友達感覚、同志感覚で、お互いがそれぞれに目標を持って生きていくという相性ですから、すべてがマイペースになってしまいます。

申酉未天中殺と子丑天中殺のカップル

あなたのよい面を引き出して、さらに発展させてくれるありがたい相手です。それも直接ではなく、間接的に応援してくれるのが特徴です。

よい運を引き出して発展させてくれる相手になります。それも直接ではなく間接的に応援してくれる相手です。子丑天中殺の堅実さと申酉天中殺の行動力が合体して生まれるエネルギーが、幸運を運んできてくれるのです。結婚の相性としては理想的。息の長い明るい生活が保証される最高の相性になるでしょう。

申酉未天中殺と寅卯天中殺のカップル

よい運も悪い運も止めてしまう相性になります。寅卯天中殺の人の大ざっぱな性格が幸いして、上昇運にもそれほど邪魔にならないでしょう。相手に完璧を求めなければ、よい相性になります。

正反対のカップルなので、よい運も悪い運も止めてしまうブレーキ役になる相性ですが、この組み合わせだけはそれほど邪魔にならないという珍しい相性です。寅卯天中殺の人は、相手の悩み事やグチを聞いてくれるタイプではありません。なんでもお金で解決しようとするのが特徴です。とくに結婚の相性としては、女性が寅卯天中殺のほうがうまくいきます。

申酉未天中殺と辰巳天中殺のカップル

物心両面から協力して、あなたの運気を上げてくれる相手が辰巳天中殺の人。文句も言わずに心から援助してくれるありがたい相手です。

あれこれ文句も言わないで、心から応援してくれるマイナス面が少ない相性です。ほぼ理想的な形と言ってもいいでしょう。物心両面から惜しみなく協力してくれる相手ですが、一度不信を抱いてしまったら修復不可能になってしまいますから気を付けましょう。相手を信頼していただけに、心の傷も深くなり、憎しみもだんだん大きくなっていきます。

申酉未天中殺と午未天中殺のカップル

あなたのために効率のいい話をせっせと持ってきてくれるありがたい相手です。自分は何もしなくても、相手が勝手にいろいろな仕事を紹介してくれますが、心のつながりは望めない相性です。

結婚相手として、一番必要な心のつながりが生まれにくい組み合わせです。経済的には豊かになり、他人がうらやむようなゴージャスな生活はできるでしょうが、精神的な満足は得られません。恋人とか、結婚相手としては、優しさ、思いやりに欠ける相性です。仕事上のパートナーなら最高の相性になれるでしょう。

申酉未天中殺と申酉天中殺のカップル

友達としてなら、一生涯の親友になれる相手です。同じ天中殺の人は、引き合う力も前進力も大きい相性です。ただし、同業者同士だとライバル意識が強くなりますから、結婚相手としては避けたほうが無難でしょう。

同じ天中殺同士の場合、引き合う力が大きいのはどの組み合わせも同じです。しかし、申酉天中殺同士のカップルの困ったところは、前進あるのみで退くことを知らないことです。前進力は普通の人の二倍も三倍もありますから、空中分解してしまう恐れがあります。申酉天中殺同士は前進力の強いカップルですから結婚相手としては、どちらか片方がブレーキ役にならないと、長い人生をともにする相手としては不適当です。ライバル意識が強いカップルになりますから、離婚率の高い組み合わせです。

申酉未天中殺と戌亥天中殺のカップル

どちらともトップの器を持つ天中殺同士ですから、立場と分野が違うとうまくいく相性です、このカップルは、共通点が多い相手になりますから、同業者同士の結婚は避けるほうが無難でしょう。

立場の違う相手ならうまくいく組み合わせです。とくに同業者同士は、ライバル意識が強くなりますから避けたほうが無難でしょう。たとえば、作家やタレント同士で、しかもジャンルが同じとなれば絶対うまくいきません。社内結婚も避けたほうがよいでしょう。もしも好きになって結婚した場合は、どちらかが会社を辞めるか、転職するかのどちらかを選んでください。

6 戌亥天中殺と他の天中殺との相性

戌亥天中殺の人は、家系のはみ出し者。社会人になっても家族と一緒に暮らしたり、家族に助けてもらったり、家族に援助してもらったりすると、それだけ自分のエネルギーの稼働が遅くなります。自分のエネルギーを十分に発揮するには、なるべく早く自立することが一番です。若い時代は苦労して人間性を磨かないと、あなた自身の運気は上昇しません。

戌亥天中殺の人は、働き者と怠け者の両面を持っています。それも両極端です。どんなに忙しくても、気にいった仕事なら平気です。気に入らない仕事だったら、簡単に辞めてしまいます。ですから、表面は穏やかな人に見えても、気楽に付き合うと裏切られたり、だまされたりしますから気を付けましょう。

性格も同じで、神経質な面とおおらかな面の両方を持っている人です。また、子供運が悪いのも特徴の一つです。たとえ子供が生まれても、成人すると親元を離れていく宿命の子供が生まれやすいのです。親の後を継ぐ二代目の運を持つ子供が生まれにくいということです。

戌亥未天中殺と子丑天中殺のカップル

コーディネーター的な役割をしてくれる相手になります。戌亥天中殺の人の孤立しやすい状態を明るいところへ引き出して活力を与えてくれるのが子丑天中殺の人です。

孤独の殻に閉じこもりがちなあなたを、明るいところに引き出して活力を与えてくれるのが子丑天中殺の人です。しかも、あなたの素晴らしい才能を宣伝までしてくれるありがたい相手。このように、あなたのよさや才能を見抜いて引き出してくれ、さらにコーディネーター的な役割までしてくれる相手です。また、あなたが男性か女性かでずいぶん関係が変わってきます。そして、才能に恵まれた者同士でないと人生をともにするには疲れる相手になります。あなたが男性の場合は、妻のほうが夫のコーディネーターを務める関係になりますから、だんだん妻の権力が強くなりすぎて問題が出てきます。逆にあなたが女性の場合は、夫のほうが妻のコーディネーターを務めることになりますから、妻のほうによほどの才能がないとついていけなくなってしまいます。

戌亥未天中殺と寅卯天中殺のカップル

あなたが困った時には、強い味方になってくれる相手です。ただし、一時的なもので、2、3年が限界。相手の力に頼りすぎると危険です。

相手の瞬発力を借りて、一気にあなたの運を引き上げられるありがたい相手です。ただし、長続きしないので頼りすぎないようにしましょう。あくまでも自分の力と努力で幸運をつかむ覚悟が必要です。たとえば、一発ヒットしても、次もヒットするとは限りません。このカップルは、もう一発と欲を出しても通用しません。このように持続性のない組み合わせになりますから、結婚の相手としてはちょっと問題です。特別に瞬発力を必要としないサラリーマンには、精神的なストレスがたまりやすい相性です。ただし、特殊な技術や才能で仕事をしていく自由業、芸術家、学者には、非常によい相性です。

戌亥未天中殺と辰巳天中殺のカップル

あなたのブレーキ役になる相手です。不運の時期には、不運を止めてくれるのでありがたい相手になりますが、運気がよくなってきた時は、悪さをする相手になってしまいます。ただし、再婚相手としてなら、安定した生活ができる相性になります。

これからという若いカップルにはよくない相性ですが、すでに基盤を築き上げた人や再婚相手にはよい相性です。理由は、守りが強くなり、チャレンジ精神が失われる組み合わせになるからです。つまり、自分の運が落ちている時や困っている時には、親身になって助けてくれるのが辰巳天中殺の人。ただし、不運を乗り越えた後が問題になるのです。やる気が出てきて運が向いてきた時に、伸びようとする運まで止めてしまう相手だからです。このように不運のエネルギー（病気・不幸のエネルギー）を止めてくれるのはありがたいことですが、同時に伸びようとするエネルギーまで止めてしまう相性です。

戌亥未天中殺と午未天中殺のカップル

あなたの秘書的な役割をしてくれる相手になります。仕事のパートナーとしては最高の相性。そのため、家庭が仕事場の延長になりストレスがたまりやすい組み合わせになります。

献身的な尽くし型の相性になります。この組み合わせは、生産性のある相性ではありません。直接利益を生み出す相手ではありませんが、秘書的な役割をしてくれますから仕事はやりやすくなります。ただし、ベッタリ度の高い相性ですから、相手に寂しい思いをさせると、後で泣くのはあなたのほうです。

戌亥未天中殺と申酉天中殺のカップル

現実的に利益をもたらしてくれる相手になるので、商売や取引先の相手に申酉天中殺の人を選ぶと業績がアップします。ただし、分野の違った者同士が条件です。

分野の違った者同士の場合は、うまくいく相性です。ただし同じ分野や同じ会社の人と結婚した場合は、会社を辞めるか、そのままいるを選択しなければなりません。会社に居座ると、必ずギクシャクしてきます。結婚生活がうまくいく組み合わせは、まったく違った分野のカップルになります。たとえば、政治家と女優、学者と事業家というように、異分野同士の結婚がうまくいきます。

戌亥未天中殺と戌亥天中殺のカップル

黙っていても相手の気持ちがわかる相手ですから、友達感覚で長く続く相性です。ただし、お互いのプライバシーを侵さないことが条件です。

同じ天中殺同士は、同質の波長を持っていますから、黙っていても相手の気持ちがわかります。安心感が持てる相手です。

ただし、他の天中殺同士のように親密な関係にはなりません。マイペースの二人が寄り添うわけですから、親しいけれども淡々とした間柄になります。「親しき仲にも礼儀あり」で、お互いのプライバシーを侵さなければ、よい関係が長続きします。お互いに信じ合い、干渉し合わなければ、うまくいく相性です。

三　行動エリアで見る結婚の相性

行動エリアで相性を占う場合は、自分の命式の年干支・月干支・日干支の3点を結んで三角形を作ります。その上に相手の三角形を重ねて、その重なり具合で相性を判定します。これは相性の良し悪しだけでなく、結婚生活のあり方、生き方まで教えてくれます。

① 行動エリアで判定する相性判定

Aの部屋

安定した生き方を求める人です。毎月決まった収入がないと精神状態が不安定になってきます。また、争い事を嫌う平和主義者でもありますから、競争の激しい会社には向きません。職業は、公務

［行動エリアで見る相性］

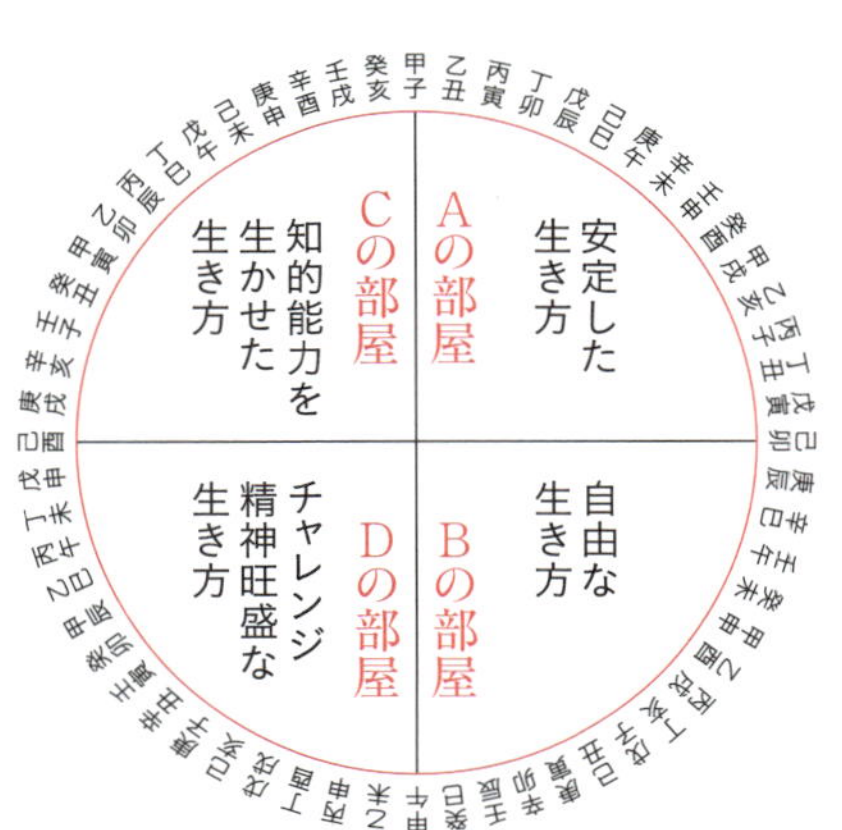

員、教職員など。または、大学病院の勤務医、弁護士なども対象です。

Bの部屋

毎日決まった時間に出かけて、決まった時間に帰ってくるような生活ができない人です。また、枠にはめられたり、命令されたりするのもダメ。「わがまま」と言われても、自分の思いどおりに生きたい人です。

自己主張が強い人ですから、死ぬまで現役を貫きます。若者にバトンタッチして楽隠居しようとは思わない人。自分独自の世界を持っている人ですから、作家、画家、音楽家、経営者、事業家、マスコミ関係の仕事などに向く人です。

Cの部屋

頭脳や知力を生かして勝負する人です。とくに肉体を使う仕事を毛嫌いします。多少理屈っぽい面がありますが、理性的で人の話をよく聞き、決して感情的にはなりません。表面は穏やかでも、内面はかなり頑固。自分の主義主張を曲げない人です。

この意志の強さに頭のよさが加わりますから、なかなかの知略者です。不利と思うとさっと身を引く逃げ上手な面も持っています。本能的に自分の身を守る術を備えている人といえるでしょう。

Dの部屋

死ぬまでチャレンジ精神を失わない人です。やりたいことや目的があれば、どんな苦労や困難にぶつかっても、プラス思考で切り開いていける人です。ただし、はっきりした目的がなかったら、このような強い精神力は生まれてきません。目的もなくただダラダラと生きていたら、どうしようもない怠け者になってしまいます。自己顕示欲も、自己主張も強く、闘争的なタイプ。何かを選択する場合は、苦労が多くて忙しいほうを無意識に選びます。休息や安住を求めないのが、このタイプの特徴です。

結婚相手と重なる場所で、この「Dの部屋」が一番大きかったら、結婚後の生活は波乱万丈になると覚悟していたほうがいいでしょう。

② 行動エリア図の見方

三角形の面積で判断

「命式図」の年干支・月干支・日干支の3点を結んでできた三角形の面積が一番大きいエリアが判断する時の基準になります。

結婚相手を選ぶ時も、この基準で相手を選ぶと離婚率が低くなります。二人の重なる面積が大きいほど相性がよくなりますが、重なる場所によって、生き方が変わってきます。三角形にならない命式の人は「日干支（生まれた日の干支）」の場所が一番大きい部屋になります。

【例題①】太郎さん／1988年11月1日生まれ

【太郎さんの命式図】

	年干支	月干支	日干支
	太郎さん		
No.	5	59	57
干支	戊辰	壬戌	庚申

【例題②】真理さん／1984年3月29日生まれ

太郎さんと真理さんを夫婦と仮定して、二人の相性を見てみましょう。

二人の年干支・月干支・日干支の3点を結んだ三角形を作成します。

「例題」の夫婦の相性は「Aの部屋」と「Cの部屋」の狭い範囲にまとまっています。

二人の相性はべったり夫婦型。二人の間に他人

【真理さんの命式図】

真理さん			
	日干支	月干支	年干支
No.	59	12	1
干支	壬戌	乙亥	甲子

が入り込めない形になりますから、子供が生まれたり、両親と同居するということになれば夫婦の仲がぎくしゃくするかもしれません。

恋人としては最高の形です。しかし、結婚相手としては、努力が必要なカップルになります。

太郎さんと真理さんの相性

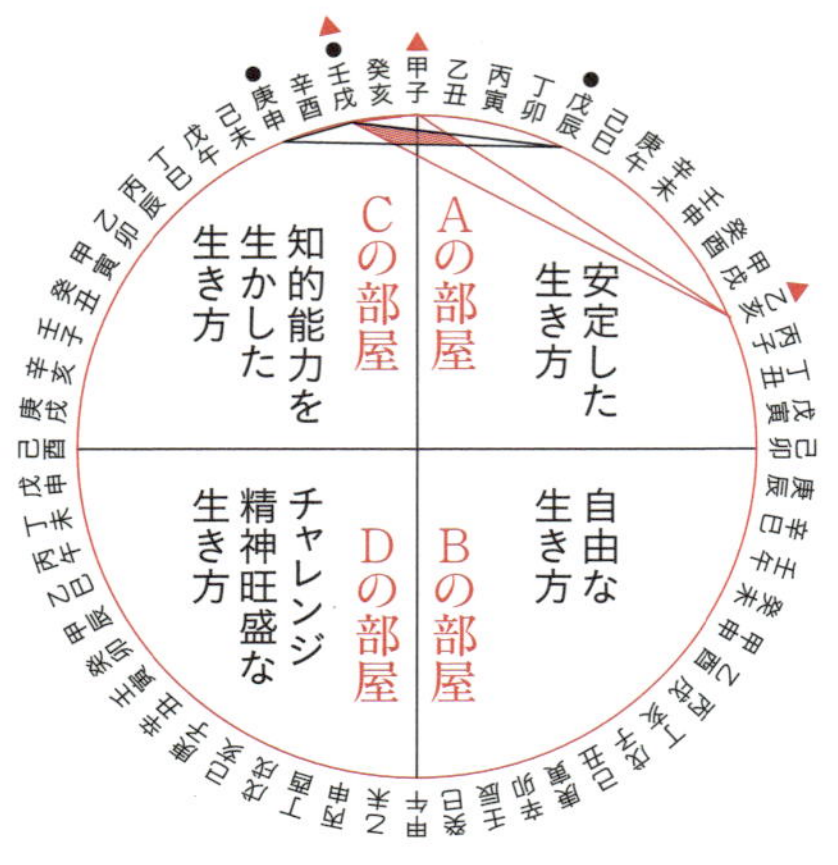

③「行動エリア」の重なりで見る相性

①ペアルック型の相性＝4つの部屋で重なるカップル

何をするにも、いつも一緒ではないといやという恋人同士のカップルです。身に付けるものはもちろん、着るものもおそろいといった感じ。傍目には微笑ましい夫婦に見えますが、子供が生まれたり、両親と同居すると、夫婦仲がギクシャクしてきます。恋人同士ならべったりカップルでもかまいませんが、結婚の相性になるとあまり仲がよすぎるのは問題です。他人が入る余裕がありません。これでは自分の子供にまで、ヤキモチを焼いてしまうことになります。

[①ペアルック型の相性]

②恋人型の相性＝3つの部屋で重なるカップル

ペアルック型よりは重なりが少ないカップルです。仲のよいカップルには違いありませんが、ペアルック型のカップルと同様恋人の相性になります。二人だけの世界になりやすいのです。結婚の相性としては、仲がよすぎて弊害が起こりやすい相性。

[②恋人型の相性]

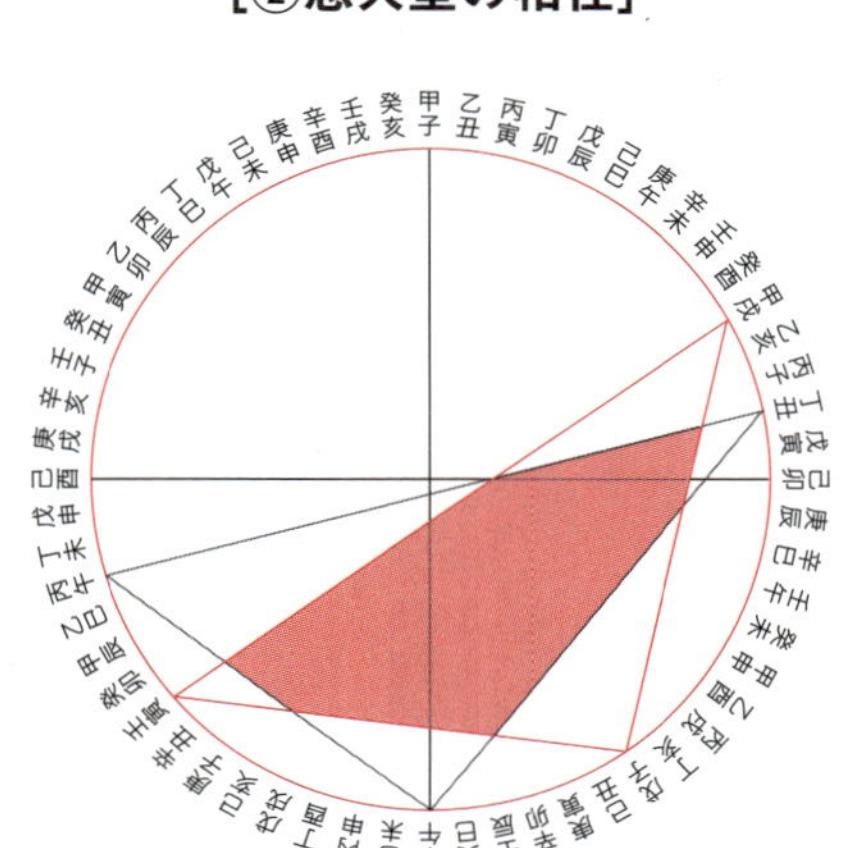

典型的な核家族の家庭構成で、両親との同居は難しいでしょう。

好みも行動も一緒というカップルですから、夫の束縛が大きく、「帰るコール」は義務。時間が取れれば、デートを楽しむといった具合。単身赴任などとんでもないと思っているカップルです。

③理想型の相性＝
2つの部屋で重なるカップル

結婚の相性としては、理想的な組み合わせです。よい結婚の相性は、夫婦だけでなく両家の家族ともうまくやっていける相性でないと結婚生活は維持することができません。それには夫婦だけがべったりでなく、子供や両親を受け入れる環境が必要なのです。夫婦の重なり範囲が大きくなりすぎると、二人の仲はよくなりますが、子供に寂しい思いをさせてしまうので、いろいろな弊害が子供に出てきます。結婚の相性は夫婦の相性とは違いますから気を付けましょう。

［③理想型の相性］

④自由型の相性＝
1つの部屋で重なるカップル

お互いが相手に束縛されないで自由に行動したい組み合わせです。仕事と家庭を両立させるには、最もよい相性です。このカップルは、親と同居しても、子供の多い大家族でも、家族の和を保ちながら楽しく生活できる相性です。共稼ぎの夫婦に

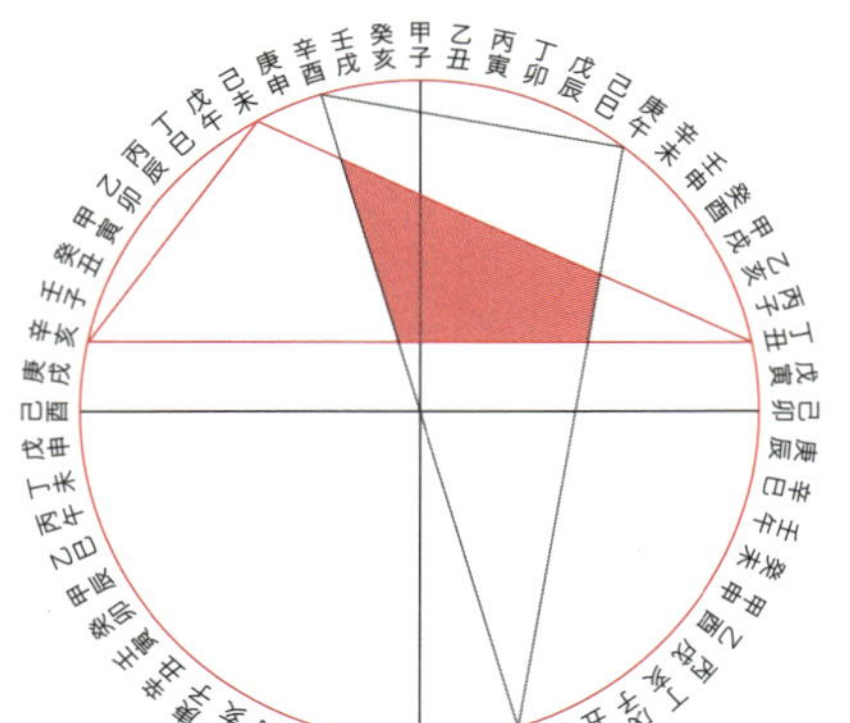

[④自由型の相性]

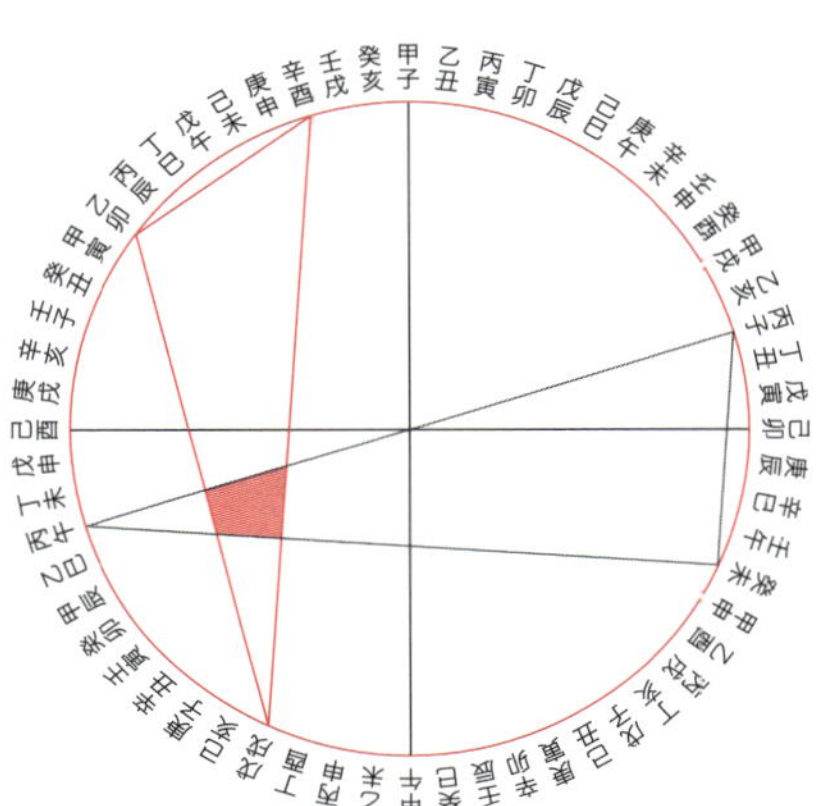

は家族の協力はありがたい存在。つまり、家族が手助けしやすい夫婦であるということです。重なりが大きいと、他の人が手助けしたくても手が出せない雰囲気が生まれます。自分はどういう生き方をしたいかが先にあって、その生き方に合った結婚の形を選ぶことが重要です。

⑤自立型の相性＝まったく重ならないカップル

行動エリアが重ならない場合、住む世界が違う人が一緒に暮らすということになります。それぞれがはっきりした目標を持って、自立した生き方をしている二人が結婚した場合はうまくいきます。二人で協力して、何かを作り上げていこうとする夫婦には向かない相性です。ある程度自分の目的

[⑤自立型の相性]

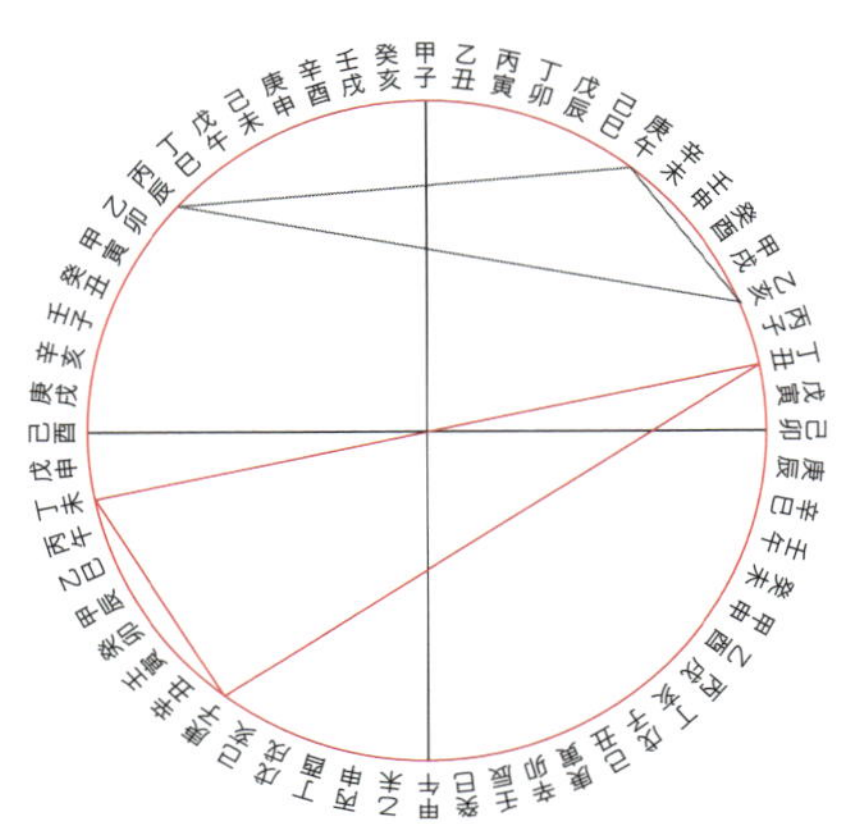

が確立した者同士の組み合わせならよい相性になります。たとえば、音楽家と小説家、カメラマンと建築家というように、異なった職業で自立している者同士ならうまくいく相性です。普通の人が、重なりのない人と結婚してもうまくいきません。例外として、国際結婚と年齢の差が大きい（12歳以上）カップルならうまくいきます。

⑥線になる型の相性＝三角形にならないカップル

相手が線になっても、同じように2つの部屋にまたがっている時は、「③理想型」。3つの部屋を通れば「②恋人型」になります。解釈も三角形を持つ同士が重なった場合と同じです。

線になった人の大きな特徴は、考え方が狭いことと神経質で凝り性な性格を持っていることです。学者、研究者、芸術家などに多いタイプです。

［⑥線になる型の相性］

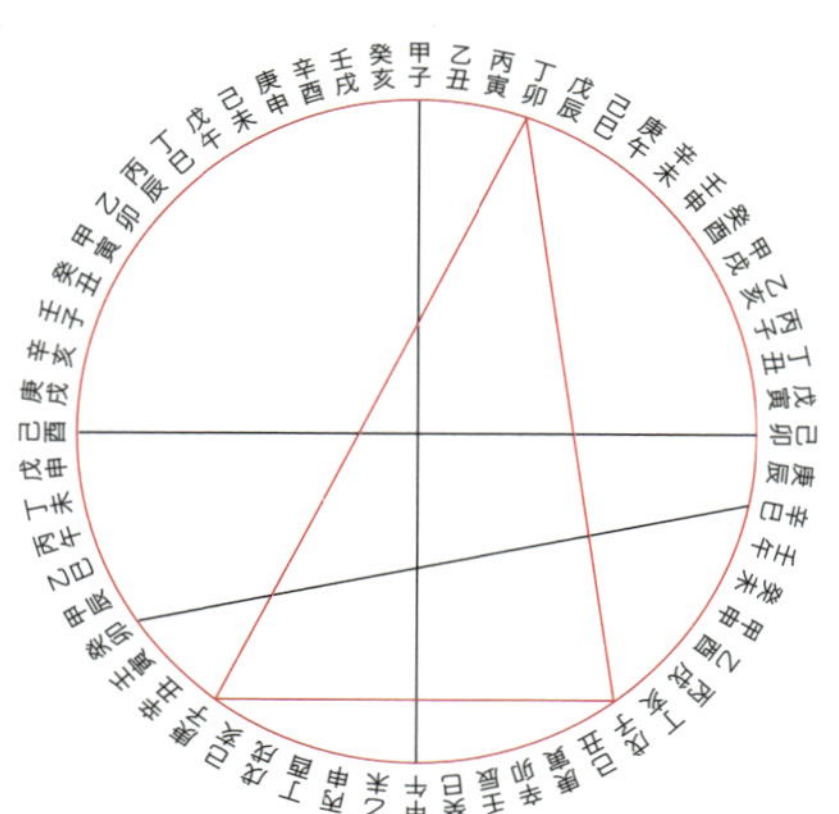

第十一章
健康診断

一　健康と「陰陽五行論」

ビジネスマンのみならず、すべての人にとって健康の管理は必須条件になっているのです。よい仕事をするにも、幸運をつかむにも、まず健康でなければなりません。

1 気のメカニズムとは？

「陰陽五行論」で読み解く

人間の体内には、血液のほかに生体エネルギーの「気」が絶え間なく循環し、それによって生命が維持されています。血と気の両方が正常に働かないと病気になってしまいます。中国の伝統医学の世界では、経絡と呼ばれる気の体内ルートの存在が知られていました。これが「気の医学」として発展し、現代でも鍼灸治療や気功のなかで受け継がれています。健康を維持するためには、バランスのよい食事を取ることも大切ですが、気の働きも重要な役割を果たしています。

気のメカニズムは、古代中国の学者による自然観から解明されたものです。自然界に存在するすべてのものが「五行」のいずれかに属しているという理論も「陰陽五行論」に基づきます。

自然界には、まず自分が立っている大地があります。大地は「土の気」です。次に、苗木「木の気」を植えます。苗木が成長するには、太陽「火の気」と雨「水の気」が必要です。水を枯らさないためには、山・岩石「金の気」を用いて豊富な水源を保つと考えていくと、自然界のすべてのものが、木・火・土・金・水の五つの気に分類されることがわかったのです。

この五行を、さらに陰と陽に分けたのが「陰陽論」です。昼（陽）と夜（陰）があって一日。男（陽）と女（陰）があって人間になるわけです。当然、宇宙にも天（陽）と地（陰）があります。このように自然界のすべてのものが、陰陽と五行に分けられます。すべての幸せ、不幸、悩み、喜びは、すべて「陰陽五行論」で解くことができるのです。

人間の体のなかにも、当然五気が存在します。ただし、五つの気のすべてを持っているとは限りません。五気のバランスの乱れから、内臓の一部に負担がかかりすぎて病気を誘発することもあるからです。

ここで注意したいことがあります。欠けている気があれば、その気に関連した臓器の病気を誘発します。しかし気が偏っている場合は、欠けている気に関する臓器よりも、偏りすぎて過多になった気に関する臓器のほうが、病気を誘発する確率が高くなることです。

自分の命式が一つの気に偏っている場合は、欠けている「気」の臓器と偏りすぎた「気」の臓器の両面から見ていく必要があります。これが東洋易学の考え方の特徴です。たとえば、右に偏りすぎたら、左を重くするか、右を軽くするか、どちらかの方法でバランスを取るということです。この考え方は、すべての判断に通用することですから、覚えておきましょう。

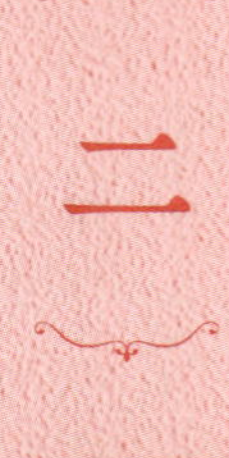

二　健康判定法

実際に健康判定をしてみましょう。自分の「基本命式図」の「日干支・月干支・年干支」を見ます。三柱の五気のバランスから割り出し、自分の体の弱点を見つけます。

❶ 気のバランスとは？

体の弱点を見つける

【十干・十二支・干合の五気の分類図】（次ページ）で、「十干」と「十二支」を五気に置き換えると、命式の気のバランスがわかります。

【例題】太郎さん／1988年11月1日生まれ

太郎さんの基本命式「日干支・月干支・年干支」を使って説明していきます。

［太郎さんの五気のバランス図］

基本命式図

日	月	年	
庚	壬	戊	干
申	戌	辰	支

五気の分布図

金	水	土
金	土	土

五行のバランス図

木	火	土	金	水
0	0	3	2	1

右の図は、太郎さんの「基本命式図のバランス

十干・十二支・干合の五気の分類図

「十干」の五気の分類図

甲	乙	丙	丁	戊	己	庚	辛	壬	癸
木	木	火	火	土	土	金	金	水	水

「十二支」の五気の分類図

子	丑	寅	卯	辰	巳	午	未	申	酉	戌	亥
水	土	木	木	土	火	火	土	金	金	土	水

干合によって五気は変化する

干合	変化した五気		干合	変化した五気	
甲—己	戊—己	土の気	丁—壬	乙—甲	木の気
乙—庚	辛—庚	金の気	戊—癸	丙—丁	火の気
丙—辛	壬—癸	水の気			

図」です。太郎さんは、「木の気」と「火の気」を持っていない人です。火の気は「心臓」の機能、木の気は「肝臓」の機能になります。だから、太郎さんは、肝臓と心臓が弱い体質の人ということになります。

基本は、この二つの機能が弱い人ですから、過労にならないことと、お酒とたばこを飲みすぎないこと。そして、野菜、酢の物、果物を多く食べるようにして、肝臓や心臓に関連した病気に注意する必要があります。

三　毎年の健康運を知る方法

毎年の健康運は、基本命式の（年干支・月干支・日干支）と大運と年運の五柱で判定します。

① 五気のバランスを見る

気の変化に注目

次ページを参考に、「例題」太郎さんの2016年の健康運を調べてみましょう。

基本の五気は、木気＝1、火気＝1、土気＝4、金気＝3、水気＝1になります。土の気が多いですが、五気が全部そろったバランスのよい配分図になっています。

気の変化とは、合法（半会・支合・方三位）と干合にだけ起こる現象です。合法とは、二つの干が組み合わさり一つの気に融合されることです。

2通りの五気のバランス配分図で見ていきます。気が変化するのは、**乙と庚＝辛と庚**＝金の気に変化します。**申と辰**＝水の気に変化します。

気が変化した場合、土の気＝3になり、水の気＝4になり、木の気＝0になりました。土の気＝胃腸は問題ありません。木の気＝肝臓と水の気＝腎臓には気を付けてください。暴飲暴食、過労にならないように気を付けましょう。以上が、2016年の太郎さんの健康診断になります。

基本型・太郎さんの2016年（28歳）の健康運

年運	大運	日干支	月干支	年干支
丙	乙	庚	壬	戊
申	丑	申	戌	辰

五気の分布図

火	木	金	水	土
金	土	金	土	土

五気のバランス図

木	火	土	金	水
1	1	4	3	1

変化型・太郎さんの2016年（28歳）の健康運

年運	大運	日干支	月干支	年干支
丙	乙	庚	壬	戊
申	丑	申	戌	辰

気が変化した五気の分布図

火	金	金	水	土
水	土	水	土	水

気が変化した五気のバランス図

木	火	土	金	水
0	1	3	2	4

[五気からわかる関連臓器と注意点]

五気	関連臓器と症状	注意点
木の気	肝臓　胆嚢　目　不眠　耳鳴り 眼のかすみ　めまい　精神不安定 怒りっぽい　決断力の低下 筋力の低下　爪の異常	過労は 肝臓を 悪くする
火の気	心臓　小腸　舌　視力　血圧　動悸 不眠　ノイローゼ　手足の冷え 健忘　発汗　舌が赤色になる 眼疲労　血液の病気	眼疲労は 心臓を 悪くする
土の気	膵臓　胃　口　糖尿病　胃潰瘍 十二指腸潰瘍　下痢　むくみ 食欲不振　腸鳴　ガン　筋無力症 肌のトラブル　筋肉痛　血小板減少	運動不足は 膵臓を 弱める
金の気	肺臓　大腸　鼻　気管支　喘息 鼻炎　咳　呼吸困難 風邪を引きやすい　便秘 皮膚病　アレルギー疾患	寝すぎると 肺臓を 弱める
水の気	腎臓　膀胱　耳　婦人病　前立腺 のぼせ　髪の障害　腎臓結石　膀胱炎 インポテンツ　腰痛　子宮筋腫 子宮内膜症　関節炎　骨	立ち仕事は 腎臓を 弱める

四

五気のバランスで健康運をチェック

自分の命式図を見て病気の傾向を占います。命式図のなかで同じ五気が四つ以上ある気、または持っていない気が、体の弱点になります。

命式に持っていない気は、嫌いな食べ物になる可能性が強くなりますから、工夫して食するようにしましょう。

反対に、気が多いものは、好きな食べ物になりますから食するのは意識して控えるようにしましょう。

十二支の組み合わせで臓器の弱点を知る

十二支から見る健康判断法

自分の命式図（日干支・月干支・年干支）の十二支の組み合わせで、現われる病気がわかります。自分の関連臓器の弱点を知ると、病気にかかりやすい傾向が読み取れます。

［十二支と人体の関係］

子＝性器・泌尿器・排泄器
丑＝目・鼻・顔左半分
寅＝右大腿部
卯＝左大腿部
辰＝消化器・胃・左手
巳＝足全体
午＝頭・大脳・脳全体
未＝口・耳・顔右半分
申＝心臓・胸・のど・首
酉＝肺・胸
戌＝消化器・肝臓・右手
亥＝消化器・腸

［十二支の立体五行図］

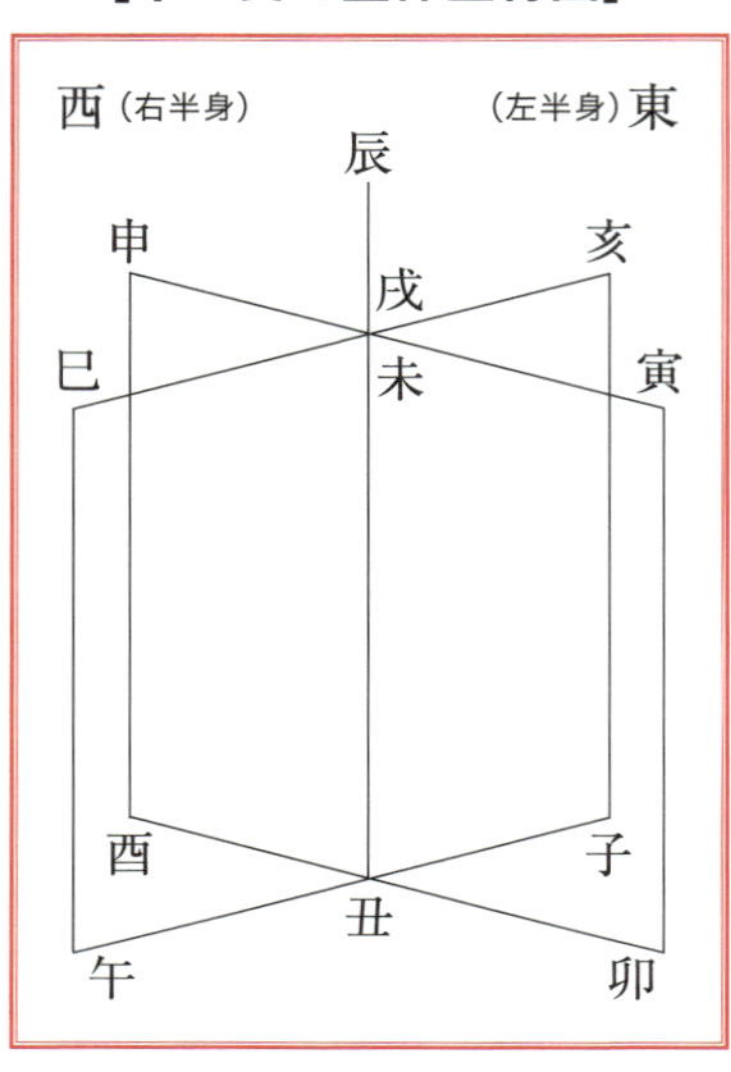

② 十二支の組み合わせで起こる健康障害

注意すべき健康障害

宿命に持っている十二支の組み合わせで起こる可能性がある健康障害を見つけて、変化が起こったら、早めに対応しましょう。

ストレスによる機能障害が原因によるもの

子未の害＝膀胱系・腎臓系の病気
午丑の害＝消化器系　小腸系の病気

過労から来る機能障害が原因によるもの

寅巳の害＝肝臓系・胆のう系の病気
亥申の害＝消化器系・大腸系の病気

精神と肉体のバランスの崩れが原因によるもの

戌酉の害＝三焦経の病気。主にホルモンの異常

が原因の病気、アレルギー、自律神経失調症、ノイローゼなどの病気
卯辰(うたつ)の害＝消化器・胃腸の病気

適応障害になりやすい組み合わせ

宿命に「子―午、丑―卯、寅―子、卯―酉、辰―午、巳―卯、未―酉、申―午、戌―子、亥―酉」10パターンの組み合わせがある人は、環境の変化に対応しにくいタイプです。

転校、転職、転居、結婚をきっかけに「うつ、適応障害、登校拒否」になりやすいので気を付けてください。

宿命に害の組み合わせを持っている

命式に害の組み合わせを持つと病弱な体質になります。また、後天運に回ってきた十二支で害の組み合わせができたら、発病しやすいので気を付けましょう。

❸ 害法で見る病気の傾向

子未(ねひつじ)の害

膀胱機能が低下して起きる病気。膀胱結石、膀胱炎、尿毒素など膀胱、腎臓に関する病気全般。

宿命に持っている場合はもちろん、後天運によって「子未の害」が成立した年にも現われます。

寅巳(とらみ)の害

胆のうの働きが低下して起きる病気。胆石、胆のう炎、胆管石など、胆のうに関する病気全般。

これは宿命に持っている場合はもちろん、後天運によって「寅巳の害」が成立した年にも現象が現われます。さらに、後天的に「対冲」「半会」などが重なると、病気の発見が遅れ、悪化しやすいので気を付けましょう。

午丑（うまうし）の害

小腸、消化器系の病気。おなかを壊しやすい体質。高熱が出やすい体質。「害」があると必ず病気になるというのではなく、その人の体質の弱点と考えることもできるのです。

宿命に持っている場合はもちろん、後天運によって「午丑の害」が成立した年にも現われます。

卯辰（うたつ）の害

胃、消化器系の病気。胃潰瘍、十二指腸潰瘍、胃炎など、消化器に関する病気全般。宿命に持っている場合はもちろん、後天運によって「卯辰の害」が成立した年にも現われます。

亥申（いさる）の害

大腸、消化器系の病気。大腸に関する病気だけでなく、栄養物の吸収力が弱い体質。宿命に持っている場合はもちろん、後天運によって「亥申の害」が成立した年にも現われます。

酉戌（とりいぬ）の害

脾臓に関係した病気。三焦の害によって常に健康状態が不安定で虚弱体質。三焦とは、内分泌系臓器、網膜、リンパ系、体液などをつかさどり、各内臓器官を連携させ、有機的なバランスの取れた生命現象を維持させるうえで大事な役目を担っているところです。「酉戌の害」が回ってきた年は、精神と肉体とのバランスが不安定になるので体調の管理が重要になります。

南北の害「子未の害」と「午丑の害」は、人間関係や精神的なストレスが原因の病気になります。

東西の害「寅巳の害」と「亥申の害」は、肉体酷使、過労によって起こる病気になります。

中央の害「卯辰の害」と**天軸の害**「酉戌の害」は、現実と精神の接点になりますから、高望みはストレスになります。夢と現実のギャップが大きいほど、ストレスがたまりますので気を付けましょう。

【五行と臓器の関係】

五行	木	火	土	金	水
五方向	東	南	中央	西	北
五徳	仁	礼	信	義	智
五色	青	赤	黄	白	黒
五味	酸	苦	甘	辛	塩
五臓	肝臓	心臓	脾臓	肺臓	腎臓
五腑	胆嚢	小腸	胃	大腸	膀胱
五体	筋	血	肉	皮	骨
五官	耳	口	皮膚	鼻	眼
五料味	酢	酒	蜜	生姜	塩
五気	風	熱	湿	燥	寒
五労	行	視	坐	臥	立
五欲	財欲	色欲	食欲	名誉欲	睡眠欲

五労

行　動きすぎると筋を傷め、過労になり肝臓を悪くする。

視　眼を使いすぎると、血液の循環が悪くなり心臓を患う。

坐　座りっぱなしだと、肉を傷め脾臓を悪くする。

臥　怠けていると、気力がなくなり、肺臓が弱くなる。

立　長時間立ちっぱなしの仕事は、骨を患い腎臓を悪くする。

【五気のバランスを取るための治療法】

五気	健康法	治療法	色で分類する食べ物
木の気	森林浴	漢方薬 ハーブ 薬草	緑色の食べ物 ほうれん草、ピーマン 果物、酢の物 酸っぱい食べ物
火の気	サウナ	温泉 お灸	赤色の食べ物 ニンジン、トマト 鶏肉、酒、コーヒー 苦い食べ物
土の気	マッサージ	指圧 マッサージ	黄色い食べ物 米、穀物、芋、カボチャ パン、カステラ 甘い食べ物
金の気	スポーツジム	針治療	白い食べ物 大根、白菜, ユリ根 玉ねぎ、動物の肉 辛い食べ物
水の気	水泳	滝修行	黒い食べ物 ゴボウ、黒豆、昆布 小豆、魚 塩からい食べ物

五　あなたの心の支えになるもの

人はそれぞれ「心の支え」が違います。それは命式に持っている星が違うからです。

① 心の支えを知るために

自分にとって一番大切なものとは

核になる場所は「月支」になります。月支に出てきた星で、あなたの心の支えがわかります。

核＝月支に出てきた星が二つ以上ある場合は、それぞれの星のエネルギー値を出します。優先順位は、エネルギー値の大きい順です。次の例題に習って、自分の核を調べてください。

【心の支えになるものと大切なもの】

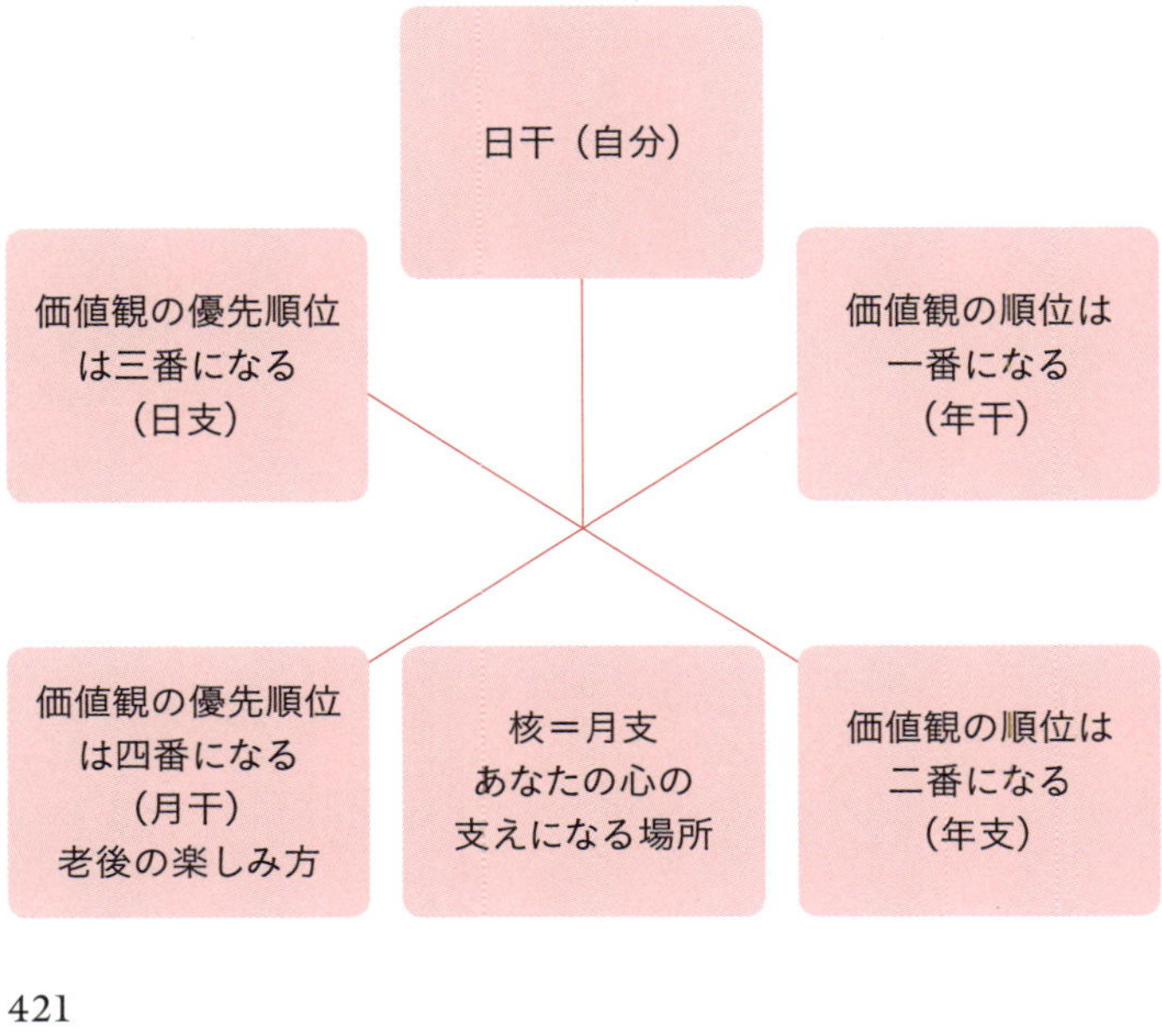

日干（自分）

価値観の順位は一番になる（年干）

価値観の順位は二番になる（年支）

核＝月支
あなたの心の支えになる場所

価値観の優先順位は四番になる（月干）
老後の楽しみ方

価値観の優先順位は三番になる（日支）

② 価値観の優先順位

心の支えを探る

一番は「年干の星」、二番は「年支の星」、三番は「日支の星」、四番は「月干の星」の順になります。

【例題】太郎さん／1988年11月1日生まれ

太郎さんの命式で説明していきます。

【太郎さんの命式図】

	年干支	月干支	日干支
No.	5	59	57
干支	戊辰	壬戌	庚申
蔵干	乙 癸（戊）	辛 丁（戊）	戊 壬（庚）

【太郎さんの心の支えと大切なもの】

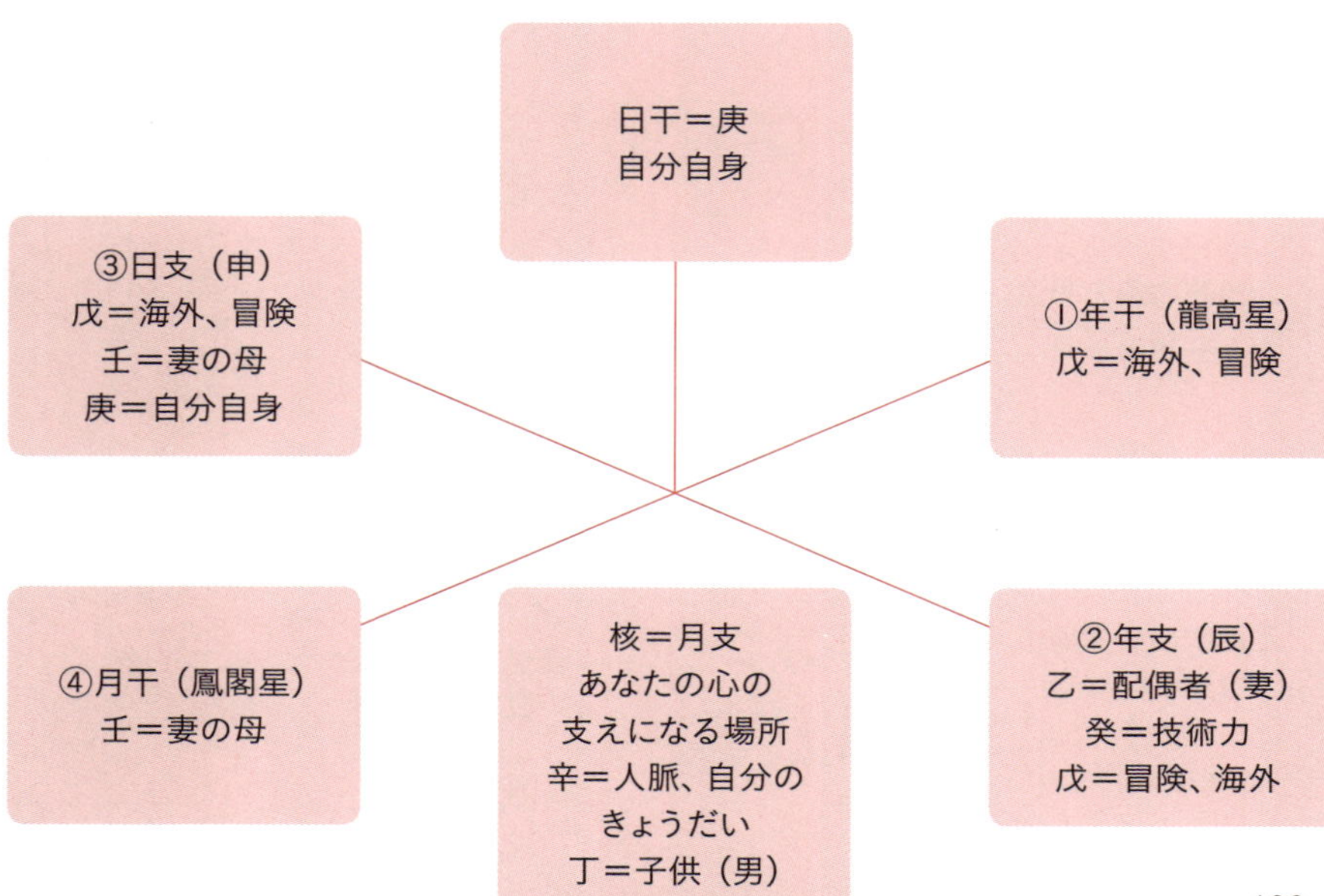

第十二章 生き方がわかる技法

一　干支の配列によって生き方を見る技法

この技法は、日干（にっかん）と日支（にっし）の関係から、5パターンを25型に分類して、その人の運勢の型を見ていく技法です。

【5パターンの日干と日支の関係】

①生（しょう）の部（ぶ）＝日干が日支に助けられる型
②洩（ろう）の部（ぶ）＝日干が日支を助ける型
③剋（こく）の部（ぶ）＝日干が日支を剋す型
④逆剋（ぎゃっこく）の部（ぶ）＝日干が日支から剋される型
⑤比和（ひわ）の部（ぶ）＝日干と日支が比和になる型

この技法を解くために必要な約束事は「陰陽五行と五行の相剋関係」です。

【陰陽五行と五行の相剋関係】

十二支		十干		日干
陰	陽	陰	陽	陰　陽
卯	寅	乙	甲	木性
巳	午	丁	丙	火性
丑　未	辰　戌	己	戊	土性
酉	申	辛	庚	金性
亥	子	癸	壬	水性

【相生・相剋・比和の関係図】

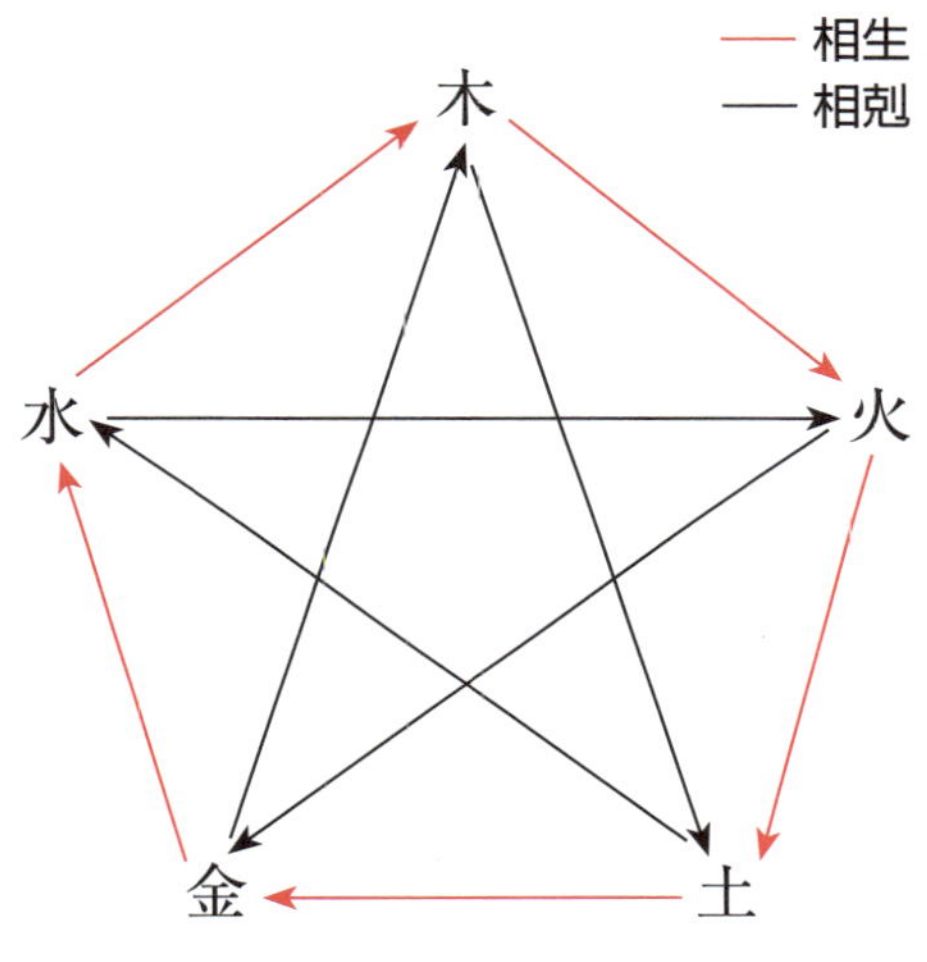

1 生の部（日干が日支に助けられる型）

運勢の型

日干と日支が相生になる命式のなかで、日干と年支の関係を見ていきます。

日干が年支に助けられる型

「**待ちの運**」。運をつかむコツは、自分が窮地に追

【待ち運型】

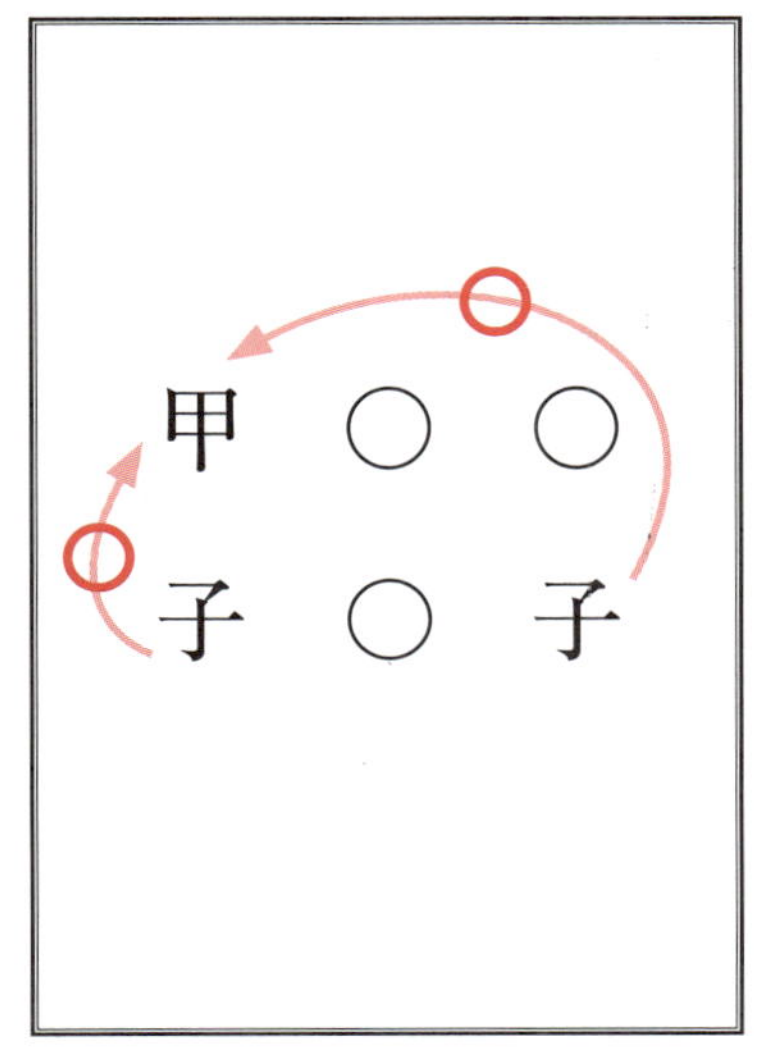

い込まれた時には、あわてないでじっと待つ、ということです。そうすると、必ず誰かが助けに来てくれる恵まれた運の人です。

日干が年支に剋される型

「**一度落ちて上昇する運**」。運が上昇し幸運期が近くなると、いったん運気が落ちます。それからぐーんと運気が上昇するという運の人です。つまり、ストレートに上昇しないということです。

【一度落ちて上昇する運型】

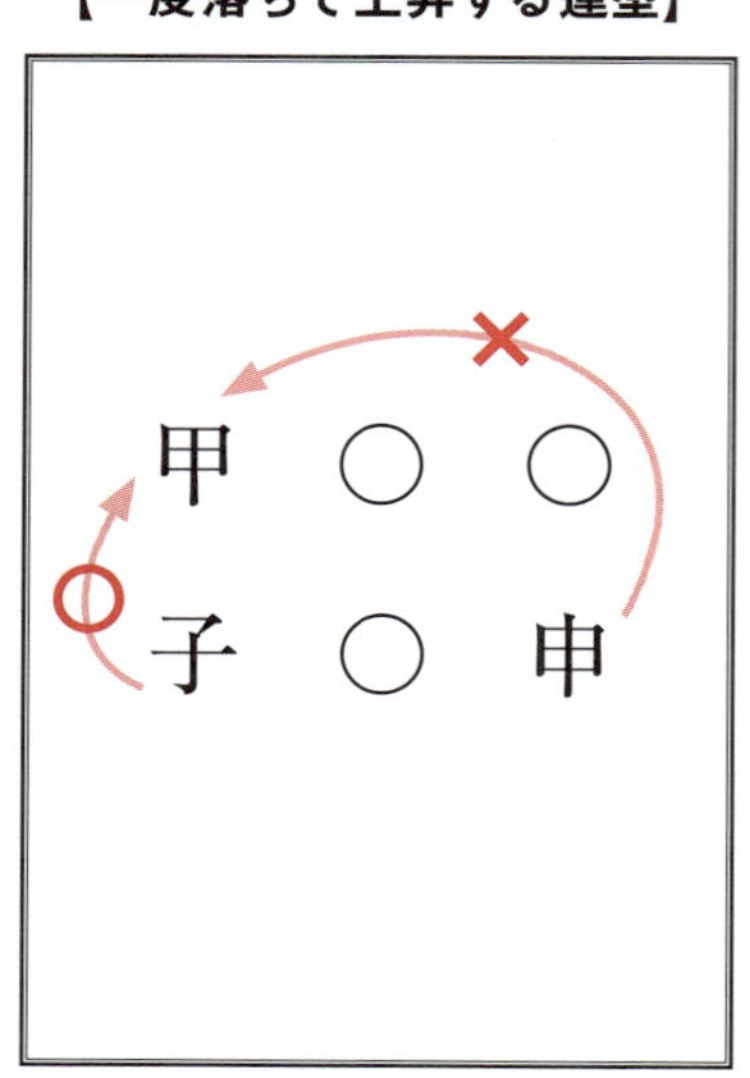

日干が年支を助ける（洩気（ろうき）になる）型

「**矛盾のない運**」。日支から助けてもらって、年支を助けるという運の人です。つまり、他人から運をもらって、他人に運をお裾分けするという運の人ということです。

【矛盾のない運型】

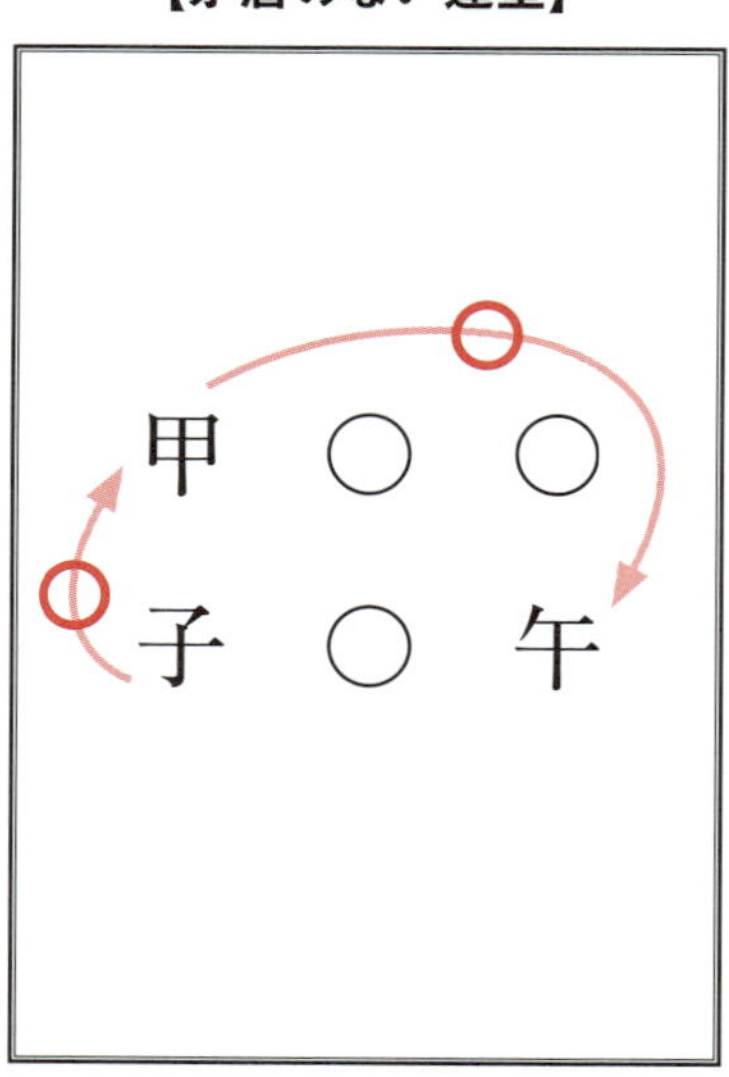

日干が年支を剋す型

「**運が落ちる前に一時的に運が上がる**」。運というのは、上昇運と下降運が組み合わさり、一つの運になります。この形は、運が落ちる前に一時的にぐーんと運が上がってから落ちるという運の人です。

【運が落ちる前に運が上がる運型】

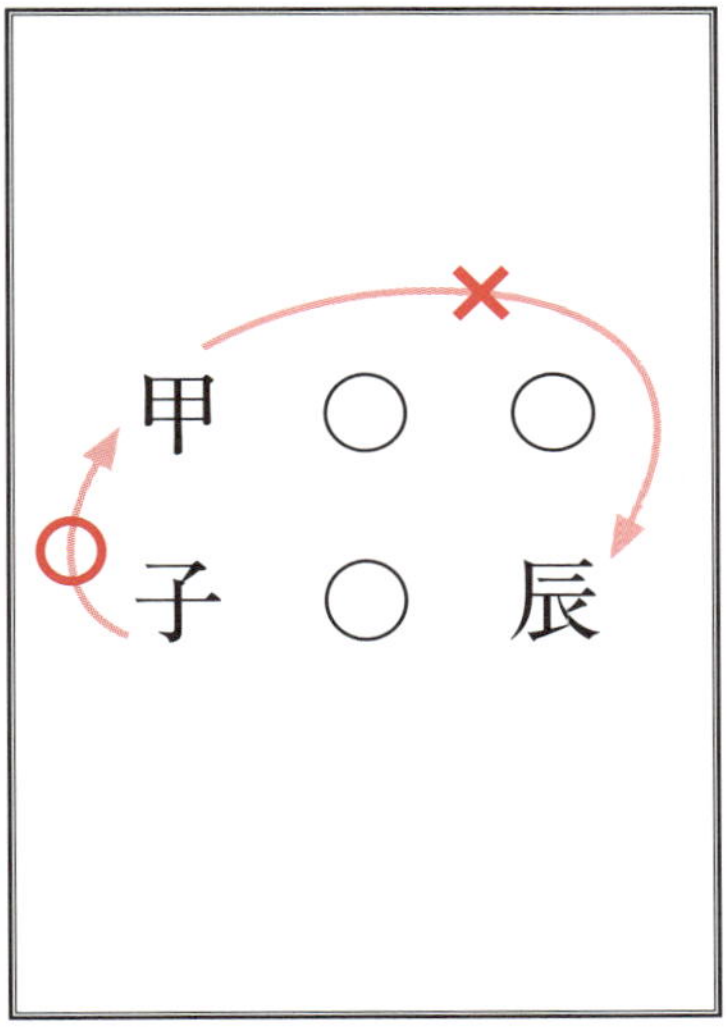

日干と年支が比和になる型

「不動・動くな」。人生の窮地に陥った時には、あれこれ対策を講じないで、「動くな」という運の人です。

【不動運型】

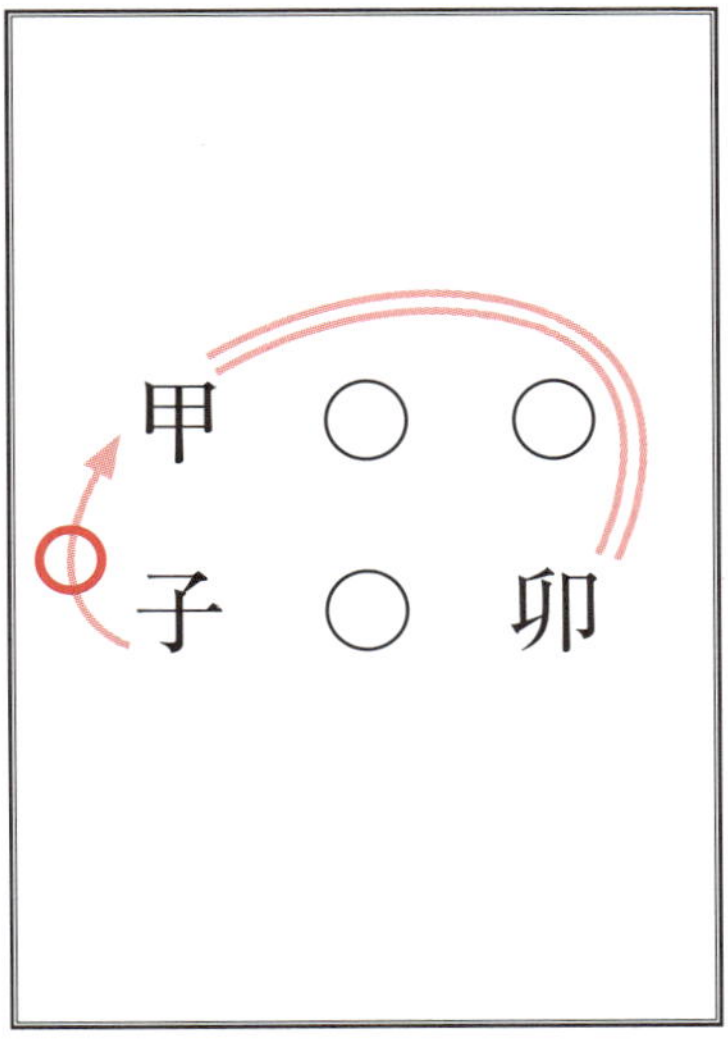

② 洩の部（日干が日支を助ける型）

運勢の型

日干と日支が相生になる命式のなかで、日干と年支の関係を見ていきます。

日干が年支に助けられる型

「受け身の運」。矛盾のない運の流れの人になりますから、理想的な運の流れと言えます。運をつかむコツは、受動的な人生を送ることです。自分が窮地に追い込まれた時には、「受け身の運」で流すことが幸運をつかむコツになります。

【受け身の運型】

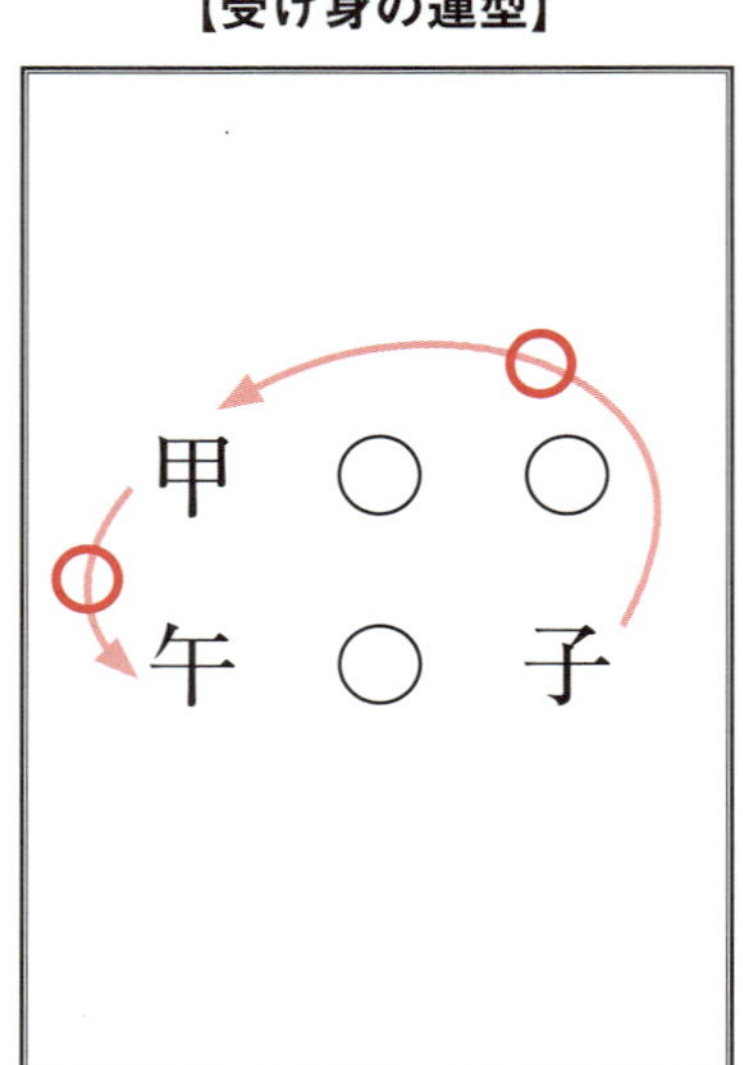

日干が年支に剋される型

「**孤立状態を保持する**」。内側（西側）では洩らし、外側（東側）では剋されているということは「孤立」の形になるわけです。この場合の考え方は、窮地に立たされた時は、「孤立状態を保ちなさい」ということです。あなたの運命が、「孤独な運命」ということではありません。

【独立運型】

日干が年支を助ける（洩気になる）型

「**天下取りの運**」。内側（西側）でも洩らして、外側（東側）でも洩らすという形ですから、大将の型になります。または、博打的な人生とも言われる形です。

【天下取りの運型】

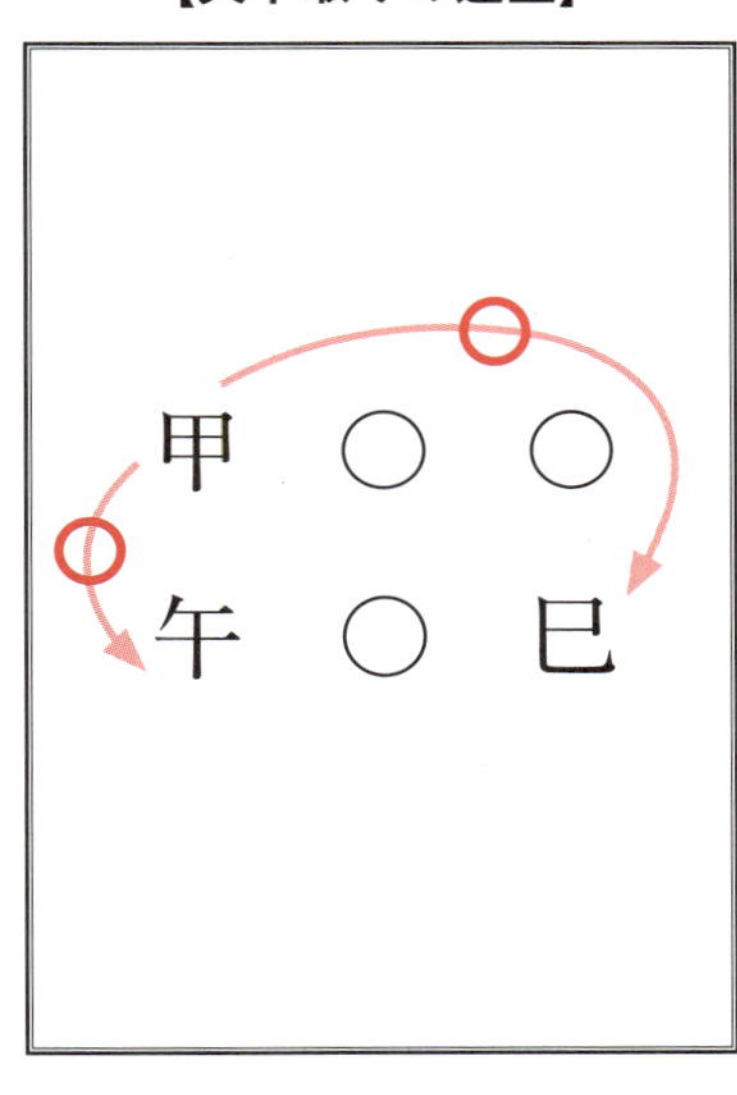

日干が年支を剋す型

「わがまま運」。周りの人たちに甘える形になりますから、非常に身勝手な人になります。または「わがままな型」になります。窮地に追い込まれた時には、自分の周りにいる人は誰でもいいから利用してください。

【わがままな運型】

甲　○　○
午　○　丑

日干と年支が比和になる型

「画策せず正道に行く」。日干と東側が比和になる時は、必ず西側は年支を助けることになります。これは、矛盾のない生き方になります。窮地に陥った時は、画策しないで正直に生きたほうがうまくいきます。

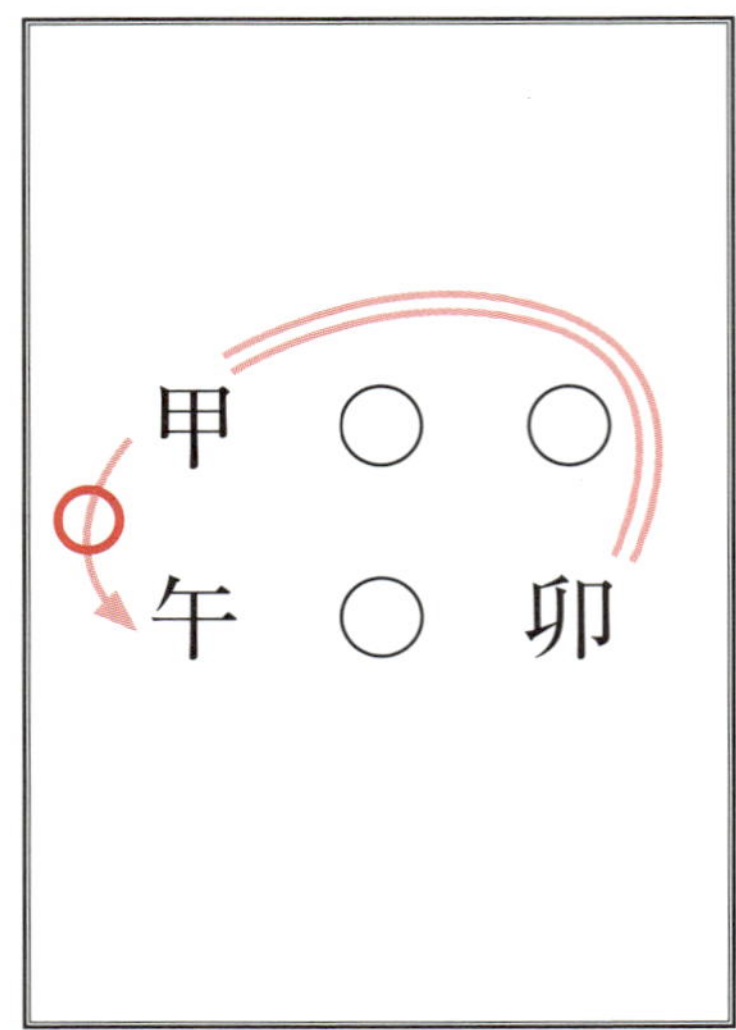

【正道を行く運型】

3 剋の部（日干が日支を剋す型）

運勢の型

日干が日支を剋す命式のなかで、日干と年支の関係を見ていきます。

日干が年支に助けられる型

「内（家庭）と外（仕事）とが追いつ追われつする運型」。家庭内がゴタゴタしていると、仕事運が上昇するということです。逆に、家庭内が平和で幸せなら、仕事運が下降します。

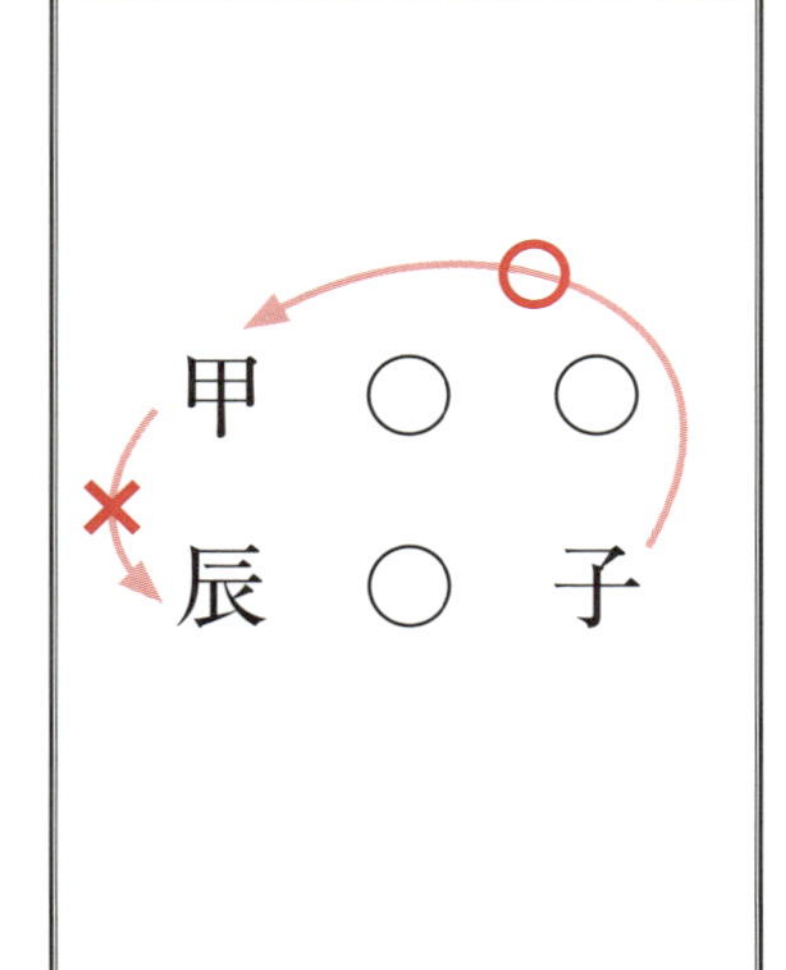

【内と外が追いつ追われつする運型】

日干が年支に剋される型

「平凡で順調な人生」。外で剋された分、内で剋すわけですから、順調でストレートな人生になります。一定の線上を、大きな変動もなく中庸を行く人生ということです。窮地に追い込まれることも少ない人生です。

【平凡な人生運型】

甲　○　○
辰　○　酉

日干が年支を助ける（洩気になる）型

「身強か身弱かで、答えが二つ」。身強か身弱かは、生まれ月（月支）によって決まります。

身強の人は、人生のスケールが大きくなりますから、プラス面もマイナス面も大きくなります。運気の上昇も大きい代わりに、運気の下降も大きいということです。つまり、天国と地獄を味わう人生型と言えます。

身弱な人は、人生が非常に不安定になります。職業が安定せず、転職や、結婚と離婚を繰り返すということです。身弱な人は、人に好かれるという特性がありますから、窮地に追い込まれたら、周りの人たちに助けを求めるといいでしょう。

【波乱人生の運型】

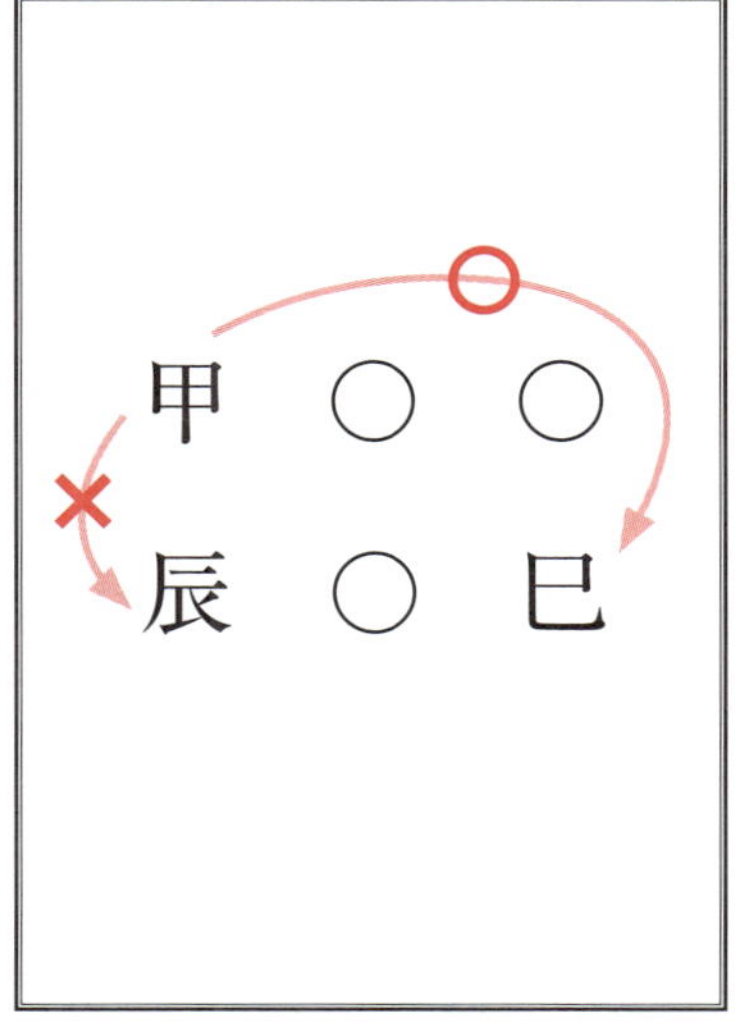

日干が年支を剋す型

「孤立する運」。単独行動が多い人生になります。

協調性がありませんから、自己中心的な人生になります。窮地に追い込まれた時には、孤立すると救われると言われています。

【孤立する運型】

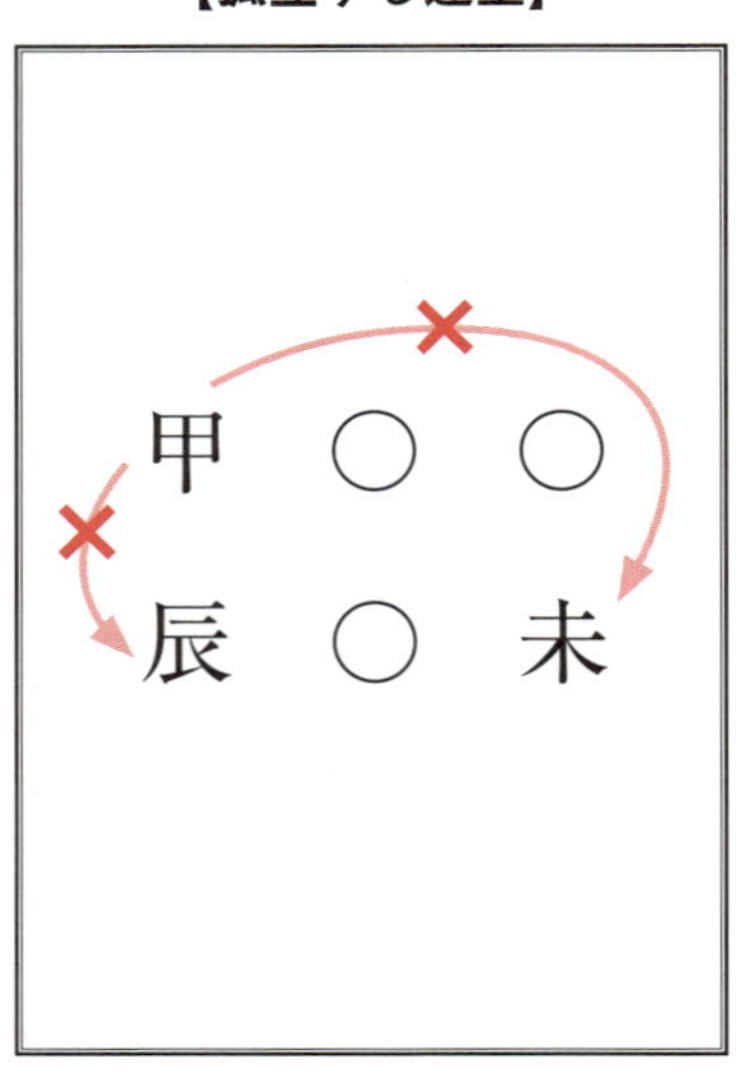

日干と年支が比和になる型

「狭い範囲でしか物事を考えられない運」。自我が強くなる分、視野が狭くなります。世の中がどうなろうと、そんなことは関係ない、我が家が安泰なら結構と考えている人です。窮地に追い込まれた時には、同性に救いを求めるほうがよいと言われています。

【自己中心的な運型】

4 逆剋の部（日干が日支から剋されている型）

運勢の型

日干が日支から剋される命式のなかで、日干と年支の関係を見ていきます。

日干が年支に助けられる型

「矛盾だらけの運」。内（家庭）と外（仕事）が、非常にバランスが悪くなるという人生になります。なにしろ、矛盾だらけの人生になってしまいます。ただし、それが本人にはわからないということです。

【矛盾だらけの運型】

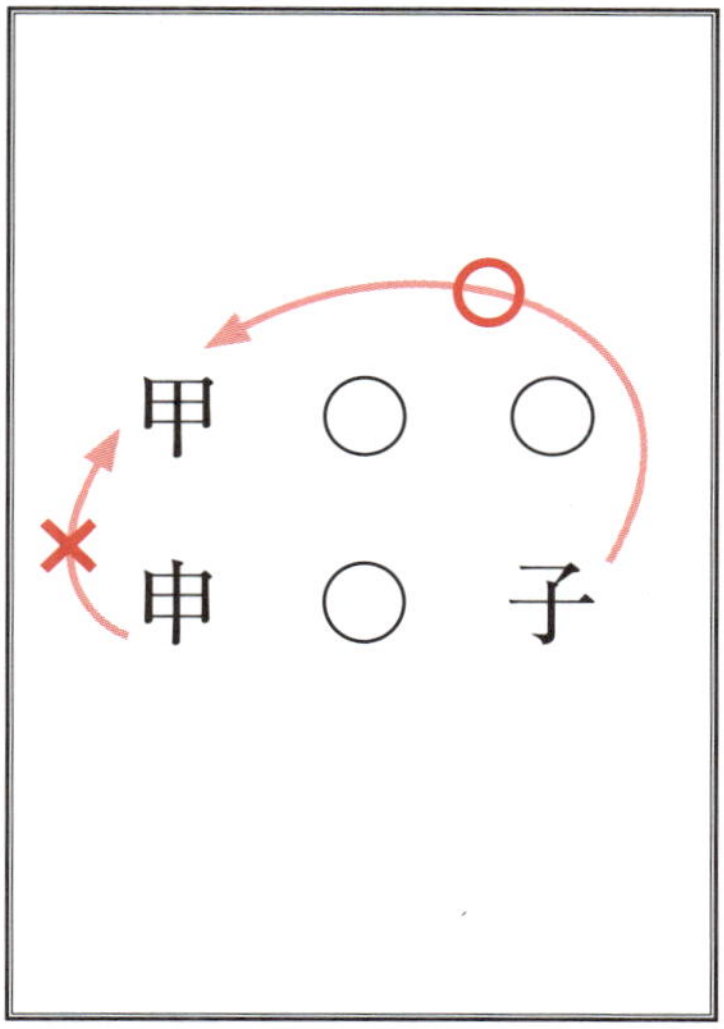

甲	○	○
申	○	子

日干が年支に剋される型

「悲劇のヒロイン運」。外（仕事）からも、内（家庭）からも責められている形です。本質は「自己愛」で、一番かわいいのは自分だということです。こういう人が、窮地に追い込まれたら、逃げることが一番です。

【悲劇のヒロイン運型】

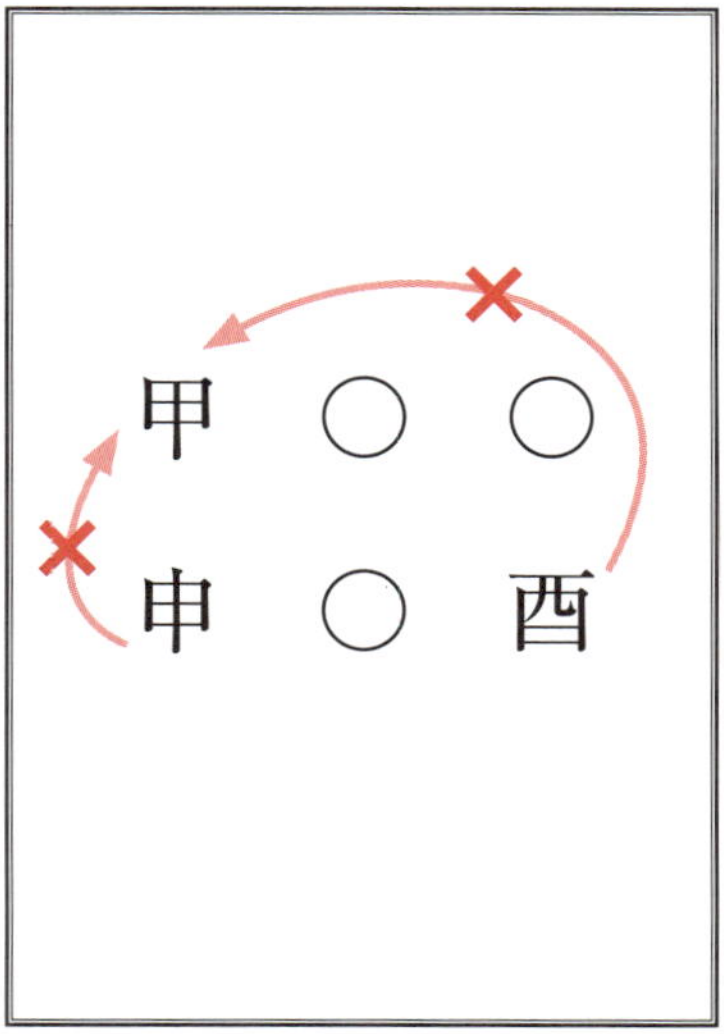

甲	○	○
申	○	酉

日干が年支を助ける（洩気になる）型

「賭けに強い運」。実際の賭け事とか博打ではなく、相場師的な要素が強くなります。窮地に追い込まれ、一か八かの賭けをした時の仕事ほど、ぐーんと運気が伸びます。逆に、手堅く計画を立てて始めた仕事は、裏目に出やすいのが特徴です。

日干が年支を剋す型

【賭けに強い運型】

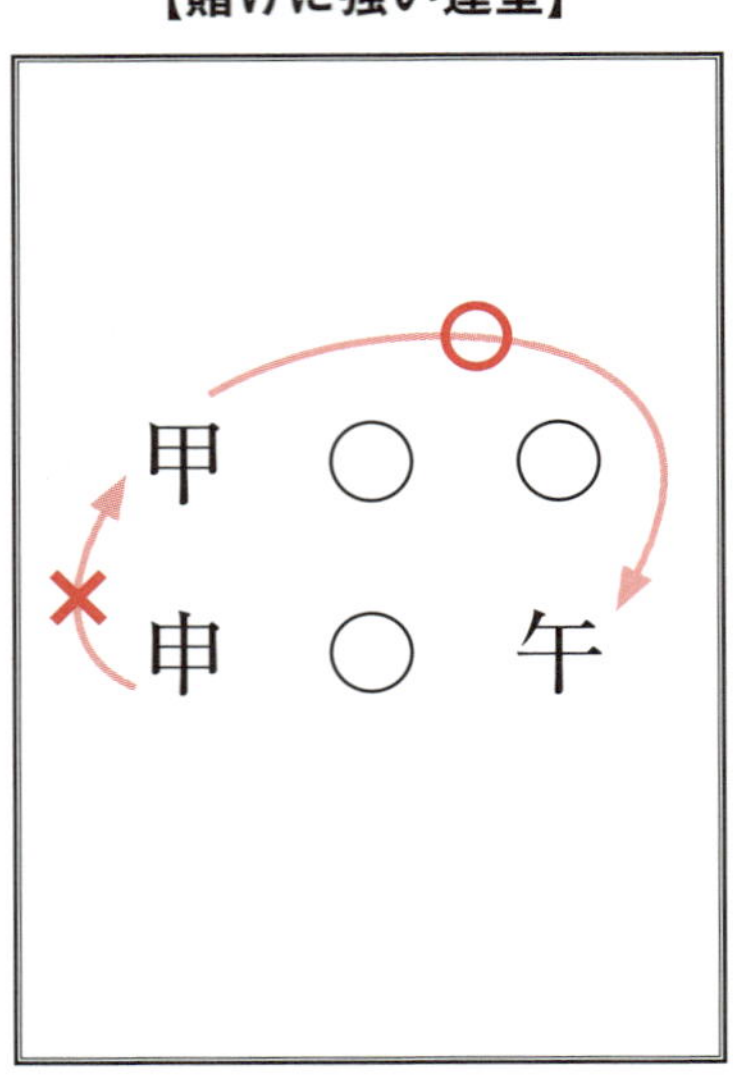

「働き者と言われる運」。矛盾がまったくない「自力運」の形です。窮地に追い込まれた時には、自力で働くしか方法がないということです。他人から助けてもらえない型だからです。

【働き者と言われる運型】

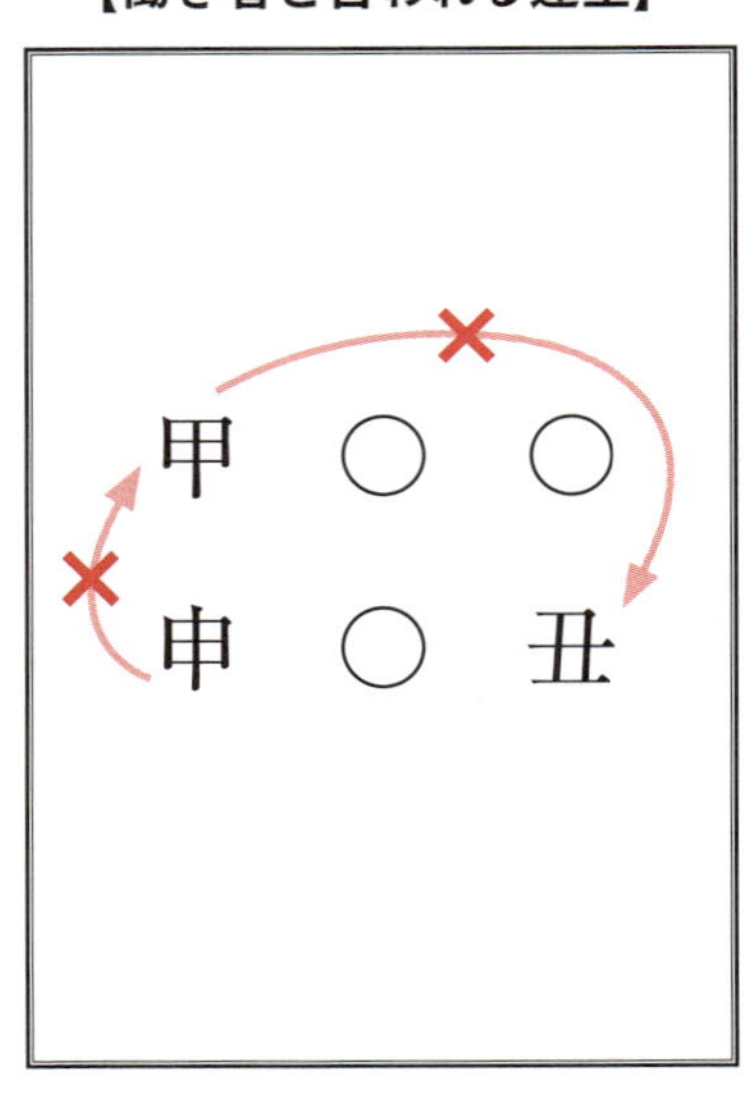

日干と年支が比和になる型

「終結で苦労する運」。物事を始める時はうまくいきますが、まとめ上げる、終結させることが下手な人です。窮地に追い込まれた時は、自分でまとめず、他人にお願いすることです。

【終結で苦労する運型】

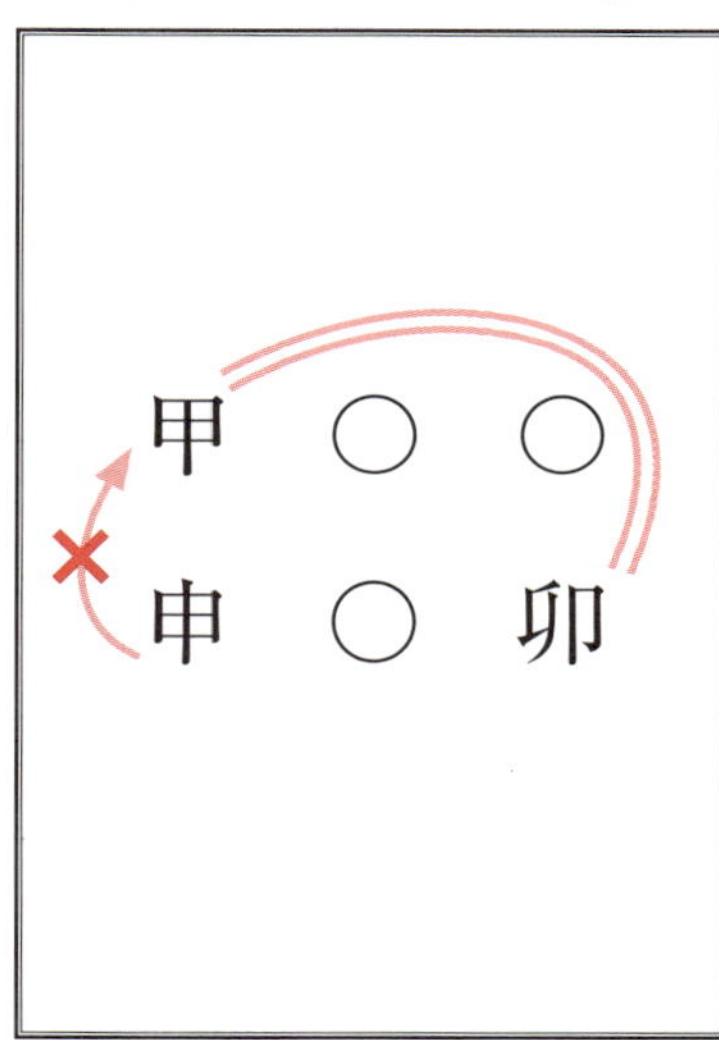

5 比和の部
（日干と日支が比和になる型）

運勢の型

日干と日支が比和になる命式のなかで、日干と年支の関係を見ていきます。

日干が年支に助けられる型

「現実に弱く、精神世界に強い運」。世渡りは下手ですが、性格は強く、気性は激しい人です。有形よりも無形に強いわけですから、窮地に追い込まれた時は、精神世界へ逃げることです。

【精神世界に強い運型】

甲　○　○
寅　○　子

日干が年支に剋される型

「環境によって変化する運」。平和時は補佐役に回り、動乱時はリーダーシップを取るという型になります。

【環境によって変化する運型】

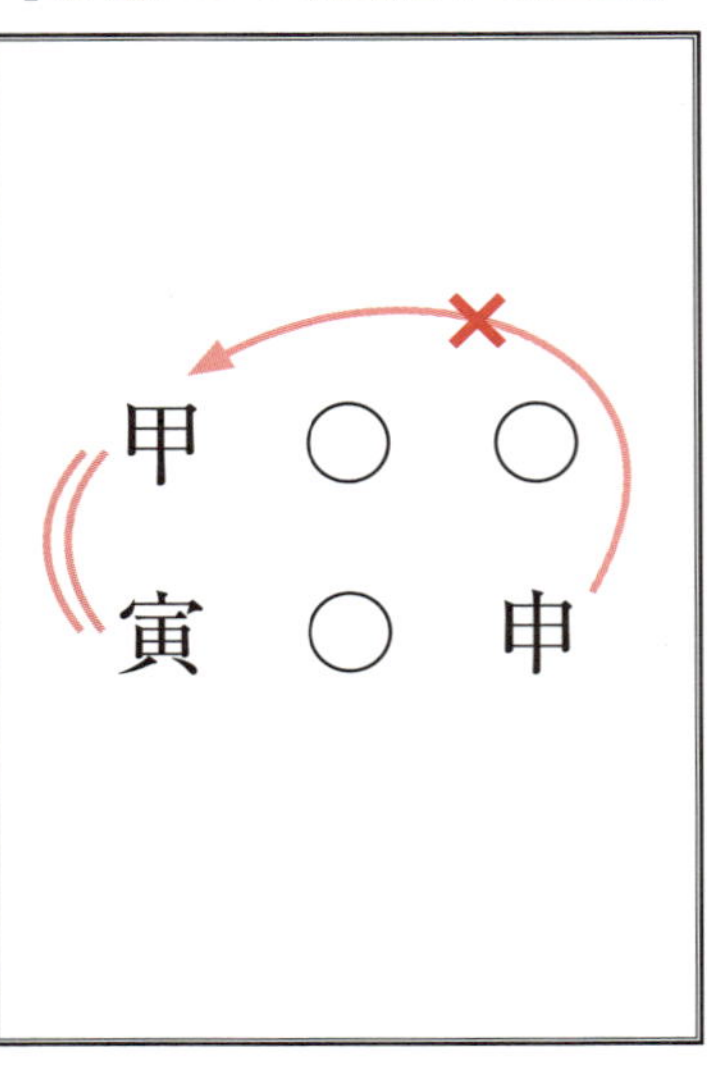

日干が年支を助ける（洩気になる）型

「世の中の仲介者運」。これはパイプ役になります。仲介者ですから、自分が必ず人と人との間に挟まれることによって、自分の運をつかむということです。人間関係で窮地に追い込まれた時は、自分がその人の間に挟まれるような相手を見つけてくると、うまく解決します。

【仲介運型】

甲 ○ ○
寅 ○ 午

日干が年支を剋す型

「環境によって変化する運」。平和時はリーダーになり、動乱時は補佐役に回るという形です。「日干が年支に剋される型」の反対になります。

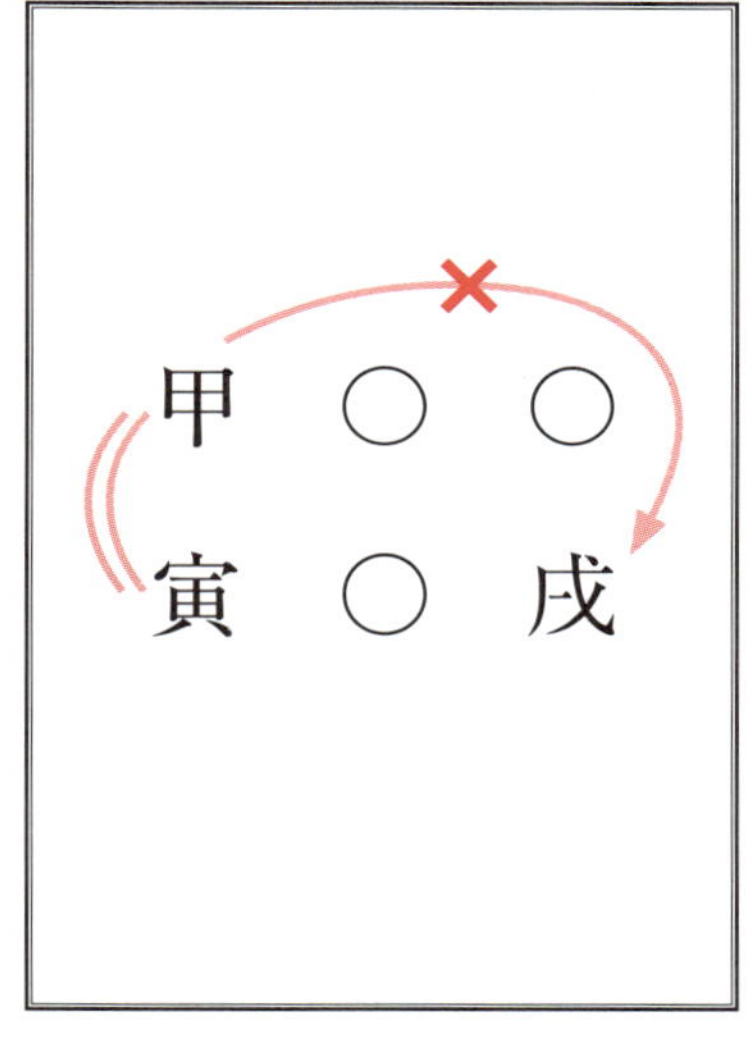

日干と年支が比和になる型

「他力運」。自分から動いてチャンスをつかむことはありません。自分から積極的に動けば動くほど、チャンスは逃げていきます。すべてが「受け身の人生」ですから、じっと待つだけです。自分の周りの人間関係を大切にして、みんなに好かれるようにすることです。

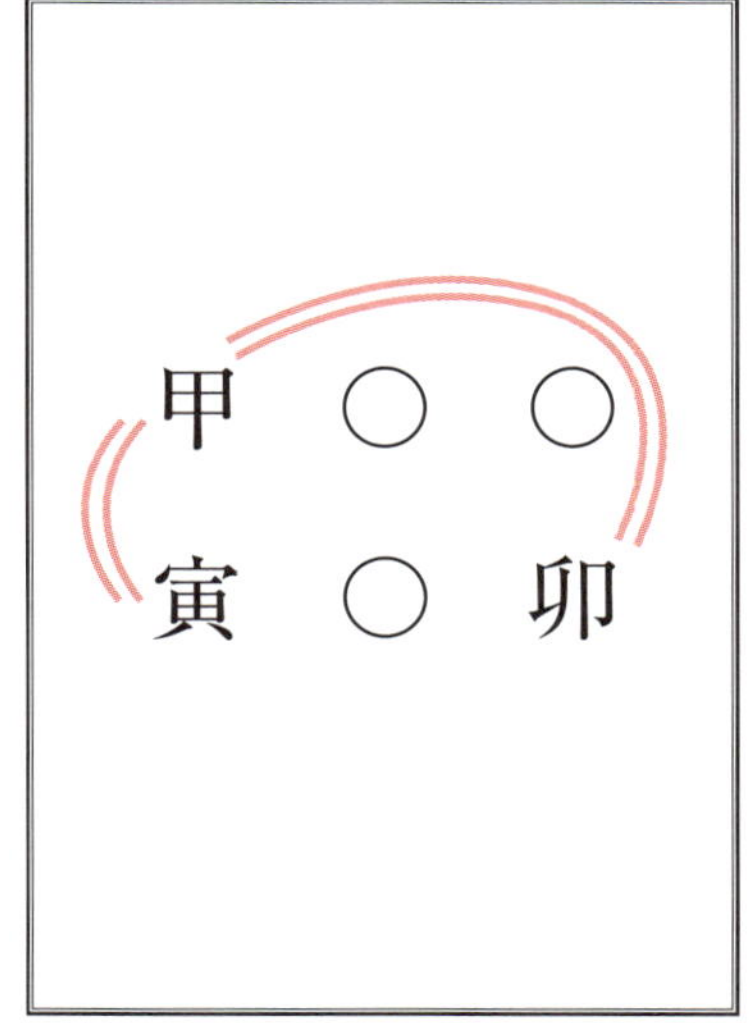

二　循環法による生き方の技法

宿命図に出てきた五個の十大主星を相生によって循環させて、止まるところの星に着目します。循環法では、五行の相生だけを使います。

1　星を循環させる方法

止まった場所の星を見る

星を循環させる時は、どこから始めてもかまいません。循環して止まった場所の星が、あなたの生き方になります。

相剋だけで循環しない人や循環して止まる星がない人は、中央の主星が止まった星と同じと解釈します。

宿命図の見方

次ページ、太郎さんの宿命は「鳳閣星」で止まる人です。生き方は、後ろのページの「鳳閣星で止まる場合」を見てください。

2　貫索星で止まる場合

生き方のヒント

貫索星は守りの星になりますから、性格も保守的になります。人生の生き方としては、改革を考えないで、保守的に生きるほうがよいということ

【例題】太郎さん／1988年11月1日生まれ

【十大主星の五行相生循環法】

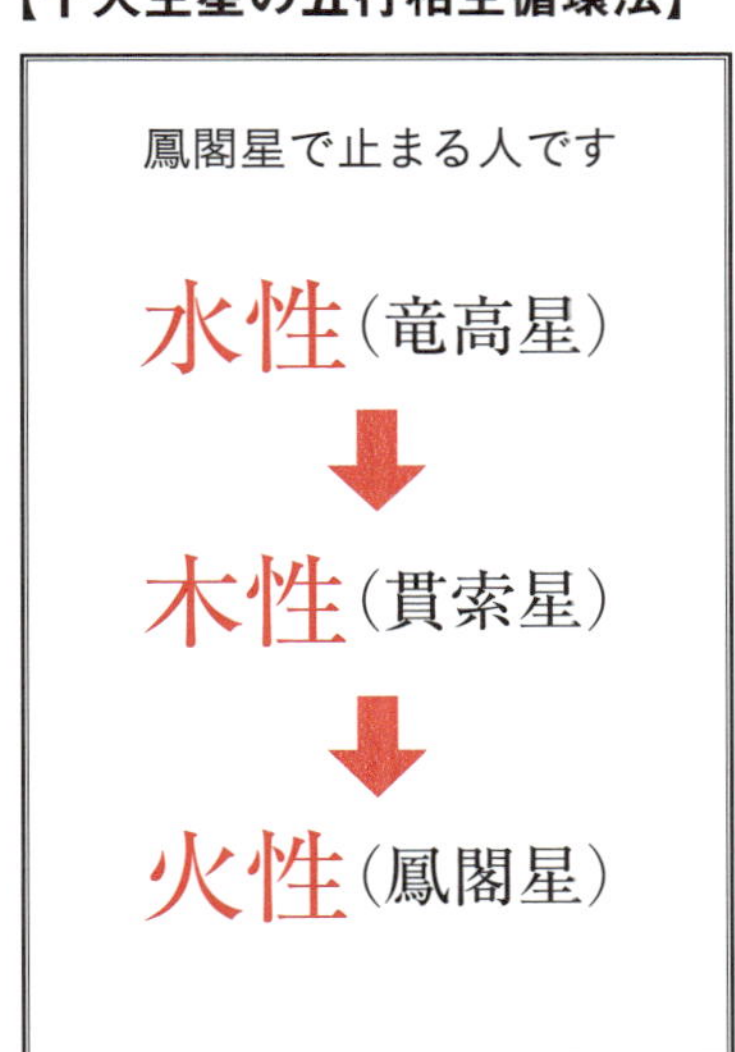

鳳閣星で止まる人です
水性（竜高星）
木性（貫索星）
火性（鳳閣星）

【太郎さんの宿命図】

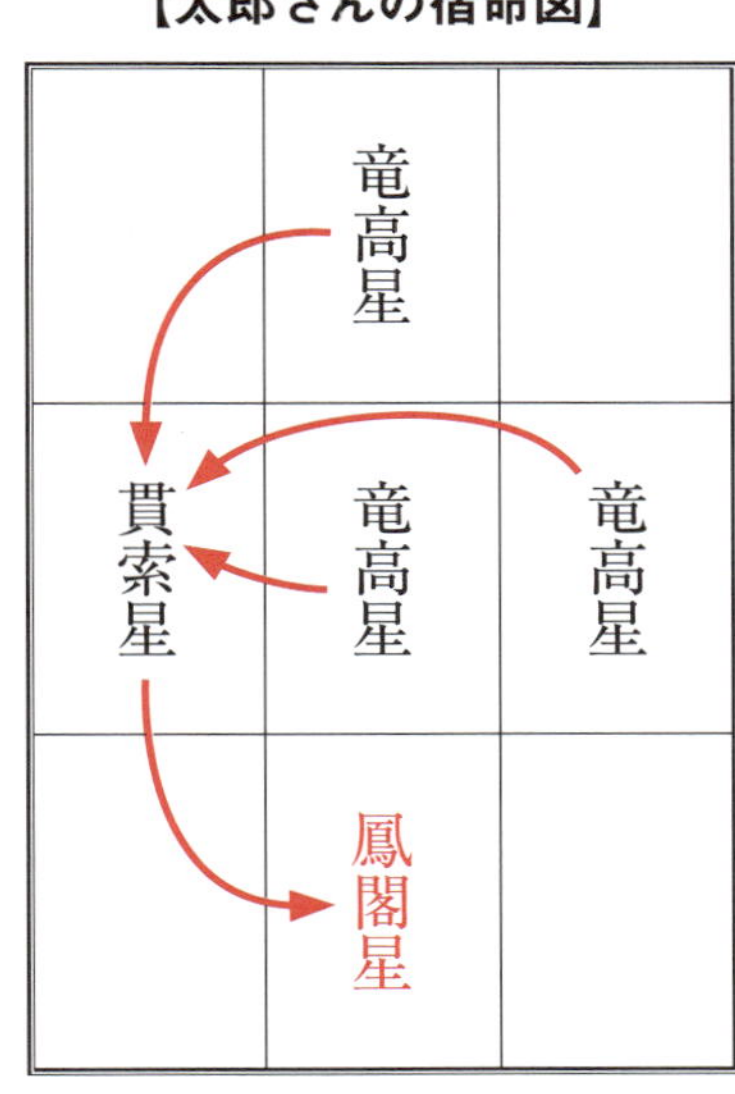

になります。

もう一つの生き方は、家庭的なムードとはかけ離れた、落ち着きのない最悪な家庭環境のほうが、運勢は伸びていきます。

③ 石門星で止まる場合

生き方のヒント

仲間と共に団結して、物事の交渉に当たるのが上手といわれます。静かな環境よりも、人の出入りが多い環境、または忙しい環境のなかで生きることが、仕事の効率が上がる人です。

④ 鳳閣星で止まる場合

生き方のヒント

鳳閣星は有形財を消耗すること、散財することや無駄使いをすることで徳が入るという人徳の星です。この徳というのは、人から好かれることや人気が出ることを言います。損得の得ではなく、人徳の徳であって「心」の問題です。

もう一つの生き方は、のんびりした自由な生き方ができる環境のほうが、能力を発揮することができます。

⑤ 調舒星で止まる場合

生き方のヒント

他人との交流を嫌う人になります。さらに、ものの考え方が特殊になりますから、「天才型」。

孤独になれない環境や、恵まれた環境を与えられたら、この人のよさは消えてしまいます。反対に、いじめられることで、相手に対する怒りや恨みがパワーになるのです。それが向上心へのパワーにつながれば、才能を発揮することができるでしょう。ほめ言葉は厳禁です。

⑥ 禄存星で止まる場合

生き方のヒント

ものを引き付ける「引力」が強くなります。俗に言う「因縁解脱」です。因縁解脱とは、他人から物をもらう時に、因縁も一緒にもらうこと。

解脱するのは、物を差し上げた相手のほうで、因縁が蓄積するのはもらったほうになります。もらい上手な生き方をすることで、相手を助けることになります。

7 司禄星で止まる場合

生き方のヒント

整理整頓に能力があり、終結させるのがうまいとも言えます。さらに、それを小さくまとめるのがうまいということです。

ごく平均的で地味な家庭環境のほうが、その人のよさが出てきます。しかし、人の出入りが多く派手な家庭環境だと、考え方が後退して能力を発揮することができないのです。

8 車騎星で止まる場合

生き方のヒント

人が嫌う役目を引き受けてしまいます。人が嫌うことを進んで買って出るわけではありません。なんとなく人が嫌うことを引き受けざるを得ない立場に立たされるということです。このことが、奉仕の精神につながるのです。

車騎星は争いの星ですから、競争心を起こさせる環境のなかにいるのが一番よいのです。だから、一人っ子や、非常に可愛がられて育つと、ダメになってしまいます。

9 牽牛星で止まる場合

生き方のヒント

上流社会の気品ある家庭環境のなかで育つと、運が伸びていく人です。また、「自負心を満足させられる家庭環境」を持つことです。自分がいなければ、この家庭を維持していけない、自分がいなければ、この会社は潰れるといった環境を与えられると伸びていく人です。

反対に、「お前なんか、いてもいなくても同じ」、「自分のことだけやっていればいい」と無視されると、運は伸びません。

竜高星で止まる場合

生き方のヒント

偏った家庭環境で育つと伸びていく人です。逆に、両親がそろっていて、何不自由ない生活のなかでは、あなたのよさは出てきません。

竜高星は好奇心が旺盛な星ですから、知りたいという欲求を持たせることが大事なのです。今あるものを工夫して、よりよいもの作り上げる知恵を生み出すこと、考える知恵が、この人のよさになるのです。

玉堂星で止まる場合

生き方のヒント

伝統を守る家庭環境であれば、いい結果が得られます。たとえ、伝統のある家庭に生まれなくても、伝統のある学校に通わせることで、伝統のよさを学び、古いものを見たり、持たせたりすることで、伝統を維持することの大切さを身につけることができます。

人を支える、人を育て支援するという意味合いがありますから、伝統を守るだけでなく、伝統を支える人を育てることも、もう一つの生き方です。

三　基段占技から生き方を見る

1　基段占技で大運を見る

運命の大枠をつかむ

「基段占技(きだんせんぎ)」は、その人の運命の大枠をつかむ技法です。

たとえば、あなたの宿命に「車騎星」と「竜高星」があれば、おそらく最先端の道を進めることになるでしょう。そして基段占技が「龍」と出たら、天下を動かす人になるでしょう。このように、大運の流れの特徴をつかんでおくと、物事を解明する時の判断の目安になるのです。

大運を見る時のポイントはここでも「第一旬」になります。この技法は、四つの項目を組み合わせてパターン化したものです。パターンの種類は32個あります。

その人の運命を予測することは、思いつきや勘ではできません。宇宙の法則に従い、丹念に根気よく、一つ一つひも解いていかなければ答えは出てきません。このような「根気」が運命の探求には必要なのです。

② 基段占技の約束事

四つの項目をチェックする

①第1句に約束事があるか、ないかを調べる

★第1旬に約束事がある人＝華やかな人生だが、晩年はどうなるかわからないタイプ

★第1旬に約束事がない人＝地味な人生で、晩年に運をつかむタイプ

②大運天中殺があるか、ないかを調べる

★大運天中殺がある人＝人生の波が荒いタイプ

★大運天中殺がない人＝堅実な人生で、速度が遅いタイプ

③大運に回らない季節を探す

★春が回らない人＝守備力が弱いタイプ

★夏が回らない人＝表現力がないタイプ

★秋が回らない人＝攻撃力が弱いタイプ

【大運の第1旬の約束事】

約束事とは

1、大運の第1旬で、次の約束事の有・無で分かれます。
「正規の天中殺」、「日座天中殺」、「日居天中殺」であること

2、命式内の干支と大運の第1旬の干支の間に
①大半会、②納音、③律音、④支合、
⑤方三位、⑥天剋地冲が成立すること

3、命式内の干支と大運の第1旬の干支の間が干合になって、
（2）が成立した場合も当てはまる

★冬が回らない人＝創造力がないタイプ
（70歳までに全季節がそろう場合は別格）

④大運に季節の守護神があるか、ないかを調べる

★大運に守護神が回る人＝運勢に底力があるタイプ

★大運に守護神が回らない人＝コーティングされた運勢なので、表面は幸福そうに見えても精神的にはもろいタイプ

以上の四項目を組み合わせて「基段占技」の32パターンの星を出していきます。

次ページの「基段占技図」によって、あなたの基段占技は、どのパターンになるか調べていきましょう。

【基段占技図】

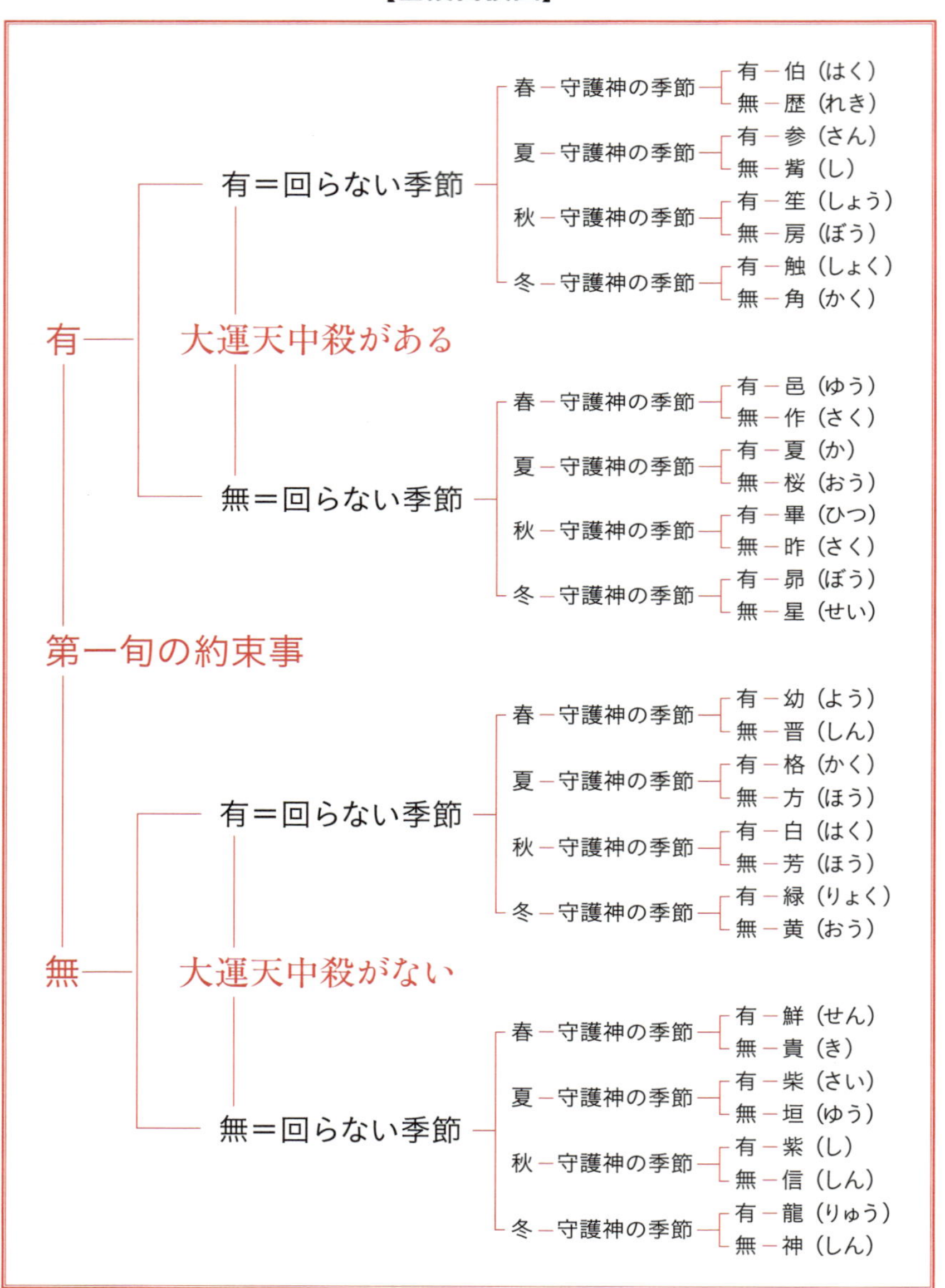
第一句の約束事
有
大運天中殺がある
有＝回らない季節
春－守護神の季節
有－伯（はく）
無－歴（れき）
夏－守護神の季節
有－参（さん）
無－觜（し）
秋－守護神の季節
有－笙（しょう）
無－房（ぼう）
冬－守護神の季節
有－触（しょく）
無－角（かく）
無＝回らない季節
春－守護神の季節
有－邑（ゆう）
無－作（さく）
夏－守護神の季節
有－夏（か）
無－桜（おう）
秋－守護神の季節
有－畢（ひつ）
無－昨（さく）
冬－守護神の季節
有－昴（ぼう）
無－星（せい）
無
大運天中殺がない
有＝回らない季節
春－守護神の季節
有－幼（よう）
無－晋（しん）
夏－守護神の季節
有－格（かく）
無－方（ほう）
秋－守護神の季節
有－白（はく）
無－芳（ほう）
冬－守護神の季節
有－緑（りょく）
無－黄（おう）
無＝回らない季節
春－守護神の季節
有－鮮（せん）
無－貴（き）
夏－守護神の季節
有－柴（さい）
無－垣（ゆう）
秋－守護神の季節
有－紫（し）
無－信（しん）
冬－守護神の季節
有－龍（りゅう）
無－神（しん）

3 基段占技の現象

この「基段占技」は、よい悪いではありません。あなたの人生の方向性を表わしているものです。人生の方向性が前もってわかっていれば、人生の岐路に立たされた時にどう判断すればよいかがわかります。

32パターンを一つ一つ説明していきます。

伯（はく）

このパターンは芸能人、探検家、冒険家に多く見られる形です。そして、危機一髪で助かるという運を持っています。華やかな人生になりますが、波が荒く浮き沈みが大きくなります。しかもガードが弱いので壁にぶつかるとすぐあきらめてしまいます。ただし、立ち直るだけの底力は持っています。

歴（れき）

「人生、木の葉の如く」です。留まるところがなく放浪の人生になります。つまり、周りの人に流されやすい人生になります。言い換えれば自分のためでなく、人のために尽くす人生になりやすいということです。

参（さん）

生涯の大半が犠牲になる人生です。でも、最後に勝利をつかむのはあなたです。ですから、「参」の人を「爆発運」の人生と言います。

50～60歳頃までは他人の犠牲になりますが、最後に自分の実力が一気に爆発する運勢です。基段占技で「参」と出たら、最後になんらかの運がつかめるわけですから、犠牲の人生とは思わないことです。これが自分に与えられた試練の場と受け止めて、実力を付けておくことが大事です。

觜（し）

世の中に対して半旗を掲げる形です。華やかな人生ではありますが、反骨精神が強く素直になれないタイプの人です。ただし、素直になれない時は、底力がないのでひねくれた人生を歩くことになります。まずは、素直になることが大切です。

笙（しょう）

人に支えられて生きる人生になります。つまり他人の運に左右されやすい人ということです。運のよい人に囲まれると自分の運もよくなります。運の悪い人と一緒にいれば、自分の運まで悪くなっていく形です。

女性は、家庭運がなくてもなんとか家庭を維持していけますが、男性はトップに立たないほうがうまくいきます。

房（ぼう）

あなたはいつまでも、親元で暮らしていると運は上昇しません。開運のコツは、生まれた土地を早く離れることです。外国永住に向くタイプで、むしろ海外に出ていくほうが運は伸びます。つまり、故郷を離れて異分野や異世界で活躍する人ということです。

触（しょく）

一匹狼的な生き方になります。つまり、自分で考え、決断し、自分で行動するという自力運の強い人生です。自分の努力のみが頼りの人生ですから、自分で動かなければ運はつかめません。行動が止まると、運も停止するという運勢です。

角（かく）

人に従う人生です。自分は表に立たず、補佐的に動くことが開運のコツです。表面は華やかな人生になりますが、運の波が荒く不安定な形です。創造力がなく、精神的にももろいところがありますから、単独で仕事をするのはやめたほうがいいでしょう。

邑（ゆう）

二人分の人生を歩く運勢です。一生のうちに一回目の運勢と、二回目の運勢を歩くということです。苦労も二倍になりますが喜びも二倍。つまり、幸運が二度あることになります。

作（さく）

人生が四人分になります。苦労の嵐が四倍になるわけですから、波瀾万丈の人生です。しかし、喜びも幸運も四倍になりますから、スピード感はあります。

夏（か）

人生を何度もやり直すことになります。失敗と成功の繰り返し、結婚と離婚の繰り返し、転職の繰り返しと、ゼロになることに抵抗がありません。

ただ、成功と失敗を繰り返しながら、運が伸びていく人です。

桜（おう）

親、兄弟姉妹、叔父叔母、親友といった信頼できる人によって、自分の生き方がねじ曲げられる人生です。自分の人生が横道に入らないように、決断力を養っておくことが必要です。

畢（ひつ）

地味に静かに暮らす人生になります。世の中の表面に出たがらない要素を持っています。隠れた支配者的存在になるでしょう。

昨（さく）

きょうだいの数で現象が変わってきます。きょうだいが三人以上の場合は、プラス思考で明るい人生になります。

しかし、二人きょうだいだと、物事を悲観的にとらえてマイナス思考が強くなり暗い人生になります。

昴（ぼう）

自分が生まれた国を離れる人生です。自分が生まれたところから、離れて暮らすほうが運は伸びます。それもなるだけ遠くへ行く方がよいわけですから、いつまでも親元にいると、幸運はつかめません。

星（せい）

生まれた国を離れてしまうと、帰ってこられなくなります。つまり、自分の居場所の土地に根付いてしまうからです。たとえば生まれた国を離れて海外へ行くと、その土地に根付いてしまうという運を持っているのです。

幼（よう）

晩年に大成する運勢です。最後に運をつかむ人。大変な底力がありますから、誰よりも勝つ宿命に持っています。また、年を取っても若さがありますから、若者に嫌われることはありません。大器晩成型の人生です。

晋（しん）

平均的な人生です。若い時は親に従い、老いては子に従うという典型的な人生になります。穏やかで変化の少ない人生ですから、変動の激しい時代にはついていけません。

格（かく）

積み重ねの人生です。非常に堅実な生き方になりますから、途中で方向転換しないほうがうまくいきます。一度決めたことは、どんなにつらくても最後までやり遂げることが開運のコツです。長距離ランナータイプですから、運がよくなるのもゆっくりです。

方（ほう）

若い時は苦労が多く、中年以降から運が開くという人生になります。若いうちは労を惜しまず、自分自身に力を付けておくことです。自分にしかないスキルがあれば、中年以降には必ず大輪の花を咲かせることができます。

白（はく）

目立たない大成功者として、表面には出てこない人生です。つまり、隠れた資産家、隠れた権力者、隠れた知恵者といった存在です。そして目立たない人ほど真の実力者と言える人なのです。

芳（ほう）

人生の終わりに裏切られるという運勢です。ただし、これは精神的なもので、物質的な苦労は少ないのが特徴です。信頼していた人に裏切られるといった感じです。

緑（りょく）

人生に遊びや無駄がない人です。しかも節約型の締まり屋タイプ。一度手に入れたものは出さない主義ですから、資産家に多いタイプ。一言で言うとケチな人です。

黄（おう）

人に助けられる人生です。平凡で順当な生き方になりますから、波風の少ない淡々とした人生でしょう。

鮮（せん）

先祖の恩徳が大きい人です。先祖に守られた人生になりますから、いざという時には救われます。先祖の供養と感謝の気持ちは忘れないことです。

貴（き）

他力運の人生になりますが、パワーが弱いため運がつかみにくいタイプです。純粋で人を疑うことをしないので、だまされやすい人です。だまされたことに気が付かないお人好しとも言えます。

柴（さい）

自分一代の大器です。理解者も少なく、後継者にも恵まれないので、晩年は孤独な人生になります。

垣（ゆう）

自分が布石になって、子供や孫の代に幸運が移行する運勢です。自分の代では成功せず、自分より後の代（子供や孫の代）で実を結びます。

紫（し）

配偶者の運によって、自分の運が伸びていく運勢です。完全な他力運で、人の運の恩恵によって自分の運が伸びていくわけですから、感謝の気持ちを忘れないようにしましょう。

信（しん）

歴史に残る幸運な人生です。ただし、作品や業績は残るが、名前は残らないという運勢です。内助の功的と言われ、女性にはよいとされています。

龍（りゅう）

天下を動かすような思想を持った人生です。つまり、天下的な視点で物事を考えてしまう人ですから、現実から遊離しやすい人生になります。

神（しん）

常に改革心を持って物事を見ている改革家の人生です。天下を変革しよう、意識を変えよう、価値観を変えようと、一つの集団を一変させるだけのパワーを持っています。

四　本能エネルギーの配分表で生き方がわかる

本能エネルギーとは、自分の意志でコントロールできないエネルギーです。自分を中心にして、五方向に配分したのが、本能エネルギーの配分表です。全体のエネルギーを五つの方向に配分することで、その人の気の流れの方向と、その人の生き方の特性を知ることができるのです。

本能エネルギーを五つのパターンに分類して一番エネルギーが大きいのが、あなたの生き方になります。本能エネルギーとは、守備エネルギー、伝達エネルギー、引力エネルギー、攻撃エネルギー、習得エネルギーの五つです。この五つの組み合わせで、ライフエネルギーが決まります。

1　青龍型（せいりゅうがた）の生き方と特徴

守備本能エネルギーのパターン

前進力とチャレンジ精神が旺盛な人で、さらに攻撃精神が強い型です。

仕事に対しても前進あるのみで後退を知らないというやり方をとります。たとえ失敗しても、すぐにまた次に向かって走り出しているタイプです。

職業は、商売に適しており、サラリーマンや公務員には不向きです。

② 白虎型の生き方と特徴

攻撃本能エネルギーが強いパターン

ほめられればほめられるほど、ダメになっていく型です。

白虎型は、人からいじめられ攻撃され、誹謗中傷されることで、それを一つの土台として這い上がっていく質を持っています。

だから、人から攻撃されることで、伸びていくのが白虎型の生き方です。プライドを傷つけられることによって人を恨み、憎み、そのエネルギーをばねにして伸びていく型です。

エンジニア、弁護士の世界に多いタイプです。

③ 玄武型の生き方と特徴

習得本能エネルギーが強いパターン

どんなに過保護に育っても、自分の本質は失われないという型です。

玄武型の人は、ほめられればほめられるほど知力と運気が伸びる人です。

職業は、学者や芸術家に多いタイプです。

④ 騰陀型の生き方と特徴

魅力本能エネルギーが強いパターン

自分が一番強い人と思っていますから、どんな時でも自分自身の意志によって行動する型です。自分の意志で動く人ですから、人から頼まれても、自分が助けてあげたいと思えば助けますが、嫌だと思えば助けてあげません。

この騰陀型の人は、孤立無援になることで運が伸びる人です。災いが多いほど自分の力を発揮できるということです。

政治家に向いています。

5 朱雀型の生き方と特徴

伝達本能エネルギーが強いパターン

環境によって運命が変化していく型です。

朱雀型の本質は、人を助けたいということです。だから、自分が誰かのために役立っているという認識が必要なのです。この認識を持っている人は、見事に伸びていきます。

逆に、「自分の好きなことをやりなさい」と言われると、「自分はいなくてもいい」と思うタイプ。自分の存在を否定されると破壊者に転じてしまうことがあります。その結果、親の財産を食いつぶして、家族の厄介者になってしまうケースです。

職業は、医者といった人助けの世界、宗教家、教育界に多く見られます。

五　エネルギーの配分図

全体のエネルギーを五つの方向に分配することで、その人の気の流れの方向がわかります。

日干（自分）を中心にして、縦の北・中央・南の流れは相生、横の東・中央・西の流れは相剋になります。

本能エネルギーを五つのパターンに分類して、エネルギーが一番大きい場所が、あなたの生き方になります。

【本能エネルギーの配分図】

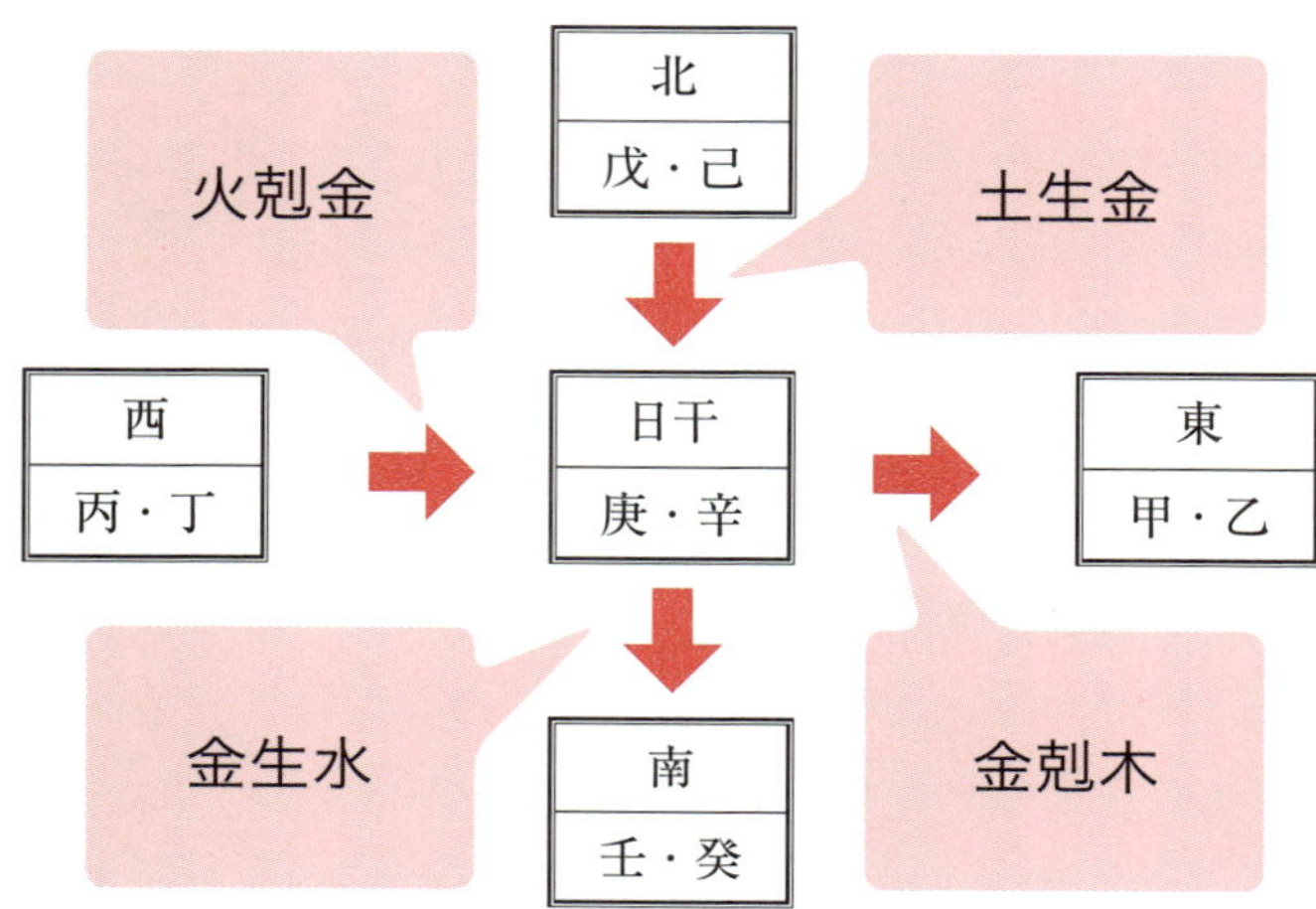

【本能エネルギーの計算法】

青龍型		白虎型		玄武型		騰陀型		朱雀型	
禄存	司禄	車騎	牽牛	竜高	玉堂	貫索	石門	鳳閣	調舒
甲	乙	丙	丁	戊	己	庚	辛	壬	癸
0	1	0	1	4	0	2	1	2	1

※個数とは、命式のなかの十干の数

十大主星	日干	日支	月支	年支		ライフエネルギー値			生き方
	庚	申	戌	辰	小計	個数	小計	合計	
禄存星	甲	1	6	8	15	0	0	18	青龍型
司禄星	乙	3	5	10	18	1	18		
車騎星	丙	4	5	10	19	0	0	21	白虎型
牽牛星	丁	7	6	8	21	1	21		
竜高星	戊	4	5	10	19	4	76	76	玄武型
玉堂星	己	7	6	8	21	0	0		
貫索星	庚	11	8	6	25	2	50	77	騰陀型
石門星	辛	12	10	5	27	1	27		
鳳閣星	壬	9	10	5	24	2	48	64	朱雀型
調舒星	癸	2	8	6	16	1	16		

本能エネルギーの配分図の作り方

【例題】太郎さん／1988年11月1日生まれ

日干（庚）を中心に①土生金＝助けられる②金生水＝助ける③火剋金＝剋される④金剋木＝剋すエネルギーです。

本能エネルギーが一番大きい場所が、あなたの生き方になります。

①一番エネルギーが大きい場所が北＝玄武型
②一番エネルギーが大きい場所が南＝朱雀型
③一番エネルギーが大きい場所が東＝清龍型
④一番エネルギーが大きい場所が西＝白虎型
⑤一番エネルギーが大きい場所が中央＝騰陀型

相生は縦の流れになり、「木生火」「火生土」

【太郎さんの命式図】

日	月	年	
庚	壬	戊	干支
申	戌	辰	
戊 癸 庚	辛 丁 戊	乙 癸 戊	蔵干

「土生金」「金生水」「水生木」「木生火」と循環します。

　相剋は横の流れになり、「金剋木」「木剋土」「土剋水」「水剋火」「火剋金」「金剋木」と循環します。

【五行の相生関係】

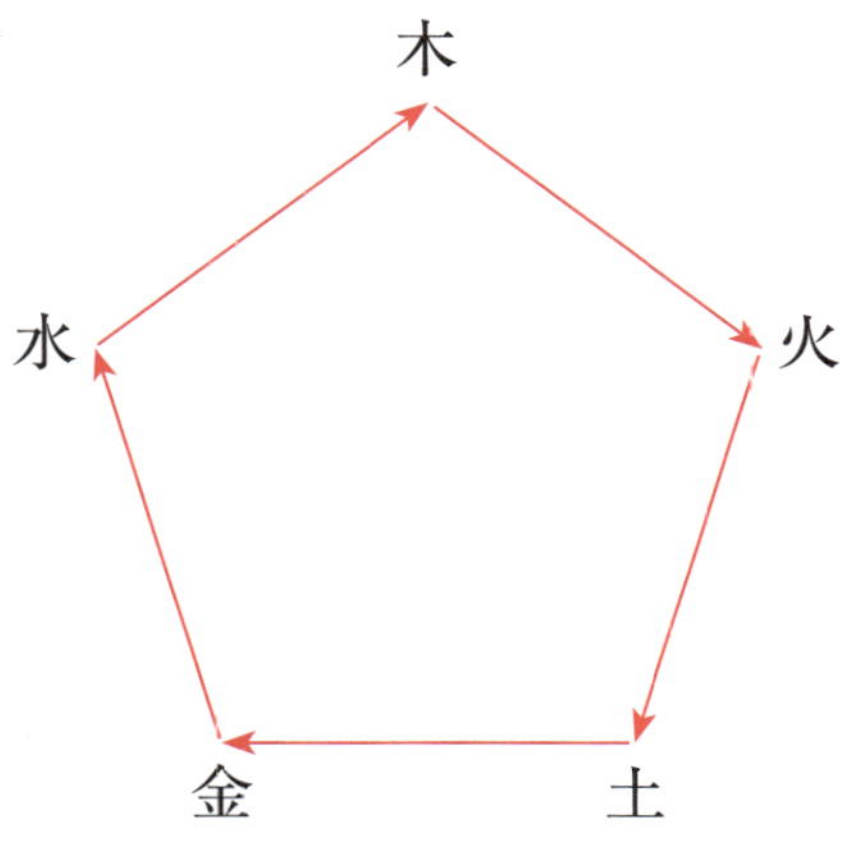

【五行の相剋関係】

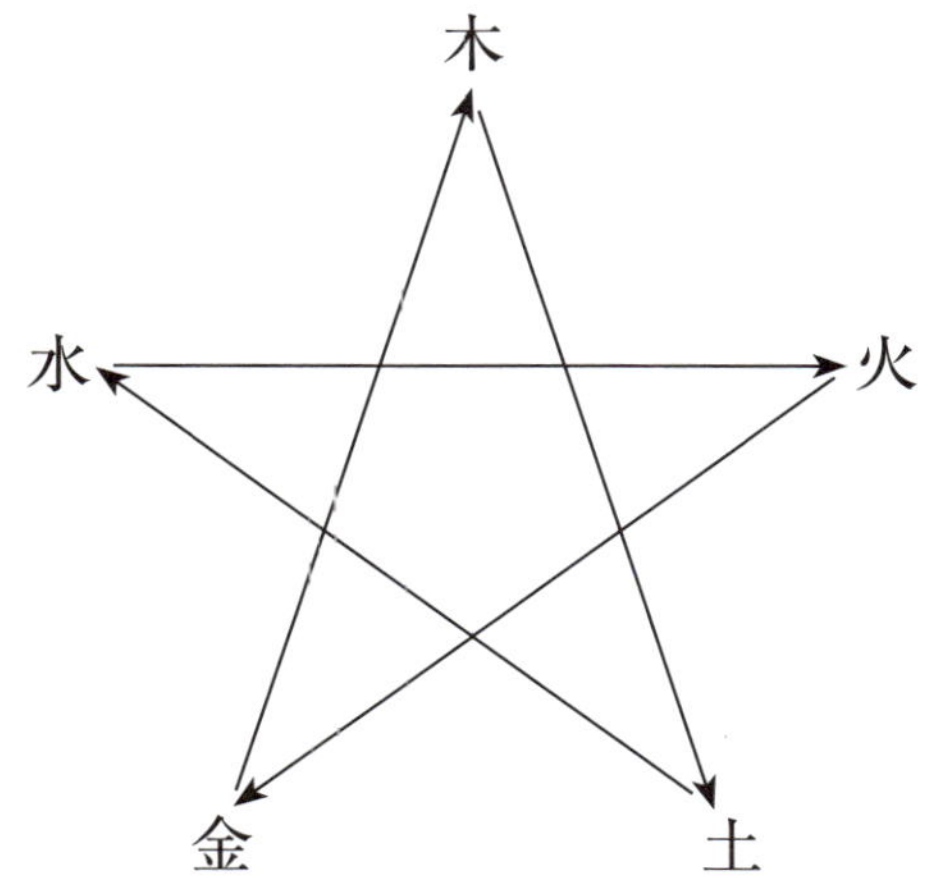

「例題」太郎さんのライフエネルギー図

ライフエネルギーは、自分の意志でコントロールできないエネルギーです

五行動	青龍型	朱雀型	騰陀型	白虎型	玄武型
自分のエネルギー	18	64	77	21	76

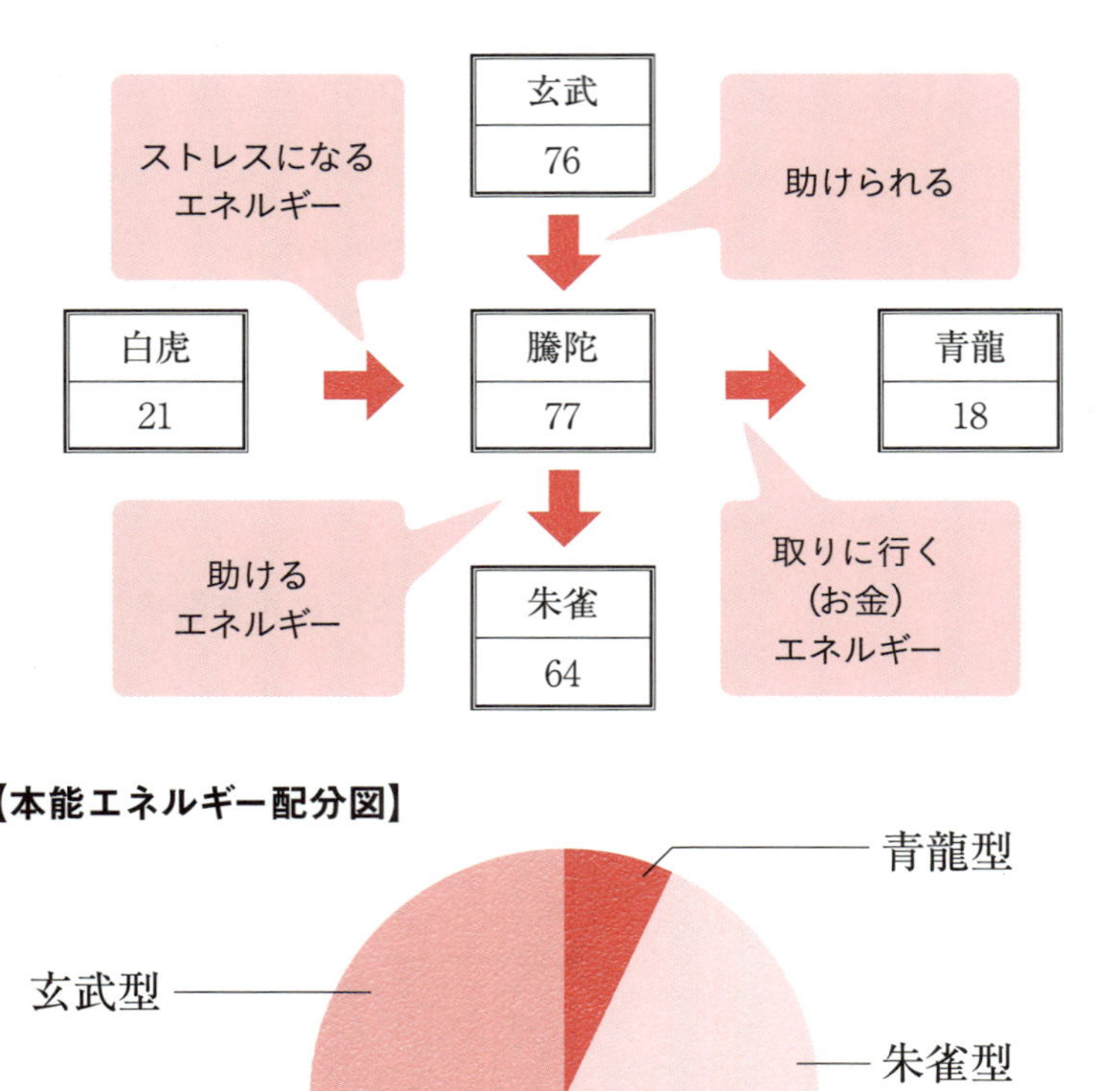

【本能エネルギー配分図】

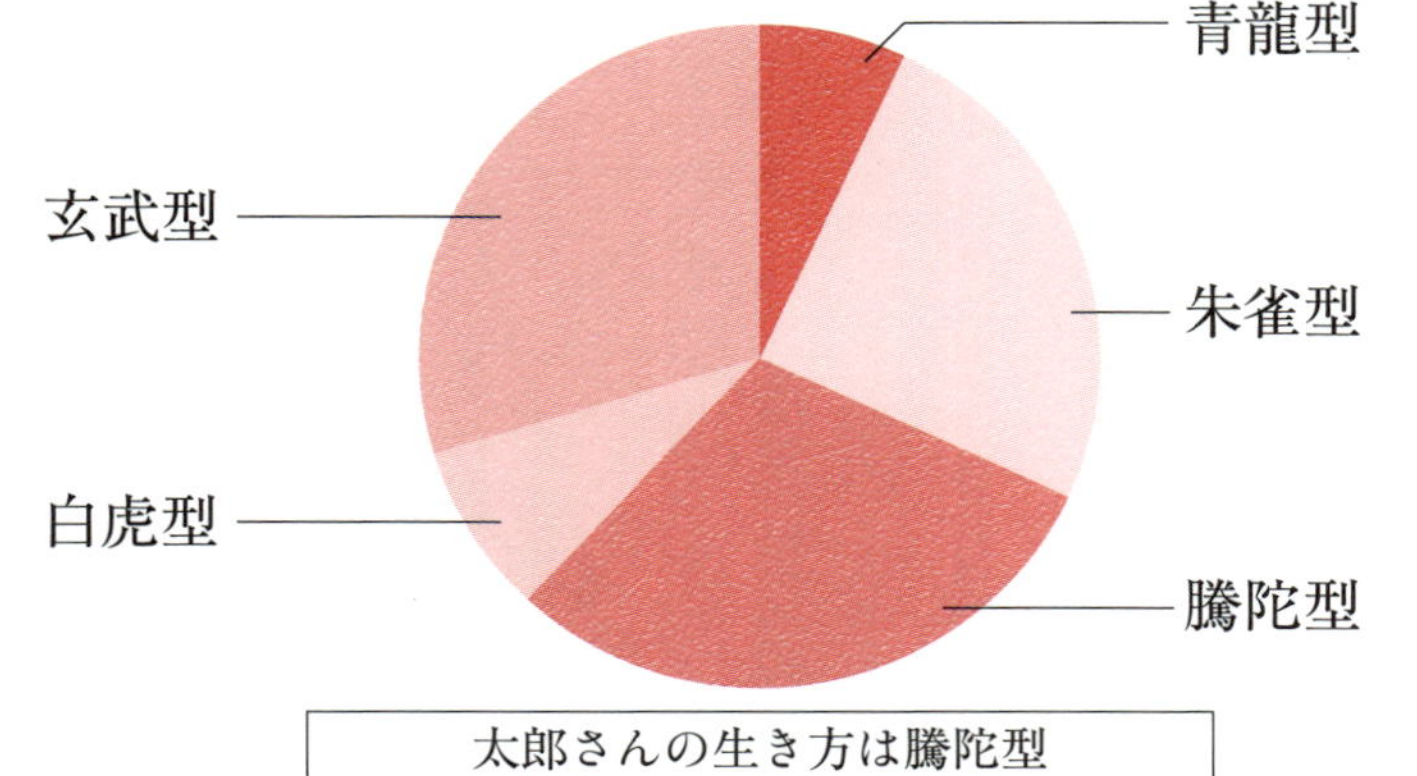

太郎さんの生き方は騰陀型

あなたの本能エネルギー配分図を作ってみましょう

甲	乙	丙	丁	戊	己	庚	辛	壬	癸

十大主星	日干	日支	月支	年支	本能エネルギー値			
					小計	個数	小計	合計
	甲							
	乙							
	丙							
	丁							
	戊							
	己							
	庚							
	辛							
	壬							
	癸							

注）十大主星は、53ページの「十大主星表」から導き出してください。日干は鑑定する人の日干です。

【本能エネルギーの配分図】

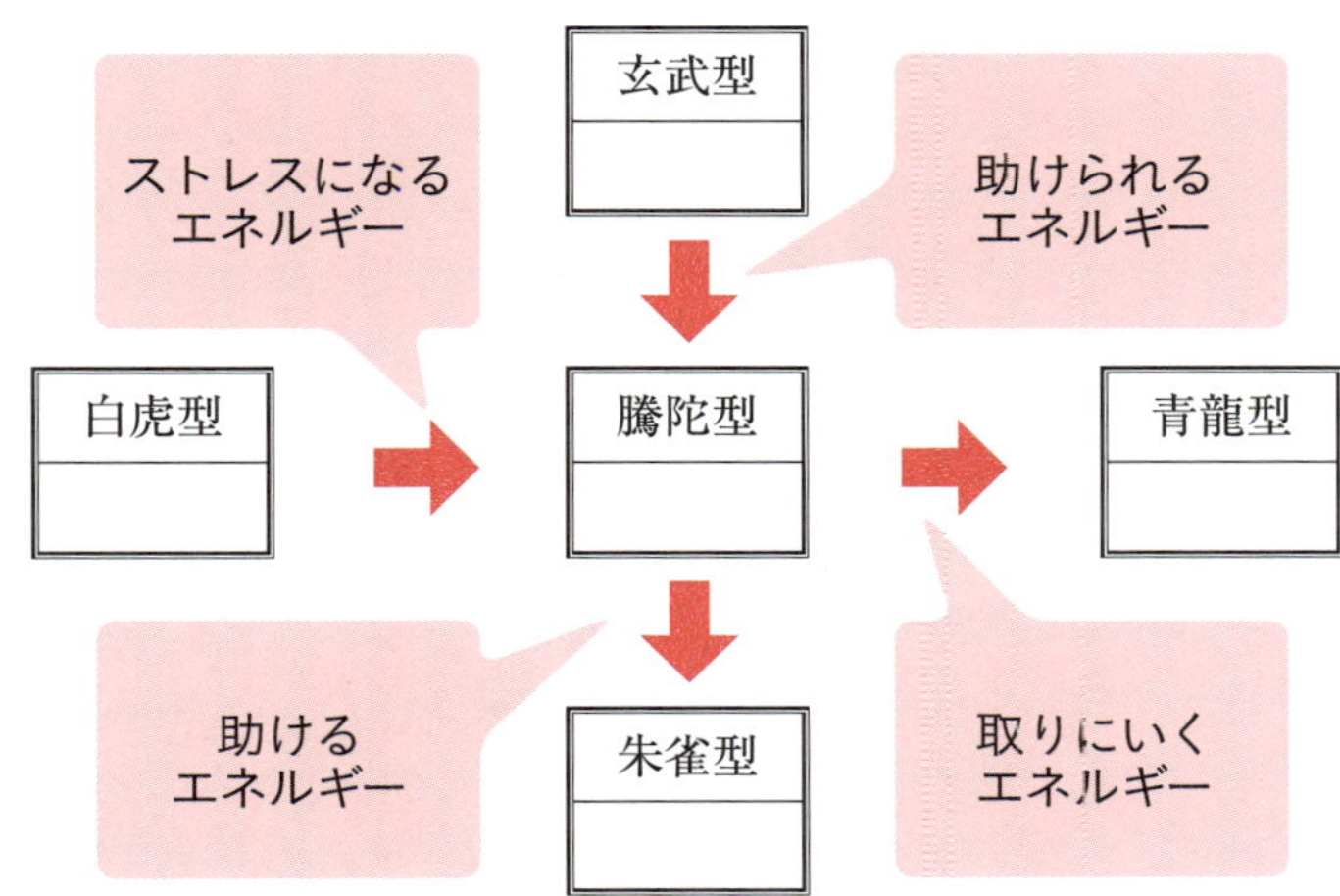

あとがき

算命学を学んだことでわかったことがあります。それは、どんな出来事も偶然ではなく必然であるということです。今までは予期せぬ出来事と思っていたことが、実は起こるべくして起こったものであることがわかりました。たとえば、離婚する夫婦の間に生まれてくる子供は、両親のどちらかの星を持たずに生まれてきます。それは、離婚後に片親でも素直に育つように運命づけられているからです。また、自分が一番輝く「夏の時代」が、65歳までに回ってこない人には、夏の時代の代わりになる「大運天中殺」が、必ず回ってきます。

このように、すべての人に平等にチャンスを与えてくれるのが神の世界なのです。あとは、この与えられたチャンスをどう生かすかは、あなた次第です。

この『算命学の完全独習』が、私の最後の著書になると思いますので、長年積み重ねてきた研究成果をすべて公開しています。さらに改良を重ねてきた「算命学プログラムソフト」も公開いたします。このソフトは、有山茜ＨＰ：http://www.ac.auone-net.jp/~ariyama/ からお求めください。

最初に出版した『こわいほど当たる算命学入門』の編集者の方に、今回の『算命学の完全独習』もお世話になりました。日本文芸社とは不思議な縁を感じています。

なお、この本は日本文芸社のご理解とご協力によりできました。心から感謝申し上げます。

著者

算命学暦

※年干支の「★」は、うるう年を表わします

1959年

【年干支】
1/1～2/3日までに生まれた人=戊戌　大運（男右・女左）
2/4～12/31日までに生まれた人=己亥　大運（男左・女右）

年月／生日	1月		2月		3月		4月		5月		6月		7月		8月		9月		10月		11月		12月	
	月	日	月	日	月	日	月	日	月	日	月	日	月	日	月	日	月	日	月	日	月	日	月	日
1	甲子	癸未	乙丑	甲寅	丙寅	壬午	丁卯	癸丑	戊辰	癸未	己巳	甲寅	庚午	甲申	辛未	乙卯	壬申	丙戌	癸酉	丙辰	甲戌	丁亥	乙亥	丁巳
2		甲申		乙卯		癸未		甲寅		甲申		乙卯		乙酉		丙辰		丁亥		丁巳		戊子		戊午
3		乙酉		丙辰		甲申		乙卯		乙酉		丙辰		丙戌		丁巳		戊子		戊午		己丑		己未
4		丙戌	丙寅	丁巳		乙酉		丙辰		丙戌		丁巳		丁亥		戊午		己丑		己未		庚寅		庚申
5		丁亥		戊午		丙戌	戊辰	丁巳		丁亥		戊午		戊子		己未		庚寅		庚申		辛卯		辛酉
6	乙丑	戊子		己未	丁卯	丁亥		戊午	己巳	戊子	庚午	己未		己丑		庚申		辛卯		辛酉		壬辰		壬戌
7		己丑		庚申		戊子		己未		己丑		庚申		庚寅		辛酉		壬辰		壬戌		癸巳		癸亥
8		庚寅		辛酉		己丑		庚申		庚寅		辛酉	辛未	辛卯	壬申	壬戌	癸酉	癸巳		癸亥	乙亥	甲午	丙子	甲子
9		辛卯		壬戌		庚寅		辛酉		辛卯		壬戌		壬辰		癸亥		甲午	甲戌	甲子		乙未		乙丑
10		壬辰		癸亥		辛卯		壬戌		壬辰		癸亥		癸巳		甲子		乙未		乙丑		丙申		丙寅
11		癸巳		甲子		壬辰		癸亥		癸巳		甲子		甲午		乙丑		丙申		丙寅		丁酉		丁卯
12		甲午		乙丑		癸巳		甲子		甲午		乙丑		乙未		丙寅		丁酉		丁卯		戊戌		戊辰
13		乙未		丙寅		甲午		乙丑		乙未		丙寅		丙申		丁卯		戊戌		戊辰		己亥		己巳
14		丙申		丁卯		乙未		丙寅		丙申		丁卯		丁酉		戊辰		己亥		己巳		庚子		庚午
15		丁酉		戊辰		丙申		丁卯		丁酉		戊辰		戊戌		己巳		庚子		庚午		辛丑		辛未
16		戊戌		己巳		丁酉		戊辰		戊戌		己巳		己亥		庚午		辛丑		辛未		壬寅		壬申
17		己亥		庚午		戊戌		己巳		己亥		庚午		庚子		辛未		壬寅		壬申		癸卯		癸酉
18		庚子		辛未		己亥		庚午		庚子		辛未		辛丑		壬申		癸卯		癸酉		甲辰		甲戌
19		辛丑		壬申		庚子		辛未		辛丑		壬申		壬寅		癸酉		甲辰		甲戌		乙巳		乙亥
20		壬寅		癸酉		辛丑		壬申		壬寅		癸酉		癸卯		甲戌		乙巳		乙亥		丙午		丙子
21		癸卯		甲戌		壬寅		癸酉		癸卯		甲戌		甲辰		乙亥		丙午		丙子		丁未		丁丑
22		甲辰		乙亥		癸卯		甲戌		甲辰		乙亥		乙巳		丙子		丁未		丁丑		戊申		戊寅
23		乙巳		丙子		甲辰		乙亥		乙巳		丙子		丙午		丁丑		戊申		戊寅		己酉		己卯
24		丙午		丁丑		乙巳		丙子		丙午		丁丑		丁未		戊寅		己酉		己卯		庚戌		庚辰
25		丁未		戊寅		丙午		丁丑		丁未		戊寅		戊申		己卯		庚戌		庚辰		辛亥		辛巳
26		戊申		己卯		丁未		戊寅		戊申		己卯		己酉		庚辰		辛亥		辛巳		壬子		壬午
27		己酉		庚辰		戊申		己卯		己酉		庚辰		庚戌		辛巳		壬子		壬午		癸丑		癸未
28		庚戌		辛巳		己酉		庚辰		庚戌		辛巳		辛亥		壬午		癸丑		癸未		甲寅		甲申
29		辛亥				庚戌		辛巳		辛亥		壬午		壬子		癸未		甲寅		甲申		乙卯		乙酉
30		壬子				辛亥		壬午		壬子		癸未		癸丑		甲申		乙卯		乙酉		丙辰		丙戌
31		癸丑				壬子				癸丑				甲寅		乙酉				丙戌				丁亥

1960年

【年干支】
1/1〜2/4日までに生まれた人=己亥　大運（男左・女右）
2/5〜12/31日までに生まれた人=庚子★　大運（男右・女左）

年月／生日	1月		2月		3月		4月		5月		6月		7月		8月		9月		10月		11月		12月	
	月	日	月	日	月	日	月	日	月	日	月	日	月	日	月	日	月	日	月	日	月	日	月	日
1		戊子		己未		戊子		己未		己丑		庚申		庚寅		辛酉		壬辰		壬戌		癸巳		癸亥
2		己丑		庚申		己丑		庚申		庚寅		辛酉		辛卯		壬戌		癸巳		癸亥		甲午		甲子
3	丙子	庚寅	丁丑	辛酉	戊寅	庚寅	己卯	辛酉	庚辰	辛卯	辛巳	壬戌		壬辰		癸亥		甲午		甲子	丙戌	乙未	丁亥	乙丑
4		辛卯		壬戌		辛卯		壬戌		壬辰		癸亥	壬午	癸巳	癸未	甲子	甲申	乙未	乙酉	乙丑		丙申		丙寅
5		壬辰		癸亥		壬辰		癸亥		癸巳		甲子		甲午		乙丑		丙申		丙寅		丁酉		丁卯
6		癸巳		甲子		癸巳		甲子		甲午		乙丑		乙未		丙寅		丁酉		丁卯		戊戌		戊辰
7		甲午		乙丑		甲午		乙丑		乙未		丙寅		丙申		丁卯		戊戌		戊辰		己亥		己巳
8		乙未		丙寅		乙未		丙寅		丙申		丁卯		丁酉		戊辰		己亥		己巳		庚子		庚午
9		丙申		丁卯		丙申		丁卯		丁酉		戊辰		戊戌		己巳		庚子		庚午		辛丑		辛未
10		丁酉		戊辰		丁酉		戊辰		戊戌		己巳		己亥		庚午		辛丑		辛未		壬寅		壬申
11		戊戌		己巳		戊戌		己巳		己亥		庚午		庚子		辛未		壬寅		壬申		癸卯		癸酉
12		己亥		庚午		己亥		庚午		庚子		辛未		辛丑		壬申		癸卯		癸酉		甲辰		甲戌
13		庚子		辛未		庚子		辛未		辛丑		壬申		壬寅		癸酉		甲辰		甲戌		乙巳		乙亥
14		辛丑		壬申		辛丑		壬申		壬寅		癸酉		癸卯		甲戌		乙巳		乙亥		丙午		丙子
15		壬寅		癸酉		壬寅		癸酉		癸卯		甲戌		甲辰		乙亥		丙午		丙子		丁未		丁丑
16		癸卯		甲戌		癸卯		甲戌		甲辰		乙亥		乙巳		丙子		丁未		丁丑		戊申		戊寅
17		甲辰		乙亥		甲辰		乙亥		乙巳		丙子		丙午		丁丑		戊申		戊寅		己酉		己卯
18	丁丑	乙巳	戊寅	丙子	己卯	乙巳	庚辰	丙子	辛巳	丙午		丁丑		丁未		戊寅		己酉		己卯		庚戌		庚辰
19		丙午		丁丑		丙午		丁丑		丁未	壬午	戊寅	癸未	戊申	甲申	己卯		庚戌		庚辰	丁亥	辛亥	戊子	辛巳
20		丁未		戊寅		丁未		戊寅		戊申		己卯		己酉		庚辰	乙酉	辛亥	丙戌	辛巳		壬子		壬午
21		戊申		己卯		戊申		己卯		己酉		庚辰		庚戌		辛巳		壬子		壬午		癸丑		癸未
22		己酉		庚辰		己酉		庚辰		庚戌		辛巳		辛亥		壬午		癸丑		癸未		甲寅		甲申
23		庚戌		辛巳		庚戌		辛巳		辛亥		壬午		壬子		癸未		甲寅		甲申		乙卯		乙酉
24		辛亥		壬午		辛亥		壬午		壬子		癸未		癸丑		甲申		乙卯		乙酉		丙辰		丙戌
25		壬子		癸未		壬子		癸未		癸丑		甲申		甲寅		乙酉		丙辰		丙戌		丁巳		丁亥
26		癸丑		甲申		癸丑		甲申		甲寅		乙酉		乙卯		丙戌		丁巳		丁亥		戊午		戊子
27		甲寅		乙酉		甲寅		乙酉		乙卯		丙戌		丙辰		丁亥		戊午		戊子		己未		己丑
28		乙卯		丙戌		乙卯		丙戌		丙辰		丁亥		丁巳		戊子		己未		己丑		庚申		庚寅
29		丙辰		丁亥		丙辰		丁亥		丁巳		戊子		戊午		己丑		庚申		庚寅		辛酉		辛卯
30		丁巳				丁巳		戊子		戊午		己丑		己未		庚寅		辛酉		辛卯		壬戌		壬辰
31		戊午				戊午				己未				庚申		辛卯				壬辰				癸巳

1961年

【年干支】
1/1〜2/3日までに生まれた人=庚子　大運（男右・女左）
2/4〜12/31日までに生まれた人=辛丑　大運（男左・女右）

生日＼年月	1月 月	1月 日	2月 月	2月 日	3月 月	3月 日	4月 月	4月 日	5月 月	5月 日	6月 月	6月 日
1	戊子	甲午	己丑	乙丑	庚寅	癸巳	辛卯	甲子	壬辰	甲午	癸巳	乙丑
2		乙未		丙寅		甲午		乙丑		乙未		丙寅
3		丙申		丁卯		乙未		丙寅		丙申		丁卯
4		丁酉	庚寅	戊辰		丙申		丁卯		丁酉		戊辰
5	己丑	戊戌		己巳		丁酉	壬辰	戊辰		戊戌		己巳
6		己亥		庚午	辛卯	戊戌		己巳	癸巳	己亥	甲午	庚午
7		庚子		辛未		己亥		庚午		庚子		辛未
8		辛丑		壬申		庚子		辛未		辛丑		壬申
9		壬寅		癸酉		辛丑		壬申		壬寅		癸酉
10		癸卯		甲戌		壬寅		癸酉		癸卯		甲戌
11		甲辰		乙亥		癸卯		甲戌		甲辰		乙亥
12		乙巳		丙子		甲辰		乙亥		乙巳		丙子
13		丙午		丁丑		乙巳		丙子		丙午		丁丑
14		丁未		戊寅		丙午		丁丑		丁未		戊寅
15		戊申		己卯		丁未		戊寅		戊申		己卯
16		己酉		庚辰		戊申		己卯		己酉		庚辰
17		庚戌		辛巳		己酉		庚辰		庚戌		辛巳
18		辛亥		壬午		庚戌		辛巳		辛亥		壬午
19		壬子		癸未		辛亥		壬午		壬子		癸未
20		癸丑		甲申		壬子		癸未		癸丑		甲申
21		甲寅		乙酉		癸丑		甲申		甲寅		乙酉
22		乙卯		丙戌		甲寅		乙酉		乙卯		丙戌
23		丙辰		丁亥		乙卯		丙戌		丙辰		丁亥
24		丁巳		戊子		丙辰		丁亥		丁巳		戊子
25		戊午		己丑		丁巳		戊子		戊午		己丑
26		己未		庚寅		戊午		己丑		己未		庚寅
27		庚申		辛卯		己未		庚寅		庚申		辛卯
28		辛酉		壬辰		庚申		辛卯		辛酉		壬辰
29		壬戌				辛酉		壬辰		壬戌		癸巳
30		癸亥				壬戌		癸巳		癸亥		甲午
31		甲子				癸亥				甲子		

生日＼年月	7月 月	7月 日	8月 月	8月 日	9月 月	9月 日	10月 月	10月 日	11月 月	11月 日	12月 月	12月 日
1	甲午	乙未	乙未	丙寅	丙申	丁酉	丁酉	丁卯	戊戌	戊戌	己亥	戊辰
2		丙申		丁卯		戊戌		戊辰		己亥		己巳
3		丁酉		戊辰		己亥		己巳		庚子		庚午
4		戊戌		己巳		庚子		庚午		辛丑		辛未
5		己亥		庚午		辛丑		辛未		壬寅		壬申
6		庚子		辛未		壬寅		壬申		癸卯		癸酉
7	乙未	辛丑		壬申		癸卯		癸酉		甲辰	庚子	甲戌
8		壬寅	丙申	癸酉	丁酉	甲辰	戊戌	甲戌	己亥	乙巳		乙亥
9		癸卯		甲戌		乙巳		乙亥		丙午		丙子
10		甲辰		乙亥		丙午		丙子		丁未		丁丑
11		乙巳		丙子		丁未		丁丑		戊申		戊寅
12		丙午		丁丑		戊申		戊寅		己酉		己卯
13		丁未		戊寅		己酉		己卯		庚戌		庚辰
14		戊申		己卯		庚戌		庚辰		辛亥		辛巳
15		己酉		庚辰		辛亥		辛巳		壬子		壬午
16		庚戌		辛巳		壬子		壬午		癸丑		癸未
17		辛亥		壬午		癸丑		癸未		甲寅		甲申
18		壬子		癸未		甲寅		甲申		乙卯		乙酉
19		癸丑		甲申		乙卯		乙酉		丙辰		丙戌
20		甲寅		乙酉		丙辰		丙戌		丁巳		丁亥
21		乙卯		丙戌		丁巳		丁亥		戊午		戊子
22		丙辰		丁亥		戊午		戊子		己未		己丑
23		丁巳		戊子		己未		己丑		庚申		庚寅
24		戊午		己丑		庚申		庚寅		辛酉		辛卯
25		己未		庚寅		辛酉		辛卯		壬戌		壬辰
26		庚申		辛卯		壬戌		壬辰		癸亥		癸巳
27		辛酉		壬辰		癸亥		癸巳		甲子		甲午
28		壬戌		癸巳		甲子		甲午		乙丑		乙未
29		癸亥		甲午		乙丑		乙未		丙寅		丙申
30		甲子		乙未		丙寅		丙申		丁卯		丁酉
31		乙丑		丙申				丁酉				戊戌

1962年

【年干支】
1/1～2/3日までに生まれた人=辛丑　大運（男左・女右）
2/4～12/31日までに生まれた人=壬寅　大運（男右・女左）

生日＼年月	1月		2月		3月		4月		5月		6月		7月		8月		9月		10月		11月		12月	
	月	日	月	日	月	日	月	日	月	日	月	日	月	日	月	日	月	日	月	日	月	日	月	日
1		己亥		庚午		戊戌		己巳		己亥		庚午		庚子		辛未		壬寅		壬申		癸卯		癸酉
2		庚子	辛丑	辛未		己亥	癸卯	庚午		庚子		辛未		辛丑		壬申		癸卯		癸酉		甲辰		甲戌
3	庚子	辛丑		壬申	壬寅	庚子		辛未	甲辰	辛丑	乙巳	壬申		壬寅		癸酉		甲辰		甲戌		乙巳		乙亥
4		壬寅		癸酉		辛丑		壬申		壬寅		癸酉	丙午	癸卯	丁未	甲戌	戊申	乙巳		乙亥	庚戌	丙午	辛亥	丙子
5		癸卯		甲戌		壬寅		癸酉		癸卯		甲戌		甲辰		乙亥		丙午	己酉	丙子		丁未		丁丑
6		甲辰		乙亥		癸卯		甲戌		甲辰		乙亥		乙巳		丙子		丁未		丁丑		戊申		戊寅
7		乙巳		丙子		甲辰		乙亥		乙巳		丙子		丙午		丁丑		戊申		戊寅		己酉		己卯
8		丙午		丁丑		乙巳		丙子		丙午		丁丑		丁未		戊寅		己酉		己卯		庚戌		庚辰
9		丁未		戊寅		丙午		丁丑		丁未		戊寅		戊申		己卯		庚戌		庚辰		辛亥		辛巳
10		戊申		己卯		丁未		戊寅		戊申		己卯		己酉		庚辰		辛亥		辛巳		壬子		壬午
11		己酉		庚辰		戊申		己卯		己酉		庚辰		庚戌		辛巳		壬子		壬午		癸丑		癸未
12		庚戌		辛巳		己酉		庚辰		庚戌		辛巳		辛亥		壬午		癸丑		癸未		甲寅		甲申
13		辛亥		壬午		庚戌		辛巳		辛亥		壬午		壬子		癸未		甲寅		甲申		乙卯		乙酉
14		壬子		癸未		辛亥		壬午		壬子		癸未		癸丑		甲申		乙卯		乙酉		丙辰		丙戌
15		癸丑		甲申		壬子		癸未		癸丑		甲申		甲寅		乙酉		丙辰		丙戌		丁巳		丁亥
16		甲寅		乙酉		癸丑		甲申		甲寅		乙酉		乙卯		丙戌		丁巳		丁亥		戊午		戊子
17		乙卯		丙戌		甲寅		乙酉		乙卯		丙戌		丙辰		丁亥		戊午		戊子		己未		己丑
18		丙辰	壬寅	丁亥		乙卯	甲辰	丙戌		丙辰		丁亥		丁巳		戊子		己未		己丑		庚申		庚寅
19	辛丑	丁巳		戊子	癸卯	丙辰		丁亥	乙巳	丁巳	丙午	戊子	丁未	戊午		己丑		庚申		庚寅		辛酉	壬子	辛卯
20		戊午		己丑		丁巳		戊子		戊午		己丑		己未	戊申	庚寅	己酉	辛酉	庚戌	辛卯	辛亥	壬戌		壬辰
21		己未		庚寅		戊午		己丑		己未		庚寅		庚申		辛卯		壬戌		壬辰		癸亥		癸巳
22		庚申		辛卯		己未		庚寅		庚申		辛卯		辛酉		壬辰		癸亥		癸巳		甲子		甲午
23		辛酉		壬辰		庚申		辛卯		辛酉		壬辰		壬戌		癸巳		甲子		甲午		乙丑		乙未
24		壬戌		癸巳		辛酉		壬辰		壬戌		癸巳		癸亥		甲午		乙丑		乙未		丙寅		丙申
25		癸亥		甲午		壬戌		癸巳		癸亥		甲午		甲子		乙未		丙寅		丙申		丁卯		丁酉
26		甲子		乙未		癸亥		甲午		甲子		乙未		乙丑		丙申		丁卯		丁酉		戊辰		戊戌
27		乙丑		丙申		甲子		乙未		乙丑		丙申		丙寅		丁酉		戊辰		戊戌		己巳		己亥
28		丙寅		丁酉		乙丑		丙申		丙寅		丁酉		丁卯		戊戌		己巳		己亥		庚午		庚子
29		丁卯				丙寅		丁酉		丁卯		戊戌		戊辰		己亥		庚午		庚子		辛未		辛丑
30		戊辰				丁卯		戊戌		戊辰		己亥		己巳		庚子		辛未		辛丑		壬申		壬寅
31		己巳				戊辰				己巳				庚午		辛丑				壬寅				癸卯

1963年

【年干支】
1/1〜2/3日までに生まれた人=壬寅　大運（男右・女左）
2/4〜12/31日までに生まれた人=癸卯　大運（男左・女右）

年月／生日	1月		2月		3月		4月		5月		6月		7月		8月		9月		10月		11月		12月	
	月	日	月	日	月	日	月	日	月	日	月	日	月	日	月	日	月	日	月	日	月	日	月	日
1	壬子	甲辰	癸丑	乙亥	甲寅	癸卯	乙卯	甲戌	丙辰	甲辰	丁巳	乙亥	戊午	乙巳	己未	丙子	庚申	丁未	辛酉	丁丑	壬戌	戊申	癸亥	戊寅
2		乙巳		丙子		甲辰		乙亥		乙巳		丙子		丙午		丁丑		戊申		戊寅		己酉		己卯
3		丙午		丁丑		乙巳		丙子		丙午		丁丑		丁未		戊寅		己酉		己卯		庚戌		庚辰
4		丁未	甲寅	**戊寅**		丙午		丁丑		丁未		戊寅		戊申		己卯		庚戌		庚辰		辛亥		辛巳
5		戊申		己卯		丁未	丙辰	**戊寅**		戊申		己卯		己酉		庚辰		辛亥		辛巳		壬子		壬午
6	癸丑	**己酉**		庚辰	乙卯	**戊申**		己卯	丁巳	**己酉**	戊午	**庚辰**		庚戌		辛巳		壬子		壬午		癸丑		癸未
7		庚戌		辛巳		己酉		庚辰		庚戌		辛巳		辛亥		壬午		癸丑		癸未		甲寅		甲申
8		辛亥		壬午		庚戌		辛巳		辛亥		壬午	己未	**壬子**	庚申	**癸未**	辛酉	**甲寅**		甲申	癸亥	**乙卯**	甲子	**乙酉**
9		壬子		癸未		辛亥		壬午		壬子		癸未		癸丑		甲申		乙卯	壬戌	**乙酉**		丙辰		丙戌
10		癸丑		甲申		壬子		癸未		癸丑		甲申		甲寅		乙酉		丙辰		丙戌		丁巳		丁亥
11		甲寅		乙酉		癸丑		甲申		甲寅		乙酉		乙卯		丙戌		丁巳		丁亥		戊午		戊子
12		乙卯		丙戌		甲寅		乙酉		乙卯		丙戌		丙辰		丁亥		戊午		戊子		己未		己丑
13		丙辰		丁亥		乙卯		丙戌		丙辰		丁亥		丁巳		戊子		己未		己丑		庚申		庚寅
14		丁巳		戊子		丙辰		丁亥		丁巳		戊子		戊午		己丑		庚申		庚寅		辛酉		辛卯
15		戊午		己丑		丁巳		戊子		戊午		己丑		己未		庚寅		辛酉		辛卯		壬戌		壬辰
16		己未		庚寅		戊午		己丑		己未		庚寅		庚申		辛卯		壬戌		壬辰		癸亥		癸巳
17		庚申		辛卯		己未		庚寅		庚申		辛卯		辛酉		壬辰		癸亥		癸巳		甲子		甲午
18		辛酉		壬辰		庚申		辛卯		辛酉		壬辰		壬戌		癸巳		甲子		甲午		乙丑		乙未
19		壬戌		癸巳		辛酉		壬辰		壬戌		癸巳		癸亥		甲午		乙丑		乙未		丙寅		丙申
20		癸亥		甲午		壬戌		癸巳		癸亥		甲午		甲子		乙未		丙寅		丙申		丁卯		丁酉
21		甲子		乙未		癸亥		甲午		甲子		乙未		乙丑		丙申		丁卯		丁酉		戊辰		戊戌
22		乙丑		丙申		甲子		乙未		乙丑		丙申		丙寅		丁酉		戊辰		戊戌		己巳		己亥
23		丙寅		丁酉		乙丑		丙申		丙寅		丁酉		丁卯		戊戌		己巳		己亥		庚午		庚子
24		丁卯		戊戌		丙寅		丁酉		丁卯		戊戌		戊辰		己亥		庚午		庚子		辛未		辛丑
25		戊辰		己亥		丁卯		戊戌		戊辰		己亥		己巳		庚子		辛未		辛丑		壬申		壬寅
26		己巳		庚子		戊辰		己亥		己巳		庚子		庚午		辛丑		壬申		壬寅		癸酉		癸卯
27		庚午		辛丑		己巳		庚子		庚午		辛丑		辛未		壬寅		癸酉		癸卯		甲戌		甲辰
28		辛未		壬寅		庚午		辛丑		辛未		壬寅		壬申		癸卯		甲戌		甲辰		乙亥		乙巳
29		壬申				辛未		壬寅		壬申		癸卯		癸酉		甲辰		乙亥		乙巳		丙子		丙午
30		癸酉				壬申		癸卯		癸酉		甲辰		甲戌		乙巳		丙子		丙午		丁丑		丁未
31		甲戌				癸酉				甲戌				乙亥		丙午				丁未				戊申

1964年

【年干支】
1/1～2/4日までに生まれた人=癸卯　大運（男左・女右）
2/5～12/31日までに生まれた人=甲辰★　大運（男右・女左）

年月	1月		2月		3月		4月		5月		6月		7月		8月		9月		10月		11月		12月	
生日	月	日	月	日	月	日	月	日	月	日	月	日	月	日	月	日	月	日	月	日	月	日	月	日
1	甲子	己酉	乙丑	庚辰	丙寅	己酉	丁卯	庚辰	戊辰	庚戌	己巳	辛巳	庚午	辛亥	辛未	壬午	壬申	癸丑	癸酉	癸未	甲戌	甲寅	乙亥	甲申
2		庚戌		辛巳		庚戌		辛巳		辛亥		壬午		壬子		癸未		甲寅		甲申		乙卯		乙酉
3		辛亥		壬午		辛亥		壬午		壬子		癸未		癸丑		甲申		乙卯		乙酉		丙辰		丙戌
4		壬子		癸未		壬子		癸未		癸丑		甲申		甲寅		乙酉		丙辰		丙戌		丁巳		丁亥
5		癸丑	丙寅	甲申	丁卯	癸丑	戊辰	甲申	己巳	甲寅		乙酉		乙卯		丙戌		丁巳		丁亥		戊午		戊子
6	乙丑	甲寅		乙酉		甲寅		乙酉		乙卯	庚午	丙戌		丙辰		丁亥		戊午		戊子		己未		己丑
7		乙卯		丙戌		乙卯		丙戌		丙辰		丁亥	辛未	丁巳	壬申	戊子	癸酉	己未		己丑	乙亥	庚申	丙子	庚寅
8		丙辰		丁亥		丙辰		丁亥		丁巳		戊子		戊午		己丑		庚申	甲戌	庚寅		辛酉		辛卯
9		丁巳		戊子		丁巳		戊子		戊午		己丑		己未		庚寅		辛酉		辛卯		壬戌		壬辰
10		戊午		己丑		戊午		己丑		己未		庚寅		庚申		辛卯		壬戌		壬辰		癸亥		癸巳
11		己未		庚寅		己未		庚寅		庚申		辛卯		辛酉		壬辰		癸亥		癸巳		甲子		甲午
12		庚申		辛卯		庚申		辛卯		辛酉		壬辰		壬戌		癸巳		甲子		甲午		乙丑		乙未
13		辛酉		壬辰		辛酉		壬辰		壬戌		癸巳		癸亥		甲午		乙丑		乙未		丙寅		丙申
14		壬戌		癸巳		壬戌		癸巳		癸亥		甲午		甲子		乙未		丙寅		丙申		丁卯		丁酉
15		癸亥		甲午		癸亥		甲午		甲子		乙未		乙丑		丙申		丁卯		丁酉		戊辰		戊戌
16		甲子		乙未		甲子		乙未		乙丑		丙申		丙寅		丁酉		戊辰		戊戌		己巳		己亥
17		乙丑		丙申		乙丑		丙申		丙寅		丁酉		丁卯		戊戌		己巳		己亥		庚午		庚子
18		丙寅		丁酉		丙寅		丁酉		丁卯		戊戌		戊辰		己亥		庚午		庚子		辛未		辛丑
19		丁卯		戊戌		丁卯		戊戌		戊辰		己亥		己巳		庚子		辛未		辛丑		壬申		壬寅
20		戊辰		己亥		戊辰		己亥		己巳		庚子		庚午		辛丑		壬申		壬寅		癸酉		癸卯
21		己巳		庚子		己巳		庚子		庚午		辛丑		辛未		壬寅		癸酉		癸卯		甲戌		甲辰
22		庚午		辛丑		庚午		辛丑		辛未		壬寅		壬申		癸卯		甲戌		甲辰		乙亥		乙巳
23		辛未		壬寅		辛未		壬寅		壬申		癸卯		癸酉		甲辰		乙亥		乙巳		丙子		丙午
24		壬申		癸卯		壬申		癸卯		癸酉		甲辰		甲戌		乙巳		丙子		丙午		丁丑		丁未
25		癸酉		甲辰		癸酉		甲辰		甲戌		乙巳		乙亥		丙午		丁丑		丁未		戊寅		戊申
26		甲戌		乙巳		甲戌		乙巳		乙亥		丙午		丙子		丁未		戊寅		戊申		己卯		己酉
27		乙亥		丙午		乙亥		丙午		丙子		丁未		丁丑		戊申		己卯		己酉		庚辰		庚戌
28		丙子		丁未		丙子		丁未		丁丑		戊申		戊寅		己酉		庚辰		庚戌		辛巳		辛亥
29		丁丑		戊申		丁丑		戊申		戊寅		己酉		己卯		庚戌		辛巳		辛亥		壬午		壬子
30		戊寅				戊寅		己酉		己卯		庚戌		庚辰		辛亥		壬午		壬子		癸未		癸丑
31		己卯				己卯				庚辰				辛巳		壬子				癸丑				甲寅

【年干支】
1965年
1/1〜2/3日までに生まれた人=甲辰　大運（男右・女左）
2/4〜12/31日までに生まれた人=乙巳　大運（男左・女右）

年月／生日	1月		2月		3月		4月		5月		6月		7月		8月		9月		10月		11月		12月	
	月	日	月	日	月	日	月	日	月	日	月	日	月	日	月	日	月	日	月	日	月	日	月	日
1	丙子	乙卯	丁丑	丙戌	戊寅	甲寅	己卯	乙酉	庚辰	乙卯	辛巳	丙戌	壬午	丙辰	癸未	丁亥	甲申	戊午	乙酉	戊子	丙戌	己未	丁亥	己丑
2		丙辰		丁亥		乙卯		丙戌		丙辰		丁亥		丁巳		戊子		己未		己丑		庚申		庚寅
3		丁巳		戊子		丙辰		丁亥		丁巳		戊子		戊午		己丑		庚申		庚寅		辛酉		辛卯
4		戊午	戊寅	**己丑**		丁巳		戊子		戊午		己丑		己未		庚寅		辛酉		辛卯		壬戌		壬辰
5	丁丑	**己未**		庚寅		戊午	庚辰	**己丑**		己未		庚寅		庚申		辛卯		壬戌		壬辰		癸亥		癸巳
6		庚申		辛卯	己卯	**己未**		庚寅	辛巳	**庚申**	壬午	**辛卯**		辛酉		壬辰		癸亥		癸巳		甲子		甲午
7		辛酉		壬辰		庚申		辛卯		辛酉		壬辰	癸未	**壬戌**		癸巳		甲子		甲午		乙丑	戊子	**乙未**
8		壬戌		癸巳		辛酉		壬辰		壬戌		癸巳		癸亥	甲申	**甲午**	乙酉	**乙丑**	丙戌	**乙未**	丁亥	**丙寅**		丙申
9		癸亥		甲午		壬戌		癸巳		癸亥		甲午		甲子		乙未		丙寅		丙申		丁卯		丁酉
10		甲子		乙未		癸亥		甲午		甲子		乙未		乙丑		丙申		丁卯		丁酉		戊辰		戊戌
11		乙丑		丙申		甲子		乙未		乙丑		丙申		丙寅		丁酉		戊辰		戊戌		己巳		己亥
12		丙寅		丁酉		乙丑		丙申		丙寅		丁酉		丁卯		戊戌		己巳		己亥		庚午		庚子
13		丁卯		戊戌		丙寅		丁酉		丁卯		戊戌		戊辰		己亥		庚午		庚子		辛未		辛丑
14		戊辰		己亥		丁卯		戊戌		戊辰		己亥		己巳		庚子		辛未		辛丑		壬申		壬寅
15		己巳		庚子		戊辰		己亥		己巳		庚子		庚午		辛丑		壬申		壬寅		癸酉		癸卯
16		庚午		辛丑		己巳		庚子		庚午		辛丑		辛未		壬寅		癸酉		癸卯		甲戌		甲辰
17		辛未		壬寅		庚午		辛丑		辛未		壬寅		壬申		癸卯		甲戌		甲辰		乙亥		乙巳
18		壬申		癸卯		辛未		壬寅		壬申		癸卯		癸酉		甲辰		乙亥		乙巳		丙子		丙午
19		癸酉		甲辰		壬申		癸卯		癸酉		甲辰		甲戌		乙巳		丙子		丙午		丁丑		丁未
20		甲戌		乙巳		癸酉		甲辰		甲戌		乙巳		乙亥		丙午		丁丑		丁未		戊寅		戊申
21		乙亥		丙午		甲戌		乙巳		乙亥		丙午		丙子		丁未		戊寅		戊申		己卯		己酉
22		丙子		丁未		乙亥		丙午		丙子		丁未		丁丑		戊申		己卯		己酉		庚辰		庚戌
23		丁丑		戊申		丙子		丁未		丁丑		戊申		戊寅		己酉		庚辰		庚戌		辛巳		辛亥
24		戊寅		己酉		丁丑		戊申		戊寅		己酉		己卯		庚戌		辛巳		辛亥		壬午		壬子
25		己卯		庚戌		戊寅		己酉		己卯		庚戌		庚辰		辛亥		壬午		壬子		癸未		癸丑
26		庚辰		辛亥		己卯		庚戌		庚辰		辛亥		辛巳		壬子		癸未		癸丑		甲申		甲寅
27		辛巳		壬子		庚辰		辛亥		辛巳		壬子		壬午		癸丑		甲申		甲寅		乙酉		乙卯
28		壬午		癸丑		辛巳		壬子		壬午		癸丑		癸未		甲寅		乙酉		乙卯		丙戌		丙辰
29		癸未				壬午		癸丑		癸未		甲寅		甲申		乙卯		丙戌		丙辰		丁亥		丁巳
30		甲申				癸未		甲寅		甲申		乙卯		乙酉		丙辰		丁亥		丁巳		戊子		戊午
31		乙酉				甲申				乙酉				丙戌		丁巳				戊午				己未

1966年

【年干支】
1/1〜2/3日までに生まれた人=乙巳　大運（男左・女右）
2/4〜12/31日までに生まれた人=丙午　大運（男右・女左）

生日＼年月	1月		2月		3月		4月		5月		6月		7月		8月		9月		10月		11月		12月	
	月	日	月	日	月	日	月	日	月	日	月	日	月	日	月	日	月	日	月	日	月	日	月	日
1	戊子	庚申	己丑	辛卯	庚寅	己未	辛卯	庚寅	壬辰	庚申	癸巳	辛卯	甲午	辛酉	乙未	壬辰	丙申	癸亥	丁酉	癸巳	戊戌	甲子	己亥	甲午
2		辛酉		壬辰		庚申		辛卯		辛酉		壬辰		壬戌		癸巳		甲子		甲午		乙丑		乙未
3		壬戌		癸巳		辛酉		壬辰		壬戌		癸巳		癸亥		甲午		乙丑		乙未		丙寅		丙申
4		癸亥	庚寅	甲午		壬戌		癸巳		癸亥		甲午		甲子		乙未		丙寅		丙申		丁卯		丁酉
5		甲子		乙未		癸亥	壬辰	甲午		甲子		乙未		乙丑		丙申		丁卯		丁酉		戊辰		戊戌
6	己丑	乙丑		丙申	辛卯	甲子		乙未	癸巳	乙丑	甲午	丙申		丙寅		丁酉		戊辰		戊戌		己巳		己亥
7		丙寅		丁酉		乙丑		丙申		丙寅		丁酉	乙未	丁卯		戊戌		己巳		己亥		庚午	庚子	庚子
8		丁卯		戊戌		丙寅		丁酉		丁卯		戊戌		戊辰	丙申	己亥	丁酉	庚午		庚子	己亥	辛未		辛丑
9		戊辰		己亥		丁卯		戊戌		戊辰		己亥		己巳		庚子		辛未	戊戌	辛丑		壬申		壬寅
10		己巳		庚子		戊辰		己亥		己巳		庚子		庚午		辛丑		壬申		壬寅		癸酉		癸卯
11		庚午		辛丑		己巳		庚子		庚午		辛丑		辛未		壬寅		癸酉		癸卯		甲戌		甲辰
12		辛未		壬寅		庚午		辛丑		辛未		壬寅		壬申		癸卯		甲戌		甲辰		乙亥		乙巳
13		壬申		癸卯		辛未		壬寅		壬申		癸卯		癸酉		甲辰		乙亥		乙巳		丙子		丙午
14		癸酉		甲辰		壬申		癸卯		癸酉		甲辰		甲戌		乙巳		丙子		丙午		丁丑		丁未
15		甲戌		乙巳		癸酉		甲辰		甲戌		乙巳		乙亥		丙午		丁丑		丁未		戊寅		戊申
16		乙亥		丙午		甲戌		乙巳		乙亥		丙午		丙子		丁未		戊寅		戊申		己卯		己酉
17		丙子		丁未		乙亥		丙午		丙子		丁未		丁丑		戊申		己卯		己酉		庚辰		庚戌
18		丁丑		戊申		丙子		丁未		丁丑		戊申		戊寅		己酉		庚辰		庚戌		辛巳		辛亥
19		戊寅		己酉		丁丑		戊申		戊寅		己酉		己卯		庚戌		辛巳		辛亥		壬午		壬子
20		己卯		庚戌		戊寅		己酉		己卯		庚戌		庚辰		辛亥		壬午		壬子		癸未		癸丑
21		庚辰		辛亥		己卯		庚戌		庚辰		辛亥		辛巳		壬子		癸未		癸丑		甲申		甲寅
22		辛巳		壬子		庚辰		辛亥		辛巳		壬子		壬午		癸丑		甲申		甲寅		乙酉		乙卯
23		壬午		癸丑		辛巳		壬子		壬午		癸丑		癸未		甲寅		乙酉		乙卯		丙戌		丙辰
24		癸未		甲寅		壬午		癸丑		癸未		甲寅		甲申		乙卯		丙戌		丙辰		丁亥		丁巳
25		甲申		乙卯		癸未		甲寅		甲申		乙卯		乙酉		丙辰		丁亥		丁巳		戊子		戊午
26		乙酉		丙辰		甲申		乙卯		乙酉		丙辰		丙戌		丁巳		戊子		戊午		己丑		己未
27		丙戌		丁巳		乙酉		丙辰		丙戌		丁巳		丁亥		戊午		己丑		己未		庚寅		庚申
28		丁亥		戊午		丙戌		丁巳		丁亥		戊午		戊子		己未		庚寅		庚申		辛卯		辛酉
29		戊子				丁亥		戊午		戊子		己未		己丑		庚申		辛卯		辛酉		壬辰		壬戌
30		己丑				戊子		己未		己丑		庚申		庚寅		辛酉		壬辰		壬戌		癸巳		癸亥
31		庚寅				己丑				庚寅				辛卯		壬戌				癸亥				甲子

1967年

【年干支】
1/1〜2/3日までに生まれた人=丙午　大運（男右・女左）
2/4〜12/31日までに生まれた人=丁未　大運（男左・女右）

生日＼年月	1月 月	1月 日	2月 月	2月 日	3月 月	3月 日	4月 月	4月 日	5月 月	5月 日	6月 月	6月 日	7月 月	7月 日	8月 月	8月 日	9月 月	9月 日	10月 月	10月 日	11月 月	11月 日	12月 月	12月 日
1		乙丑		丙申		甲子		乙未		乙丑		丙申		丙寅		丁酉		戊辰		戊戌		己巳		己亥
2		丙寅	辛丑	丁酉		乙丑	癸卯	丙申		丙寅		丁酉		丁卯		戊戌		己巳		己亥		庚午		庚子
3	庚子	丁卯		戊戌	壬寅	丙寅		丁酉	甲辰	丁卯	乙巳	戊戌		戊辰		己亥		庚午		庚子		辛未		辛丑
4		戊辰		**己亥**		丁卯		戊戌		戊辰		己亥	丙午	己巳	丁未	庚子	戊申	辛未		辛丑	庚戌	壬申	辛亥	壬寅
5		己巳		庚子		戊辰		**己亥**		己巳		庚子		庚午		辛丑		壬申	己酉	壬寅		癸酉		癸卯
6		**庚午**		辛丑		**己巳**		庚子		**庚午**		**辛丑**		辛未		壬寅		癸酉		癸卯		甲戌		甲辰
7		辛未		壬寅		庚午		辛丑		辛未		壬寅		壬申		癸卯		甲戌		甲辰		乙亥		乙巳
8		壬申		癸卯		辛未		壬寅		壬申		癸卯		**癸酉**		**甲辰**		**乙亥**		乙巳		**丙子**		**丙午**
9		癸酉		甲辰		壬申		癸卯		癸酉		甲辰		甲戌		乙巳		丙子		**丙午**		丁丑		丁未
10		甲戌		乙巳		癸酉		甲辰		甲戌		乙巳		乙亥		丙午		丁丑		丁未		戊寅		戊申
11		乙亥		丙午		甲戌		乙巳		乙亥		丙午		丙子		丁未		戊寅		戊申		己卯		己酉
12		丙子		丁未		乙亥		丙午		丙子		丁未		丁丑		戊申		己卯		己酉		庚辰		庚戌
13		丁丑		戊申		丙子		丁未		丁丑		戊申		戊寅		己酉		庚辰		庚戌		辛巳		辛亥
14		戊寅		己酉		丁丑		戊申		戊寅		己酉		己卯		庚戌		辛巳		辛亥		壬午		壬子
15		己卯		庚戌		戊寅		己酉		己卯		庚戌		庚辰		辛亥		壬午		壬子		癸未		癸丑
16		庚辰		辛亥		己卯		庚戌		庚辰		辛亥		辛巳		壬子		癸未		癸丑		甲申		甲寅
17		辛巳	壬寅	壬子		庚辰		辛亥		辛巳		壬子		壬午		癸丑		甲申		甲寅		乙酉		乙卯
18	辛丑	壬午		癸丑	癸卯	辛巳	甲辰	壬子	乙巳	壬午	丙午	癸丑		癸未		甲寅		乙酉		乙卯		丙戌		丙辰
19		癸未		甲寅		壬午		癸丑		癸未		甲寅	丁未	甲申	戊申	乙卯	己酉	丙戌		丙辰	辛亥	丁亥	壬子	丁巳
20		甲申		乙卯		癸未		甲寅		甲申		乙卯		乙酉		丙辰		丁亥	庚戌	丁巳		戊子		戊午
21		乙酉		丙辰		甲申		乙卯		乙酉		丙辰		丙戌		丁巳		戊子		戊午		己丑		己未
22		丙戌		丁巳		乙酉		丙辰		丙戌		丁巳		丁亥		戊午		己丑		己未		庚寅		庚申
23		丁亥		戊午		丙戌		丁巳		丁亥		戊午		戊子		己未		庚寅		庚申		辛卯		辛酉
24		戊子		己未		丁亥		戊午		戊子		己未		己丑		庚申		辛卯		辛酉		壬辰		壬戌
25		己丑		庚申		戊子		己未		己丑		庚申		庚寅		辛酉		壬辰		壬戌		癸巳		癸亥
26		庚寅		辛酉		己丑		庚申		庚寅		辛酉		辛卯		壬戌		癸巳		癸亥		甲午		甲子
27		辛卯		壬戌		庚寅		辛酉		辛卯		壬戌		壬辰		癸亥		甲午		甲子		乙未		乙丑
28		壬辰		癸亥		辛卯		壬戌		壬辰		癸亥		癸巳		甲子		乙未		乙丑		丙申		丙寅
29		癸巳				壬辰		癸亥		癸巳		甲子		甲午		乙丑		丙申		丙寅		丁酉		丁卯
30		甲午				癸巳		甲子		甲午		乙丑		乙未		丙寅		丁酉		丁卯		戊戌		戊辰
31		乙未				甲午				乙未				丙申		丁卯				戊辰				己巳

1968年

【年干支】
1/1〜2/4日までに生まれた人=丁未　大運（男左・女右）
2/5〜12/31日までに生まれた人=戊申★　大運（男右・女左）

生日	1月 月	1月 日	2月 月	2月 日	3月 月	3月 日	4月 月	4月 日	5月 月	5月 日	6月 月	6月 日	7月 月	7月 日	8月 月	8月 日	9月 月	9月 日	10月 月	10月 日	11月 月	11月 日	12月 月	12月 日
1	壬子	庚午	癸丑	辛丑	甲寅	庚午	乙卯	辛丑	丙辰	辛未	丁巳	壬寅	戊午	壬申	己未	癸卯	庚申	甲戌	辛酉	甲辰	壬戌	乙亥	癸亥	乙巳
2		辛未		壬寅		辛未		壬寅		壬申		癸卯		癸酉		甲辰		乙亥		乙巳		丙子		丙午
3		壬申		癸卯		壬申		癸卯		癸酉		甲辰		甲戌		乙巳		丙子		丙午		丁丑		丁未
4		癸酉		甲辰		癸酉		甲辰		甲戌		乙巳		乙亥		丙午		丁丑		丁未		戊寅		戊申
5		甲戌	甲寅	乙巳	乙卯	甲戌	丙辰	乙巳	丁巳	乙亥		丙午		丙子		丁未		戊寅		戊申		己卯		己酉
6	癸丑	乙亥		丙午		乙亥		丙午		丙子	戊午	丁未		丁丑		戊申		己卯		己酉		庚辰		庚戌
7		丙子		丁未		丙子		丁未		丁丑		戊申	己未	戊寅	庚申	己酉	辛酉	庚辰		庚戌	癸亥	辛巳	甲子	辛亥
8		丁丑		戊申		丁丑		戊申		戊寅		己酉		己卯		庚戌		辛巳	壬戌	辛亥		壬午		壬子
9		戊寅		己酉		戊寅		己酉		己卯		庚戌		庚辰		辛亥		壬午		壬子		癸未		癸丑
10		己卯		庚戌		己卯		庚戌		庚辰		辛亥		辛巳		壬子		癸未		癸丑		甲申		甲寅
11		庚辰		辛亥		庚辰		辛亥		辛巳		壬子		壬午		癸丑		甲申		甲寅		乙酉		乙卯
12		辛巳		壬子		辛巳		壬子		壬午		癸丑		癸未		甲寅		乙酉		乙卯		丙戌		丙辰
13		壬午		癸丑		壬午		癸丑		癸未		甲寅		甲申		乙卯		丙戌		丙辰		丁亥		丁巳
14		癸未		甲寅		癸未		甲寅		甲申		乙卯		乙酉		丙辰		丁亥		丁巳		戊子		戊午
15		甲申		乙卯		甲申		乙卯		乙酉		丙辰		丙戌		丁巳		戊子		戊午		己丑		己未
16		乙酉		丙辰		乙酉		丙辰		丙戌		丁巳		丁亥		戊午		己丑		己未		庚寅		庚申
17		丙戌		丁巳		丙戌		丁巳		丁亥		戊午		戊子		己未		庚寅		庚申		辛卯		辛酉
18		丁亥		戊午		丁亥		戊午		戊子		己未		己丑		庚申		辛卯		辛酉		壬辰		壬戌
19		戊子		己未		戊子		己未		己丑		庚申		庚寅		辛酉		壬辰		壬戌		癸巳		癸亥
20		己丑		庚申		己丑		庚申		庚寅		辛酉		辛卯		壬戌		癸巳		癸亥		甲午		甲子
21		庚寅		辛酉		庚寅		辛酉		辛卯		壬戌		壬辰		癸亥		甲午		甲子		乙未		乙丑
22		辛卯		壬戌		辛卯		壬戌		壬辰		癸亥		癸巳		甲子		乙未		乙丑		丙申		丙寅
23		壬辰		癸亥		壬辰		癸亥		癸巳		甲子		甲午		乙丑		丙申		丙寅		丁酉		丁卯
24		癸巳		甲子		癸巳		甲子		甲午		乙丑		乙未		丙寅		丁酉		丁卯		戊戌		戊辰
25		甲午		乙丑		甲午		乙丑		乙未		丙寅		丙申		丁卯		戊戌		戊辰		己亥		己巳
26		乙未		丙寅		乙未		丙寅		丙申		丁卯		丁酉		戊辰		己亥		己巳		庚子		庚午
27		丙申		丁卯		丙申		丁卯		丁酉		戊辰		戊戌		己巳		庚子		庚午		辛丑		辛未
28		丁酉		戊辰		丁酉		戊辰		戊戌		己巳		己亥		庚午		辛丑		辛未		壬寅		壬申
29		戊戌		己巳		戊戌		己巳		己亥		庚午		庚子		辛未		壬寅		壬申		癸卯		癸酉
30		己亥				己亥		庚午		庚子		辛未		辛丑		壬申		癸卯		癸酉		甲辰		甲戌
31		庚子				庚子				辛丑				壬寅		癸酉				甲戌				乙亥

1969年

【年干支】
1/1〜2/3日までに生まれた人＝戊申　大運（男右・女左）
2/4〜12/31日までに生まれた人＝己酉　大運（男左・女右）

生日＼年月	1月		2月		3月		4月		5月		6月		7月		8月		9月		10月		11月		12月	
	月	日	月	日	月	日	月	日	月	日	月	日	月	日	月	日	月	日	月	日	月	日	月	日
1		丙子		丁未		乙亥		丙午		丙子		丁未		丁丑		戊申		己卯		己酉		庚辰		庚戌
2	甲子	丁丑	乙丑	戊申		丙子	丁卯	丁未		丁丑		戊申		戊寅		己酉		庚辰		庚戌		辛巳		辛亥
3		戊寅		己酉	丙寅	丁丑		戊申	戊辰	戊寅	己巳	己酉	庚午	己卯		庚戌		辛巳		辛亥	甲戌	壬午		壬子
4		己卯		**庚戌**		戊寅		己酉		己卯		庚戌		庚辰	辛未	辛亥	壬申	壬午	癸酉	壬子		癸未	乙亥	癸丑
5		**庚辰**		辛亥		己卯		**庚戌**		庚辰		辛亥		辛巳		壬子		癸未		癸丑		甲申		甲寅
6		辛巳		壬子		**庚辰**		辛亥		**辛巳**		**壬子**		壬午		癸丑		甲申		甲寅		乙酉		乙卯
7		壬午		癸丑		辛巳		壬子		壬午		癸丑		**癸未**		甲寅		乙酉		乙卯		**丙戌**		**丙辰**
8		癸未		甲寅		壬午		癸丑		癸未		甲寅		甲申		**乙卯**		**丙戌**		**丙辰**		丁亥		丁巳
9		甲申		乙卯		癸未		甲寅		甲申		乙卯		乙酉		丙辰		丁亥		丁巳		戊子		戊午
10		乙酉		丙辰		甲申		乙卯		乙酉		丙辰		丙戌		丁巳		戊子		戊午		己丑		己未
11		丙戌		丁巳		乙酉		丙辰		丙戌		丁巳		丁亥		戊午		己丑		己未		庚寅		庚申
12		丁亥		戊午		丙戌		丁巳		丁亥		戊午		戊子		己未		庚寅		庚申		辛卯		辛酉
13		戊子		己未		丁亥		戊午		戊子		己未		己丑		庚申		辛卯		辛酉		壬辰		壬戌
14		己丑		庚申		戊子		己未		己丑		庚申		庚寅		辛酉		壬辰		壬戌		癸巳		癸亥
15		庚寅		辛酉		己丑		庚申		庚寅		辛酉		辛卯		壬戌		癸巳		癸亥		甲午		甲子
16		辛卯		壬戌		庚寅		辛酉		辛卯		壬戌		壬辰		癸亥		甲午		甲子		乙未		乙丑
17		壬辰		癸亥		辛卯		壬戌		壬辰		癸亥		癸巳		甲子		乙未		乙丑		丙申		丙寅
18	乙丑	癸巳	丙寅	甲子	丁卯	壬辰	戊辰	癸亥	己巳	癸巳		甲子		甲午		乙丑		丙申		丙寅		丁酉		丁卯
19		甲午		乙丑		癸巳		甲子		甲午	庚午	乙丑	辛未	乙未	壬申	丙寅		丁酉		丁卯	乙亥	戊戌	丙子	戊辰
20		乙未		丙寅		甲午		乙丑		乙未		丙寅		丙申		丁卯	癸酉	戊戌	甲戌	戊辰		己亥		己巳
21		丙申		丁卯		乙未		丙寅		丙申		丁卯		丁酉		戊辰		己亥		己巳		庚子		庚午
22		丁酉		戊辰		丙申		丁卯		丁酉		戊辰		戊戌		己巳		庚子		庚午		辛丑		辛未
23		戊戌		己巳		丁酉		戊辰		戊戌		己巳		己亥		庚午		辛丑		辛未		壬寅		壬申
24		己亥		庚午		戊戌		己巳		己亥		庚午		庚子		辛未		壬寅		壬申		癸卯		癸酉
25		庚子		辛未		己亥		庚午		庚子		辛未		辛丑		壬申		癸卯		癸酉		甲辰		甲戌
26		辛丑		壬申		庚子		辛未		辛丑		壬申		壬寅		癸酉		甲辰		甲戌		乙巳		乙亥
27		壬寅		癸酉		辛丑		壬申		壬寅		癸酉		癸卯		甲戌		乙巳		乙亥		丙午		丙子
28		癸卯		甲戌		壬寅		癸酉		癸卯		甲戌		甲辰		乙亥		丙午		丙子		丁未		丁丑
29		甲辰				癸卯		甲戌		甲辰		乙亥		乙巳		丙子		丁未		丁丑		戊申		戊寅
30		乙巳				甲辰		乙亥		乙巳		丙子		丙午		丁丑		戊申		戊寅		己酉		己卯
31		丙午				乙巳				丙午				丁未		戊寅				己卯				庚辰

1970年

【年干支】
1/1〜2/3日までに生まれた人=己酉　大運（男左・女右）
2/4〜12/31日までに生まれた人=庚戌　大運（男右・女左）

年月 / 生日	1月		2月		3月		4月		5月		6月		7月		8月		9月		10月		11月		12月	
	月	日	月	日	月	日	月	日	月	日	月	日	月	日	月	日	月	日	月	日	月	日	月	日
1		辛巳		壬子		庚辰		辛亥		辛巳		壬子		壬午		癸丑		甲申		甲寅		乙酉		乙卯
2		壬午	丁丑	癸丑		辛巳	己卯	壬子		壬午		癸丑		癸未		甲寅		乙酉		乙卯		丙戌		丙辰
3	丙子	癸未		甲寅	戊寅	壬午		癸丑	庚辰	癸未	辛巳	甲寅	壬午	甲申		乙卯		丙戌		丙辰		丁亥	丁亥	丁巳
4		甲申		乙卯		癸未		甲寅		甲申		乙卯		乙酉	癸未	丙辰	甲申	丁亥	乙酉	丁巳	丙戌	戊子		戊午
5		乙酉		丙辰		甲申		乙卯		乙酉		丙辰		丙戌		丁巳		戊子		戊午		己丑		己未
6		丙戌		丁巳		乙酉		丙辰		丙戌		丁巳		丁亥		戊午		己丑		己未		庚寅		庚申
7		丁亥		戊午		丙戌		丁巳		丁亥		戊午		戊子		己未		庚寅		庚申		辛卯		辛酉
8		戊子		己未		丁亥		戊午		戊子		己未		己丑		庚申		辛卯		辛酉		壬辰		壬戌
9		己丑		庚申		戊子		己未		己丑		庚申		庚寅		辛酉		壬辰		壬戌		癸巳		癸亥
10		庚寅		辛酉		己丑		庚申		庚寅		辛酉		辛卯		壬戌		癸巳		癸亥		甲午		甲子
11		辛卯		壬戌		庚寅		辛酉		辛卯		壬戌		壬辰		癸亥		甲午		甲子		乙未		乙丑
12		壬辰		癸亥		辛卯		壬戌		壬辰		癸亥		癸巳		甲子		乙未		乙丑		丙申		丙寅
13		癸巳		甲子		壬辰		癸亥		癸巳		甲子		甲午		乙丑		丙申		丙寅		丁酉		丁卯
14		甲午		乙丑		癸巳		甲子		甲午		乙丑		乙未		丙寅		丁酉		丁卯		戊戌		戊辰
15		乙未		丙寅		甲午		乙丑		乙未		丙寅		丙申		丁卯		戊戌		戊辰		己亥		己巳
16		丙申		丁卯		乙未		丙寅		丙申		丁卯		丁酉		戊辰		己亥		己巳		庚子		庚午
17		丁酉	戊寅	戊辰		丙申		丁卯		丁酉		戊辰		戊戌		己巳		庚子		庚午		辛丑		辛未
18	丁丑	戊戌		己巳	己卯	丁酉	庚辰	戊辰	辛巳	戊戌	壬午	己巳		己亥		庚午		辛丑		辛未		壬寅		壬申
19		己亥		庚午		戊戌		己巳		己亥		庚午	癸未	庚子	甲申	辛未		壬寅		壬申	丁亥	癸卯	戊子	癸酉
20		庚子		辛未		己亥		庚午		庚子		辛未		辛丑		壬申	乙酉	癸卯	丙戌	癸酉		甲辰		甲戌
21		辛丑		壬申		庚子		辛未		辛丑		壬申		壬寅		癸酉		甲辰		甲戌		乙巳		乙亥
22		壬寅		癸酉		辛丑		壬申		壬寅		癸酉		癸卯		甲戌		乙巳		乙亥		丙午		丙子
23		癸卯		甲戌		壬寅		癸酉		癸卯		甲戌		甲辰		乙亥		丙午		丙子		丁未		丁丑
24		甲辰		乙亥		癸卯		甲戌		甲辰		乙亥		乙巳		丙子		丁未		丁丑		戊申		戊寅
25		乙巳		丙子		甲辰		乙亥		乙巳		丙子		丙午		丁丑		戊申		戊寅		己酉		己卯
26		丙午		丁丑		乙巳		丙子		丙午		丁丑		丁未		戊寅		己酉		己卯		庚戌		庚辰
27		丁未		戊寅		丙午		丁丑		丁未		戊寅		戊申		己卯		庚戌		庚辰		辛亥		辛巳
28		戊申		己卯		丁未		戊寅		戊申		己卯		己酉		庚辰		辛亥		辛巳		壬子		壬午
29		己酉				戊申		己卯		己酉		庚辰		庚戌		辛巳		壬子		壬午		癸丑		癸未
30		庚戌				己酉		庚辰		庚戌		辛巳		辛亥		壬午		癸丑		癸未		甲寅		甲申
31		辛亥				庚戌				辛亥				壬子		癸未				甲申				乙酉

1971年

【年干支】
1/1〜2/3日までに生まれた人=庚戌　大運（男右・女左）
2/4〜12/31日までに生まれた人=辛亥　大運（男左・女右）

生日＼年月	1月		2月		3月		4月		5月		6月		7月		8月		9月		10月		11月		12月	
	月	日	月	日	月	日	月	日	月	日	月	日	月	日	月	日	月	日	月	日	月	日	月	日
1		丙戌		丁巳		乙酉		丙辰		丙戌		丁巳		丁亥		戊午		己丑		己未		庚寅		庚申
2		丁亥	己丑	戊午		丙戌	辛卯	丁巳		丁亥		戊午		戊子		己未		庚寅		庚申		辛卯		辛酉
3	戊子	戊子		己未	庚寅	丁亥		戊午	壬辰	戊子	癸巳	己未		己丑		庚申		辛卯		辛酉		壬辰		壬戌
4		己丑		**庚申**		戊子		己未		己丑		庚申	甲午	庚寅	乙未	辛酉	丙申	壬辰	丁酉	壬戌	戊戌	癸巳	己亥	癸亥
5		庚寅		辛酉		己丑		**庚申**		庚寅		辛酉		辛卯		壬戌		癸巳		癸亥		甲午		甲子
6		**辛卯**		壬戌		**庚寅**		辛酉		**辛卯**		**壬戌**		壬辰		癸亥		甲午		甲子		乙未		乙丑
7		壬辰		癸亥		辛卯		壬戌		壬辰		癸亥		癸巳		甲子		乙未		乙丑		丙申		丙寅
8		癸巳		甲子		壬辰		癸亥		癸巳		甲子		**甲午**		**乙丑**		**丙申**		丙寅		**丁酉**		**丁卯**
9		甲午		乙丑		癸巳		甲子		甲午		乙丑		乙未		丙寅		丁酉		**丁卯**		戊戌		戊辰
10		乙未		丙寅		甲午		乙丑		乙未		丙寅		丙申		丁卯		戊戌		戊辰		己亥		己巳
11		丙申		丁卯		乙未		丙寅		丙申		丁卯		丁酉		戊辰		己亥		己巳		庚子		庚午
12		丁酉		戊辰		丙申		丁卯		丁酉		戊辰		戊戌		己巳		庚子		庚午		辛丑		辛未
13		戊戌		己巳		丁酉		戊辰		戊戌		己巳		己亥		庚午		辛丑		辛未		壬寅		壬申
14		己亥		庚午		戊戌		己巳		己亥		庚午		庚子		辛未		壬寅		壬申		癸卯		癸酉
15		庚子		辛未		己亥		庚午		庚子		辛未		辛丑		壬申		癸卯		癸酉		甲辰		甲戌
16		辛丑		壬申		庚子		辛未		辛丑		壬申		壬寅		癸酉		甲辰		甲戌		乙巳		乙亥
17		壬寅	庚寅	癸酉		辛丑		壬申		壬寅		癸酉		癸卯		甲戌		乙巳		乙亥		丙午		丙子
18	己丑	癸卯		甲戌	辛卯	壬寅	壬辰	癸酉	癸巳	癸卯	甲午	甲戌		甲辰		乙亥		丙午		丙子		丁未		丁丑
19		甲辰		乙亥		癸卯		甲戌		甲辰		乙亥	乙未	乙巳	丙申	丙子		丁未		丁丑	己亥	戊申	庚子	戊寅
20		乙巳		丙子		甲辰		乙亥		乙巳		丙子		丙午		丁丑	丁酉	戊申	戊戌	戊寅		己酉		己卯
21		丙午		丁丑		乙巳		丙子		丙午		丁丑		丁未		戊寅		己酉		己卯		庚戌		庚辰
22		丁未		戊寅		丙午		丁丑		丁未		戊寅		戊申		己卯		庚戌		庚辰		辛亥		辛巳
23		戊申		己卯		丁未		戊寅		戊申		己卯		己酉		庚辰		辛亥		辛巳		壬子		壬午
24		己酉		庚辰		戊申		己卯		己酉		庚辰		庚戌		辛巳		壬子		壬午		癸丑		癸未
25		庚戌		辛巳		己酉		庚辰		庚戌		辛巳		辛亥		壬午		癸丑		癸未		甲寅		甲申
26		辛亥		壬午		庚戌		辛巳		辛亥		壬午		壬子		癸未		甲寅		甲申		乙卯		乙酉
27		壬子		癸未		辛亥		壬午		壬子		癸未		癸丑		甲申		乙卯		乙酉		丙辰		丙戌
28		癸丑		甲申		壬子		癸未		癸丑		甲申		甲寅		乙酉		丙辰		丙戌		丁巳		丁亥
29		甲寅				癸丑		甲申		甲寅		乙酉		乙卯		丙戌		丁巳		丁亥		戊午		戊子
30		乙卯				甲寅		乙酉		乙卯		丙戌		丙辰		丁亥		戊午		戊子		己未		己丑
31		丙辰				乙卯				丙辰				丁巳		戊子				己丑				庚寅

1972年

【年干支】
1/1～2/4日までに生まれた人＝辛亥　大運（男左・女右）
2/5～12/31日までに生まれた人＝壬子★　大運（男右・女左）

年月	1月		2月		3月		4月		5月		6月		7月		8月		9月		10月		11月		12月	
生日	月	日	月	日	月	日	月	日	月	日	月	日	月	日	月	日	月	日	月	日	月	日	月	日
1		辛卯		壬戌		辛卯		壬戌		壬辰		癸亥		癸巳		甲子		乙未		乙丑		丙申		丙寅
2		壬辰		癸亥		壬辰		癸亥		癸巳		甲子		甲午		乙丑		丙申		丙寅		丁酉		丁卯
3	庚子	癸巳	辛丑	甲子	壬寅	癸巳	癸卯	甲子	甲辰	甲午	乙巳	乙丑	丙午	乙未	丁未	丙寅	戊申	丁酉		丁卯	庚戌	戊戌	辛亥	戊辰
4		甲午		乙丑		甲午		乙丑		乙未		丙寅		丙申		丁卯		戊戌	己酉	戊辰		己亥		己巳
5		乙未		**丙寅**		**乙未**		**丙寅**		**丙申**		**丁卯**		丁酉		戊辰		己亥		己巳		庚子		庚午
6		**丙申**		丁卯		丙申		丁卯		丁酉		戊辰		戊戌		己巳		庚子		庚午		辛丑		辛未
7		丁酉		戊辰		丁酉		戊辰		戊戌		己巳		**己亥**		**庚午**		**辛丑**		辛未		**壬寅**		**壬申**
8		戊戌		己巳		戊戌		己巳		己亥		庚午		庚子		辛未		壬寅		**壬申**		癸卯		癸酉
9		己亥		庚午		己亥		庚午		庚子		辛未		辛丑		壬申		癸卯		癸酉		甲辰		甲戌
10		庚子		辛未		庚子		辛未		辛丑		壬申		壬寅		癸酉		甲辰		甲戌		乙巳		乙亥
11		辛丑		壬申		辛丑		壬申		壬寅		癸酉		癸卯		甲戌		乙巳		乙亥		丙午		丙子
12		壬寅		癸酉		壬寅		癸酉		癸卯		甲戌		甲辰		乙亥		丙午		丙子		丁未		丁丑
13		癸卯		甲戌		癸卯		甲戌		甲辰		乙亥		乙巳		丙子		丁未		丁丑		戊申		戊寅
14		甲辰		乙亥		甲辰		乙亥		乙巳		丙子		丙午		丁丑		戊申		戊寅		己酉		己卯
15		乙巳		丙子		乙巳		丙子		丙午		丁丑		丁未		戊寅		己酉		己卯		庚戌		庚辰
16		丙午		丁丑		丙午		丁丑		丁未		戊寅		戊申		己卯		庚戌		庚辰		辛亥		辛巳
17		丁未		戊寅		丁未		戊寅		戊申		己卯		己酉		庚辰		辛亥		辛巳		壬子		壬午
18	辛丑	戊申	壬寅	己卯	癸卯	戊申	甲辰	己卯	乙巳	己酉	丙午	庚辰		庚戌		辛巳		壬子		壬午		癸丑		癸未
19		己酉		庚辰		己酉		庚辰		庚戌		辛巳	丁未	辛亥	戊申	壬午	己酉	癸丑	庚戌	癸未	辛亥	甲寅	壬子	甲申
20		庚戌		辛巳		庚戌		辛巳		辛亥		壬午		壬子		癸未		甲寅		甲申		乙卯		乙酉
21		辛亥		壬午		辛亥		壬午		壬子		癸未		癸丑		甲申		乙卯		乙酉		丙辰		丙戌
22		壬子		癸未		壬子		癸未		癸丑		甲申		甲寅		乙酉		丙辰		丙戌		丁巳		丁亥
23		癸丑		甲申		癸丑		甲申		甲寅		乙酉		乙卯		丙戌		丁巳		丁亥		戊午		戊子
24		甲寅		乙酉		甲寅		乙酉		乙卯		丙戌		丙辰		丁亥		戊午		戊子		己未		己丑
25		乙卯		丙戌		乙卯		丙戌		丙辰		丁亥		丁巳		戊子		己未		己丑		庚申		庚寅
26		丙辰		丁亥		丙辰		丁亥		丁巳		戊子		戊午		己丑		庚申		庚寅		辛酉		辛卯
27		丁巳		戊子		丁巳		戊子		戊午		己丑		己未		庚寅		辛酉		辛卯		壬戌		壬辰
28		戊午		己丑		戊午		己丑		己未		庚寅		庚申		辛卯		壬戌		壬辰		癸亥		癸巳
29		己未		庚寅		己未		庚寅		庚申		辛卯		辛酉		壬辰		癸亥		癸巳		甲子		甲午
30		庚申				庚申		辛卯		辛酉		壬辰		壬戌		癸巳		甲子		甲午		乙丑		乙未
31		辛酉				辛酉				壬戌				癸亥		甲午				乙未				丙申

1973年

【年干支】
1／1〜2／3日までに生まれた人＝壬子　大運（男右・女左）
2／4〜12／31日までに生まれた人＝癸丑　大運（男左・女右）

生日＼年月	1月 月	1月 日	2月 月	2月 日	3月 月	3月 日	4月 月	4月 日	5月 月	5月 日	6月 月	6月 日	7月 月	7月 日	8月 月	8月 日	9月 月	9月 日	10月 月	10月 日	11月 月	11月 日	12月 月	12月 日
1	壬子	丁酉	癸丑	戊辰	甲寅	丙申	乙卯	丁卯	丙辰	丁酉	丁巳	戊辰	戊午	戊戌	己未	己巳	庚申	庚子	辛酉	庚午	壬戌	辛丑	癸亥	辛未
2		戊戌		己巳		丁酉		戊辰		戊戌		己巳		己亥		庚午		辛丑		辛未		壬寅		壬申
3		己亥		庚午		戊戌		己巳		己亥		庚午		庚子		辛未		壬寅		壬申		癸卯		癸酉
4		庚子	甲寅	**辛未**		己亥		庚午		庚子		辛未		辛丑		壬申		癸卯		癸酉		甲辰		甲戌
5	癸丑	**辛丑**		壬申		庚子	丙辰	**辛未**		辛丑		壬申		壬寅		癸酉		甲辰		甲戌		乙巳		乙亥
6		壬寅		癸酉	乙卯	**辛丑**		壬申	丁巳	**壬寅**	戊午	**癸酉**		癸卯		甲戌		乙巳		乙亥		丙午		丙子
7		癸卯		甲戌		壬寅		癸酉		癸卯		甲戌	己未	**甲辰**		乙亥		丙午		丙子	癸亥	**丁未**	甲子	**丁丑**
8		甲辰		乙亥		癸卯		甲戌		甲辰		乙亥		乙巳	庚申	**丙子**	辛酉	**丁未**	壬戌	**丁丑**		戊申		戊寅
9		乙巳		丙子		甲辰		乙亥		乙巳		丙子		丙午		丁丑		戊申		戊寅		己酉		己卯
10		丙午		丁丑		乙巳		丙子		丙午		丁丑		丁未		戊寅		己酉		己卯		庚戌		庚辰
11		丁未		戊寅		丙午		丁丑		丁未		戊寅		戊申		己卯		庚戌		庚辰		辛亥		辛巳
12		戊申		己卯		丁未		戊寅		戊申		己卯		己酉		庚辰		辛亥		辛巳		壬子		壬午
13		己酉		庚辰		戊申		己卯		己酉		庚辰		庚戌		辛巳		壬子		壬午		癸丑		癸未
14		庚戌		辛巳		己酉		庚辰		庚戌		辛巳		辛亥		壬午		癸丑		癸未		甲寅		甲申
15		辛亥		壬午		庚戌		辛巳		辛亥		壬午		壬子		癸未		甲寅		甲申		乙卯		乙酉
16		壬子		癸未		辛亥		壬午		壬子		癸未		癸丑		甲申		乙卯		乙酉		丙辰		丙戌
17		癸丑		甲申		壬子		癸未		癸丑		甲申		甲寅		乙酉		丙辰		丙戌		丁巳		丁亥
18		甲寅		乙酉		癸丑		甲申		甲寅		乙酉		乙卯		丙戌		丁巳		丁亥		戊午		戊子
19		乙卯		丙戌		甲寅		乙酉		乙卯		丙戌		丙辰		丁亥		戊午		戊子		己未		己丑
20		丙辰		丁亥		乙卯		丙戌		丙辰		丁亥		丁巳		戊子		己未		己丑		庚申		庚寅
21		丁巳		戊子		丙辰		丁亥		丁巳		戊子		戊午		己丑		庚申		庚寅		辛酉		辛卯
22		戊午		己丑		丁巳		戊子		戊午		己丑		己未		庚寅		辛酉		辛卯		壬戌		壬辰
23		己未		庚寅		戊午		己丑		己未		庚寅		庚申		辛卯		壬戌		壬辰		癸亥		癸巳
24		庚申		辛卯		己未		庚寅		庚申		辛卯		辛酉		壬辰		癸亥		癸巳		甲子		甲午
25		辛酉		壬辰		庚申		辛卯		辛酉		壬辰		壬戌		癸巳		甲子		甲午		乙丑		乙未
26		壬戌		癸巳		辛酉		壬辰		壬戌		癸巳		癸亥		甲午		乙丑		乙未		丙寅		丙申
27		癸亥		甲午		壬戌		癸巳		癸亥		甲午		甲子		乙未		丙寅		丙申		丁卯		丁酉
28		甲子		乙未		癸亥		甲午		甲子		乙未		乙丑		丙申		丁卯		丁酉		戊辰		戊戌
29		乙丑				甲子		乙未		乙丑		丙申		丙寅		丁酉		戊辰		戊戌		己巳		己亥
30		丙寅				乙丑		丙申		丙寅		丁酉		丁卯		戊戌		己巳		己亥		庚午		庚子
31		丁卯				丙寅				丁卯				戊辰		己亥				庚子				辛丑

1974年

【年干支】
1/1～2/3日までに生まれた人＝癸丑　大運（男左・女右）
2/4～12/31日までに生まれた人＝甲寅　大運（男右・女左）

年月／生日	1月		2月		3月		4月		5月		6月		7月		8月		9月		10月		11月		12月	
	月	日	月	日	月	日	月	日	月	日	月	日	月	日	月	日	月	日	月	日	月	日	月	日
1		壬寅		癸酉		辛丑		壬申		壬寅		癸酉		癸卯		甲戌		乙巳		乙亥		丙午		丙子
2		癸卯	乙丑	甲戌		壬寅	丁卯	癸酉		癸卯		甲戌		甲辰		乙亥		丙午		丙子		丁未		丁丑
3	甲子	甲辰		乙亥	丙寅	癸卯		甲戌	戊辰	甲辰	己巳	乙亥	庚午	乙巳		丙子		丁未		丁丑		戊申		戊寅
4		乙巳		**丙子**		甲辰		乙亥		乙巳		丙子		丙午	辛未	丁丑	壬申	戊申	癸酉	戊寅	甲戌	己酉	乙亥	己卯
5		丙午		丁丑		乙巳		**丙子**		丙午		丁丑		丁未		戊寅		己酉		己卯		庚戌		庚辰
6		**丁未**		戊寅		**丙午**		丁丑		**丁未**		**戊寅**		戊申		己卯		庚戌		庚辰		辛亥		辛巳
7		戊申		己卯		丁未		戊寅		戊申		己卯		**己酉**		庚辰		辛亥		辛巳		壬子		**壬午**
8		己酉		庚辰		戊申		己卯		己酉		庚辰		庚戌		**辛巳**		**壬子**		壬午		**癸丑**		癸未
9		庚戌		辛巳		己酉		庚辰		庚戌		辛巳		辛亥		壬午		癸丑		**癸未**		甲寅		甲申
10		辛亥		壬午		庚戌		辛巳		辛亥		壬午		壬子		癸未		甲寅		甲申		乙卯		乙酉
11		壬子		癸未		辛亥		壬午		壬子		癸未		癸丑		甲申		乙卯		乙酉		丙辰		丙戌
12		癸丑		甲申		壬子		癸未		癸丑		甲申		甲寅		乙酉		丙辰		丙戌		丁巳		丁亥
13		甲寅		乙酉		癸丑		甲申		甲寅		乙酉		乙卯		丙戌		丁巳		丁亥		戊午		戊子
14		乙卯		丙戌		甲寅		乙酉		乙卯		丙戌		丙辰		丁亥		戊午		戊子		己未		己丑
15		丙辰		丁亥		乙卯		丙戌		丙辰		丁亥		丁巳		戊子		己未		己丑		庚申		庚寅
16		丁巳		戊子		丙辰		丁亥		丁巳		戊子		戊午		己丑		庚申		庚寅		辛酉		辛卯
17		戊午	丙寅	己丑		丁巳		戊子		戊午		己丑		己未		庚寅		辛酉		辛卯		壬戌		壬辰
18	乙丑	己未		庚寅	丁卯	戊午	戊辰	己丑	己巳	己未	庚午	庚寅		庚申		辛卯		壬戌		壬辰		癸亥		癸巳
19		庚申		辛卯		己未		庚寅		庚申		辛卯	辛未	辛酉	壬申	壬辰	癸酉	癸亥		癸巳		甲子	丙子	甲午
20		辛酉		壬辰		庚申		辛卯		辛酉		壬辰		壬戌		癸巳		甲子	甲戌	甲午	乙亥	乙丑		乙未
21		壬戌		癸巳		辛酉		壬辰		壬戌		癸巳		癸亥		甲午		乙丑		乙未		丙寅		丙申
22		癸亥		甲午		壬戌		癸巳		癸亥		甲午		甲子		乙未		丙寅		丙申		丁卯		丁酉
23		甲子		乙未		癸亥		甲午		甲子		乙未		乙丑		丙申		丁卯		丁酉		戊辰		戊戌
24		乙丑		丙申		甲子		乙未		乙丑		丙申		丙寅		丁酉		戊辰		戊戌		己巳		己亥
25		丙寅		丁酉		乙丑		丙申		丙寅		丁酉		丁卯		戊戌		己巳		己亥		庚午		庚子
26		丁卯		戊戌		丙寅		丁酉		丁卯		戊戌		戊辰		己亥		庚午		庚子		辛未		辛丑
27		戊辰		己亥		丁卯		戊戌		戊辰		己亥		己巳		庚子		辛未		辛丑		壬申		壬寅
28		己巳		庚子		戊辰		己亥		己巳		庚子		庚午		辛丑		壬申		壬寅		癸酉		癸卯
29		庚午				己巳		庚子		庚午		辛丑		辛未		壬寅		癸酉		癸卯		甲戌		甲辰
30		辛未				庚午		辛丑		辛未		壬寅		壬申		癸卯		甲戌		甲辰		乙亥		乙巳
31		壬申				辛未				壬申				癸酉		甲辰				乙巳				丙午

1975年

【年干支】
1/1〜2/3日までに生まれた人=甲寅　大運（男右・女左）
2/4〜12/31日までに生まれた人=乙卯　大運（男左・女右）

年月／生日	1月		2月		3月		4月		5月		6月		7月		8月		9月		10月		11月		12月	
	月	日	月	日	月	日	月	日	月	日	月	日	月	日	月	日	月	日	月	日	月	日	月	日
1	丙子	丁未	丁丑	戊寅	戊寅	丙午	己卯	丁丑	庚辰	丁未	辛巳	戊寅	壬午	戊申	癸未	己卯	甲申	庚戌	乙酉	庚辰	丙戌	辛亥	丁亥	辛巳
2		戊申		己卯		丁未		戊寅		戊申		己卯		己酉		庚辰		辛亥		辛巳		壬子		壬午
3		己酉		庚辰		戊申		己卯		己酉		庚辰		庚戌		辛巳		壬子		壬午		癸丑		癸未
4		庚戌	戊寅	**辛巳**		己酉		庚辰		庚戌		辛巳		辛亥		壬午		癸丑		癸未		甲寅		甲申
5		辛亥		壬午		庚戌	庚辰	**辛巳**		辛亥		壬午		壬子		癸未		甲寅		甲申		乙卯		乙酉
6	丁丑	**壬子**		癸未	己卯	**辛亥**		壬午	辛巳	**壬子**	壬午	**癸未**		癸丑		甲申		乙卯		乙酉		丙辰		丙戌
7		癸丑		甲申		壬子		癸未		癸丑		甲申		甲寅		乙酉		丙辰		丙戌		丁巳		丁亥
8		甲寅		乙酉		癸丑		甲申		甲寅		乙酉	癸未	**乙卯**	甲申	**丙戌**	乙酉	**丁巳**		丁亥	丁亥	**戊午**	戊子	**戊子**
9		乙卯		丙戌		甲寅		乙酉		乙卯		丙戌		丙辰		丁亥		戊午	丙戌	**戊子**		己未		己丑
10		丙辰		丁亥		乙卯		丙戌		丙辰		丁亥		丁巳		戊子		己未		己丑		庚申		庚寅
11		丁巳		戊子		丙辰		丁亥		丁巳		戊子		戊午		己丑		庚申		庚寅		辛酉		辛卯
12		戊午		己丑		丁巳		戊子		戊午		己丑		己未		庚寅		辛酉		辛卯		壬戌		壬辰
13		己未		庚寅		戊午		己丑		己未		庚寅		庚申		辛卯		壬戌		壬辰		癸亥		癸巳
14		庚申		辛卯		己未		庚寅		庚申		辛卯		辛酉		壬辰		癸亥		癸巳		甲子		甲午
15		辛酉		壬辰		庚申		辛卯		辛酉		壬辰		壬戌		癸巳		甲子		甲午		乙丑		乙未
16		壬戌		癸巳		辛酉		壬辰		壬戌		癸巳		癸亥		甲午		乙丑		乙未		丙寅		丙申
17		癸亥		甲午		壬戌		癸巳		癸亥		甲午		甲子		乙未		丙寅		丙申		丁卯		丁酉
18		甲子		乙未		癸亥		甲午		甲子		乙未		乙丑		丙申		丁卯		丁酉		戊辰		戊戌
19		乙丑		丙申		甲子		乙未		乙丑		丙申		丙寅		丁酉		戊辰		戊戌		己巳		己亥
20		丙寅		丁酉		乙丑		丙申		丙寅		丁酉		丁卯		戊戌		己巳		己亥		庚午		庚子
21		丁卯		戊戌		丙寅		丁酉		丁卯		戊戌		戊辰		己亥		庚午		庚子		辛未		辛丑
22		戊辰		己亥		丁卯		戊戌		戊辰		己亥		己巳		庚子		辛未		辛丑		壬申		壬寅
23		己巳		庚子		戊辰		己亥		己巳		庚子		庚午		辛丑		壬申		壬寅		癸酉		癸卯
24		庚午		辛丑		己巳		庚子		庚午		辛丑		辛未		壬寅		癸酉		癸卯		甲戌		甲辰
25		辛未		壬寅		庚午		辛丑		辛未		壬寅		壬申		癸卯		甲戌		甲辰		乙亥		乙巳
26		壬申		癸卯		辛未		壬寅		壬申		癸卯		癸酉		甲辰		乙亥		乙巳		丙子		丙午
27		癸酉		甲辰		壬申		癸卯		癸酉		甲辰		甲戌		乙巳		丙子		丙午		丁丑		丁未
28		甲戌		乙巳		癸酉		甲辰		甲戌		乙巳		乙亥		丙午		丁丑		丁未		戊寅		戊申
29		乙亥				甲戌		乙巳		乙亥		丙午		丙子		丁未		戊寅		戊申		己卯		己酉
30		丙子				乙亥		丙午		丙子		丁未		丁丑		戊申		己卯		己酉		庚辰		庚戌
31		丁丑				丙子				丁丑				戊寅		己酉				庚戌				辛亥

1976年

【年干支】
1/1～2/4日までに生まれた人＝乙卯　大運（男左・女右）
2/5～12/31日までに生まれた人＝丙辰★　大運（男右・女左）

生日＼年月	1月 月	1月 日	2月 月	2月 日	3月 月	3月 日	4月 月	4月 日	5月 月	5月 日	6月 月	6月 日	7月 月	7月 日	8月 月	8月 日	9月 月	9月 日	10月 月	10月 日	11月 月	11月 日	12月 月	12月 日
1		壬子		癸未		壬子		癸未		癸丑		甲申		甲寅		乙酉		丙辰		丙戌		丁巳		丁亥
2		癸丑	己丑	甲申	庚寅	癸丑	辛卯	甲申	壬辰	甲寅	癸巳	乙酉		乙卯		丙戌		丁巳		丁亥		戊午		戊子
3	戊子	甲寅		乙酉		甲寅		乙酉		乙卯		丙戌	甲午	丙辰	乙未	丁亥	丙申	戊午		戊子	戊戌	己未	己亥	己丑
4		乙卯		丙戌		乙卯		丙戌		丙辰		丁亥		丁巳		戊子		己未	丁酉	己丑		庚申		庚寅
5		丙辰		**丁亥**		**丙辰**		**丁亥**		**丁巳**		**戊子**		戊午		己丑		庚申		庚寅		辛酉		辛卯
6		**丁巳**		戊子		丁巳		戊子		戊午		己丑		己未		庚寅		辛酉		辛卯		壬戌		壬辰
7		戊午		己丑		戊午		己丑		己未		庚寅		**庚申**		**辛卯**		**壬戌**		壬辰		**癸亥**		**癸巳**
8		己未		庚寅		己未		庚寅		庚申		辛卯		辛酉		壬辰		癸亥		**癸巳**		甲子		甲午
9		庚申		辛卯		庚申		辛卯		辛酉		壬辰		壬戌		癸巳		甲子		甲午		乙丑		乙未
10		辛酉		壬辰		辛酉		壬辰		壬戌		癸巳		癸亥		甲午		乙丑		乙未		丙寅		丙申
11		壬戌		癸巳		壬戌		癸巳		癸亥		甲午		甲子		乙未		丙寅		丙申		丁卯		丁酉
12		癸亥		甲午		癸亥		甲午		甲子		乙未		乙丑		丙申		丁卯		丁酉		戊辰		戊戌
13		甲子		乙未		甲子		乙未		乙丑		丙申		丙寅		丁酉		戊辰		戊戌		己巳		己亥
14		乙丑		丙申		乙丑		丙申		丙寅		丁酉		丁卯		戊戌		己巳		己亥		庚午		庚子
15		丙寅		丁酉		丙寅		丁酉		丁卯		戊戌		戊辰		己亥		庚午		庚子		辛未		辛丑
16		丁卯		戊戌		丁卯		戊戌		戊辰		己亥		己巳		庚子		辛未		辛丑		壬申		壬寅
17		戊辰		己亥		戊辰		己亥		己巳		庚子		庚午		辛丑		壬申		壬寅		癸酉		癸卯
18	己丑	己巳	庚寅	庚子	辛卯	己巳	壬辰	庚子	癸巳	庚午	甲午	辛丑		辛未		壬寅		癸酉		癸卯		甲戌		甲辰
19		庚午		辛丑		庚午		辛丑		辛未		壬寅	乙未	壬申	丙申	癸卯	丁酉	甲戌	戊戌	甲辰	己亥	乙亥	庚子	乙巳
20		辛未		壬寅		辛未		壬寅		壬申		癸卯		癸酉		甲辰		乙亥		乙巳		丙子		丙午
21		壬申		癸卯		壬申		癸卯		癸酉		甲辰		甲戌		乙巳		丙子		丙午		丁丑		丁未
22		癸酉		甲辰		癸酉		甲辰		甲戌		乙巳		乙亥		丙午		丁丑		丁未		戊寅		戊申
23		甲戌		乙巳		甲戌		乙巳		乙亥		丙午		丙子		丁未		戊寅		戊申		己卯		己酉
24		乙亥		丙午		乙亥		丙午		丙子		丁未		丁丑		戊申		己卯		己酉		庚辰		庚戌
25		丙子		丁未		丙子		丁未		丁丑		戊申		戊寅		己酉		庚辰		庚戌		辛巳		辛亥
26		丁丑		戊申		丁丑		戊申		戊寅		己酉		己卯		庚戌		辛巳		辛亥		壬午		壬子
27		戊寅		己酉		戊寅		己酉		己卯		庚戌		庚辰		辛亥		壬午		壬子		癸未		癸丑
28		己卯		庚戌		己卯		庚戌		庚辰		辛亥		辛巳		壬子		癸未		癸丑		甲申		甲寅
29		庚辰		辛亥		庚辰		辛亥		辛巳		壬子		壬午		癸丑		甲申		甲寅		乙酉		乙卯
30		辛巳				辛巳		壬子		壬午		癸丑		癸未		甲寅		乙酉		乙卯		丙戌		丙辰
31		壬午				壬午				癸未				甲申		乙卯				丙辰				丁巳

1977年

【年干支】
1/1〜2/3日までに生まれた人=丙辰　大運（男右・女左）
2/4〜12/31日までに生まれた人=丁巳　大運（男左・女右）

生日＼年月	1月		2月		3月		4月		5月		6月		7月		8月		9月		10月		11月		12月	
	月	日	月	日	月	日	月	日	月	日	月	日	月	日	月	日	月	日	月	日	月	日	月	日
1		戊午		己丑		丁巳		戊子		戊午		己丑		己未		庚寅		辛酉		辛卯		壬戌		壬辰
2	庚子	己未	辛丑	庚寅		戊午	癸卯	己丑		己未		庚寅		庚申		辛卯		壬戌		壬辰		癸亥		癸巳
3		庚申		辛卯	壬寅	己未		庚寅	甲辰	庚申	乙巳	辛卯	丙午	辛酉		壬辰		癸亥		癸巳	庚戌	甲子	辛亥	甲午
4		辛酉		壬辰		庚申		辛卯		辛酉		壬辰		壬戌	丁未	癸巳	戊申	甲子	己酉	甲午		乙丑		乙未
5		壬戌		癸巳		辛酉		壬辰		壬戌		癸巳		癸亥		甲午		乙丑		乙未		丙寅		丙申
6		癸亥		甲午		壬戌		癸巳		癸亥		甲午		甲子		乙未		丙寅		丙申		丁卯		丁酉
7		甲子		乙未		癸亥		甲午		甲子		乙未		乙丑		丙申		丁卯		丁酉		戊辰		戊戌
8		乙丑		丙申		甲子		乙未		乙丑		丙申		丙寅		丁酉		戊辰		戊戌		己巳		己亥
9		丙寅		丁酉		乙丑		丙申		丙寅		丁酉		丁卯		戊戌		己巳		己亥		庚午		庚子
10		丁卯		戊戌		丙寅		丁酉		丁卯		戊戌		戊辰		己亥		庚午		庚子		辛未		辛丑
11		戊辰		己亥		丁卯		戊戌		戊辰		己亥		己巳		庚子		辛未		辛丑		壬申		壬寅
12		己巳		庚子		戊辰		己亥		己巳		庚子		庚午		辛丑		壬申		壬寅		癸酉		癸卯
13		庚午		辛丑		己巳		庚子		庚午		辛丑		辛未		壬寅		癸酉		癸卯		甲戌		甲辰
14		辛未		壬寅		庚午		辛丑		辛未		壬寅		壬申		癸卯		甲戌		甲辰		乙亥		乙巳
15		壬申		癸卯		辛未		壬寅		壬申		癸卯		癸酉		甲辰		乙亥		乙巳		丙子		丙午
16		癸酉		甲辰		壬申		癸卯		癸酉		甲辰		甲戌		乙巳		丙子		丙午		丁丑		丁未
17		甲戌		乙巳		癸酉		甲辰		甲戌		乙巳		乙亥		丙午		丁丑		丁未		戊寅		戊申
18	辛丑	乙亥	壬寅	丙午		甲戌	甲辰	乙巳		乙亥		丙午		丙子		丁未		戊寅		戊申		己卯		己酉
19		丙子		丁未	癸卯	乙亥		丙午	乙巳	丙子	丙午	丁未	丁未	丁丑		戊申		己卯		己酉	辛亥	庚辰	壬子	庚戌
20		丁丑		戊申		丙子		丁未		丁丑		戊申		戊寅	戊申	己酉	己酉	庚辰	庚戌	庚戌		辛巳		辛亥
21		戊寅		己酉		丁丑		戊申		戊寅		己酉		己卯		庚戌		辛巳		辛亥		壬午		壬子
22		己卯		庚戌		戊寅		己酉		己卯		庚戌		庚辰		辛亥		壬午		壬子		癸未		癸丑
23		庚辰		辛亥		己卯		庚戌		庚辰		辛亥		辛巳		壬子		癸未		癸丑		甲申		甲寅
24		辛巳		壬子		庚辰		辛亥		辛巳		壬子		壬午		癸丑		甲申		甲寅		乙酉		乙卯
25		壬午		癸丑		辛巳		壬子		壬午		癸丑		癸未		甲寅		乙酉		乙卯		丙戌		丙辰
26		癸未		甲寅		壬午		癸丑		癸未		甲寅		甲申		乙卯		丙戌		丙辰		丁亥		丁巳
27		甲申		乙卯		癸未		甲寅		甲申		乙卯		乙酉		丙辰		丁亥		丁巳		戊子		戊午
28		乙酉		丙辰		甲申		乙卯		乙酉		丙辰		丙戌		丁巳		戊子		戊午		己丑		己未
29		丙戌				乙酉		丙辰		丙戌		丁巳		丁亥		戊午		己丑		己未		庚寅		庚申
30		丁亥				丙戌		丁巳		丁亥		戊午		戊子		己未		庚寅		庚申		辛卯		辛酉
31		戊子				丁亥				戊子				己丑		庚申				辛酉				壬戌

1978年

【年干支】
1/1〜2/3日までに生まれた人＝丁巳　大運（男左・女右）
2/4〜12/31日までに生まれた人＝戊午　大運（男右・女左））

年月／生日	1月		2月		3月		4月		5月		6月		7月		8月		9月		10月		11月		12月	
	月	日	月	日	月	日	月	日	月	日	月	日	月	日	月	日	月	日	月	日	月	日	月	日
1		癸亥		甲午		壬戌		癸巳		癸亥		甲午		甲子		乙未		丙寅		丙申		丁卯		丁酉
2		甲子	癸丑	乙未		癸亥	乙卯	甲午		甲子		乙未		乙丑		丙申		丁卯		丁酉		戊辰		戊戌
3	壬子	乙丑		丙申	甲寅	甲子		乙未	丙辰	乙丑	丁巳	丙申		丙寅		丁酉		戊辰		戊戌		己巳	癸亥	己亥
4		丙寅		**丁酉**		乙丑		丙申		丙寅		丁酉	戊午	丁卯	己未	戊戌	庚申	己巳	辛酉	己亥	壬戌	庚午		庚子
5		丁卯		戊戌		丙寅		**丁酉**		丁卯		戊戌		戊辰		己亥		庚午		庚子		辛未		辛丑
6		**戊辰**		己亥		**丁卯**		戊戌		**戊辰**		**己亥**		己巳		庚子		辛未		辛丑		壬申		壬寅
7		己巳		庚子		戊辰		己亥		己巳		庚子		**庚午**		辛丑		壬申		壬寅		癸酉		**癸卯**
8		庚午		辛丑		己巳		庚子		庚午		辛丑		辛未		**壬寅**		**癸酉**		癸卯		**甲戌**		甲辰
9		辛未		壬寅		庚午		辛丑		辛未		壬寅		壬申		癸卯		甲戌		**甲辰**		乙亥		乙巳
10		壬申		癸卯		辛未		壬寅		壬申		癸卯		癸酉		甲辰		乙亥		乙巳		丙子		丙午
11		癸酉		甲辰		壬申		癸卯		癸酉		甲辰		甲戌		乙巳		丙子		丙午		丁丑		丁未
12		甲戌		乙巳		癸酉		甲辰		甲戌		乙巳		乙亥		丙午		丁丑		丁未		戊寅		戊申
13		乙亥		丙午		甲戌		乙巳		乙亥		丙午		丙子		丁未		戊寅		戊申		己卯		己酉
14		丙子		丁未		乙亥		丙午		丙子		丁未		丁丑		戊申		己卯		己酉		庚辰		庚戌
15		丁丑		戊申		丙子		丁未		丁丑		戊申		戊寅		己酉		庚辰		庚戌		辛巳		辛亥
16		戊寅		己酉		丁丑		戊申		戊寅		己酉		己卯		庚戌		辛巳		辛亥		壬午		壬子
17		己卯	甲寅	庚戌		戊寅		己酉		己卯		庚戌		庚辰		辛亥		壬午		壬子		癸未		癸丑
18	癸丑	庚辰		辛亥	乙卯	己卯	丙辰	庚戌	丁巳	庚辰	戊午	辛亥		辛巳		壬子		癸未		癸丑		甲申		甲寅
19		辛巳		壬子		庚辰		辛亥		辛巳		壬子	己未	壬午	庚申	癸丑	辛酉	甲申		甲寅		乙酉	甲子	乙卯
20		壬午		癸丑		辛巳		壬子		壬午		癸丑		癸未		甲寅		乙酉	壬戌	乙卯	癸亥	丙戌		丙辰
21		癸未		甲寅		壬午		癸丑		癸未		甲寅		甲申		乙卯		丙戌		丙辰		丁亥		丁巳
22		甲申		乙卯		癸未		甲寅		甲申		乙卯		乙酉		丙辰		丁亥		丁巳		戊子		戊午
23		乙酉		丙辰		甲申		乙卯		乙酉		丙辰		丙戌		丁巳		戊子		戊午		己丑		己未
24		丙戌		丁巳		乙酉		丙辰		丙戌		丁巳		丁亥		戊午		己丑		己未		庚寅		庚申
25		丁亥		戊午		丙戌		丁巳		丁亥		戊午		戊子		己未		庚寅		庚申		辛卯		辛酉
26		戊子		己未		丁亥		戊午		戊子		己未		己丑		庚申		辛卯		辛酉		壬辰		壬戌
27		己丑		庚申		戊子		己未		己丑		庚申		庚寅		辛酉		壬辰		壬戌		癸巳		癸亥
28		庚寅		辛酉		己丑		庚申		庚寅		辛酉		辛卯		壬戌		癸巳		癸亥		甲午		甲子
29		辛卯				庚寅		辛酉		辛卯		壬戌		壬辰		癸亥		甲午		甲子		乙未		乙丑
30		壬辰				辛卯		壬戌		壬辰		癸亥		癸巳		甲子		乙未		乙丑		丙申		丙寅
31		癸巳				壬辰				癸巳				甲午		乙丑				丙寅				丁卯

【年干支】

1979年

1／1～2／3日までに生まれた人＝戊午　大運（男右・女左）
2／4～12／31日までに生まれた人＝己未　大運（男左・女右）

年月／生日	1月		2月		3月		4月		5月		6月		7月		8月		9月		10月		11月		12月	
	月	日	月	日	月	日	月	日	月	日	月	日	月	日	月	日	月	日	月	日	月	日	月	日
1		戊辰		己亥		丁卯		戊戌		戊辰		己亥		己巳		庚子		辛未		辛丑		壬申		壬寅
2		己巳	乙丑	庚子		戊辰	丁卯	己亥		己巳		庚子		庚午		辛丑		壬申		壬寅		癸酉		癸卯
3	甲子	庚午		辛丑	丙寅	己巳		庚子	戊辰	庚午	己巳	辛丑		辛未		壬寅		癸酉		癸卯		甲戌		甲辰
4		辛未		**壬寅**		庚午		辛丑		辛未		壬寅	庚午	壬申	辛未	癸卯	壬申	甲戌	癸酉	甲辰	甲戌	乙亥	乙亥	乙巳
5		壬申		癸卯		辛未		**壬寅**		壬申		癸卯		癸酉		甲辰		乙亥		乙巳		丙子		丙午
6		**癸酉**		甲辰		**壬申**		癸卯		**癸酉**		**甲辰**		甲戌		乙巳		丙子		丙午		丁丑		丁未
7		甲戌		乙巳		癸酉		甲辰		甲戌		乙巳		乙亥		丙午		丁丑		丁未		戊寅		戊申
8		乙亥		丙午		甲戌		乙巳		乙亥		丙午		**丙子**		**丁未**		**戊寅**		戊申		**己卯**		**己酉**
9		丙子		丁未		乙亥		丙午		丙子		丁未		丁丑		戊申		己卯		**己酉**		庚辰		庚戌
10		丁丑		戊申		丙子		丁未		丁丑		戊申		戊寅		己酉		庚辰		庚戌		辛巳		辛亥
11		戊寅		己酉		丁丑		戊申		戊寅		己酉		己卯		庚戌		辛巳		辛亥		壬午		壬子
12		己卯		庚戌		戊寅		己酉		己卯		庚戌		庚辰		辛亥		壬午		壬子		癸未		癸丑
13		庚辰		辛亥		己卯		庚戌		庚辰		辛亥		辛巳		壬子		癸未		癸丑		甲申		甲寅
14		辛巳		壬子		庚辰		辛亥		辛巳		壬子		壬午		癸丑		甲申		甲寅		乙酉		乙卯
15		壬午		癸丑		辛巳		壬子		壬午		癸丑		癸未		甲寅		乙酉		乙卯		丙戌		丙辰
16		癸未		甲寅		壬午		癸丑		癸未		甲寅		甲申		乙卯		丙戌		丙辰		丁亥		丁巳
17		甲申	丙寅	乙卯		癸未		甲寅		甲申		乙卯		乙酉		丙辰		丁亥		丁巳		戊子		戊午
18	乙丑	乙酉		丙辰	丁卯	甲申	戊辰	乙卯	己巳	乙酉	庚午	丙辰		丙戌		丁巳		戊子		戊午		己丑		己未
19		丙戌		丁巳		乙酉		丙辰		丙戌		丁巳	辛未	丁亥	壬申	戊午	癸酉	己丑		己未	乙亥	庚寅	丙子	庚申
20		丁亥		戊午		丙戌		丁巳		丁亥		戊午		戊子		己未		庚寅	甲戌	庚申		辛卯		辛酉
21		戊子		己未		丁亥		戊午		戊子		己未		己丑		庚申		辛卯		辛酉		壬辰		壬戌
22		己丑		庚申		戊子		己未		己丑		庚申		庚寅		辛酉		壬辰		壬戌		癸巳		癸亥
23		庚寅		辛酉		己丑		庚申		庚寅		辛酉		辛卯		壬戌		癸巳		癸亥		甲午		甲子
24		辛卯		壬戌		庚寅		辛酉		辛卯		壬戌		壬辰		癸亥		甲午		甲子		乙未		乙丑
25		壬辰		癸亥		辛卯		壬戌		壬辰		癸亥		癸巳		甲子		乙未		乙丑		丙申		丙寅
26		癸巳		甲子		壬辰		癸亥		癸巳		甲子		甲午		乙丑		丙申		丙寅		丁酉		丁卯
27		甲午		乙丑		癸巳		甲子		甲午		乙丑		乙未		丙寅		丁酉		丁卯		戊戌		戊辰
28		乙未		丙寅		甲午		乙丑		乙未		丙寅		丙申		丁卯		戊戌		戊辰		己亥		己巳
29		丙申				乙未		丙寅		丙申		丁卯		丁酉		戊辰		己亥		己巳		庚子		庚午
30		丁酉				丙申		丁卯		丁酉		戊辰		戊戌		己巳		庚子		庚午		辛丑		辛未
31		戊戌				丁酉				戊戌				己亥		庚午				辛未				壬申

1980年

【年干支】
1/1～2/4日までに生まれた人=己未　大運（男左・女右）
2/5～12/31日までに生まれた人=庚申★　大運（男右・女左）

年月/生日	1月		2月		3月		4月		5月		6月		7月		8月		9月		10月		11月		12月	
	月	日	月	日	月	日	月	日	月	日	月	日	月	日	月	日	月	日	月	日	月	日	月	日
1	丙子	癸酉	丁丑	甲辰	戊寅	癸酉	己卯	甲辰	庚辰	甲戌	辛巳	乙巳	壬午	乙亥	癸未	丙午	甲申	丁丑	乙酉	丁未	丙戌	戊寅	丁亥	戊申
2		甲戌		乙巳		甲戌		乙巳		乙亥		丙午		丙子		丁未		戊寅		戊申		己卯		己酉
3		乙亥		丙午		乙亥		丙午		丙子		丁未		丁丑		戊申		己卯		己酉		庚辰		庚戌
4		丙子		丁未		丙子		丁未		丁丑		戊申		戊寅		己酉		庚辰		庚戌		辛巳		辛亥
5		丁丑	戊寅	**戊申**	己卯	**丁丑**	庚辰	**戊申**	辛巳	**戊寅**	壬午	**己酉**		己卯		庚戌		辛巳		辛亥		壬午		壬子
6	丁丑	**戊寅**		己酉		戊寅		己酉		己卯		庚戌		庚辰		辛亥		壬午		壬子		癸未		癸丑
7		己卯		庚戌		己卯		庚戌		庚辰		辛亥	癸未	**辛巳**	甲申	**壬子**	乙酉	**癸未**		癸丑	丁亥	**甲申**	戊子	**甲寅**
8		庚辰		辛亥		庚辰		辛亥		辛巳		壬子		壬午		癸丑		甲申	丙戌	**甲寅**		乙酉		乙卯
9		辛巳		壬子		辛巳		壬子		壬午		癸丑		癸未		甲寅		乙酉		乙卯		丙戌		丙辰
10		壬午		癸丑		壬午		癸丑		癸未		甲寅		甲申		乙卯		丙戌		丙辰		丁亥		丁巳
11		癸未		甲寅		癸未		甲寅		甲申		乙卯		乙酉		丙辰		丁亥		丁巳		戊子		戊午
12		甲申		乙卯		甲申		乙卯		乙酉		丙辰		丙戌		丁巳		戊子		戊午		己丑		己未
13		乙酉		丙辰		乙酉		丙辰		丙戌		丁巳		丁亥		戊午		己丑		己未		庚寅		庚申
14		丙戌		丁巳		丙戌		丁巳		丁亥		戊午		戊子		己未		庚寅		庚申		辛卯		辛酉
15		丁亥		戊午		丁亥		戊午		戊子		己未		己丑		庚申		辛卯		辛酉		壬辰		壬戌
16		戊子		己未		戊子		己未		己丑		庚申		庚寅		辛酉		壬辰		壬戌		癸巳		癸亥
17		己丑		庚申		己丑		庚申		庚寅		辛酉		辛卯		壬戌		癸巳		癸亥		甲午		甲子
18		庚寅		辛酉		庚寅		辛酉		辛卯		壬戌		壬辰		癸亥		甲午		甲子		乙未		乙丑
19		辛卯		壬戌		辛卯		壬戌		壬辰		癸亥		癸巳		甲子		乙未		乙丑		丙申		丙寅
20		壬辰		癸亥		壬辰		癸亥		癸巳		甲子		甲午		乙丑		丙申		丙寅		丁酉		丁卯
21		癸巳		甲子		癸巳		甲子		甲午		乙丑		乙未		丙寅		丁酉		丁卯		戊戌		戊辰
22		甲午		乙丑		甲午		乙丑		乙未		丙寅		丙申		丁卯		戊戌		戊辰		己亥		己巳
23		乙未		丙寅		乙未		丙寅		丙申		丁卯		丁酉		戊辰		己亥		己巳		庚子		庚午
24		丙申		丁卯		丙申		丁卯		丁酉		戊辰		戊戌		己巳		庚子		庚午		辛丑		辛未
25		丁酉		戊辰		丁酉		戊辰		戊戌		己巳		己亥		庚午		辛丑		辛未		壬寅		壬申
26		戊戌		己巳		戊戌		己巳		己亥		庚午		庚子		辛未		壬寅		壬申		癸卯		癸酉
27		己亥		庚午		己亥		庚午		庚子		辛未		辛丑		壬申		癸卯		癸酉		甲辰		甲戌
28		庚子		辛未		庚子		辛未		辛丑		壬申		壬寅		癸酉		甲辰		甲戌		乙巳		乙亥
29		辛丑		壬申		辛丑		壬申		壬寅		癸酉		癸卯		甲戌		乙巳		乙亥		丙午		丙子
30		壬寅				壬寅		癸酉		癸卯		甲戌		甲辰		乙亥		丙午		丙子		丁未		丁丑
31		癸卯				癸卯				甲辰				乙巳		丙子				丁丑				戊寅

1981年

【年干支】
1／1～2／3日までに生まれた人＝庚申　大運（男右・女左）
2／4～12／31日までに生まれた人＝辛酉　大運（男左・女右）

年月／生日	1月		2月		3月		4月		5月		6月		7月		8月		9月		10月		11月		12月	
	月	日	月	日	月	日	月	日	月	日	月	日	月	日	月	日	月	日	月	日	月	日	月	日
1		己卯		庚戌		戊寅		己酉		己卯		庚戌		庚辰		辛亥		壬午		壬子		癸未		癸丑
2	戊子	庚辰	己丑	辛亥		己卯	辛卯	庚戌	壬辰	庚辰		辛亥		辛巳		壬子		癸未		癸丑		甲申		甲寅
3		辛巳		壬子	庚寅	庚辰		辛亥		辛巳	癸巳	壬子		壬午		癸丑		甲申		甲寅	戊戌	乙酉	己亥	乙卯
4		壬午		**癸丑**		辛巳		壬子		壬午		癸丑	甲午	癸未	乙未	甲寅	丙申	乙酉	丁酉	乙卯		丙戌		丙辰
5		**癸未**		甲寅		壬午		**癸丑**		**癸未**		甲寅		甲申		乙卯		丙戌		丙辰		丁亥		丁巳
6		甲申		乙卯		**癸未**		甲寅		甲申		**乙卯**		乙酉		丙辰		丁亥		丁巳		戊子		戊午
7		乙酉		丙辰		甲申		乙卯		乙酉		丙辰		**丙戌**		**丁巳**		戊子		戊午		**己丑**		**己未**
8		丙戌		丁巳		乙酉		丙辰		丙戌		丁巳		丁亥		戊午		**己丑**		**己未**		庚寅		庚申
9		丁亥		戊午		丙戌		丁巳		丁亥		戊午		戊子		己未		庚寅		庚申		辛卯		辛酉
10		戊子		己未		丁亥		戊午		戊子		己未		己丑		庚申		辛卯		辛酉		壬辰		壬戌
11		己丑		庚申		戊子		己未		己丑		庚申		庚寅		辛酉		壬辰		壬戌		癸巳		癸亥
12		庚寅		辛酉		己丑		庚申		庚寅		辛酉		辛卯		壬戌		癸巳		癸亥		甲午		甲子
13		辛卯		壬戌		庚寅		辛酉		辛卯		壬戌		壬辰		癸亥		甲午		甲子		乙未		乙丑
14		壬辰		癸亥		辛卯		壬戌		壬辰		癸亥		癸巳		甲子		乙未		乙丑		丙申		丙寅
15		癸巳		甲子		壬辰		癸亥		癸巳		甲子		甲午		乙丑		丙申		丙寅		丁酉		丁卯
16		甲午		乙丑		癸巳		甲子		甲午		乙丑		乙未		丙寅		丁酉		丁卯		戊戌		戊辰
17		乙未	庚寅	丙寅		甲午		乙丑		乙未		丙寅		丙申		丁卯		戊戌		戊辰		己亥		己巳
18	己丑	丙申		丁卯	辛卯	乙未	壬辰	丙寅	癸巳	丙申	甲午	丁卯		丁酉		戊辰		己亥		己巳		庚子		庚午
19		丁酉		戊辰		丙申		丁卯		丁酉		戊辰	乙未	戊戌	丙申	己巳		庚子		庚午	己亥	辛丑	庚子	辛未
20		戊戌		己巳		丁酉		戊辰		戊戌		己巳		己亥		庚午	丁酉	辛丑	戊戌	辛未		壬寅		壬申
21		己亥		庚午		戊戌		己巳		己亥		庚午		庚子		辛未		壬寅		壬申		癸卯		癸酉
22		庚子		辛未		己亥		庚午		庚子		辛未		辛丑		壬申		癸卯		癸酉		甲辰		甲戌
23		辛丑		壬申		庚子		辛未		辛丑		壬申		壬寅		癸酉		甲辰		甲戌		乙巳		乙亥
24		壬寅		癸酉		辛丑		壬申		壬寅		癸酉		癸卯		甲戌		乙巳		乙亥		丙午		丙子
25		癸卯		甲戌		壬寅		癸酉		癸卯		甲戌		甲辰		乙亥		丙午		丙子		丁未		丁丑
26		甲辰		乙亥		癸卯		甲戌		甲辰		乙亥		乙巳		丙子		丁未		丁丑		戊申		戊寅
27		乙巳		丙子		甲辰		乙亥		乙巳		丙子		丙午		丁丑		戊申		戊寅		己酉		己卯
28		丙午		丁丑		乙巳		丙子		丙午		丁丑		丁未		戊寅		己酉		己卯		庚戌		庚辰
29		丁未				丙午		丁丑		丁未		戊寅		戊申		己卯		庚戌		庚辰		辛亥		辛巳
30		戊申				丁未		戊寅		戊申		己卯		己酉		庚辰		辛亥		辛巳		壬子		壬午
31		己酉				戊申				己酉				庚戌		辛巳				壬午				癸未

1982年

【年干支】
1/1〜2/3日までに生まれた人=辛酉　大運（男左・女右）
2/4〜12/31日までに生まれた人=壬戌　大運（男右・女左）

年月/生日	1月		2月		3月		4月		5月		6月		7月		8月		9月		10月		11月		12月	
	月	日	月	日	月	日	月	日	月	日	月	日	月	日	月	日	月	日	月	日	月	日	月	日
1	庚子	甲申	辛丑	乙卯	壬寅	癸未	癸卯	甲寅	甲辰	甲申	乙巳	乙卯	丙午	乙酉	丁未	丙辰	戊申	丁亥	己酉	丁巳	庚戌	戊子	辛亥	戊午
2		乙酉		丙辰		甲申		乙卯		乙酉		丙辰		丙戌		丁巳		戊子		戊午		己丑		己未
3		丙戌		丁巳		乙酉		丙辰		丙戌		丁巳		丁亥		戊午		己丑		己未		庚寅		庚申
4		丁亥	壬寅	**戊午**		丙戌		丁巳		丁亥		戊午		戊子		己未		庚寅		庚申		辛卯		辛酉
5		戊子		己未		丁亥	甲辰	**戊午**		戊子		己未		己丑		庚申		辛卯		辛酉		壬辰		壬戌
6	辛丑	**己丑**		庚申	癸卯	**戊子**		己未	乙巳	**己丑**	丙午	**庚申**		庚寅		辛酉		壬辰		壬戌		癸巳		癸亥
7		庚寅		辛酉		己丑		庚申		庚寅		辛酉	丁未	**辛卯**		壬戌		癸巳		癸亥		甲午	壬子	**甲子**
8		辛卯		壬戌		庚寅		辛酉		辛卯		壬戌		壬辰	戊申	**癸亥**	己酉	**甲午**		甲子	辛亥	**乙未**		乙丑
9		壬辰		癸亥		辛卯		壬戌		壬辰		癸亥		癸巳		甲子		乙未	庚戌	**乙丑**		丙申		丙寅
10		癸巳		甲子		壬辰		癸亥		癸巳		甲子		甲午		乙丑		丙申		丙寅		丁酉		丁卯
11		甲午		乙丑		癸巳		甲子		甲午		乙丑		乙未		丙寅		丁酉		丁卯		戊戌		戊辰
12		乙未		丙寅		甲午		乙丑		乙未		丙寅		丙申		丁卯		戊戌		戊辰		己亥		己巳
13		丙申		丁卯		乙未		丙寅		丙申		丁卯		丁酉		戊辰		己亥		己巳		庚子		庚午
14		丁酉		戊辰		丙申		丁卯		丁酉		戊辰		戊戌		己巳		庚子		庚午		辛丑		辛未
15		戊戌		己巳		丁酉		戊辰		戊戌		己巳		己亥		庚午		辛丑		辛未		壬寅		壬申
16		己亥		庚午		戊戌		己巳		己亥		庚午		庚子		辛未		壬寅		壬申		癸卯		癸酉
17		庚子		辛未		己亥		庚午		庚子		辛未		辛丑		壬申		癸卯		癸酉		甲辰		甲戌
18		辛丑		壬申		庚子		辛未		辛丑		壬申		壬寅		癸酉		甲辰		甲戌		乙巳		乙亥
19		壬寅		癸酉		辛丑		壬申		壬寅		癸酉		癸卯		甲戌		乙巳		乙亥		丙午		丙子
20		癸卯		甲戌		壬寅		癸酉		癸卯		甲戌		甲辰		乙亥		丙午		丙子		丁未		丁丑
21		甲辰		乙亥		癸卯		甲戌		甲辰		乙亥		乙巳		丙子		丁未		丁丑		戊申		戊寅
22		乙巳		丙子		甲辰		乙亥		乙巳		丙子		丙午		丁丑		戊申		戊寅		己酉		己卯
23		丙午		丁丑		乙巳		丙子		丙午		丁丑		丁未		戊寅		己酉		己卯		庚戌		庚辰
24		丁未		戊寅		丙午		丁丑		丁未		戊寅		戊申		己卯		庚戌		庚辰		辛亥		辛巳
25		戊申		己卯		丁未		戊寅		戊申		己卯		己酉		庚辰		辛亥		辛巳		壬子		壬午
26		己酉		庚辰		戊申		己卯		己酉		庚辰		庚戌		辛巳		壬子		壬午		癸丑		癸未
27		庚戌		辛巳		己酉		庚辰		庚戌		辛巳		辛亥		壬午		癸丑		癸未		甲寅		甲申
28		辛亥		壬午		庚戌		辛巳		辛亥		壬午		壬子		癸未		甲寅		甲申		乙卯		乙酉
29		壬子				辛亥		壬午		壬子		癸未		癸丑		甲申		乙卯		乙酉		丙辰		丙戌
30		癸丑				壬子		癸未		癸丑		甲申		甲寅		乙酉		丙辰		丙戌		丁巳		丁亥
31		甲寅				癸丑				甲寅				乙卯		丙戌				丁亥				戊子

1983年

【年干支】
1／1～2／3日までに生まれた人＝壬戌　大運（男右・女左）
2／4～12／31日までに生まれた人＝癸亥　大運（男左・女右）

年月	1月		2月		3月		4月		5月		6月		7月		8月		9月		10月		11月		12月	
生日	月	日	月	日	月	日	月	日	月	日	月	日	月	日	月	日	月	日	月	日	月	日	月	日
1	壬子	己丑	癸丑	庚申	甲寅	戊子	乙卯	己未	丙辰	己丑	丁巳	庚申	戊午	庚寅	己未	辛酉	庚申	壬辰	辛酉	壬戌	壬戌	癸巳	癸亥	癸亥
2		庚寅		辛酉		己丑		庚申		庚寅		辛酉		辛卯		壬戌		癸巳		癸亥		甲午		甲子
3		辛卯		壬戌		庚寅		辛酉		辛卯		壬戌		壬辰		癸亥		甲午		甲子		乙未		乙丑
4		壬辰	甲寅	癸亥		辛卯		壬戌		壬辰		癸亥		癸巳		甲子		乙未		乙丑		丙申		丙寅
5		癸巳		甲子		壬辰	丙辰	癸亥		癸巳		甲子		甲午		乙丑		丙申		丙寅		丁酉		丁卯
6	癸丑	甲午		乙丑	乙卯	癸巳		甲子	丁巳	甲午	戊午	乙丑		乙未		丙寅		丁酉		丁卯		戊戌		戊辰
7		乙未		丙寅		甲午		乙丑		乙未		丙寅		丙申		丁卯		戊戌		戊辰		己亥		己巳
8		丙申		丁卯		乙未		丙寅		丙申		丁卯	己未	丁酉	庚申	戊辰	辛酉	己亥		己巳	癸亥	庚子	甲子	庚午
9		丁酉		戊辰		丙申		丁卯		丁酉		戊辰		戊戌		己巳		庚子	壬戌	庚午		辛丑		辛未
10		戊戌		己巳		丁酉		戊辰		戊戌		己巳		己亥		庚午		辛丑		辛未		壬寅		壬申
11		己亥		庚午		戊戌		己巳		己亥		庚午		庚子		辛未		壬寅		壬申		癸卯		癸酉
12		庚子		辛未		己亥		庚午		庚子		辛未		辛丑		壬申		癸卯		癸酉		甲辰		甲戌
13		辛丑		壬申		庚子		辛未		辛丑		壬申		壬寅		癸酉		甲辰		甲戌		乙巳		乙亥
14		壬寅		癸酉		辛丑		壬申		壬寅		癸酉		癸卯		甲戌		乙巳		乙亥		丙午		丙子
15		癸卯		甲戌		壬寅		癸酉		癸卯		甲戌		甲辰		乙亥		丙午		丙子		丁未		丁丑
16		甲辰		乙亥		癸卯		甲戌		甲辰		乙亥		乙巳		丙子		丁未		丁丑		戊申		戊寅
17		乙巳		丙子		甲辰		乙亥		乙巳		丙子		丙午		丁丑		戊申		戊寅		己酉		己卯
18		丙午		丁丑		乙巳		丙子		丙午		丁丑		丁未		戊寅		己酉		己卯		庚戌		庚辰
19		丁未		戊寅		丙午		丁丑		丁未		戊寅		戊申		己卯		庚戌		庚辰		辛亥		辛巳
20		戊申		己卯		丁未		戊寅		戊申		己卯		己酉		庚辰		辛亥		辛巳		壬子		壬午
21		己酉		庚辰		戊申		己卯		己酉		庚辰		庚戌		辛巳		壬子		壬午		癸丑		癸未
22		庚戌		辛巳		己酉		庚辰		庚戌		辛巳		辛亥		壬午		癸丑		癸未		甲寅		甲申
23		辛亥		壬午		庚戌		辛巳		辛亥		壬午		壬子		癸未		甲寅		甲申		乙卯		乙酉
24		壬子		癸未		辛亥		壬午		壬子		癸未		癸丑		甲申		乙卯		乙酉		丙辰		丙戌
25		癸丑		甲申		壬子		癸未		癸丑		甲申		甲寅		乙酉		丙辰		丙戌		丁巳		丁亥
26		甲寅		乙酉		癸丑		甲申		甲寅		乙酉		乙卯		丙戌		丁巳		丁亥		戊午		戊子
27		乙卯		丙戌		甲寅		乙酉		乙卯		丙戌		丙辰		丁亥		戊午		戊子		己未		己丑
28		丙辰		丁亥		乙卯		丙戌		丙辰		丁亥		丁巳		戊子		己未		己丑		庚申		庚寅
29		丁巳				丙辰		丁亥		丁巳		戊子		戊午		己丑		庚申		庚寅		辛酉		辛卯
30		戊午				丁巳		戊子		戊午		己丑		己未		庚寅		辛酉		辛卯		壬戌		壬辰
31		己未				戊午				己未				庚申		辛卯				壬辰				癸巳

1984年

【年干支】
1/1〜2/4日までに生まれた人＝癸亥　大運（男左・女右）
2/5〜12/31日までに生まれた人＝甲子★　大運（男右・女左）

年月 / 生日	1月		2月		3月		4月		5月		6月		7月		8月		9月		10月		11月		12月	
	月	日	月	日	月	日	月	日	月	日	月	日	月	日	月	日	月	日	月	日	月	日	月	日
1	甲子	甲午	乙丑	乙丑	丙寅	甲午	丁卯	乙丑	戊辰	乙未	己巳	丙寅	庚午	丙申	辛未	丁卯	壬申	戊戌	癸酉	戊辰	甲戌	己亥	乙亥	己巳
2		乙未		丙寅		乙未		丙寅		丙申		丁卯		丁酉		戊辰		己亥		己巳		庚子		庚午
3		丙申		丁卯		丙申		丁卯		丁酉		戊辰		戊戌		己巳		庚子		庚午		辛丑		辛未
4		丁酉		戊辰		丁酉	戊辰	**戊辰**		戊戌		己巳		己亥		庚午		辛丑		辛未		壬寅		壬申
5		戊戌	丙寅	**己巳**	丁卯	**戊戌**		己巳	己巳	**己亥**	庚午	**庚午**		庚子		辛未		壬寅		壬申		癸卯		癸酉
6	乙丑	**己亥**		庚午		己亥		庚午		庚子		辛未		辛丑		壬申		癸卯		癸酉		甲辰		甲戌
7		庚子		辛未		庚子		辛未		辛丑		壬申	辛未	**壬寅**	壬申	**癸酉**	癸酉	**甲辰**		甲戌	乙亥	**乙巳**	丙子	**乙亥**
8		辛丑		壬申		辛丑		壬申		壬寅		癸酉		癸卯		甲戌		乙巳	甲戌	**乙亥**		丙午		丙子
9		壬寅		癸酉		壬寅		癸酉		癸卯		甲戌		甲辰		乙亥		丙午		丙子		丁未		丁丑
10		癸卯		甲戌		癸卯		甲戌		甲辰		乙亥		乙巳		丙子		丁未		丁丑		戊申		戊寅
11		甲辰		乙亥		甲辰		乙亥		乙巳		丙子		丙午		丁丑		戊申		戊寅		己酉		己卯
12		乙巳		丙子		乙巳		丙子		丙午		丁丑		丁未		戊寅		己酉		己卯		庚戌		庚辰
13		丙午		丁丑		丙午		丁丑		丁未		戊寅		戊申		己卯		庚戌		庚辰		辛亥		辛巳
14		丁未		戊寅		丁未		戊寅		戊申		己卯		己酉		庚辰		辛亥		辛巳		壬子		壬午
15		戊申		己卯		戊申		己卯		己酉		庚辰		庚戌		辛巳		壬子		壬午		癸丑		癸未
16		己酉		庚辰		己酉		庚辰		庚戌		辛巳		辛亥		壬午		癸丑		癸未		甲寅		甲申
17		庚戌		辛巳		庚戌		辛巳		辛亥		壬午		壬子		癸未		甲寅		甲申		乙卯		乙酉
18		辛亥		壬午		辛亥		壬午		壬子		癸未		癸丑		甲申		乙卯		乙酉		丙辰		丙戌
19		壬子		癸未		壬子		癸未		癸丑		甲申		甲寅		乙酉		丙辰		丙戌		丁巳		丁亥
20		癸丑		甲申		癸丑		甲申		甲寅		乙酉		乙卯		丙戌		丁巳		丁亥		戊午		戊子
21		甲寅		乙酉		甲寅		乙酉		乙卯		丙戌		丙辰		丁亥		戊午		戊子		己未		己丑
22		乙卯		丙戌		乙卯		丙戌		丙辰		丁亥		丁巳		戊子		己未		己丑		庚申		庚寅
23		丙辰		丁亥		丙辰		丁亥		丁巳		戊子		戊午		己丑		庚申		庚寅		辛酉		辛卯
24		丁巳		戊子		丁巳		戊子		戊午		己丑		己未		庚寅		辛酉		辛卯		壬戌		壬辰
25		戊午		己丑		戊午		己丑		己未		庚寅		庚申		辛卯		壬戌		壬辰		癸亥		癸巳
26		己未		庚寅		己未		庚寅		庚申		辛卯		辛酉		壬辰		癸亥		癸巳		甲子		甲午
27		庚申		辛卯		庚申		辛卯		辛酉		壬辰		壬戌		癸巳		甲子		甲午		乙丑		乙未
28		辛酉		壬辰		辛酉		壬辰		壬戌		癸巳		癸亥		甲午		乙丑		乙未		丙寅		丙申
29		壬戌		癸巳		壬戌		癸巳		癸亥		甲午		甲子		乙未		丙寅		丙申		丁卯		丁酉
30		癸亥				癸亥		甲午		甲子		乙未		乙丑		丙申		丁卯		丁酉		戊辰		戊戌
31		甲子				甲子				乙丑				丙寅		丁酉				戊戌				己亥

【年干支】

1985年

1/1〜2/3日までに生まれた人=甲子　大運（男右・女左）
2/4〜12/31日までに生まれた人=乙丑　大運（男左・女右）

生日＼年月	1月		2月		3月		4月		5月		6月		7月		8月		9月		10月		11月		12月	
	月	日	月	日	月	日	月	日	月	日	月	日	月	日	月	日	月	日	月	日	月	日	月	日
1		庚子		辛未		己亥		庚午		庚子		辛未		辛丑		壬申		癸卯		癸酉		甲辰		甲戌
2	丙子	辛丑	丁丑	壬申		庚子	己卯	辛未		辛丑		壬申		壬寅		癸酉		甲辰		甲戌		乙巳		乙亥
3		壬寅		癸酉	戊寅	辛丑		壬申	庚辰	壬寅	辛巳	癸酉		癸卯		甲戌		乙巳		乙亥		丙午		丙子
4		癸卯		**甲戌**		壬寅		癸酉		癸卯		甲戌	壬午	甲辰	癸未	乙亥	甲申	丙午	乙酉	丙子	丙戌	丁未	丁亥	丁丑
5		**甲辰**		乙亥		癸卯		**甲戌**		**甲辰**		乙亥		乙巳		丙子		丁未		丁丑		戊申		戊寅
6		乙巳		丙子		**甲辰**		乙亥		乙巳		**丙子**		丙午		丁丑		戊申		戊寅		己酉		己卯
7		丙午		丁丑		乙巳		丙子		丙午		丁丑		**丁未**		**戊寅**		己酉		己卯		**庚戌**		**庚辰**
8		丁未		戊寅		丙午		丁丑		丁未		戊寅		戊申		己卯		**庚戌**		**庚辰**		辛亥		辛巳
9		戊申		己卯		丁未		戊寅		戊申		己卯		己酉		庚辰		辛亥		辛巳		壬子		壬午
10		己酉		庚辰		戊申		己卯		己酉		庚辰		庚戌		辛巳		壬子		壬午		癸丑		癸未
11		庚戌		辛巳		己酉		庚辰		庚戌		辛巳		辛亥		壬午		癸丑		癸未		甲寅		甲申
12		辛亥		壬午		庚戌		辛巳		辛亥		壬午		壬子		癸未		甲寅		甲申		乙卯		乙酉
13		壬子		癸未		辛亥		壬午		壬子		癸未		癸丑		甲申		乙卯		乙酉		丙辰		丙戌
14		癸丑		甲申		壬子		癸未		癸丑		甲申		甲寅		乙酉		丙辰		丙戌		丁巳		丁亥
15		甲寅		乙酉		癸丑		甲申		甲寅		乙酉		乙卯		丙戌		丁巳		丁亥		戊午		戊子
16		乙卯		丙戌		甲寅		乙酉		乙卯		丙戌		丙辰		丁亥		戊午		戊子		己未		己丑
17		丙辰	戊寅	丁亥		乙卯		丙戌		丙辰		丁亥		丁巳		戊子		己未		己丑		庚申		庚寅
18	丁丑	丁巳		戊子	己卯	丙辰	庚辰	丁亥	辛巳	丁巳	壬午	戊子		戊午		己丑		庚申		庚寅		辛酉		辛卯
19		戊午		己丑		丁巳		戊子		戊午		己丑	癸未	己未	甲申	庚寅		辛酉	丙戌	辛卯	丁亥	壬戌	戊子	壬辰
20		己未		庚寅		戊午		己丑		己未		庚寅		庚申		辛卯	乙酉	壬戌		壬辰		癸亥		癸巳
21		庚申		辛卯		己未		庚寅		庚申		辛卯		辛酉		壬辰		癸亥		癸巳		甲子		甲午
22		辛酉		壬辰		庚申		辛卯		辛酉		壬辰		壬戌		癸巳		甲子		甲午		乙丑		乙未
23		壬戌		癸巳		辛酉		壬辰		壬戌		癸巳		癸亥		甲午		乙丑		乙未		丙寅		丙申
24		癸亥		甲午		壬戌		癸巳		癸亥		甲午		甲子		乙未		丙寅		丙申		丁卯		丁酉
25		甲子		乙未		癸亥		甲午		甲子		乙未		乙丑		丙申		丁卯		丁酉		戊辰		戊戌
26		乙丑		丙申		甲子		乙未		乙丑		丙申		丙寅		丁酉		戊辰		戊戌		己巳		己亥
27		丙寅		丁酉		乙丑		丙申		丙寅		丁酉		丁卯		戊戌		己巳		己亥		庚午		庚子
28		丁卯		戊戌		丙寅		丁酉		丁卯		戊戌		戊辰		己亥		庚午		庚子		辛未		辛丑
29		戊辰				丁卯		戊戌		戊辰		己亥		己巳		庚子		辛未		辛丑		壬申		壬寅
30		己巳				戊辰		己亥		己巳		庚子		庚午		辛丑		壬申		壬寅		癸酉		癸卯
31		庚午				己巳				庚午				辛未		壬寅				癸卯				甲辰

1986年

【年干支】
1/1～2/3日までに生まれた人＝乙丑　大運（男左・女右）
2/4～12/31日までに生まれた人＝丙寅　大運（男右・女左）

生日＼年月	1月		2月		3月		4月		5月		6月		7月		8月		9月		10月		11月		12月	
	月	日	月	日	月	日	月	日	月	日	月	日	月	日	月	日	月	日	月	日	月	日	月	日
1	戊子	乙巳	己丑	丙子	庚寅	甲辰	辛卯	乙亥	壬辰	乙巳	癸巳	丙子	甲午	丙午	乙未	丁丑	丙申	戊申	丁酉	戊寅	戊戌	己酉	己亥	己卯
2		丙午		丁丑		乙巳		丙子		丙午		丁丑		丁未		戊寅		己酉		己卯		庚戌		庚辰
3		丁未		戊寅		丙午		丁丑		丁未		戊寅		戊申		己卯		庚戌		庚辰		辛亥		辛巳
4		戊申	庚寅	**己卯**		丁未		戊寅		戊申		己卯		己酉		庚辰		辛亥		辛巳		壬子		壬午
5		己酉		庚辰		戊申	壬辰	**己卯**		己酉		庚辰		庚戌		辛巳		壬子		壬午		癸丑		癸未
6	己丑	**庚戌**		辛巳	辛卯	**己酉**		庚辰	癸巳	**庚戌**	甲午	**辛巳**		辛亥		壬午		癸丑		癸未		甲寅		甲申
7		辛亥		壬午		庚戌		辛巳		辛亥		壬午	乙未	**壬子**		癸未		甲寅		甲申		乙卯	庚子	**乙酉**
8		壬子		癸未		辛亥		壬午		壬子		癸未		癸丑	丙申	**甲申**	丁酉	**乙卯**	戊戌	**乙酉**	己亥	**丙辰**		丙戌
9		癸丑		甲申		壬子		癸未		癸丑		甲申		甲寅		乙酉		丙辰		丙戌		丁巳		丁亥
10		甲寅		乙酉		癸丑		甲申		甲寅		乙酉		乙卯		丙戌		丁巳		丁亥		戊午		戊子
11		乙卯		丙戌		甲寅		乙酉		乙卯		丙戌		丙辰		丁亥		戊午		戊子		己未		己丑
12		丙辰		丁亥		乙卯		丙戌		丙辰		丁亥		丁巳		戊子		己未		己丑		庚申		庚寅
13		丁巳		戊子		丙辰		丁亥		丁巳		戊子		戊午		己丑		庚申		庚寅		辛酉		辛卯
14		戊午		己丑		丁巳		戊子		戊午		己丑		己未		庚寅		辛酉		辛卯		壬戌		壬辰
15		己未		庚寅		戊午		己丑		己未		庚寅		庚申		辛卯		壬戌		壬辰		癸亥		癸巳
16		庚申		辛卯		己未		庚寅		庚申		辛卯		辛酉		壬辰		癸亥		癸巳		甲子		甲午
17		辛酉		壬辰		庚申		辛卯		辛酉		壬辰		壬戌		癸巳		甲子		甲午		乙丑		乙未
18		壬戌		癸巳		辛酉		壬辰		壬戌		癸巳		癸亥		甲午		乙丑		乙未		丙寅		丙申
19		癸亥		甲午		壬戌		癸巳		癸亥		甲午		甲子		乙未		丙寅		丙申		丁卯		丁酉
20		甲子		乙未		癸亥		甲午		甲子		乙未		乙丑		丙申		丁卯		丁酉		戊辰		戊戌
21		乙丑		丙申		甲子		乙未		乙丑		丙申		丙寅		丁酉		戊辰		戊戌		己巳		己亥
22		丙寅		丁酉		乙丑		丙申		丙寅		丁酉		丁卯		戊戌		己巳		己亥		庚午		庚子
23		丁卯		戊戌		丙寅		丁酉		丁卯		戊戌		戊辰		己亥		庚午		庚子		辛未		辛丑
24		戊辰		己亥		丁卯		戊戌		戊辰		己亥		己巳		庚子		辛未		辛丑		壬申		壬寅
25		己巳		庚子		戊辰		己亥		己巳		庚子		庚午		辛丑		壬申		壬寅		癸酉		癸卯
26		庚午		辛丑		己巳		庚子		庚午		辛丑		辛未		壬寅		癸酉		癸卯		甲戌		甲辰
27		辛未		壬寅		庚午		辛丑		辛未		壬寅		壬申		癸卯		甲戌		甲辰		乙亥		乙巳
28		壬申		癸卯		辛未		壬寅		壬申		癸卯		癸酉		甲辰		乙亥		乙巳		丙子		丙午
29		癸酉				壬申		癸卯		癸酉		甲辰		甲戌		乙巳		丙子		丙午		丁丑		丁未
30		甲戌				癸酉		甲辰		甲戌		乙巳		乙亥		丙午		丁丑		丁未		戊寅		戊申
31		乙亥				甲戌				乙亥				丙子		丁未				戊申				己酉

1987年

【年干支】
1/1〜2/3日までに生まれた人=丙寅　大運（男右・女左）
2/4〜12/31日までに生まれた人=丁卯　大運（男左・女右）

生日＼年月	1月 月	1月 日	2月 月	2月 日	3月 月	3月 日	4月 月	4月 日	5月 月	5月 日	6月 月	6月 日
1	庚子	庚戌	辛丑	辛巳	壬寅	己酉	癸卯	庚辰	甲辰	庚戌	乙巳	辛巳
2		辛亥		壬午		庚戌		辛巳		辛亥		壬午
3		壬子		癸未		辛亥		壬午		壬子		癸未
4		癸丑	壬寅	**甲申**		壬子		癸未		癸丑		甲申
5		甲寅		乙酉		癸丑	甲辰	**甲申**		甲寅		乙酉
6	辛丑	**乙卯**		丙戌	癸卯	**甲寅**		乙酉	乙巳	**乙卯**	丙午	**丙戌**
7		丙辰		丁亥		乙卯		丙戌		丙辰		丁亥
8		丁巳		戊子		丙辰		丁亥		丁巳		戊子
9		戊午		己丑		丁巳		戊子		戊午		己丑
10		己未		庚寅		戊午		己丑		己未		庚寅
11		庚申		辛卯		己未		庚寅		庚申		辛卯
12		辛酉		壬辰		庚申		辛卯		辛酉		壬辰
13		壬戌		癸巳		辛酉		壬辰		壬戌		癸巳
14		癸亥		甲午		壬戌		癸巳		癸亥		甲午
15		甲子		乙未		癸亥		甲午		甲子		乙未
16		乙丑		丙申		甲子		乙未		乙丑		丙申
17		丙寅		丁酉		乙丑		丙申		丙寅		丁酉
18		丁卯		戊戌		丙寅		丁酉		丁卯		戊戌
19		戊辰		己亥		丁卯		戊戌		戊辰		己亥
20		己巳		庚子		戊辰		己亥		己巳		庚子
21		庚午		辛丑		己巳		庚子		庚午		辛丑
22		辛未		壬寅		庚午		辛丑		辛未		壬寅
23		壬申		癸卯		辛未		壬寅		壬申		癸卯
24		癸酉		甲辰		壬申		癸卯		癸酉		甲辰
25		甲戌		乙巳		癸酉		甲辰		甲戌		乙巳
26		乙亥		丙午		甲戌		乙巳		乙亥		丙午
27		丙子		丁未		乙亥		丙午		丙子		丁未
28		丁丑		戊申		丙子		丁未		丁丑		戊申
29		戊寅				丁丑		戊申		戊寅		己酉
30		己卯				戊寅		己酉		己卯		庚戌
31		庚辰				己卯				庚辰		

生日＼年月	7月 月	7月 日	8月 月	8月 日	9月 月	9月 日	10月 月	10月 日	11月 月	11月 日	12月 月	12月 日
1	丙午	辛亥	丁未	壬午	戊申	癸丑	己酉	癸未	庚戌	甲寅	辛亥	甲申
2		壬子		癸未		甲寅		甲申		乙卯		乙酉
3		癸丑		甲申		乙卯		乙酉		丙辰		丙戌
4		甲寅		乙酉		丙辰		丙戌		丁巳		丁亥
5		乙卯		丙戌		丁巳		丁亥		戊午		戊子
6		丙辰		丁亥		戊午		戊子		己未		己丑
7		丁巳		戊子		己未		己丑		庚申		庚寅
8	丁未	**戊午**	戊申	**己丑**	己酉	**庚申**		庚寅	辛亥	**辛酉**	壬子	**辛卯**
9		己未		庚寅		辛酉	庚戌	**辛卯**		壬戌		壬辰
10		庚申		辛卯		壬戌		壬辰		癸亥		癸巳
11		辛酉		壬辰		癸亥		癸巳		甲子		甲午
12		壬戌		癸巳		甲子		甲午		乙丑		乙未
13		癸亥		甲午		乙丑		乙未		丙寅		丙申
14		甲子		乙未		丙寅		丙申		丁卯		丁酉
15		乙丑		丙申		丁卯		丁酉		戊辰		戊戌
16		丙寅		丁酉		戊辰		戊戌		己巳		己亥
17		丁卯		戊戌		己巳		己亥		庚午		庚子
18		戊辰		己亥		庚午		庚子		辛未		辛丑
19		己巳		庚子		辛未		辛丑		壬申		壬寅
20		庚午		辛丑		壬申		壬寅		癸酉		癸卯
21		辛未		壬寅		癸酉		癸卯		甲戌		甲辰
22		壬申		癸卯		甲戌		甲辰		乙亥		乙巳
23		癸酉		甲辰		乙亥		乙巳		丙子		丙午
24		甲戌		乙巳		丙子		丙午		丁丑		丁未
25		乙亥		丙午		丁丑		丁未		戊寅		戊申
26		丙子		丁未		戊寅		戊申		己卯		己酉
27		丁丑		戊申		己卯		己酉		庚辰		庚戌
28		戊寅		己酉		庚辰		庚戌		辛巳		辛亥
29		己卯		庚戌		辛巳		辛亥		壬午		壬子
30		庚辰		辛亥		壬午		壬子		癸未		癸丑
31		辛巳		壬子				癸丑				甲寅

1988年

【年干支】
1/1～2/3日までに生まれた人＝丁卯　大運（男左・女右）
2/4～12/31日までに生まれた人＝戊辰★　大運（男右・女左）

生日＼年月	1月		2月		3月		4月		5月		6月		7月		8月		9月		10月		11月		12月	
	月	日	月	日	月	日	月	日	月	日	月	日	月	日	月	日	月	日	月	日	月	日	月	日
1		乙卯		丙戌		乙卯		丙戌		丙辰		丁亥		丁巳		戊子		己未		己丑		庚申		庚寅
2		丙辰	癸丑	丁亥	甲寅	丙辰	乙卯	丁亥		丁巳	丁巳	戊子		戊午		己丑		庚申		庚寅		辛酉		辛卯
3	壬子	丁巳		戊子		丁巳		戊子	丙辰	戊午		己丑		己未		庚寅		辛酉		辛卯		壬戌	癸亥	壬辰
4		戊午		**己丑**		戊午		**己丑**		己未		庚寅	戊午	庚申	己未	辛卯	庚申	壬戌	辛酉	壬辰	壬戌	癸亥		癸巳
5		己未		庚寅		**己未**		庚寅		**庚申**		**辛卯**		辛酉		壬辰		癸亥		癸巳		甲子		甲午
6		**庚申**		辛卯		庚申		辛卯		辛酉		壬辰		壬戌		癸巳		甲子		甲午		乙丑		乙未
7		辛酉		壬辰		辛酉		壬辰		壬戌		癸巳		**癸亥**		**甲午**		**乙丑**		乙未		**丙寅**		**丙申**
8		壬戌		癸巳		壬戌		癸巳		癸亥		甲午		甲子		乙未		丙寅		**丙申**		丁卯		丁酉
9		癸亥		甲午		癸亥		甲午		甲子		乙未		乙丑		丙申		丁卯		丁酉		戊辰		戊戌
10		甲子		乙未		甲子		乙未		乙丑		丙申		丙寅		丁酉		戊辰		戊戌		己巳		己亥
11		乙丑		丙申		乙丑		丙申		丙寅		丁酉		丁卯		戊戌		己巳		己亥		庚午		庚子
12		丙寅		丁酉		丙寅		丁酉		丁卯		戊戌		戊辰		己亥		庚午		庚子		辛未		辛丑
13		丁卯		戊戌		丁卯		戊戌		戊辰		己亥		己巳		庚子		辛未		辛丑		壬申		壬寅
14		戊辰		己亥		戊辰		己亥		己巳		庚子		庚午		辛丑		壬申		壬寅		癸酉		癸卯
15		己巳		庚子		己巳		庚子		庚午		辛丑		辛未		壬寅		癸酉		癸卯		甲戌		甲辰
16		庚午		辛丑		庚午		辛丑		辛未		壬寅		壬申		癸卯		甲戌		甲辰		乙亥		乙巳
17		辛未	甲寅	壬寅		辛未	丙辰	壬寅		壬申		癸卯		癸酉		甲辰		乙亥		乙巳		丙子		丙午
18	癸丑	壬申		癸卯	乙卯	壬申		癸卯	丁巳	癸酉	戊午	甲辰		甲戌		乙巳		丙子		丙午		丁丑		丁未
19		癸酉		甲辰		癸酉		甲辰		甲戌		乙巳	己未	乙亥	庚申	丙午	辛酉	丁丑	壬戌	丁未	癸亥	戊寅	甲子	戊申
20		甲戌		乙巳		甲戌		乙巳		乙亥		丙午		丙子		丁未		戊寅		戊申		己卯		己酉
21		乙亥		丙午		乙亥		丙午		丙子		丁未		丁丑		戊申		己卯		己酉		庚辰		庚戌
22		丙子		丁未		丙子		丁未		丁丑		戊申		戊寅		己酉		庚辰		庚戌		辛巳		辛亥
23		丁丑		戊申		丁丑		戊申		戊寅		己酉		己卯		庚戌		辛巳		辛亥		壬午		壬子
24		戊寅		己酉		戊寅		己酉		己卯		庚戌		庚辰		辛亥		壬午		壬子		癸未		癸丑
25		己卯		庚戌		己卯		庚戌		庚辰		辛亥		辛巳		壬子		癸未		癸丑		甲申		甲寅
26		庚辰		辛亥		庚辰		辛亥		辛巳		壬子		壬午		癸丑		甲申		甲寅		乙酉		乙卯
27		辛巳		壬子		辛巳		壬子		壬午		癸丑		癸未		甲寅		乙酉		乙卯		丙戌		丙辰
28		壬午		癸丑		壬午		癸丑		癸未		甲寅		甲申		乙卯		丙戌		丙辰		丁亥		丁巳
29		癸未		甲寅		癸未		甲寅		甲申		乙卯		乙酉		丙辰		丁亥		丁巳		戊子		戊午
30		甲申				甲申		乙卯		乙酉		丙辰		丙戌		丁巳		戊子		戊午		己丑		己未
31		乙酉				乙酉				丙戌				丁亥		戊午				己未				庚申

1989年

【年干支】
1/1〜2/3日までに生まれた人=戊辰　大運（男右・女左）
2/4〜12/31日までに生まれた人=己巳　大運（男左・女右）

年月／生日	1月		2月		3月		4月		5月		6月		7月		8月		9月		10月		11月		12月	
	月	日	月	日	月	日	月	日	月	日	月	日	月	日	月	日	月	日	月	日	月	日	月	日
1	甲子	辛酉	乙丑	壬辰	丙寅	庚申	丁卯	辛卯	戊辰	辛酉	己巳	壬辰	庚午	壬戌	辛未	癸巳	壬申	甲子	癸酉	甲午	甲戌	乙丑	乙亥	乙未
2		壬戌		癸巳		辛酉		壬辰		壬戌		癸巳		癸亥		甲午		乙丑		乙未		丙寅		丙申
3		癸亥		甲午		壬戌		癸巳		癸亥		甲午		甲子		乙未		丙寅		丙申		丁卯		丁酉
4		甲子	丙寅	**乙未**		癸亥		甲午		甲子		乙未		乙丑		丙申		丁卯		丁酉		戊辰		戊戌
5	乙丑	**乙丑**		丙申	丁卯	**甲子**	戊辰	**乙未**	己巳	**乙丑**		丙申		丙寅		丁酉		戊辰		戊戌		己巳		己亥
6		丙寅		丁酉		乙丑		丙申		丙寅	庚午	**丁酉**		丁卯		戊戌		己巳		己亥		庚午		庚子
7		丁卯		戊戌		丙寅		丁酉		丁卯		戊戌	辛未	**戊辰**	壬申	**己亥**		庚午		庚子	乙亥	**辛未**	丙子	**辛丑**
8		戊辰		己亥		丁卯		戊戌		戊辰		己亥		己巳		庚子	癸酉	**辛未**	甲戌	**辛丑**		壬申		壬寅
9		己巳		庚子		戊辰		己亥		己巳		庚子		庚午		辛丑		壬申		壬寅		癸酉		癸卯
10		庚午		辛丑		己巳		庚子		庚午		辛丑		辛未		壬寅		癸酉		癸卯		甲戌		甲辰
11		辛未		壬寅		庚午		辛丑		辛未		壬寅		壬申		癸卯		甲戌		甲辰		乙亥		乙巳
12		壬申		癸卯		辛未		壬寅		壬申		癸卯		癸酉		甲辰		乙亥		乙巳		丙子		丙午
13		癸酉		甲辰		壬申		癸卯		癸酉		甲辰		甲戌		乙巳		丙子		丙午		丁丑		丁未
14		甲戌		乙巳		癸酉		甲辰		甲戌		乙巳		乙亥		丙午		丁丑		丁未		戊寅		戊申
15		乙亥		丙午		甲戌		乙巳		乙亥		丙午		丙子		丁未		戊寅		戊申		己卯		己酉
16		丙子		丁未		乙亥		丙午		丙子		丁未		丁丑		戊申		己卯		己酉		庚辰		庚戌
17		丁丑		戊申		丙子		丁未		丁丑		戊申		戊寅		己酉		庚辰		庚戌		辛巳		辛亥
18		戊寅		己酉		丁丑		戊申		戊寅		己酉		己卯		庚戌		辛巳		辛亥		壬午		壬子
19		己卯		庚戌		戊寅		己酉		己卯		庚戌		庚辰		辛亥		壬午		壬子		癸未		癸丑
20		庚辰		辛亥		己卯		庚戌		庚辰		辛亥		辛巳		壬子		癸未		癸丑		甲申		甲寅
21		辛巳		壬子		庚辰		辛亥		辛巳		壬子		壬午		癸丑		甲申		甲寅		乙酉		乙卯
22		壬午		癸丑		辛巳		壬子		壬午		癸丑		癸未		甲寅		乙酉		乙卯		丙戌		丙辰
23		癸未		甲寅		壬午		癸丑		癸未		甲寅		甲申		乙卯		丙戌		丙辰		丁亥		丁巳
24		甲申		乙卯		癸未		甲寅		甲申		乙卯		乙酉		丙辰		丁亥		丁巳		戊子		戊午
25		乙酉		丙辰		甲申		乙卯		乙酉		丙辰		丙戌		丁巳		戊子		戊午		己丑		己未
26		丙戌		丁巳		乙酉		丙辰		丙戌		丁巳		丁亥		戊午		己丑		己未		庚寅		庚申
27		丁亥		戊午		丙戌		丁巳		丁亥		戊午		戊子		己未		庚寅		庚申		辛卯		辛酉
28		戊子		己未		丁亥		戊午		戊子		己未		己丑		庚申		辛卯		辛酉		壬辰		壬戌
29		己丑				戊子		己未		己丑		庚申		庚寅		辛酉		壬辰		壬戌		癸巳		癸亥
30		庚寅				己丑		庚申		庚寅		辛酉		辛卯		壬戌		癸巳		癸亥		甲午		甲子
31		辛卯				庚寅				辛卯				壬辰		癸亥				甲子				乙丑

1990年

【年干支】
1/1〜2/3日までに生まれた人=己巳　大運（男左・女右）
2/4〜12/31日までに生まれた人=庚午　大運（男右・女左）

生日＼年月	1月 月	1月 日	2月 月	2月 日	3月 月	3月 日	4月 月	4月 日	5月 月	5月 日	6月 月	6月 日	7月 月	7月 日	8月 月	8月 日	9月 月	9月 日	10月 月	10月 日	11月 月	11月 日	12月 月	12月 日
1		丙寅		丁酉		乙丑		丙申		丙寅		丁酉		丁卯		戊戌		己巳		己亥		庚午		庚子
2	丙子	丁卯	丁丑	戊戌		丙寅	己卯	丁酉		丁卯		戊戌		戊辰		己亥		庚午		庚子		辛未		辛丑
3		戊辰		己亥	戊寅	丁卯		戊戌	庚辰	戊辰	辛巳	己亥		己巳		庚子		辛未		辛丑		壬申		壬寅
4		己巳		**庚子**		戊辰		己亥		己巳		庚子	壬午	庚午	癸未	辛丑	甲申	壬申	乙酉	壬寅	丙戌	癸酉	丁亥	癸卯
5		**庚午**		辛丑		己巳		**庚子**		庚午		辛丑		辛未		壬寅		癸酉		癸卯		甲戌		甲辰
6		辛未		壬寅		**庚午**		辛丑		**辛未**		**壬寅**		壬申		癸卯		甲戌		甲辰		乙亥		乙巳
7		壬申		癸卯		辛未		壬寅		壬申		癸卯		**癸酉**		甲辰		乙亥		乙巳		丙子		**丙午**
8		癸酉		甲辰		壬申		癸卯		癸酉		甲辰		甲戌		**乙巳**		**丙子**		**丙午**		**丁丑**		丁未
9		甲戌		乙巳		癸酉		甲辰		甲戌		乙巳		乙亥		丙午		丁丑		丁未		戊寅		戊申
10		乙亥		丙午		甲戌		乙巳		乙亥		丙午		丙子		丁未		戊寅		戊申		己卯		己酉
11		丙子		丁未		乙亥		丙午		丙子		丁未		丁丑		戊申		己卯		己酉		庚辰		庚戌
12		丁丑		戊申		丙子		丁未		丁丑		戊申		戊寅		己酉		庚辰		庚戌		辛巳		辛亥
13		戊寅		己酉		丁丑		戊申		戊寅		己酉		己卯		庚戌		辛巳		辛亥		壬午		壬子
14		己卯		庚戌		戊寅		己酉		己卯		庚戌		庚辰		辛亥		壬午		壬子		癸未		癸丑
15		庚辰		辛亥		己卯		庚戌		庚辰		辛亥		辛巳		壬子		癸未		癸丑		甲申		甲寅
16		辛巳		壬子		庚辰		辛亥		辛巳		壬子		壬午		癸丑		甲申		甲寅		乙酉		乙卯
17		壬午		癸丑		辛巳		壬子		壬午		癸丑		癸未		甲寅		乙酉		乙卯		丙戌		丙辰
18	丁丑	癸未	戊寅	甲寅	己卯	壬午	庚辰	癸丑	辛巳	癸未	壬午	甲寅		甲申		乙卯		丙戌		丙辰		丁亥		丁巳
19		甲申		乙卯		癸未		甲寅		甲申		乙卯	癸未	乙酉	甲申	丙辰		丁亥	丙戌	丁巳	丁亥	戊子	戊子	戊午
20		乙酉		丙辰		甲申		乙卯		乙酉		丙辰		丙戌		丁巳	乙酉	戊子		戊午		己丑		己未
21		丙戌		丁巳		乙酉		丙辰		丙戌		丁巳		丁亥		戊午		己丑		己未		庚寅		庚申
22		丁亥		戊午		丙戌		丁巳		丁亥		戊午		戊子		己未		庚寅		庚申		辛卯		辛酉
23		戊子		己未		丁亥		戊午		戊子		己未		己丑		庚申		辛卯		辛酉		壬辰		壬戌
24		己丑		庚申		戊子		己未		己丑		庚申		庚寅		辛酉		壬辰		壬戌		癸巳		癸亥
25		庚寅		辛酉		己丑		庚申		庚寅		辛酉		辛卯		壬戌		癸巳		癸亥		甲午		甲子
26		辛卯		壬戌		庚寅		辛酉		辛卯		壬戌		壬辰		癸亥		甲午		甲子		乙未		乙丑
27		壬辰		癸亥		辛卯		壬戌		壬辰		癸亥		癸巳		甲子		乙未		乙丑		丙申		丙寅
28		癸巳		甲子		壬辰		癸亥		癸巳		甲子		甲午		乙丑		丙申		丙寅		丁酉		丁卯
29		甲午				癸巳		甲子		甲午		乙丑		乙未		丙寅		丁酉		丁卯		戊戌		戊辰
30		乙未				甲午		乙丑		乙未		丙寅		丙申		丁卯		戊戌		戊辰		己亥		己巳
31		丙申				乙未				丙申				丁酉		戊辰				己巳				庚午

1991年

【年干支】
1／1～2／3日までに生まれた人＝庚午　大運（男右・女左）
2／4～12／31日までに生まれた人＝辛未　大運（男左・女右）

生日＼年月	1月		2月		3月		4月		5月		6月		7月		8月		9月		10月		11月		12月	
	月	日	月	日	月	日	月	日	月	日	月	日	月	日	月	日	月	日	月	日	月	日	月	日
1	戊子	辛未	己丑	壬寅	庚寅	庚午	辛卯	辛丑	壬辰	辛未	癸巳	壬寅	甲午	壬申	乙未	癸卯	丙申	甲戌	丁酉	甲辰	戊戌	乙亥	己亥	乙巳
2		壬申		癸卯		辛未		壬寅		壬申		癸卯		癸酉		甲辰		乙亥		乙巳		丙子		丙午
3		癸酉		甲辰		壬申		癸卯		癸酉		甲辰		甲戌		乙巳		丙子		丙午		丁丑		丁未
4		甲戌	庚寅	**乙巳**		癸酉		甲辰		甲戌		乙巳		乙亥		丙午		丁丑		丁未		戊寅		戊申
5		乙亥		丙午		甲戌	壬辰	**乙巳**		乙亥		丙午		丙子		丁未		戊寅		戊申		己卯		己酉
6	己丑	**丙子**		丁未	辛卯	**乙亥**		丙午	癸巳	**丙子**	甲午	**丁未**		丁丑		戊申		己卯		己酉		庚辰		庚戌
7		丁丑		戊申		丙子		丁未		丁丑		戊申	乙未	**戊寅**		己酉		庚辰		庚戌		辛巳	庚子	**辛亥**
8		戊寅		己酉		丁丑		戊申		戊寅		己酉		己卯	丙申	**庚戌**	丁酉	**辛巳**		辛亥	己亥	**壬午**		壬子
9		己卯		庚戌		戊寅		己酉		己卯		庚戌		庚辰		辛亥		壬午	戊戌	**壬子**		癸未		癸丑
10		庚辰		辛亥		己卯		庚戌		庚辰		辛亥		辛巳		壬子		癸未		癸丑		甲申		甲寅
11		辛巳		壬子		庚辰		辛亥		辛巳		壬子		壬午		癸丑		甲申		甲寅		乙酉		乙卯
12		壬午		癸丑		辛巳		壬子		壬午		癸丑		癸未		甲寅		乙酉		乙卯		丙戌		丙辰
13		癸未		甲寅		壬午		癸丑		癸未		甲寅		甲申		乙卯		丙戌		丙辰		丁亥		丁巳
14		甲申		乙卯		癸未		甲寅		甲申		乙卯		乙酉		丙辰		丁亥		丁巳		戊子		戊午
15		乙酉		丙辰		甲申		乙卯		乙酉		丙辰		丙戌		丁巳		戊子		戊午		己丑		己未
16		丙戌		丁巳		乙酉		丙辰		丙戌		丁巳		丁亥		戊午		己丑		己未		庚寅		庚申
17		丁亥		戊午		丙戌		丁巳		丁亥		戊午		戊子		己未		庚寅		庚申		辛卯		辛酉
18		戊子		己未		丁亥		戊午		戊子		己未		己丑		庚申		辛卯		辛酉		壬辰		壬戌
19		己丑		庚申		戊子		己未		己丑		庚申		庚寅		辛酉		壬辰		壬戌		癸巳		癸亥
20		庚寅		辛酉		己丑		庚申		庚寅		辛酉		辛卯		壬戌		癸巳		癸亥		甲午		甲子
21		辛卯		壬戌		庚寅		辛酉		辛卯		壬戌		壬辰		癸亥		甲午		甲子		乙未		乙丑
22		壬辰		癸亥		辛卯		壬戌		壬辰		癸亥		癸巳		甲子		乙未		乙丑		丙申		丙寅
23		癸巳		甲子		壬辰		癸亥		癸巳		甲子		甲午		乙丑		丙申		丙寅		丁酉		丁卯
24		甲午		乙丑		癸巳		甲子		甲午		乙丑		乙未		丙寅		丁酉		丁卯		戊戌		戊辰
25		乙未		丙寅		甲午		乙丑		乙未		丙寅		丙申		丁卯		戊戌		戊辰		己亥		己巳
26		丙申		丁卯		乙未		丙寅		丙申		丁卯		丁酉		戊辰		己亥		己巳		庚子		庚午
27		丁酉		戊辰		丙申		丁卯		丁酉		戊辰		戊戌		己巳		庚子		庚午		辛丑		辛未
28		戊戌		己巳		丁酉		戊辰		戊戌		己巳		己亥		庚午		辛丑		辛未		壬寅		壬申
29		己亥				戊戌		己巳		己亥		庚午		庚子		辛未		壬寅		壬申		癸卯		癸酉
30		庚子				己亥		庚午		庚子		辛未		辛丑		壬申		癸卯		癸酉		甲辰		甲戌
31		辛丑				庚子				辛丑				壬寅		癸酉				甲戌				乙亥

1992年

【年干支】
1/1〜2/3日までに生まれた人=辛未　大運（男左・女右）
2/4〜12/31日までに生まれた人=壬申★　大運（男右・女左）

生日＼年月	1月		2月		3月		4月		5月		6月		7月		8月		9月		10月		11月		12月	
	月	日	月	日	月	日	月	日	月	日	月	日	月	日	月	日	月	日	月	日	月	日	月	日
1	庚子	丙子	辛丑	丁未	壬寅	丙子	癸卯	丁未	甲辰	丁丑	乙巳	戊申	丙午	戊寅	丁未	己酉	戊申	庚辰	己酉	庚戌	庚戌	辛巳	辛亥	辛亥
2		丁丑		戊申		丁丑		戊申		戊寅		己酉		己卯		庚戌		辛巳		辛亥		壬午		壬子
3		戊寅		己酉		戊寅		己酉		己卯		庚戌		庚辰		辛亥		壬午		壬子		癸未		癸丑
4		己卯	壬寅	庚戌		己卯	甲辰	庚戌		庚辰		辛亥		辛巳		壬子		癸未		癸丑		甲申		甲寅
5		庚辰		辛亥	癸卯	庚辰		辛亥	乙巳	辛巳	丙午	壬子		壬午		癸丑		甲申		甲寅		乙酉		乙卯
6	辛丑	辛巳		壬子		辛巳		壬子		壬午		癸丑		癸未		甲寅		乙酉		乙卯		丙戌		丙辰
7		壬午		癸丑		壬午		癸丑		癸未		甲寅	丁未	甲申	戊申	乙卯	己酉	丙戌		丙辰	辛亥	丁亥	壬子	丁巳
8		癸未		甲寅		癸未		甲寅		甲申		乙卯		乙酉		丙辰		丁亥	庚戌	丁巳		戊子		戊午
9		甲申		乙卯		甲申		乙卯		乙酉		丙辰		丙戌		丁巳		戊子		戊午		己丑		己未
10		乙酉		丙辰		乙酉		丙辰		丙戌		丁巳		丁亥		戊午		己丑		己未		庚寅		庚申
11		丙戌		丁巳		丙戌		丁巳		丁亥		戊午		戊子		己未		庚寅		庚申		辛卯		辛酉
12		丁亥		戊午		丁亥		戊午		戊子		己未		己丑		庚申		辛卯		辛酉		壬辰		壬戌
13		戊子		己未		戊子		己未		己丑		庚申		庚寅		辛酉		壬辰		壬戌		癸巳		癸亥
14		己丑		庚申		己丑		庚申		庚寅		辛酉		辛卯		壬戌		癸巳		癸亥		甲午		甲子
15		庚寅		辛酉		庚寅		辛酉		辛卯		壬戌		壬辰		癸亥		甲午		甲子		乙未		乙丑
16		辛卯		壬戌		辛卯		壬戌		壬辰		癸亥		癸巳		甲子		乙未		乙丑		丙申		丙寅
17		壬辰		癸亥		壬辰		癸亥		癸巳		甲子		甲午		乙丑		丙申		丙寅		丁酉		丁卯
18		癸巳		甲子		癸巳		甲子		甲午		乙丑		乙未		丙寅		丁酉		丁卯		戊戌		戊辰
19		甲午		乙丑		甲午		乙丑		乙未		丙寅		丙申		丁卯		戊戌		戊辰		己亥		己巳
20		乙未		丙寅		乙未		丙寅		丙申		丁卯		丁酉		戊辰		己亥		己巳		庚子		庚午
21		丙申		丁卯		丙申		丁卯		丁酉		戊辰		戊戌		己巳		庚子		庚午		辛丑		辛未
22		丁酉		戊辰		丁酉		戊辰		戊戌		己巳		己亥		庚午		辛丑		辛未		壬寅		壬申
23		戊戌		己巳		戊戌		己巳		己亥		庚午		庚子		辛未		壬寅		壬申		癸卯		癸酉
24		己亥		庚午		己亥		庚午		庚子		辛未		辛丑		壬申		癸卯		癸酉		甲辰		甲戌
25		庚子		辛未		庚子		辛未		辛丑		壬申		壬寅		癸酉		甲辰		甲戌		乙巳		乙亥
26		辛丑		壬申		辛丑		壬申		壬寅		癸酉		癸卯		甲戌		乙巳		乙亥		丙午		丙子
27		壬寅		癸酉		壬寅		癸酉		癸卯		甲戌		甲辰		乙亥		丙午		丙子		丁未		丁丑
28		癸卯		甲戌		癸卯		甲戌		甲辰		乙亥		乙巳		丙子		丁未		丁丑		戊申		戊寅
29		甲辰		乙亥		甲辰		乙亥		乙巳		丙子		丙午		丁丑		戊申		戊寅		己酉		己卯
30		乙巳				乙巳		丙子		丙午		丁丑		丁未		戊寅		己酉		己卯		庚戌		庚辰
31		丙午				丙午				丁未				戊申		己卯				庚辰				辛巳

1993年

【年干支】
1／1～2／3日までに生まれた人＝壬申　大運（男右・女左）
2／4～12／31日までに生まれた人＝癸酉　大運（男左・女右）

生日＼年月	1月		2月		3月		4月		5月		6月		7月		8月		9月		10月		11月		12月	
	月	日	月	日	月	日	月	日	月	日	月	日	月	日	月	日	月	日	月	日	月	日	月	日
1	壬子	壬午	癸丑	癸丑	甲寅	辛巳	乙卯	壬子	丙辰	壬午	丁巳	癸丑	戊午	癸未	己未	甲寅	庚申	乙酉	辛酉	乙卯	壬戌	丙戌	癸亥	丙辰
2		癸未		甲寅		壬午		癸丑		癸未		甲寅		甲申		乙卯		丙戌		丙辰		丁亥		丁巳
3		甲申		乙卯		癸未		甲寅		甲申		乙卯		乙酉		丙辰		丁亥		丁巳		戊子		戊午
4		乙酉	甲寅	丙辰		甲申		乙卯		乙酉		丙辰		丙戌		丁巳		戊子		戊午		己丑		己未
5	癸丑	丙戌		丁巳	乙卯	乙酉	丙辰	丙辰	丁巳	丙戌		丁巳		丁亥		戊午		己丑		己未		庚寅		庚申
6		丁亥		戊午		丙戌		丁巳		丁亥	戊午	戊午		戊子		己未		庚寅		庚申		辛卯		辛酉
7		戊子		己未		丁亥		戊午		戊子		己未	己未	己丑	庚申	庚申		辛卯		辛酉	癸亥	壬辰	甲子	壬戌
8		己丑		庚申		戊子		己未		己丑		庚申		庚寅		辛酉	辛酉	壬辰	壬戌	壬戌		癸巳		癸亥
9		庚寅		辛酉		己丑		庚申		庚寅		辛酉		辛卯		壬戌		癸巳		癸亥		甲午		甲子
10		辛卯		壬戌		庚寅		辛酉		辛卯		壬戌		壬辰		癸亥		甲午		甲子		乙未		乙丑
11		壬辰		癸亥		辛卯		壬戌		壬辰		癸亥		癸巳		甲子		乙未		乙丑		丙申		丙寅
12		癸巳		甲子		壬辰		癸亥		癸巳		甲子		甲午		乙丑		丙申		丙寅		丁酉		丁卯
13		甲午		乙丑		癸巳		甲子		甲午		乙丑		乙未		丙寅		丁酉		丁卯		戊戌		戊辰
14		乙未		丙寅		甲午		乙丑		乙未		丙寅		丙申		丁卯		戊戌		戊辰		己亥		己巳
15		丙申		丁卯		乙未		丙寅		丙申		丁卯		丁酉		戊辰		己亥		己巳		庚子		庚午
16		丁酉		戊辰		丙申		丁卯		丁酉		戊辰		戊戌		己巳		庚子		庚午		辛丑		辛未
17		戊戌		己巳		丁酉		戊辰		戊戌		己巳		己亥		庚午		辛丑		辛未		壬寅		壬申
18		己亥		庚午		戊戌		己巳		己亥		庚午		庚子		辛未		壬寅		壬申		癸卯		癸酉
19		庚子		辛未		己亥		庚午		庚子		辛未		辛丑		壬申		癸卯		癸酉		甲辰		甲戌
20		辛丑		壬申		庚子		辛未		辛丑		壬申		壬寅		癸酉		甲辰		甲戌		乙巳		乙亥
21		壬寅		癸酉		辛丑		壬申		壬寅		癸酉		癸卯		甲戌		乙巳		乙亥		丙午		丙子
22		癸卯		甲戌		壬寅		癸酉		癸卯		甲戌		甲辰		乙亥		丙午		丙子		丁未		丁丑
23		甲辰		乙亥		癸卯		甲戌		甲辰		乙亥		乙巳		丙子		丁未		丁丑		戊申		戊寅
24		乙巳		丙子		甲辰		乙亥		乙巳		丙子		丙午		丁丑		戊申		戊寅		己酉		己卯
25		丙午		丁丑		乙巳		丙子		丙午		丁丑		丁未		戊寅		己酉		己卯		庚戌		庚辰
26		丁未		戊寅		丙午		丁丑		丁未		戊寅		戊申		己卯		庚戌		庚辰		辛亥		辛巳
27		戊申		己卯		丁未		戊寅		戊申		己卯		己酉		庚辰		辛亥		辛巳		壬子		壬午
28		己酉		庚辰		戊申		己卯		己酉		庚辰		庚戌		辛巳		壬子		壬午		癸丑		癸未
29		庚戌				己酉		庚辰		庚戌		辛巳		辛亥		壬午		癸丑		癸未		甲寅		甲申
30		辛亥				庚戌		辛巳		辛亥		壬午		壬子		癸未		甲寅		甲申		乙卯		乙酉
31		壬子				辛亥				壬子				癸丑		甲申				乙酉				丙戌

1994年

【年干支】
1/1〜2/3日までに生まれた人＝癸酉　大運（男左・女右）
2/4〜12/31日までに生まれた人＝甲戌　大運（男右・女左）

年月/生日	1月		2月		3月		4月		5月		6月		7月		8月		9月		10月		11月		12月	
	月	日	月	日	月	日	月	日	月	日	月	日	月	日	月	日	月	日	月	日	月	日	月	日
1	甲子	丁亥	乙丑	戊午	丙寅	丙戌	丁卯	丁巳	戊辰	丁亥	己巳	戊午	庚午	戊子	辛未	己未	壬申	庚寅	癸酉	庚申	甲戌	辛卯	乙亥	辛酉
2		戊子		己未		丁亥		戊午		戊子		己未		己丑		庚申		辛卯		辛酉		壬辰		壬戌
3		己丑		庚申		戊子		己未		己丑		庚申		庚寅		辛酉		壬辰		壬戌		癸巳		癸亥
4		庚寅	丙寅	辛酉		己丑		庚申		庚寅		辛酉		辛卯		壬戌		癸巳		癸亥		甲午		甲子
5	乙丑	辛卯		壬戌		庚寅	戊辰	辛酉		辛卯		壬戌		壬辰		癸亥		甲午		甲子		乙未		乙丑
6		壬辰		癸亥	丁卯	辛卯		壬戌	己巳	壬辰	庚午	癸亥		癸巳		甲子		乙未		乙丑		丙申		丙寅
7		癸巳		甲子		壬辰		癸亥		癸巳		甲子	辛未	甲午		乙丑		丙申		丙寅		丁酉	丙子	丁卯
8		甲午		乙丑		癸巳		甲子		甲午		乙丑		乙未	壬申	丙寅	癸酉	丁酉	甲戌	丁卯	乙亥	戊戌		戊辰
9		乙未		丙寅		甲午		乙丑		乙未		丙寅		丙申		丁卯		戊戌		戊辰		己亥		己巳
10		丙申		丁卯		乙未		丙寅		丙申		丁卯		丁酉		戊辰		己亥		己巳		庚子		庚午
11		丁酉		戊辰		丙申		丁卯		丁酉		戊辰		戊戌		己巳		庚子		庚午		辛丑		辛未
12		戊戌		己巳		丁酉		戊辰		戊戌		己巳		己亥		庚午		辛丑		辛未		壬寅		壬申
13		己亥		庚午		戊戌		己巳		己亥		庚午		庚子		辛未		壬寅		壬申		癸卯		癸酉
14		庚子		辛未		己亥		庚午		庚子		辛未		辛丑		壬申		癸卯		癸酉		甲辰		甲戌
15		辛丑		壬申		庚子		辛未		辛丑		壬申		壬寅		癸酉		甲辰		甲戌		乙巳		乙亥
16		壬寅		癸酉		辛丑		壬申		壬寅		癸酉		癸卯		甲戌		乙巳		乙亥		丙午		丙子
17		癸卯		甲戌		壬寅		癸酉		癸卯		甲戌		甲辰		乙亥		丙午		丙子		丁未		丁丑
18		甲辰		乙亥		癸卯		甲戌		甲辰		乙亥		乙巳		丙子		丁未		丁丑		戊申		戊寅
19		乙巳		丙子		甲辰		乙亥		乙巳		丙子		丙午		丁丑		戊申		戊寅		己酉		己卯
20		丙午		丁丑		乙巳		丙子		丙午		丁丑		丁未		戊寅		己酉		己卯		庚戌		庚辰
21		丁未		戊寅		丙午		丁丑		丁未		戊寅		戊申		己卯		庚戌		庚辰		辛亥		辛巳
22		戊申		己卯		丁未		戊寅		戊申		己卯		己酉		庚辰		辛亥		辛巳		壬子		壬午
23		己酉		庚辰		戊申		己卯		己酉		庚辰		庚戌		辛巳		壬子		壬午		癸丑		癸未
24		庚戌		辛巳		己酉		庚辰		庚戌		辛巳		辛亥		壬午		癸丑		癸未		甲寅		甲申
25		辛亥		壬午		庚戌		辛巳		辛亥		壬午		壬子		癸未		甲寅		甲申		乙卯		乙酉
26		壬子		癸未		辛亥		壬午		壬子		癸未		癸丑		甲申		乙卯		乙酉		丙辰		丙戌
27		癸丑		甲申		壬子		癸未		癸丑		甲申		甲寅		乙酉		丙辰		丙戌		丁巳		丁亥
28		甲寅		乙酉		癸丑		甲申		甲寅		乙酉		乙卯		丙戌		丁巳		丁亥		戊午		戊子
29		乙卯				甲寅		乙酉		乙卯		丙戌		丙辰		丁亥		戊午		戊子		己未		己丑
30		丙辰				乙卯		丙戌		丙辰		丁亥		丁巳		戊子		己未		己丑		庚申		庚寅
31		丁巳				丙辰				丁巳				戊午		己丑				庚寅				辛卯

1995年

【年干支】
1/1〜2/3日までに生まれた人=甲戌　大運（男右・女左）
2/4〜12/31日までに生まれた人=乙亥　大運（男左・女右）

年月／生日	1月		2月		3月		4月		5月		6月		7月		8月		9月		10月		11月		12月	
	月	日	月	日	月	日	月	日	月	日	月	日	月	日	月	日	月	日	月	日	月	日	月	日
1		壬辰		癸亥		辛卯		壬戌		壬辰		癸亥		癸巳		甲子		乙未		乙丑		丙申		丙寅
2		癸巳	丁丑	甲子		壬辰		癸亥		癸巳		甲子		甲午		乙丑		丙申		丙寅		丁酉		丁卯
3	丙子	甲午		乙丑	戊寅	癸巳	己卯	甲子	庚辰	甲午	辛巳	乙丑		乙未		丙寅		丁酉		丁卯		戊戌		戊辰
4		乙未		丙寅		甲午		乙丑		乙未		丙寅	壬午	丙申	癸未	丁卯	甲申	戊戌		戊辰	丙戌	己亥	丁亥	己巳
5		丙申		丁卯		乙未		丙寅		丙申		丁卯		丁酉		戊辰		己亥	乙酉	己巳		庚子		庚午
6		丁酉		戊辰		丙申		丁卯		丁酉		戊辰		戊戌		己巳		庚子		庚午		辛丑		辛未
7		戊戌		己巳		丁酉		戊辰		戊戌		己巳		己亥		庚午		辛丑		辛未		壬寅		壬申
8		己亥		庚午		戊戌		己巳		己亥		庚午		庚子		辛未		壬寅		壬申		癸卯		癸酉
9		庚子		辛未		己亥		庚午		庚子		辛未		辛丑		壬申		癸卯		癸酉		甲辰		甲戌
10		辛丑		壬申		庚子		辛未		辛丑		壬申		壬寅		癸酉		甲辰		甲戌		乙巳		乙亥
11		壬寅		癸酉		辛丑		壬申		壬寅		癸酉		癸卯		甲戌		乙巳		乙亥		丙午		丙子
12		癸卯		甲戌		壬寅		癸酉		癸卯		甲戌		甲辰		乙亥		丙午		丙子		丁未		丁丑
13		甲辰		乙亥		癸卯		甲戌		甲辰		乙亥		乙巳		丙子		丁未		丁丑		戊申		戊寅
14		乙巳		丙子		甲辰		乙亥		乙巳		丙子		丙午		丁丑		戊申		戊寅		己酉		己卯
15		丙午		丁丑		乙巳		丙子		丙午		丁丑		丁未		戊寅		己酉		己卯		庚戌		庚辰
16		丁未		戊寅		丙午		丁丑		丁未		戊寅		戊申		己卯		庚戌		庚辰		辛亥		辛巳
17		戊申	戊寅	己卯		丁未		戊寅		戊申		己卯		己酉		庚辰		辛亥		辛巳		壬子		壬午
18	丁丑	己酉		庚辰	己卯	戊申	庚辰	己卯	辛巳	己酉	壬午	庚辰		庚戌		辛巳		壬子		壬午		癸丑		癸未
19		庚戌		辛巳		己酉		庚辰		庚戌		辛巳	癸未	辛亥	甲申	壬午		癸丑		癸未		甲寅	戊子	甲申
20		辛亥		壬午		庚戌		辛巳		辛亥		壬午		壬子		癸未	乙酉	甲寅	丙戌	甲申	丁亥	乙卯		乙酉
21		壬子		癸未		辛亥		壬午		壬子		癸未		癸丑		甲申		乙卯		乙酉		丙辰		丙戌
22		癸丑		甲申		壬子		癸未		癸丑		甲申		甲寅		乙酉		丙辰		丙戌		丁巳		丁亥
23		甲寅		乙酉		癸丑		甲申		甲寅		乙酉		乙卯		丙戌		丁巳		丁亥		戊午		戊子
24		乙卯		丙戌		甲寅		乙酉		乙卯		丙戌		丙辰		丁亥		戊午		戊子		己未		己丑
25		丙辰		丁亥		乙卯		丙戌		丙辰		丁亥		丁巳		戊子		己未		己丑		庚申		庚寅
26		丁巳		戊子		丙辰		丁亥		丁巳		戊子		戊午		己丑		庚申		庚寅		辛酉		辛卯
27		戊午		己丑		丁巳		戊子		戊午		己丑		己未		庚寅		辛酉		辛卯		壬戌		壬辰
28		己未		庚寅		戊午		己丑		己未		庚寅		庚申		辛卯		壬戌		壬辰		癸亥		癸巳
29		庚申				己未		庚寅		庚申		辛卯		辛酉		壬辰		癸亥		癸巳		甲子		甲午
30		辛酉				庚申		辛卯		辛酉		壬辰		壬戌		癸巳		甲子		甲午		乙丑		乙未
31		壬戌				辛酉				壬戌				癸亥		甲午				乙未				丙申

1996年

【年干支】
1/1〜2/3日までに生まれた人=乙亥　大運（男左・女右）
2/4〜12/31日までに生まれた人=丙子★　大運（男右・女左）

生日＼年月	1月		2月		3月		4月		5月		6月		7月		8月		9月		10月		11月		12月	
	月	日	月	日	月	日	月	日	月	日	月	日	月	日	月	日	月	日	月	日	月	日	月	日
1	戊子	丁酉	己丑	戊辰	庚寅	丁酉	辛卯	戊辰	壬辰	戊戌	癸巳	己巳	甲午	己亥	乙未	庚午	丙申	辛丑	丁酉	辛未	戊戌	壬寅	己亥	壬申
2		戊戌		己巳		戊戌		己巳		己亥		庚午		庚子		辛未		壬寅		壬申		癸卯		癸酉
3		己亥		庚午		己亥		庚午		庚子		辛未		辛丑		壬申		癸卯		癸酉		甲辰		甲戌
4		庚子	庚寅	**辛未**		庚子	壬辰	**辛未**		辛丑		壬申		壬寅		癸酉		甲辰		甲戌		乙巳		乙亥
5		辛丑		壬申	辛卯	**辛丑**		壬申	癸巳	**壬寅**	甲午	**癸酉**		癸卯		甲戌		乙巳		乙亥		丙午		丙子
6	己丑	**壬寅**		癸酉		壬寅		癸酉		癸卯		甲戌		甲辰		乙亥		丙午		丙子		丁未		丁丑
7		癸卯		甲戌		癸卯		甲戌		甲辰		乙亥	乙未	**乙巳**	丙申	**丙子**	丁酉	**丁未**		丁丑	己亥	**戊申**	庚子	**戊寅**
8		甲辰		乙亥		甲辰		乙亥		乙巳		丙子		丙午		丁丑		戊申	戊戌	**戊寅**		己酉		己卯
9		乙巳		丙子		乙巳		丙子		丙午		丁丑		丁未		戊寅		己酉		己卯		庚戌		庚辰
10		丙午		丁丑		丙午		丁丑		丁未		戊寅		戊申		己卯		庚戌		庚辰		辛亥		辛巳
11		丁未		戊寅		丁未		戊寅		戊申		己卯		己酉		庚辰		辛亥		辛巳		壬子		壬午
12		戊申		己卯		戊申		己卯		己酉		庚辰		庚戌		辛巳		壬子		壬午		癸丑		癸未
13		己酉		庚辰		己酉		庚辰		庚戌		辛巳		辛亥		壬午		癸丑		癸未		甲寅		甲申
14		庚戌		辛巳		庚戌		辛巳		辛亥		壬午		壬子		癸未		甲寅		甲申		乙卯		乙酉
15		辛亥		壬午		辛亥		壬午		壬子		癸未		癸丑		甲申		乙卯		乙酉		丙辰		丙戌
16		壬子		癸未		壬子		癸未		癸丑		甲申		甲寅		乙酉		丙辰		丙戌		丁巳		丁亥
17		癸丑		甲申		癸丑		甲申		甲寅		乙酉		乙卯		丙戌		丁巳		丁亥		戊午		戊子
18		甲寅		乙酉		甲寅		乙酉		乙卯		丙戌		丙辰		丁亥		戊午		戊子		己未		己丑
19		乙卯		丙戌		乙卯		丙戌		丙辰		丁亥		丁巳		戊子		己未		己丑		庚申		庚寅
20		丙辰		丁亥		丙辰		丁亥		丁巳		戊子		戊午		己丑		庚申		庚寅		辛酉		辛卯
21		丁巳		戊子		丁巳		戊子		戊午		己丑		己未		庚寅		辛酉		辛卯		壬戌		壬辰
22		戊午		己丑		戊午		己丑		己未		庚寅		庚申		辛卯		壬戌		壬辰		癸亥		癸巳
23		己未		庚寅		己未		庚寅		庚申		辛卯		辛酉		壬辰		癸亥		癸巳		甲子		甲午
24		庚申		辛卯		庚申		辛卯		辛酉		壬辰		壬戌		癸巳		甲子		甲午		乙丑		乙未
25		辛酉		壬辰		辛酉		壬辰		壬戌		癸巳		癸亥		甲午		乙丑		乙未		丙寅		丙申
26		壬戌		癸巳		壬戌		癸巳		癸亥		甲午		甲子		乙未		丙寅		丙申		丁卯		丁酉
27		癸亥		甲午		癸亥		甲午		甲子		乙未		乙丑		丙申		丁卯		丁酉		戊辰		戊戌
28		甲子		乙未		甲子		乙未		乙丑		丙申		丙寅		丁酉		戊辰		戊戌		己巳		己亥
29		乙丑		丙申		乙丑		丙申		丙寅		丁酉		丁卯		戊戌		己巳		己亥		庚午		庚子
30		丙寅				丙寅		丁酉		丁卯		戊戌		戊辰		己亥		庚午		庚子		辛未		辛丑
31		丁卯				丁卯				戊辰				己巳		庚子				辛丑				壬寅

1997年

【年干支】
1/1～2/3日までに生まれた人=丙子　大運（男右・女左）
2/4～12/31日までに生まれた人=丁丑　大運（男左・女右）

年月	1月		2月		3月		4月		5月		6月		7月		8月		9月		10月		11月		12月	
生日	月	日	月	日	月	日	月	日	月	日	月	日	月	日	月	日	月	日	月	日	月	日	月	日
1	庚子	癸卯	辛丑	甲戌	壬寅	壬寅	癸卯	癸酉	甲辰	癸卯	乙巳	甲戌	丙午	甲辰	丁未	乙亥	戊申	丙午	己酉	丙子	庚戌	丁未	辛亥	丁丑
2		甲辰		乙亥		癸卯		甲戌		甲辰		乙亥		乙巳		丙子		丁未		丁丑		戊申		戊寅
3		乙巳		丙子		甲辰		乙亥		乙巳		丙子		丙午		丁丑		戊申		戊寅		己酉		己卯
4		丙午	壬寅	**丁丑**		乙巳		丙子		丙午		丁丑		丁未		戊寅		己酉		己卯		庚戌		庚辰
5	辛丑	**丁未**		戊寅	癸卯	**丙午**	甲辰	**丁丑**	乙巳	**丁未**		戊寅		戊申		己卯		庚戌		庚辰		辛亥		辛巳
6		戊申		己卯		丁未		戊寅		戊申	丙午	**己卯**		己酉		庚辰		辛亥		辛巳		壬子		壬午
7		己酉		庚辰		戊申		己卯		己酉		庚辰	丁未	**庚戌**	戊申	**辛巳**	己酉	**壬子**		壬午	辛亥	**癸丑**	壬子	**癸未**
8		庚戌		辛巳		己酉		庚辰		庚戌		辛巳		辛亥		壬午		癸丑	庚戌	**癸未**		甲寅		甲申
9		辛亥		壬午		庚戌		辛巳		辛亥		壬午		壬子		癸未		甲寅		甲申		乙卯		乙酉
10		壬子		癸未		辛亥		壬午		壬子		癸未		癸丑		甲申		乙卯		乙酉		丙辰		丙戌
11		癸丑		甲申		壬子		癸未		癸丑		甲申		甲寅		乙酉		丙辰		丙戌		丁巳		丁亥
12		甲寅		乙酉		癸丑		甲申		甲寅		乙酉		乙卯		丙戌		丁巳		丁亥		戊午		戊子
13		乙卯		丙戌		甲寅		乙酉		乙卯		丙戌		丙辰		丁亥		戊午		戊子		己未		己丑
14		丙辰		丁亥		乙卯		丙戌		丙辰		丁亥		丁巳		戊子		己未		己丑		庚申		庚寅
15		丁巳		戊子		丙辰		丁亥		丁巳		戊子		戊午		己丑		庚申		庚寅		辛酉		辛卯
16		戊午		己丑		丁巳		戊子		戊午		己丑		己未		庚寅		辛酉		辛卯		壬戌		壬辰
17		己未		庚寅		戊午		己丑		己未		庚寅		庚申		辛卯		壬戌		壬辰		癸亥		癸巳
18		庚申		辛卯		己未		庚寅		庚申		辛卯		辛酉		壬辰		癸亥		癸巳		甲子		甲午
19		辛酉		壬辰		庚申		辛卯		辛酉		壬辰		壬戌		癸巳		甲子		甲午		乙丑		乙未
20		壬戌		癸巳		辛酉		壬辰		壬戌		癸巳		癸亥		甲午		乙丑		乙未		丙寅		丙申
21		癸亥		甲午		壬戌		癸巳		癸亥		甲午		甲子		乙未		丙寅		丙申		丁卯		丁酉
22		甲子		乙未		癸亥		甲午		甲子		乙未		乙丑		丙申		丁卯		丁酉		戊辰		戊戌
23		乙丑		丙申		甲子		乙未		乙丑		丙申		丙寅		丁酉		戊辰		戊戌		己巳		己亥
24		丙寅		丁酉		乙丑		丙申		丙寅		丁酉		丁卯		戊戌		己巳		己亥		庚午		庚子
25		丁卯		戊戌		丙寅		丁酉		丁卯		戊戌		戊辰		己亥		庚午		庚子		辛未		辛丑
26		戊辰		己亥		丁卯		戊戌		戊辰		己亥		己巳		庚子		辛未		辛丑		壬申		壬寅
27		己巳		庚子		戊辰		己亥		己巳		庚子		庚午		辛丑		壬申		壬寅		癸酉		癸卯
28		庚午		辛丑		己巳		庚子		庚午		辛丑		辛未		壬寅		癸酉		癸卯		甲戌		甲辰
29		辛未				庚午		辛丑		辛未		壬寅		壬申		癸卯		甲戌		甲辰		乙亥		乙巳
30		壬申				辛未		壬寅		壬申		癸卯		癸酉		甲辰		乙亥		乙巳		丙子		丙午
31		癸酉				壬申				癸酉				甲戌		乙巳				丙午				丁未

1998年

【年干支】
1/1〜2/3日までに生まれた人=丁丑　大運（男左・女右）
2/4〜12/31日までに生まれた人=戊寅　大運（男右・女左）

年月 / 生日	1月		2月		3月		4月		5月		6月		7月		8月		9月		10月		11月		12月	
	月	日	月	日	月	日	月	日	月	日	月	日	月	日	月	日	月	日	月	日	月	日	月	日
1	壬子	戊申	癸丑	己卯	甲寅	丁未	乙卯	戊寅	丙辰	戊申	丁巳	己卯	戊午	己酉	己未	庚辰	庚申	辛亥	辛酉	辛巳	壬戌	壬子	癸亥	壬午
2		己酉		庚辰		戊申		己卯		己酉		庚辰		庚戌		辛巳		壬子		壬午		癸丑		癸未
3		庚戌		辛巳		己酉		庚辰		庚戌		辛巳		辛亥		壬午		癸丑		癸未		甲寅		甲申
4		辛亥	甲寅	**壬午**		庚戌		辛巳		辛亥		壬午		壬子		癸未		甲寅		甲申		乙卯		乙酉
5	癸丑	**壬子**		癸未		辛亥	丙辰	**壬午**		壬子		癸未		癸丑		甲申		乙卯		乙酉		丙辰		丙戌
6		癸丑		甲申	乙卯	**壬子**		癸未	丁巳	**癸丑**	戊午	**甲申**		甲寅		乙酉		丙辰		丙戌		丁巳		丁亥
7		甲寅		乙酉		癸丑		甲申		甲寅		乙酉	己未	**乙卯**		丙戌		丁巳		丁亥		戊午	甲子	**戊子**
8		乙卯		丙戌		甲寅		乙酉		乙卯		丙戌		丙辰	庚申	**丁亥**	辛酉	**戊午**	壬戌	**戊子**	癸亥	**己未**		己丑
9		丙辰		丁亥		乙卯		丙戌		丙辰		丁亥		丁巳		戊子		己未		己丑		庚申		庚寅
10		丁巳		戊子		丙辰		丁亥		丁巳		戊子		戊午		己丑		庚申		庚寅		辛酉		辛卯
11		戊午		己丑		丁巳		戊子		戊午		己丑		己未		庚寅		辛酉		辛卯		壬戌		壬辰
12		己未		庚寅		戊午		己丑		己未		庚寅		庚申		辛卯		壬戌		壬辰		癸亥		癸巳
13		庚申		辛卯		己未		庚寅		庚申		辛卯		辛酉		壬辰		癸亥		癸巳		甲子		甲午
14		辛酉		壬辰		庚申		辛卯		辛酉		壬辰		壬戌		癸巳		甲子		甲午		乙丑		乙未
15		壬戌		癸巳		辛酉		壬辰		壬戌		癸巳		癸亥		甲午		乙丑		乙未		丙寅		丙申
16		癸亥		甲午		壬戌		癸巳		癸亥		甲午		甲子		乙未		丙寅		丙申		丁卯		丁酉
17		甲子		乙未		癸亥		甲午		甲子		乙未		乙丑		丙申		丁卯		丁酉		戊辰		戊戌
18		乙丑		丙申		甲子		乙未		乙丑		丙申		丙寅		丁酉		戊辰		戊戌		己巳		己亥
19		丙寅		丁酉		乙丑		丙申		丙寅		丁酉		丁卯		戊戌		己巳		己亥		庚午		庚子
20		丁卯		戊戌		丙寅		丁酉		丁卯		戊戌		戊辰		己亥		庚午		庚子		辛未		辛丑
21		戊辰		己亥		丁卯		戊戌		戊辰		己亥		己巳		庚子		辛未		辛丑		壬申		壬寅
22		己巳		庚子		戊辰		己亥		己巳		庚子		庚午		辛丑		壬申		壬寅		癸酉		癸卯
23		庚午		辛丑		己巳		庚子		庚午		辛丑		辛未		壬寅		癸酉		癸卯		甲戌		甲辰
24		辛未		壬寅		庚午		辛丑		辛未		壬寅		壬申		癸卯		甲戌		甲辰		乙亥		乙巳
25		壬申		癸卯		辛未		壬寅		壬申		癸卯		癸酉		甲辰		乙亥		乙巳		丙子		丙午
26		癸酉		甲辰		壬申		癸卯		癸酉		甲辰		甲戌		乙巳		丙子		丙午		丁丑		丁未
27		甲戌		乙巳		癸酉		甲辰		甲戌		乙巳		乙亥		丙午		丁丑		丁未		戊寅		戊申
28		乙亥		丙午		甲戌		乙巳		乙亥		丙午		丙子		丁未		戊寅		戊申		己卯		己酉
29		丙子				乙亥		丙午		丙子		丁未		丁丑		戊申		己卯		己酉		庚辰		庚戌
30		丁丑				丙子		丁未		丁丑		戊申		戊寅		己酉		庚辰		庚戌		辛巳		辛亥
31		戊寅				丁丑				戊寅				己卯		庚戌				辛亥				壬子

1999年

【年干支】
1/1～2/3日までに生まれた人=戊寅　大運（男右・女左）
2/4～12/31日までに生まれた人=己卯　大運（男左・女右）

生日＼年月	1月		2月		3月		4月		5月		6月		7月		8月		9月		10月		11月		12月	
	月	日	月	日	月	日	月	日	月	日	月	日	月	日	月	日	月	日	月	日	月	日	月	日
1	甲子	癸丑	乙丑	甲申	丙寅	壬子	丁卯	癸未	戊辰	癸丑	己巳	甲申	庚午	甲寅	辛未	乙酉	壬申	丙辰	癸酉	丙戌	甲戌	丁巳	乙亥	丁亥
2		甲寅		乙酉		癸丑		甲申		甲寅		乙酉		乙卯		丙戌		丁巳		丁亥		戊午		戊子
3		乙卯		丙戌		甲寅		乙酉		乙卯		丙戌		丙辰		丁亥		戊午		戊子		己未		己丑
4		丙辰	丙寅	**丁亥**		乙卯		丙戌		丙辰		丁亥		丁巳		戊子		己未		己丑		庚申		庚寅
5		丁巳		戊子		丙辰	戊辰	**丁亥**		丁巳		戊子		戊午		己丑		庚申		庚寅		辛酉		辛卯
6	乙丑	**戊午**		己丑	丁卯	**丁巳**		戊子	己巳	**戊午**	庚午	**己丑**		己未		庚寅		辛酉		辛卯		壬戌		壬辰
7		己未		庚寅		戊午		己丑		己未		庚寅	辛未	**庚申**		辛卯		壬戌		壬辰		癸亥	丙子	**癸巳**
8		庚申		辛卯		己未		庚寅		庚申		辛卯		辛酉	壬申	**壬辰**	癸酉	**癸亥**		癸巳	乙亥	**甲子**		甲午
9		辛酉		壬辰		庚申		辛卯		辛酉		壬辰		壬戌		癸巳		甲子	甲戌	**甲午**		乙丑		乙未
10		壬戌		癸巳		辛酉		壬辰		壬戌		癸巳		癸亥		甲午		乙丑		乙未		丙寅		丙申
11		癸亥		甲午		壬戌		癸巳		癸亥		甲午		甲子		乙未		丙寅		丙申		丁卯		丁酉
12		甲子		乙未		癸亥		甲午		甲子		乙未		乙丑		丙申		丁卯		丁酉		戊辰		戊戌
13		乙丑		丙申		甲子		乙未		乙丑		丙申		丙寅		丁酉		戊辰		戊戌		己巳		己亥
14		丙寅		丁酉		乙丑		丙申		丙寅		丁酉		丁卯		戊戌		己巳		己亥		庚午		庚子
15		丁卯		戊戌		丙寅		丁酉		丁卯		戊戌		戊辰		己亥		庚午		庚子		辛未		辛丑
16		戊辰		己亥		丁卯		戊戌		戊辰		己亥		己巳		庚子		辛未		辛丑		壬申		壬寅
17		己巳		庚子		戊辰		己亥		己巳		庚子		庚午		辛丑		壬申		壬寅		癸酉		癸卯
18		庚午		辛丑		己巳		庚子		庚午		辛丑		辛未		壬寅		癸酉		癸卯		甲戌		甲辰
19		辛未		壬寅		庚午		辛丑		辛未		壬寅		壬申		癸卯		甲戌		甲辰		乙亥		乙巳
20		壬申		癸卯		辛未		壬寅		壬申		癸卯		癸酉		甲辰		乙亥		乙巳		丙子		丙午
21		癸酉		甲辰		壬申		癸卯		癸酉		甲辰		甲戌		乙巳		丙子		丙午		丁丑		丁未
22		甲戌		乙巳		癸酉		甲辰		甲戌		乙巳		乙亥		丙午		丁丑		丁未		戊寅		戊申
23		乙亥		丙午		甲戌		乙巳		乙亥		丙午		丙子		丁未		戊寅		戊申		己卯		己酉
24		丙子		丁未		乙亥		丙午		丙子		丁未		丁丑		戊申		己卯		己酉		庚辰		庚戌
25		丁丑		戊申		丙子		丁未		丁丑		戊申		戊寅		己酉		庚辰		庚戌		辛巳		辛亥
26		戊寅		己酉		丁丑		戊申		戊寅		己酉		己卯		庚戌		辛巳		辛亥		壬午		壬子
27		己卯		庚戌		戊寅		己酉		己卯		庚戌		庚辰		辛亥		壬午		壬子		癸未		癸丑
28		庚辰		辛亥		己卯		庚戌		庚辰		辛亥		辛巳		壬子		癸未		癸丑		甲申		甲寅
29		辛巳				庚辰		辛亥		辛巳		壬子		壬午		癸丑		甲申		甲寅		乙酉		乙卯
30		壬午				辛巳		壬子		壬午		癸丑		癸未		甲寅		乙酉		乙卯		丙戌		丙辰
31		癸未				壬午				癸未				甲申		乙卯				丙辰				丁巳

2000年

【年干支】
1/1～2/3日までに生まれた人=己卯　大運（男左・女右）
2/4～12/31日までに生まれた人==庚辰★　大運（男右・女左）

年月 生日	1月		2月		3月		4月		5月		6月		7月		8月		9月		10月		11月		12月	
	月	日	月	日	月	日	月	日	月	日	月	日	月	日	月	日	月	日	月	日	月	日	月	日
1	丙子	戊午	丁丑	己丑	戊寅	戊午	己卯	己丑	庚辰	己未	辛巳	庚寅	壬午	庚申	癸未	辛卯	甲申	壬戌	乙酉	壬辰	丙戌	癸亥	丁亥	癸巳
2		己未		庚寅		己未		庚寅		庚申		辛卯		辛酉		壬辰		癸亥		癸巳		甲子		甲午
3		庚申		辛卯		庚申		辛卯		辛酉		壬辰		壬戌		癸巳		甲子		甲午		乙丑		乙未
4		辛酉	戊寅	壬辰		辛酉	庚辰	壬辰		壬戌		癸巳		癸亥		甲午		乙丑		乙未		丙寅		丙申
5		壬戌		癸巳	己卯	壬戌		癸巳	辛巳	癸亥	壬午	甲午		甲子		乙未		丙寅		丙申		丁卯		丁酉
6	丁丑	癸亥		甲午		癸亥		甲午		甲子		乙未		乙丑		丙申		丁卯		丁酉		戊辰		戊戌
7		甲子		乙未		甲子		乙未		乙丑		丙申	癸未	丙寅	甲申	丁酉	乙酉	戊辰		戊戌	丁亥	己巳	戊子	己亥
8		乙丑		丙申		乙丑		丙申		丙寅		丁酉		丁卯		戊戌		己巳	丙戌	己亥		庚午		庚子
9		丙寅		丁酉		丙寅		丁酉		丁卯		戊戌		戊辰		己亥		庚午		庚子		辛未		辛丑
10		丁卯		戊戌		丁卯		戊戌		戊辰		己亥		己巳		庚子		辛未		辛丑		壬申		壬寅
11		戊辰		己亥		戊辰		己亥		己巳		庚子		庚午		辛丑		壬申		壬寅		癸酉		癸卯
12		己巳		庚子		己巳		庚子		庚午		辛丑		辛未		壬寅		癸酉		癸卯		甲戌		甲辰
13		庚午		辛丑		庚午		辛丑		辛未		壬寅		壬申		癸卯		甲戌		甲辰		乙亥		乙巳
14		辛未		壬寅		辛未		壬寅		壬申		癸卯		癸酉		甲辰		乙亥		乙巳		丙子		丙午
15		壬申		癸卯		壬申		癸卯		癸酉		甲辰		甲戌		乙巳		丙子		丙午		丁丑		丁未
16		癸酉		甲辰		癸酉		甲辰		甲戌		乙巳		乙亥		丙午		丁丑		丁未		戊寅		戊申
17		甲戌		乙巳		甲戌		乙巳		乙亥		丙午		丙子		丁未		戊寅		戊申		己卯		己酉
18		乙亥		丙午		乙亥		丙午		丙子		丁未		丁丑		戊申		己卯		己酉		庚辰		庚戌
19		丙子		丁未		丙子		丁未		丁丑		戊申		戊寅		己酉		庚辰		庚戌		辛巳		辛亥
20		丁丑		戊申		丁丑		戊申		戊寅		己酉		己卯		庚戌		辛巳		辛亥		壬午		壬子
21		戊寅		己酉		戊寅		己酉		己卯		庚戌		庚辰		辛亥		壬午		壬子		癸未		癸丑
22		己卯		庚戌		己卯		庚戌		庚辰		辛亥		辛巳		壬子		癸未		癸丑		甲申		甲寅
23		庚辰		辛亥		庚辰		辛亥		辛巳		壬子		壬午		癸丑		甲申		甲寅		乙酉		乙卯
24		辛巳		壬子		辛巳		壬子		壬午		癸丑		癸未		甲寅		乙酉		乙卯		丙戌		丙辰
25		壬午		癸丑		壬午		癸丑		癸未		甲寅		甲申		乙卯		丙戌		丙辰		丁亥		丁巳
26		癸未		甲寅		癸未		甲寅		甲申		乙卯		乙酉		丙辰		丁亥		丁巳		戊子		戊午
27		甲申		乙卯		甲申		乙卯		乙酉		丙辰		丙戌		丁巳		戊子		戊午		己丑		己未
28		乙酉		丙辰		乙酉		丙辰		丙戌		丁巳		丁亥		戊午		己丑		己未		庚寅		庚申
29		丙戌		丁巳		丙戌		丁巳		丁亥		戊午		戊子		己未		庚寅		庚申		辛卯		辛酉
30		丁亥				丁亥		戊午		戊子		己未		己丑		庚申		辛卯		辛酉		壬辰		壬戌
31		戊子				戊子				己丑				庚寅		辛酉				壬戌				癸亥

2001年

【年干支】
1/1〜2/3日までに生まれた人=庚辰　大運（男右・女左）
2/4〜12/31日までに生まれた人=辛巳　大運（男左・女右）

生日＼年月	1月		2月		3月		4月		5月		6月		7月		8月		9月		10月		11月		12月	
	月	日	月	日	月	日	月	日	月	日	月	日	月	日	月	日	月	日	月	日	月	日	月	日
1		甲子		乙未		癸亥		甲午		甲子		乙未		乙丑		丙申		丁卯		丁酉		戊辰		戊戌
2	戊子	乙丑	己丑	丙申		甲子		乙未		乙丑		丙申		丙寅		丁酉		戊辰		戊戌		己巳		己亥
3		丙寅		丁酉	庚寅	乙丑	辛卯	丙申	壬辰	丙寅	癸巳	丁酉		丁卯		戊戌		己巳		己亥		庚午		庚子
4		丁卯		戊戌		丙寅		丁酉		丁卯		戊戌	甲午	戊辰	乙未	己亥	丙申	庚午	丁酉	庚子	戊戌	辛未	己亥	辛丑
5		戊辰		己亥		丁卯		戊戌		戊辰		己亥		己巳		庚子		辛未		辛丑		壬申		壬寅
6		己巳		庚子		戊辰		己亥		己巳		庚子		庚午		辛丑		壬申		壬寅		癸酉		癸卯
7		庚午		辛丑		己巳		庚子		庚午		辛丑		辛未		壬寅		癸酉		癸卯		甲戌		甲辰
8		辛未		壬寅		庚午		辛丑		辛未		壬寅		壬申		癸卯		甲戌		甲辰		乙亥		乙巳
9		壬申		癸卯		辛未		壬寅		壬申		癸卯		癸酉		甲辰		乙亥		乙巳		丙子		丙午
10		癸酉		甲辰		壬申		癸卯		癸酉		甲辰		甲戌		乙巳		丙子		丙午		丁丑		丁未
11		甲戌		乙巳		癸酉		甲辰		甲戌		乙巳		乙亥		丙午		丁丑		丁未		戊寅		戊申
12		乙亥		丙午		甲戌		乙巳		乙亥		丙午		丙子		丁未		戊寅		戊申		己卯		己酉
13		丙子		丁未		乙亥		丙午		丙子		丁未		丁丑		戊申		己卯		己酉		庚辰		庚戌
14		丁丑		戊申		丙子		丁未		丁丑		戊申		戊寅		己酉		庚辰		庚戌		辛巳		辛亥
15		戊寅		己酉		丁丑		戊申		戊寅		己酉		己卯		庚戌		辛巳		辛亥		壬午		壬子
16		己卯		庚戌		戊寅		己酉		己卯		庚戌		庚辰		辛亥		壬午		壬子		癸未		癸丑
17		庚辰	庚寅	辛亥		己卯		庚戌		庚辰		辛亥		辛巳		壬子		癸未		癸丑		甲申		甲寅
18	己丑	辛巳		壬子	辛卯	庚辰	壬辰	辛亥	癸巳	辛巳	甲午	壬子		壬午		癸丑		甲申		甲寅		乙酉		乙卯
19		壬午		癸丑		辛巳		壬子		壬午		癸丑	乙未	癸未	丙申	甲寅	丁酉	乙酉		乙卯	己亥	丙戌	庚子	丙辰
20		癸未		甲寅		壬午		癸丑		癸未		甲寅		甲申		乙卯		丙戌	戊戌	丙辰		丁亥		丁巳
21		甲申		乙卯		癸未		甲寅		甲申		乙卯		乙酉		丙辰		丁亥		丁巳		戊子		戊午
22		乙酉		丙辰		甲申		乙卯		乙酉		丙辰		丙戌		丁巳		戊子		戊午		己丑		己未
23		丙戌		丁巳		乙酉		丙辰		丙戌		丁巳		丁亥		戊午		己丑		己未		庚寅		庚申
24		丁亥		戊午		丙戌		丁巳		丁亥		戊午		戊子		己未		庚寅		庚申		辛卯		辛酉
25		戊子		己未		丁亥		戊午		戊子		己未		己丑		庚申		辛卯		辛酉		壬辰		壬戌
26		己丑		庚申		戊子		己未		己丑		庚申		庚寅		辛酉		壬辰		壬戌		癸巳		癸亥
27		庚寅		辛酉		己丑		庚申		庚寅		辛酉		辛卯		壬戌		癸巳		癸亥		甲午		甲子
28		辛卯		壬戌		庚寅		辛酉		辛卯		壬戌		壬辰		癸亥		甲午		甲子		乙未		乙丑
29		壬辰				辛卯		壬戌		壬辰		癸亥		癸巳		甲子		乙未		乙丑		丙申		丙寅
30		癸巳				壬辰		癸亥		癸巳		甲子		甲午		乙丑		丙申		丙寅		丁酉		丁卯
31		甲午				癸巳				甲午				乙未		丙寅				丁卯				戊辰

2002年

【年干支】
1／1〜2／3日までに生まれた人＝辛巳　大運（男左・女右）
2／4〜12／31日までに生まれた人＝壬午　大運（男右・女左）

年月	1月		2月		3月		4月		5月		6月		7月		8月		9月		10月		11月		12月	
生日	月	日	月	日	月	日	月	日	月	日	月	日	月	日	月	日	月	日	月	日	月	日	月	日
1	庚子	己巳	辛丑	庚子	壬寅	戊辰	癸卯	己亥	甲辰	己巳	乙巳	庚子	丙午	庚午	丁未	辛丑	戊申	壬申	己酉	壬寅	庚戌	癸酉	辛亥	癸卯
2		庚午		辛丑		己巳		庚子		庚午		辛丑		辛未		壬寅		癸酉		癸卯		甲戌		甲辰
3		辛未		壬寅		庚午		辛丑		辛未		壬寅		壬申		癸卯		甲戌		甲辰		乙亥		乙巳
4		壬申	壬寅	**癸卯**		辛未		壬寅		壬申		癸卯		癸酉		甲辰		乙亥		乙巳		丙子		丙午
5	辛丑	**癸酉**		甲辰		壬申	甲辰	**癸卯**		癸酉		甲辰		甲戌		乙巳		丙子		丙午		丁丑		丁未
6		甲戌		乙巳	癸卯	**癸酉**		甲辰	乙巳	**甲戌**	丙午	**乙巳**		乙亥		丙午		丁丑		丁未		戊寅		戊申
7		乙亥		丙午		甲戌		乙巳		乙亥		丙午	丁未	**丙子**		丁未		戊寅		戊申	辛亥	**己卯**	壬子	**己酉**
8		丙子		丁未		乙亥		丙午		丙子		丁未		丁丑	戊申	**戊申**	己酉	**己卯**	庚戌	**己酉**		庚辰		庚戌
9		丁丑		戊申		丙子		丁未		丁丑		戊申		戊寅		己酉		庚辰		庚戌		辛巳		辛亥
10		戊寅		己酉		丁丑		戊申		戊寅		己酉		己卯		庚戌		辛巳		辛亥		壬午		壬子
11		己卯		庚戌		戊寅		己酉		己卯		庚戌		庚辰		辛亥		壬午		壬子		癸未		癸丑
12		庚辰		辛亥		己卯		庚戌		庚辰		辛亥		辛巳		壬子		癸未		癸丑		甲申		甲寅
13		辛巳		壬子		庚辰		辛亥		辛巳		壬子		壬午		癸丑		甲申		甲寅		乙酉		乙卯
14		壬午		癸丑		辛巳		壬子		壬午		癸丑		癸未		甲寅		乙酉		乙卯		丙戌		丙辰
15		癸未		甲寅		壬午		癸丑		癸未		甲寅		甲申		乙卯		丙戌		丙辰		丁亥		丁巳
16		甲申		乙卯		癸未		甲寅		甲申		乙卯		乙酉		丙辰		丁亥		丁巳		戊子		戊午
17		乙酉		丙辰		甲申		乙卯		乙酉		丙辰		丙戌		丁巳		戊子		戊午		己丑		己未
18		丙戌		丁巳		乙酉		丙辰		丙戌		丁巳		丁亥		戊午		己丑		己未		庚寅		庚申
19		丁亥		戊午		丙戌		丁巳		丁亥		戊午		戊子		己未		庚寅		庚申		辛卯		辛酉
20		戊子		己未		丁亥		戊午		戊子		己未		己丑		庚申		辛卯		辛酉		壬辰		壬戌
21		己丑		庚申		戊子		己未		己丑		庚申		庚寅		辛酉		壬辰		壬戌		癸巳		癸亥
22		庚寅		辛酉		己丑		庚申		庚寅		辛酉		辛卯		壬戌		癸巳		癸亥		甲午		甲子
23		辛卯		壬戌		庚寅		辛酉		辛卯		壬戌		壬辰		癸亥		甲午		甲子		乙未		乙丑
24		壬辰		癸亥		辛卯		壬戌		壬辰		癸亥		癸巳		甲子		乙未		乙丑		丙申		丙寅
25		癸巳		甲子		壬辰		癸亥		癸巳		甲子		甲午		乙丑		丙申		丙寅		丁酉		丁卯
26		甲午		乙丑		癸巳		甲子		甲午		乙丑		乙未		丙寅		丁酉		丁卯		戊戌		戊辰
27		乙未		丙寅		甲午		乙丑		乙未		丙寅		丙申		丁卯		戊戌		戊辰		己亥		己巳
28		丙申		丁卯		乙未		丙寅		丙申		丁卯		丁酉		戊辰		己亥		己巳		庚子		庚午
29		丁酉				丙申		丁卯		丁酉		戊辰		戊戌		己巳		庚子		庚午		辛丑		辛未
30		戊戌				丁酉		戊辰		戊戌		己巳		己亥		庚午		辛丑		辛未		壬寅		壬申
31		己亥				戊戌				己亥				庚子		辛未				壬申				癸酉

【年干支】

2003年

1/1～2/3日までに生まれた人＝壬午　大運（男右・女左）
2/4～12/31日までに生まれた人＝癸未　大運（男左・女右）

年月 / 生日	1月 月	1月 日	2月 月	2月 日	3月 月	3月 日	4月 月	4月 日	5月 月	5月 日	6月 月	6月 日	7月 月	7月 日	8月 月	8月 日	9月 月	9月 日	10月 月	10月 日	11月 月	11月 日	12月 月	12月 日
1	壬子	甲戌	癸丑	乙巳	甲寅	癸酉	乙卯	甲辰	丙辰	甲戌	丁巳	乙巳	戊午	乙亥	己未	丙午	庚申	丁丑	辛酉	丁未	壬戌	戊寅	癸亥	戊申
2		乙亥		丙午		甲戌		乙巳		乙亥		丙午		丙子		丁未		戊寅		戊申		己卯		己酉
3		丙子		丁未		乙亥		丙午		丙子		丁未		丁丑		戊申		己卯		己酉		庚辰		庚戌
4		丁丑	甲寅	**戊申**		丙子		丁未		丁丑		戊申		戊寅		己酉		庚辰		庚戌		辛巳		辛亥
5		戊寅		己酉		丁丑	丙辰	**戊申**		戊寅		己酉		己卯		庚戌		辛巳		辛亥		壬午		壬子
6	癸丑	**己卯**		庚戌	乙卯	**戊寅**		己酉	丁巳	**己卯**	戊午	**庚戌**		庚辰		辛亥		壬午		壬子		癸未		癸丑
7		庚辰		辛亥		己卯		庚戌		庚辰		辛亥	己未	**辛巳**		壬子		癸未		癸丑		甲申	甲子	**甲寅**
8		辛巳		壬子		庚辰		辛亥		辛巳		壬子		壬午	庚申	**癸丑**	辛酉	**甲申**		甲寅	癸亥	**乙酉**		乙卯
9		壬午		癸丑		辛巳		壬子		壬午		癸丑		癸未		甲寅		乙酉	壬戌	**乙卯**		丙戌		丙辰
10		癸未		甲寅		壬午		癸丑		癸未		甲寅		甲申		乙卯		丙戌		丙辰		丁亥		丁巳
11		甲申		乙卯		癸未		甲寅		甲申		乙卯		乙酉		丙辰		丁亥		丁巳		戊子		戊午
12		乙酉		丙辰		甲申		乙卯		乙酉		丙辰		丙戌		丁巳		戊子		戊午		己丑		己未
13		丙戌		丁巳		乙酉		丙辰		丙戌		丁巳		丁亥		戊午		己丑		己未		庚寅		庚申
14		丁亥		戊午		丙戌		丁巳		丁亥		戊午		戊子		己未		庚寅		庚申		辛卯		辛酉
15		戊子		己未		丁亥		戊午		戊子		己未		己丑		庚申		辛卯		辛酉		壬辰		壬戌
16		己丑		庚申		戊子		己未		己丑		庚申		庚寅		辛酉		壬辰		壬戌		癸巳		癸亥
17		庚寅		辛酉		己丑		庚申		庚寅		辛酉		辛卯		壬戌		癸巳		癸亥		甲午		甲子
18		辛卯		壬戌		庚寅		辛酉		辛卯		壬戌		壬辰		癸亥		甲午		甲子		乙未		乙丑
19		壬辰		癸亥		辛卯		壬戌		壬辰		癸亥		癸巳		甲子		乙未		乙丑		丙申		丙寅
20		癸巳		甲子		壬辰		癸亥		癸巳		甲子		甲午		乙丑		丙申		丙寅		丁酉		丁卯
21		甲午		乙丑		癸巳		甲子		甲午		乙丑		乙未		丙寅		丁酉		丁卯		戊戌		戊辰
22		乙未		丙寅		甲午		乙丑		乙未		丙寅		丙申		丁卯		戊戌		戊辰		己亥		己巳
23		丙申		丁卯		乙未		丙寅		丙申		丁卯		丁酉		戊辰		己亥		己巳		庚子		庚午
24		丁酉		戊辰		丙申		丁卯		丁酉		戊辰		戊戌		己巳		庚子		庚午		辛丑		辛未
25		戊戌		己巳		丁酉		戊辰		戊戌		己巳		己亥		庚午		辛丑		辛未		壬寅		壬申
26		己亥		庚午		戊戌		己巳		己亥		庚午		庚子		辛未		壬寅		壬申		癸卯		癸酉
27		庚子		辛未		己亥		庚午		庚子		辛未		辛丑		壬申		癸卯		癸酉		甲辰		甲戌
28		辛丑		壬申		庚子		辛未		辛丑		壬申		壬寅		癸酉		甲辰		甲戌		乙巳		乙亥
29		壬寅				辛丑		壬申		壬寅		癸酉		癸卯		甲戌		乙巳		乙亥		丙午		丙子
30		癸卯				壬寅		癸酉		癸卯		甲戌		甲辰		乙亥		丙午		丙子		丁未		丁丑
31		甲辰				癸卯				甲辰				乙巳		丙子				丁丑				戊寅

2004年

【年干支】
1／1〜2／3日までに生まれた人＝癸未　大運（男左・女右）
2／4〜12／31日までに生まれた人＝甲申★　大運（男右・女左）

年月 生日	1月		2月		3月		4月		5月		6月		7月		8月		9月		10月		11月		12月	
	月	日	月	日	月	日	月	日	月	日	月	日	月	日	月	日	月	日	月	日	月	日	月	日
1	甲子	己卯	乙丑	庚戌	丙寅	己卯	丁卯	庚戌	戊辰	庚辰	己巳	辛亥	庚午	辛巳	辛未	壬子	壬申	癸未	癸酉	癸丑	甲戌	甲申	乙亥	甲寅
2		庚辰		辛亥		庚辰		辛亥		辛巳		壬子		壬午		癸丑		甲申		甲寅		乙酉		乙卯
3		辛巳		壬子		辛巳		壬子		壬午		癸丑		癸未		甲寅		乙酉		乙卯		丙戌		丙辰
4		壬午	丙寅	**癸丑**		壬午	戊辰	**癸丑**		癸未		甲寅		甲申		乙卯		丙戌		丙辰		丁亥		丁巳
5		癸未		甲寅	丁卯	**癸未**		甲寅	己巳	**甲申**	庚午	**乙卯**		乙酉		丙辰		丁亥		丁巳		戊子		戊午
6	乙丑	**甲申**		乙卯		甲申		乙卯		乙酉		丙辰		丙戌		丁巳		戊子		戊午		己丑		己未
7		乙酉		丙辰		乙酉		丙辰		丙戌		丁巳	辛未	**丁亥**	壬申	**戊午**	癸酉	**己丑**		己未	乙亥	**庚寅**	丙子	**庚申**
8		丙戌		丁巳		丙戌		丁巳		丁亥		戊午		戊子		己未		庚寅	甲戌	**庚申**		辛卯		辛酉
9		丁亥		戊午		丁亥		戊午		戊子		己未		己丑		庚申		辛卯		辛酉		壬辰		壬戌
10		戊子		己未		戊子		己未		己丑		庚申		庚寅		辛酉		壬辰		壬戌		癸巳		癸亥
11		己丑		庚申		己丑		庚申		庚寅		辛酉		辛卯		壬戌		癸巳		癸亥		甲午		甲子
12		庚寅		辛酉		庚寅		辛酉		辛卯		壬戌		壬辰		癸亥		甲午		甲子		乙未		乙丑
13		辛卯		壬戌		辛卯		壬戌		壬辰		癸亥		癸巳		甲子		乙未		乙丑		丙申		丙寅
14		壬辰		癸亥		壬辰		癸亥		癸巳		甲子		甲午		乙丑		丙申		丙寅		丁酉		丁卯
15		癸巳		甲子		癸巳		甲子		甲午		乙丑		乙未		丙寅		丁酉		丁卯		戊戌		戊辰
16		甲午		乙丑		甲午		乙丑		乙未		丙寅		丙申		丁卯		戊戌		戊辰		己亥		己巳
17		乙未		丙寅		乙未		丙寅		丙申		丁卯		丁酉		戊辰		己亥		己巳		庚子		庚午
18		丙申		丁卯		丙申		丁卯		丁酉		戊辰		戊戌		己巳		庚子		庚午		辛丑		辛未
19		丁酉		戊辰		丁酉		戊辰		戊戌		己巳		己亥		庚午		辛丑		辛未		壬寅		壬申
20		戊戌		己巳		戊戌		己巳		己亥		庚午		庚子		辛未		壬寅		壬申		癸卯		癸酉
21		己亥		庚午		己亥		庚午		庚子		辛未		辛丑		壬申		癸卯		癸酉		甲辰		甲戌
22		庚子		辛未		庚子		辛未		辛丑		壬申		壬寅		癸酉		甲辰		甲戌		乙巳		乙亥
23		辛丑		壬申		辛丑		壬申		壬寅		癸酉		癸卯		甲戌		乙巳		乙亥		丙午		丙子
24		壬寅		癸酉		壬寅		癸酉		癸卯		甲戌		甲辰		乙亥		丙午		丙子		丁未		丁丑
25		癸卯		甲戌		癸卯		甲戌		甲辰		乙亥		乙巳		丙子		丁未		丁丑		戊申		戊寅
26		甲辰		乙亥		甲辰		乙亥		乙巳		丙子		丙午		丁丑		戊申		戊寅		己酉		己卯
27		乙巳		丙子		乙巳		丙子		丙午		丁丑		丁未		戊寅		己酉		己卯		庚戌		庚辰
28		丙午		丁丑		丙午		丁丑		丁未		戊寅		戊申		己卯		庚戌		庚辰		辛亥		辛巳
29		丁未		戊寅		丁未		戊寅		戊申		己卯		己酉		庚辰		辛亥		辛巳		壬子		壬午
30		戊申				戊申		己卯		己酉		庚辰		庚戌		辛巳		壬子		壬午		癸丑		癸未
31		己酉				己酉				庚戌				辛亥		壬午				癸未				甲申

2005年

【年干支】
1/1～2/3日までに生まれた人=甲申　大運（男右・女左）
2/4～12/31日までに生まれた人=乙酉　大運（男左・女右）

生日＼年月	1月		2月		3月		4月		5月		6月		7月		8月		9月		10月		11月		12月	
	月	日	月	日	月	日	月	日	月	日	月	日	月	日	月	日	月	日	月	日	月	日	月	日
1	丙子	乙酉	丁丑	丙辰	戊寅	甲申	己卯	乙卯	庚辰	乙酉	辛巳	丙辰	壬午	丙戌	癸未	丁巳	甲申	戊子	乙酉	戊午	丙戌	己丑	丁亥	己未
2		丙戌		丁巳		乙酉		丙辰		丙戌		丁巳		丁亥		戊午		己丑		己未		庚寅		庚申
3		丁亥		戊午		丙戌		丁巳		丁亥		戊午		戊子		己未		庚寅		庚申		辛卯		辛酉
4		戊子	戊寅	己未		丁亥		戊午		戊子		己未		己丑		庚申		辛卯		辛酉		壬辰		壬戌
5	丁丑	己丑		庚申	己卯	戊子	庚辰	己未	辛巳	己丑	壬午	庚申		庚寅		辛酉		壬辰		壬戌		癸巳		癸亥
6		庚寅		辛酉		己丑		庚申		庚寅		辛酉		辛卯		壬戌		癸巳		癸亥		甲午		甲子
7		辛卯		壬戌		庚寅		辛酉		辛卯		壬戌	癸未	壬辰	甲申	癸亥	乙酉	甲午		甲子	丁亥	乙未	戊子	乙丑
8		壬辰		癸亥		辛卯		壬戌		壬辰		癸亥		癸巳		甲子		乙未	丙戌	乙丑		丙申		丙寅
9		癸巳		甲子		壬辰		癸亥		癸巳		甲子		甲午		乙丑		丙申		丙寅		丁酉		丁卯
10		甲午		乙丑		癸巳		甲子		甲午		乙丑		乙未		丙寅		丁酉		丁卯		戊戌		戊辰
11		乙未		丙寅		甲午		乙丑		乙未		丙寅		丙申		丁卯		戊戌		戊辰		己亥		己巳
12		丙申		丁卯		乙未		丙寅		丙申		丁卯		丁酉		戊辰		己亥		己巳		庚子		庚午
13		丁酉		戊辰		丙申		丁卯		丁酉		戊辰		戊戌		己巳		庚子		庚午		辛丑		辛未
14		戊戌		己巳		丁酉		戊辰		戊戌		己巳		己亥		庚午		辛丑		辛未		壬寅		壬申
15		己亥		庚午		戊戌		己巳		己亥		庚午		庚子		辛未		壬寅		壬申		癸卯		癸酉
16		庚子		辛未		己亥		庚午		庚子		辛未		辛丑		壬申		癸卯		癸酉		甲辰		甲戌
17		辛丑		壬申		庚子		辛未		辛丑		壬申		壬寅		癸酉		甲辰		甲戌		乙巳		乙亥
18		壬寅		癸酉		辛丑		壬申		壬寅		癸酉		癸卯		甲戌		乙巳		乙亥		丙午		丙子
19		癸卯		甲戌		壬寅		癸酉		癸卯		甲戌		甲辰		乙亥		丙午		丙子		丁未		丁丑
20		甲辰		乙亥		癸卯		甲戌		甲辰		乙亥		乙巳		丙子		丁未		丁丑		戊申		戊寅
21		乙巳		丙子		甲辰		乙亥		乙巳		丙子		丙午		丁丑		戊申		戊寅		己酉		己卯
22		丙午		丁丑		乙巳		丙子		丙午		丁丑		丁未		戊寅		己酉		己卯		庚戌		庚辰
23		丁未		戊寅		丙午		丁丑		丁未		戊寅		戊申		己卯		庚戌		庚辰		辛亥		辛巳
24		戊申		己卯		丁未		戊寅		戊申		己卯		己酉		庚辰		辛亥		辛巳		壬子		壬午
25		己酉		庚辰		戊申		己卯		己酉		庚辰		庚戌		辛巳		壬子		壬午		癸丑		癸未
26		庚戌		辛巳		己酉		庚辰		庚戌		辛巳		辛亥		壬午		癸丑		癸未		甲寅		甲申
27		辛亥		壬午		庚戌		辛巳		辛亥		壬午		壬子		癸未		甲寅		甲申		乙卯		乙酉
28		壬子		癸未		辛亥		壬午		壬子		癸未		癸丑		甲申		乙卯		乙酉		丙辰		丙戌
29		癸丑				壬子		癸未		癸丑		甲申		甲寅		乙酉		丙辰		丙戌		丁巳		丁亥
30		甲寅				癸丑		甲申		甲寅		乙酉		乙卯		丙戌		丁巳		丁亥		戊午		戊子
31		乙卯				甲寅				乙卯				丙辰		丁亥				戊子				己丑

2006年

【年干支】
1/1～2/3日までに生まれた人＝乙酉　大運（男左・女右）
2/4～12/31日までに生まれた人＝丙戌　大運（男右・女左）

年月	1月		2月		3月		4月		5月		6月	
生日	月	日	月	日	月	日	月	日	月	日	月	日
1	戊子	庚寅	己丑	辛酉	庚寅	己丑	辛卯	庚申	壬辰	庚寅	癸巳	辛酉
2		辛卯		壬戌		庚寅		辛酉		辛卯		壬戌
3		壬辰		癸亥		辛卯		壬戌		壬辰		癸亥
4		癸巳	庚寅	甲子		壬辰		癸亥		癸巳		甲子
5	己丑	甲午		乙丑		癸巳	壬辰	甲子		甲午		乙丑
6		乙未		丙寅	辛卯	甲午		乙丑	癸巳	乙未	甲午	丙寅
7		丙申		丁卯		乙未		丙寅		丙申		丁卯
8		丁酉		戊辰		丙申		丁卯		丁酉		戊辰
9		戊戌		己巳		丁酉		戊辰		戊戌		己巳
10		己亥		庚午		戊戌		己巳		己亥		庚午
11		庚子		辛未		己亥		庚午		庚子		辛未
12		辛丑		壬申		庚子		辛未		辛丑		壬申
13		壬寅		癸酉		辛丑		壬申		壬寅		癸酉
14		癸卯		甲戌		壬寅		癸酉		癸卯		甲戌
15		甲辰		乙亥		癸卯		甲戌		甲辰		乙亥
16		乙巳		丙子		甲辰		乙亥		乙巳		丙子
17		丙午		丁丑		乙巳		丙子		丙午		丁丑
18		丁未		戊寅		丙午		丁丑		丁未		戊寅
19		戊申		己卯		丁未		戊寅		戊申		己卯
20		己酉		庚辰		戊申		己卯		己酉		庚辰
21		庚戌		辛巳		己酉		庚辰		庚戌		辛巳
22		辛亥		壬午		庚戌		辛巳		辛亥		壬午
23		壬子		癸未		辛亥		壬午		壬子		癸未
24		癸丑		甲申		壬子		癸未		癸丑		甲申
25		甲寅		乙酉		癸丑		甲申		甲寅		乙酉
26		乙卯		丙戌		甲寅		乙酉		乙卯		丙戌
27		丙辰		丁亥		乙卯		丙戌		丙辰		丁亥
28		丁巳		戊子		丙辰		丁亥		丁巳		戊子
29		戊午				丁巳		戊子		戊午		己丑
30		己未				戊午		己丑		己未		庚寅
31		庚申				己未				庚申		

年月	7月		8月		9月		10月		11月		12月	
生日	月	日	月	日	月	日	月	日	月	日	月	日
1	甲午	辛卯	乙未	壬戌	丙申	癸巳	丁酉	癸亥	戊戌	甲午	己亥	甲子
2		壬辰		癸亥		甲午		甲子		乙未		乙丑
3		癸巳		甲子		乙未		乙丑		丙申		丙寅
4		甲午		乙丑		丙申		丙寅		丁酉		丁卯
5		乙未		丙寅		丁酉		丁卯		戊戌		戊辰
6		丙申		丁卯		戊戌		戊辰		己亥		己巳
7	乙未	丁酉		戊辰		己亥		己巳	己亥	庚子	庚子	庚午
8		戊戌	丙申	己巳	丁酉	庚子	戊戌	庚午		辛丑		辛未
9		己亥		庚午		辛丑		辛未		壬寅		壬申
10		庚子		辛未		壬寅		壬申		癸卯		癸酉
11		辛丑		壬申		癸卯		癸酉		甲辰		甲戌
12		壬寅		癸酉		甲辰		甲戌		乙巳		乙亥
13		癸卯		甲戌		乙巳		乙亥		丙午		丙子
14		甲辰		乙亥		丙午		丙子		丁未		丁丑
15		乙巳		丙子		丁未		丁丑		戊申		戊寅
16		丙午		丁丑		戊申		戊寅		己酉		己卯
17		丁未		戊寅		己酉		己卯		庚戌		庚辰
18		戊申		己卯		庚戌		庚辰		辛亥		辛巳
19		己酉		庚辰		辛亥		辛巳		壬子		壬午
20		庚戌		辛巳		壬子		壬午		癸丑		癸未
21		辛亥		壬午		癸丑		癸未		甲寅		甲申
22		壬子		癸未		甲寅		甲申		乙卯		乙酉
23		癸丑		甲申		乙卯		乙酉		丙辰		丙戌
24		甲寅		乙酉		丙辰		丙戌		丁巳		丁亥
25		乙卯		丙戌		丁巳		丁亥		戊午		戊子
26		丙辰		丁亥		戊午		戊子		己未		己丑
27		丁巳		戊子		己未		己丑		庚申		庚寅
28		戊午		己丑		庚申		庚寅		辛酉		辛卯
29		己未		庚寅		辛酉		辛卯		壬戌		壬辰
30		庚申		辛卯		壬戌		壬辰		癸亥		癸巳
31		辛酉		壬辰				癸巳				甲午

2007年

【年干支】
1/1～2/3日までに生まれた人=丙戌　大運（男右・女左）
2/4～12/31日までに生まれた人=丁亥　大運（男左・女右）

生日＼年月	1月 月	1月 日	2月 月	2月 日	3月 月	3月 日	4月 月	4月 日	5月 月	5月 日	6月 月	6月 日	7月 月	7月 日	8月 月	8月 日	9月 月	9月 日	10月 月	10月 日	11月 月	11月 日	12月 月	12月 日
1		乙未		丙寅		甲午		乙丑		乙未		丙寅		丙申		丁卯		戊戌		戊辰		己亥		己巳
2		丙申	辛丑	丁卯		乙未	癸卯	丙寅		丙申		丁卯		丁酉		戊辰		己亥		己巳		庚子		庚午
3	庚子	丁酉		戊辰	壬寅	丙申		丁卯	甲辰	丁酉	乙巳	戊辰	丙午	戊戌		己巳		庚子		庚午		辛丑	辛亥	辛未
4		戊戌		**己巳**		丁酉		戊辰		戊戌		己巳		己亥	丁未	庚午	戊申	辛丑	己酉	辛未	庚戌	壬寅		壬申
5		己亥		庚午		戊戌		**己巳**		己亥		庚午		庚子		辛未		壬寅		壬申		癸卯		癸酉
6		**庚子**		辛未		**己亥**		庚午		**庚子**		**辛未**		辛丑		壬申		癸卯		癸酉		甲辰		甲戌
7		辛丑		壬申		庚子		辛未		辛丑		壬申		**壬寅**		癸酉		甲辰		甲戌		乙巳		**乙亥**
8		壬寅		癸酉		辛丑		壬申		壬寅		癸酉		癸卯		**甲戌**		**乙巳**		乙亥		**丙午**		丙子
9		癸卯		甲戌		壬寅		癸酉		癸卯		甲戌		甲辰		乙亥		丙午		**丙子**		丁未		丁丑
10		甲辰		乙亥		癸卯		甲戌		甲辰		乙亥		乙巳		丙子		丁未		丁丑		戊申		戊寅
11		乙巳		丙子		甲辰		乙亥		乙巳		丙子		丙午		丁丑		戊申		戊寅		己酉		己卯
12		丙午		丁丑		乙巳		丙子		丙午		丁丑		丁未		戊寅		己酉		己卯		庚戌		庚辰
13		丁未		戊寅		丙午		丁丑		丁未		戊寅		戊申		己卯		庚戌		庚辰		辛亥		辛巳
14		戊申		己卯		丁未		戊寅		戊申		己卯		己酉		庚辰		辛亥		辛巳		壬子		壬午
15		己酉		庚辰		戊申		己卯		己酉		庚辰		庚戌		辛巳		壬子		壬午		癸丑		癸未
16		庚戌		辛巳		己酉		庚辰		庚戌		辛巳		辛亥		壬午		癸丑		癸未		甲寅		甲申
17		辛亥	壬寅	壬午		庚戌		辛巳		辛亥		壬午		壬子		癸未		甲寅		甲申		乙卯		乙酉
18	辛丑	壬子		癸未	癸卯	辛亥	甲辰	壬午	乙巳	壬子	丙午	癸未		癸丑		甲申		乙卯		乙酉		丙辰		丙戌
19		癸丑		甲申		壬子		癸未		癸丑		甲申	丁未	甲寅	戊申	乙酉		丙辰		丙戌	辛亥	丁巳	壬子	丁亥
20		甲寅		乙酉		癸丑		甲申		甲寅		乙酉		乙卯		丙戌	己酉	丁巳	庚戌	丁亥		戊午		戊子
21		乙卯		丙戌		甲寅		乙酉		乙卯		丙戌		丙辰		丁亥		戊午		戊子		己未		己丑
22		丙辰		丁亥		乙卯		丙戌		丙辰		丁亥		丁巳		戊子		己未		己丑		庚申		庚寅
23		丁巳		戊子		丙辰		丁亥		丁巳		戊子		戊午		己丑		庚申		庚寅		辛酉		辛卯
24		戊午		己丑		丁巳		戊子		戊午		己丑		己未		庚寅		辛酉		辛卯		壬戌		壬辰
25		己未		庚寅		戊午		己丑		己未		庚寅		庚申		辛卯		壬戌		壬辰		癸亥		癸巳
26		庚申		辛卯		己未		庚寅		庚申		辛卯		辛酉		壬辰		癸亥		癸巳		甲子		甲午
27		辛酉		壬辰		庚申		辛卯		辛酉		壬辰		壬戌		癸巳		甲子		甲午		乙丑		乙未
28		壬戌		癸巳		辛酉		壬辰		壬戌		癸巳		癸亥		甲午		乙丑		乙未		丙寅		丙申
29		癸亥				壬戌		癸巳		癸亥		甲午		甲子		乙未		丙寅		丙申		丁卯		丁酉
30		甲子				癸亥		甲午		甲子		乙未		乙丑		丙申		丁卯		丁酉		戊辰		戊戌
31		乙丑				甲子				乙丑				丙寅		丁酉				戊戌				己亥

2008年

【年干支】
1/1～2/3日までに生まれた人=丁亥　大運（男左・女右）
2/4～12/31日までに生まれた人=戊子★　大運（男右・女左）

生日＼年月	1月 月	1月 日	2月 月	2月 日	3月 月	3月 日	4月 月	4月 日	5月 月	5月 日	6月 月	6月 日	7月 月	7月 日	8月 月	8月 日	9月 月	9月 日	10月 月	10月 日	11月 月	11月 日	12月 月	12月 日
1		庚子		辛未		庚子		辛未		辛丑		壬申		壬寅		癸酉		甲辰		甲戌		乙巳		乙亥
2		辛丑	癸丑	壬申		辛丑	乙卯	壬申		壬寅		癸酉		癸卯		甲戌		乙巳		乙亥		丙午		丙子
3	壬子	壬寅		癸酉	甲寅	壬寅		癸酉	丙辰	癸卯	丁巳	甲戌		甲辰		乙亥		丙午		丙子		丁未		丁丑
4		癸卯		**甲戌**		癸卯		**甲戌**		甲辰		乙亥	戊午	乙巳	己未	丙子	庚申	丁未	辛酉	丁丑	壬戌	戊申	癸亥	戊寅
5		甲辰		乙亥		**甲辰**		乙亥		**乙巳**		**丙子**		丙午		丁丑		戊申		戊寅		己酉		己卯
6		**乙巳**		丙子		乙巳		丙子		丙午		丁丑		丁未		戊寅		己酉		己卯		庚戌		庚辰
7		丙午		丁丑		丙午		丁丑		丁未		戊寅		**戊申**		**己卯**		**庚戌**		庚辰		**辛亥**		**辛巳**
8		丁未		戊寅		丁未		戊寅		戊申		己卯		己酉		庚辰		辛亥		**辛巳**		壬子		壬午
9		戊申		己卯		戊申		己卯		己酉		庚辰		庚戌		辛巳		壬子		壬午		癸丑		癸未
10		己酉		庚辰		己酉		庚辰		庚戌		辛巳		辛亥		壬午		癸丑		癸未		甲寅		甲申
11		庚戌		辛巳		庚戌		辛巳		辛亥		壬午		壬子		癸未		甲寅		甲申		乙卯		乙酉
12		辛亥		壬午		辛亥		壬午		壬子		癸未		癸丑		甲申		乙卯		乙酉		丙辰		丙戌
13		壬子		癸未		壬子		癸未		癸丑		甲申		甲寅		乙酉		丙辰		丙戌		丁巳		丁亥
14		癸丑		甲申		癸丑		甲申		甲寅		乙酉		乙卯		丙戌		丁巳		丁亥		戊午		戊子
15		甲寅		乙酉		甲寅		乙酉		乙卯		丙戌		丙辰		丁亥		戊午		戊子		己未		己丑
16		乙卯		丙戌		乙卯		丙戌		丙辰		丁亥		丁巳		戊子		己未		己丑		庚申		庚寅
17		丙辰	甲寅	丁亥		丙辰	丙辰	丁亥		丁巳		戊子		戊午		己丑		庚申		庚寅		辛酉		辛卯
18	癸丑	丁巳		戊子	乙卯	丁巳		戊子	丁巳	戊午	戊午	己丑		己未		庚寅		辛酉		辛卯		壬戌		壬辰
19		戊午		己丑		戊午		己丑		己未		庚寅	己未	庚申	庚申	辛卯	辛酉	壬戌		壬辰	癸亥	癸亥	甲子	癸巳
20		己未		庚寅		己未		庚寅		庚申		辛卯		辛酉		壬辰		癸亥	壬戌	癸巳		甲子		甲午
21		庚申		辛卯		庚申		辛卯		辛酉		壬辰		壬戌		癸巳		甲子		甲午		乙丑		乙未
22		辛酉		壬辰		辛酉		壬辰		壬戌		癸巳		癸亥		甲午		乙丑		乙未		丙寅		丙申
23		壬戌		癸巳		壬戌		癸巳		癸亥		甲午		甲子		乙未		丙寅		丙申		丁卯		丁酉
24		癸亥		甲午		癸亥		甲午		甲子		乙未		乙丑		丙申		丁卯		丁酉		戊辰		戊戌
25		甲子		乙未		甲子		乙未		乙丑		丙申		丙寅		丁酉		戊辰		戊戌		己巳		己亥
26		乙丑		丙申		乙丑		丙申		丙寅		丁酉		丁卯		戊戌		己巳		己亥		庚午		庚子
27		丙寅		丁酉		丙寅		丁酉		丁卯		戊戌		戊辰		己亥		庚午		庚子		辛未		辛丑
28		丁卯		戊戌		丁卯		戊戌		戊辰		己亥		己巳		庚子		辛未		辛丑		壬申		壬寅
29		戊辰		己亥		戊辰		己亥		己巳		庚子		庚午		辛丑		壬申		壬寅		癸酉		癸卯
30		己巳				己巳		庚子		庚午		辛丑		辛未		壬寅		癸酉		癸卯		甲戌		甲辰
31		庚午				庚午				辛未				壬申		癸卯				甲辰				乙巳

2009年

【年干支】
1/1～2/3日までに生まれた人=戊子　大運（男右・女左）
2/4～12/31日までに生まれた人=己丑　大運（男左・女右）

年月／生日	1月		2月		3月		4月		5月		6月		7月		8月		9月		10月		11月		12月	
	月	日	月	日	月	日	月	日	月	日	月	日	月	日	月	日	月	日	月	日	月	日	月	日
1	甲子	丙午	乙丑	丁丑	丙寅	乙巳	丁卯	丙子	戊辰	丙午	己巳	丁丑	庚午	丁未	辛未	戊寅	壬申	己酉	癸酉	己卯	甲戌	庚戌	乙亥	庚辰
2		丁未		戊寅		丙午		丁丑		丁未		戊寅		戊申		己卯		庚戌		庚辰		辛亥		辛巳
3		戊申		己卯		丁未		戊寅		戊申		己卯		己酉		庚辰		辛亥		辛巳		壬子		壬午
4		己酉	丙寅	庚辰		戊申		己卯		己酉		庚辰		庚戌		辛巳		壬子		壬午		癸丑		癸未
5	乙丑	庚戌		辛巳	丁卯	己酉	戊辰	庚辰	己巳	庚戌	庚午	辛巳		辛亥		壬午		癸丑		癸未		甲寅		甲申
6		辛亥		壬午		庚戌		辛巳		辛亥		壬午		壬子		癸未		甲寅		甲申		乙卯		乙酉
7		壬子		癸未		辛亥		壬午		壬子		癸未	辛未	癸丑	壬申	甲申	癸酉	乙卯		乙酉	乙亥	丙辰	丙子	丙戌
8		癸丑		甲申		壬子		癸未		癸丑		甲申		甲寅		乙酉		丙辰	甲戌	丙戌		丁巳		丁亥
9		甲寅		乙酉		癸丑		甲申		甲寅		乙酉		乙卯		丙戌		丁巳		丁亥		戊午		戊子
10		乙卯		丙戌		甲寅		乙酉		乙卯		丙戌		丙辰		丁亥		戊午		戊子		己未		己丑
11		丙辰		丁亥		乙卯		丙戌		丙辰		丁亥		丁巳		戊子		己未		己丑		庚申		庚寅
12		丁巳		戊子		丙辰		丁亥		丁巳		戊子		戊午		己丑		庚申		庚寅		辛酉		辛卯
13		戊午		己丑		丁巳		戊子		戊午		己丑		己未		庚寅		辛酉		辛卯		壬戌		壬辰
14		己未		庚寅		戊午		己丑		己未		庚寅		庚申		辛卯		壬戌		壬辰		癸亥		癸巳
15		庚申		辛卯		己未		庚寅		庚申		辛卯		辛酉		壬辰		癸亥		癸巳		甲子		甲午
16		辛酉		壬辰		庚申		辛卯		辛酉		壬辰		壬戌		癸巳		甲子		甲午		乙丑		乙未
17		壬戌		癸巳		辛酉		壬辰		壬戌		癸巳		癸亥		甲午		乙丑		乙未		丙寅		丙申
18		癸亥		甲午		壬戌		癸巳		癸亥		甲午		甲子		乙未		丙寅		丙申		丁卯		丁酉
19		甲子		乙未		癸亥		甲午		甲子		乙未		乙丑		丙申		丁卯		丁酉		戊辰		戊戌
20		乙丑		丙申		甲子		乙未		乙丑		丙申		丙寅		丁酉		戊辰		戊戌		己巳		己亥
21		丙寅		丁酉		乙丑		丙申		丙寅		丁酉		丁卯		戊戌		己巳		己亥		庚午		庚子
22		丁卯		戊戌		丙寅		丁酉		丁卯		戊戌		戊辰		己亥		庚午		庚子		辛未		辛丑
23		戊辰		己亥		丁卯		戊戌		戊辰		己亥		己巳		庚子		辛未		辛丑		壬申		壬寅
24		己巳		庚子		戊辰		己亥		己巳		庚子		庚午		辛丑		壬申		壬寅		癸酉		癸卯
25		庚午		辛丑		己巳		庚子		庚午		辛丑		辛未		壬寅		癸酉		癸卯		甲戌		甲辰
26		辛未		壬寅		庚午		辛丑		辛未		壬寅		壬申		癸卯		甲戌		甲辰		乙亥		乙巳
27		壬申		癸卯		辛未		壬寅		壬申		癸卯		癸酉		甲辰		乙亥		乙巳		丙子		丙午
28		癸酉		甲辰		壬申		癸卯		癸酉		甲辰		甲戌		乙巳		丙子		丙午		丁丑		丁未
29		甲戌				癸酉		甲辰		甲戌		乙巳		乙亥		丙午		丁丑		丁未		戊寅		戊申
30		乙亥				甲戌		乙巳		乙亥		丙午		丙子		丁未		戊寅		戊申		己卯		己酉
31		丙子				乙亥				丙子				丁丑		戊申				己酉				庚戌

2010年

【年干支】
1/1～2/3日までに生まれた人＝己丑　大運（男左・女右）
2/4～12/31日までに生まれた人＝庚寅　大運（男右・女左）

生日＼年月	1月		2月		3月		4月		5月		6月		7月		8月		9月		10月		11月		12月	
	月	日	月	日	月	日	月	日	月	日	月	日	月	日	月	日	月	日	月	日	月	日	月	日
1	丙子	辛亥	丁丑	壬午	戊寅	庚戌	己卯	辛巳	庚辰	辛亥	辛巳	壬午	壬午	壬子	癸未	癸未	甲申	甲寅	乙酉	甲申	丙戌	乙卯	丁亥	乙酉
2		壬子		癸未		辛亥		壬午		壬子		癸未		癸丑		甲申		乙卯		乙酉		丙辰		丙戌
3		癸丑		甲申		壬子		癸未		癸丑		甲申		甲寅		乙酉		丙辰		丙戌		丁巳		丁亥
4		甲寅	戊寅	乙酉		癸丑		甲申		甲寅		乙酉		乙卯		丙戌		丁巳		丁亥		戊午		戊子
5	丁丑	乙卯		丙戌		甲寅	庚辰	乙酉	辛巳	乙卯		丙戌		丙辰		丁亥		戊午		戊子		己未		己丑
6		丙辰		丁亥	己卯	乙卯		丙戌		丙辰	壬午	丁亥		丁巳		戊子		己未		己丑		庚申		庚寅
7		丁巳		戊子		丙辰		丁亥		丁巳		戊子	癸未	戊午	甲申	己丑		庚申		庚寅	丁亥	辛酉	戊子	辛卯
8		戊午		己丑		丁巳		戊子		戊午		己丑		己未		庚寅	乙酉	辛酉	丙戌	辛卯		壬戌		壬辰
9		己未		庚寅		戊午		己丑		己未		庚寅		庚申		辛卯		壬戌		壬辰		癸亥		癸巳
10		庚申		辛卯		己未		庚寅		庚申		辛卯		辛酉		壬辰		癸亥		癸巳		甲子		甲午
11		辛酉		壬辰		庚申		辛卯		辛酉		壬辰		壬戌		癸巳		甲子		甲午		乙丑		乙未
12		壬戌		癸巳		辛酉		壬辰		壬戌		癸巳		癸亥		甲午		乙丑		乙未		丙寅		丙申
13		癸亥		甲午		壬戌		癸巳		癸亥		甲午		甲子		乙未		丙寅		丙申		丁卯		丁酉
14		甲子		乙未		癸亥		甲午		甲子		乙未		乙丑		丙申		丁卯		丁酉		戊辰		戊戌
15		乙丑		丙申		甲子		乙未		乙丑		丙申		丙寅		丁酉		戊辰		戊戌		己巳		己亥
16		丙寅		丁酉		乙丑		丙申		丙寅		丁酉		丁卯		戊戌		己巳		己亥		庚午		庚子
17		丁卯		戊戌		丙寅		丁酉		丁卯		戊戌		戊辰		己亥		庚午		庚子		辛未		辛丑
18		戊辰		己亥		丁卯		戊戌		戊辰		己亥		己巳		庚子		辛未		辛丑		壬申		壬寅
19		己巳		庚子		戊辰		己亥		己巳		庚子		庚午		辛丑		壬申		壬寅		癸酉		癸卯
20		庚午		辛丑		己巳		庚子		庚午		辛丑		辛未		壬寅		癸酉		癸卯		甲戌		甲辰
21		辛未		壬寅		庚午		辛丑		辛未		壬寅		壬申		癸卯		甲戌		甲辰		乙亥		乙巳
22		壬申		癸卯		辛未		壬寅		壬申		癸卯		癸酉		甲辰		乙亥		乙巳		丙子		丙午
23		癸酉		甲辰		壬申		癸卯		癸酉		甲辰		甲戌		乙巳		丙子		丙午		丁丑		丁未
24		甲戌		乙巳		癸酉		甲辰		甲戌		乙巳		乙亥		丙午		丁丑		丁未		戊寅		戊申
25		乙亥		丙午		甲戌		乙巳		乙亥		丙午		丙子		丁未		戊寅		戊申		己卯		己酉
26		丙子		丁未		乙亥		丙午		丙子		丁未		丁丑		戊申		己卯		己酉		庚辰		庚戌
27		丁丑		戊申		丙子		丁未		丁丑		戊申		戊寅		己酉		庚辰		庚戌		辛巳		辛亥
28		戊寅		己酉		丁丑		戊申		戊寅		己酉		己卯		庚戌		辛巳		辛亥		壬午		壬子
29		己卯				戊寅		己酉		己卯		庚戌		庚辰		辛亥		壬午		壬子		癸未		癸丑
30		庚辰				己卯		庚戌		庚辰		辛亥		辛巳		壬子		癸未		癸丑		甲申		甲寅
31		辛巳				庚辰				辛巳				壬午		癸丑				甲寅				乙卯

2011年

【年干支】
1／1〜2／3日までに生まれた人＝庚寅　大運（男右・女左）
2／4〜12／31日までに生まれた人＝辛卯　大運（男左・女右）

生日＼年月	1月 月	1月 日	2月 月	2月 日	3月 月	3月 日	4月 月	4月 日	5月 月	5月 日	6月 月	6月 日	7月 月	7月 日	8月 月	8月 日	9月 月	9月 日	10月 月	10月 日	11月 月	11月 日	12月 月	12月 日
1	戊子	丙辰	己丑	丁亥	庚寅	乙卯	辛卯	丙戌	壬辰	丙辰	癸巳	丁亥	甲午	丁巳	乙未	戊子	丙申	己未	丁酉	己丑	戊戌	庚申	己亥	庚寅
2		丁巳		戊子		丙辰		丁亥		丁巳		戊子		戊午		己丑		庚申		庚寅		辛酉		辛卯
3		戊午		己丑		丁巳		戊子		戊午		己丑		己未		庚寅		辛酉		辛卯		壬戌		壬辰
4		己未	庚寅	**庚寅**		戊午		己丑		己未		庚寅		庚申		辛卯		壬戌		壬辰		癸亥		癸巳
5		庚申		辛卯		己未	壬辰	**庚寅**		庚申		辛卯		辛酉		壬辰		癸亥		癸巳		甲子		甲午
6	己丑	**辛酉**		壬辰	辛卯	**庚申**		辛卯	癸巳	**辛酉**	甲午	**壬辰**		壬戌		癸巳		甲子		甲午		乙丑		乙未
7		壬戌		癸巳		辛酉		壬辰		壬戌		癸巳	乙未	**癸亥**		甲午		乙丑		乙未		丙寅	庚子	**丙申**
8		癸亥		甲午		壬戌		癸巳		癸亥		甲午		甲子	丙申	**乙未**	丁酉	**丙寅**		丙申	己亥	**丁卯**		丁酉
9		甲子		乙未		癸亥		甲午		甲子		乙未		乙丑		丙申		丁卯	戊戌	**丁酉**		戊辰		戊戌
10		乙丑		丙申		甲子		乙未		乙丑		丙申		丙寅		丁酉		戊辰		戊戌		己巳		己亥
11		丙寅		丁酉		乙丑		丙申		丙寅		丁酉		丁卯		戊戌		己巳		己亥		庚午		庚子
12		丁卯		戊戌		丙寅		丁酉		丁卯		戊戌		戊辰		己亥		庚午		庚子		辛未		辛丑
13		戊辰		己亥		丁卯		戊戌		戊辰		己亥		己巳		庚子		辛未		辛丑		壬申		壬寅
14		己巳		庚子		戊辰		己亥		己巳		庚子		庚午		辛丑		壬申		壬寅		癸酉		癸卯
15		庚午		辛丑		己巳		庚子		庚午		辛丑		辛未		壬寅		癸酉		癸卯		甲戌		甲辰
16		辛未		壬寅		庚午		辛丑		辛未		壬寅		壬申		癸卯		甲戌		甲辰		乙亥		乙巳
17		壬申		癸卯		辛未		壬寅		壬申		癸卯		癸酉		甲辰		乙亥		乙巳		丙子		丙午
18		癸酉		甲辰		壬申		癸卯		癸酉		甲辰		甲戌		乙巳		丙子		丙午		丁丑		丁未
19		甲戌		乙巳		癸酉		甲辰		甲戌		乙巳		乙亥		丙午		丁丑		丁未		戊寅		戊申
20		乙亥		丙午		甲戌		乙巳		乙亥		丙午		丙子		丁未		戊寅		戊申		己卯		己酉
21		丙子		丁未		乙亥		丙午		丙子		丁未		丁丑		戊申		己卯		己酉		庚辰		庚戌
22		丁丑		戊申		丙子		丁未		丁丑		戊申		戊寅		己酉		庚辰		庚戌		辛巳		辛亥
23		戊寅		己酉		丁丑		戊申		戊寅		己酉		己卯		庚戌		辛巳		辛亥		壬午		壬子
24		己卯		庚戌		戊寅		己酉		己卯		庚戌		庚辰		辛亥		壬午		壬子		癸未		癸丑
25		庚辰		辛亥		己卯		庚戌		庚辰		辛亥		辛巳		壬子		癸未		癸丑		甲申		甲寅
26		辛巳		壬子		庚辰		辛亥		辛巳		壬子		壬午		癸丑		甲申		甲寅		乙酉		乙卯
27		壬午		癸丑		辛巳		壬子		壬午		癸丑		癸未		甲寅		乙酉		乙卯		丙戌		丙辰
28		癸未		甲寅		壬午		癸丑		癸未		甲寅		甲申		乙卯		丙戌		丙辰		丁亥		丁巳
29		甲申				癸未		甲寅		甲申		乙卯		乙酉		丙辰		丁亥		丁巳		戊子		戊午
30		乙酉				甲申		乙卯		乙酉		丙辰		丙戌		丁巳		戊子		戊午		己丑		己未
31		丙戌				乙酉				丙戌				丁亥		戊午				己未				庚申

2012年

【年干支】
1/1～2/3日までに生まれた人＝辛卯　大運（男左・女右）
2/4～12/31日までに生まれた人＝壬辰★　大運（男右・女左）

年月／生日	1月		2月		3月		4月		5月		6月	
	月	日	月	日	月	日	月	日	月	日	月	日
1		辛酉		壬辰		辛酉		壬辰		壬戌		癸巳
2		壬戌	辛丑	癸巳		壬戌	癸卯	癸巳		癸亥		甲午
3	庚子	癸亥		甲午	壬寅	癸亥		甲午	甲辰	甲子	乙巳	乙未
4		甲子		**乙未**		甲子		**乙未**		乙丑		丙申
5		乙丑		丙申		**乙丑**		丙申		**丙寅**		**丁酉**
6		**丙寅**		丁酉		丙寅		丁酉		丁卯		戊戌
7		丁卯		戊戌		丁卯		戊戌		戊辰		己亥
8		戊辰		己亥		戊辰		己亥		己巳		庚子
9		己巳		庚子		己巳		庚子		庚午		辛丑
10		庚午		辛丑		庚午		辛丑		辛未		壬寅
11		辛未		壬寅		辛未		壬寅		壬申		癸卯
12		壬申		癸卯		壬申		癸卯		癸酉		甲辰
13		癸酉		甲辰		癸酉		甲辰		甲戌		乙巳
14		甲戌		乙巳		甲戌		乙巳		乙亥		丙午
15		乙亥		丙午		乙亥		丙午		丙子		丁未
16		丙子		丁未		丙子		丁未		丁丑		戊申
17		丁丑	壬寅	戊申		丁丑	甲辰	戊申		戊寅		己酉
18	辛丑	戊寅		己酉	癸卯	戊寅		己酉	乙巳	己卯	丙午	庚戌
19		己卯		庚戌		己卯		庚戌		庚辰		辛亥
20		庚辰		辛亥		庚辰		辛亥		辛巳		壬子
21		辛巳		壬子		辛巳		壬子		壬午		癸丑
22		壬午		癸丑		壬午		癸丑		癸未		甲寅
23		癸未		甲寅		癸未		甲寅		甲申		乙卯
24		甲申		乙卯		甲申		乙卯		乙酉		丙辰
25		乙酉		丙辰		乙酉		丙辰		丙戌		丁巳
26		丙戌		丁巳		丙戌		丁巳		丁亥		戊午
27		丁亥		戊午		丁亥		戊午		戊子		己未
28		戊子		己未		戊子		己未		己丑		庚申
29		己丑		庚申		己丑		庚申		庚寅		辛酉
30		庚寅				庚寅		辛酉		辛卯		壬戌
31		辛卯				辛卯				壬辰		

年月／生日	7月		8月		9月		10月		11月		12月	
	月	日	月	日	月	日	月	日	月	日	月	日
1		癸亥		甲午		乙丑		乙未		丙寅		丙申
2		甲子		乙未		丙寅		丙申		丁卯		丁酉
3		乙丑		丙申		丁卯		丁酉		戊辰		戊戌
4	丙午	丙寅	丁未	丁酉	戊申	戊辰	己酉	戊戌	庚戌	己巳	辛亥	己亥
5		丁卯		戊戌		己巳		己亥		庚午		庚子
6		戊辰		己亥		庚午		庚子		辛未		辛丑
7		**己巳**		**庚子**		**辛未**		辛丑		**壬申**		**壬寅**
8		庚午		辛丑		壬申		**壬寅**		癸酉		癸卯
9		辛未		壬寅		癸酉		癸卯		甲戌		甲辰
10		壬申		癸卯		甲戌		甲辰		乙亥		乙巳
11		癸酉		甲辰		乙亥		乙巳		丙子		丙午
12		甲戌		乙巳		丙子		丙午		丁丑		丁未
13		乙亥		丙午		丁丑		丁未		戊寅		戊申
14		丙子		丁未		戊寅		戊申		己卯		己酉
15		丁丑		戊申		己卯		己酉		庚辰		庚戌
16		戊寅		己酉		庚辰		庚戌		辛巳		辛亥
17		己卯		庚戌		辛巳		辛亥		壬午		壬子
18		庚辰		辛亥		壬午		壬子		癸未		癸丑
19	丁未	辛巳	戊申	壬子	己酉	癸未		癸丑	辛亥	甲申	壬子	甲寅
20		壬午		癸丑		甲申	庚戌	甲寅		乙酉		乙卯
21		癸未		甲寅		乙酉		乙卯		丙戌		丙辰
22		甲申		乙卯		丙戌		丙辰		丁亥		丁巳
23		乙酉		丙辰		丁亥		丁巳		戊子		戊午
24		丙戌		丁巳		戊子		戊午		己丑		己未
25		丁亥		戊午		己丑		己未		庚寅		庚申
26		戊子		己未		庚寅		庚申		辛卯		辛酉
27		己丑		庚申		辛卯		辛酉		壬辰		壬戌
28		庚寅		辛酉		壬辰		壬戌		癸巳		癸亥
29		辛卯		壬戌		癸巳		癸亥		甲午		甲子
30		壬辰		癸亥		甲午		甲子		乙未		乙丑
31		癸巳		甲子				乙丑				丙寅

2013年

【年干支】
1/1～2/3日までに生まれた人＝壬辰　大運（男右・女左）
2/4～12/31日までに生まれた人＝癸巳　大運（男左・女右）

年月／生日	1月		2月		3月		4月		5月		6月		7月		8月		9月		10月		11月		12月	
	月	日	月	日	月	日	月	日	月	日	月	日	月	日	月	日	月	日	月	日	月	日	月	日
1		丁卯		戊戌		丙寅		丁酉		丁卯		戊戌		戊辰		己亥		庚午		庚子		辛未		辛丑
2	壬子	戊辰	癸丑	己亥	甲寅	丁卯	乙卯	戊戌	丙辰	戊辰	丁巳	己亥		己巳		庚子		辛未		辛丑		壬申		壬寅
3		己巳		庚子		戊辰		己亥		己巳		庚子		庚午		辛丑		壬申		壬寅		癸酉		癸卯
4		庚午		**辛丑**		己巳		庚子		庚午		辛丑	戊午	辛未	己未	壬寅	庚申	癸酉	辛酉	癸卯	壬戌	甲戌	癸亥	甲辰
5		**辛未**		壬寅		**庚午**		**辛丑**		**辛未**		**壬寅**		壬申		癸卯		甲戌		甲辰		乙亥		乙巳
6		壬申		癸卯		辛未		壬寅		壬申		癸卯		癸酉		甲辰		乙亥		乙巳		丙子		丙午
7		癸酉		甲辰		壬申		癸卯		癸酉		甲辰		**甲戌**		**乙巳**		**丙子**		丙午		**丁丑**		**丁未**
8		甲戌		乙巳		癸酉		甲辰		甲戌		乙巳		乙亥		丙午		丁丑		**丁未**		戊寅		戊申
9		乙亥		丙午		甲戌		乙巳		乙亥		丙午		丙子		丁未		戊寅		戊申		己卯		己酉
10		丙子		丁未		乙亥		丙午		丙子		丁未		丁丑		戊申		己卯		己酉		庚辰		庚戌
11		丁丑		戊申		丙子		丁未		丁丑		戊申		戊寅		己酉		庚辰		庚戌		辛巳		辛亥
12		戊寅		己酉		丁丑		戊申		戊寅		己酉		己卯		庚戌		辛巳		辛亥		壬午		壬子
13		己卯		庚戌		戊寅		己酉		己卯		庚戌		庚辰		辛亥		壬午		壬子		癸未		癸丑
14		庚辰		辛亥		己卯		庚戌		庚辰		辛亥		辛巳		壬子		癸未		癸丑		甲申		甲寅
15		辛巳		壬子		庚辰		辛亥		辛巳		壬子		壬午		癸丑		甲申		甲寅		乙酉		乙卯
16		壬午		癸丑		辛巳		壬子		壬午		癸丑		癸未		甲寅		乙酉		乙卯		丙戌		丙辰
17		癸未	甲寅	甲寅		壬午		癸丑		癸未		甲寅		甲申		乙卯		丙戌		丙辰		丁亥		丁巳
18	癸丑	甲申		乙卯	乙卯	癸未	丙辰	甲寅	丁巳	甲申	戊午	乙卯		乙酉		丙辰		丁亥		丁巳		戊子		戊午
19		乙酉		丙辰		甲申		乙卯		乙酉		丙辰	己未	丙戌	庚申	丁巳	辛酉	戊子	壬戌	戊午	癸亥	己丑	甲子	己未
20		丙戌		丁巳		乙酉		丙辰		丙戌		丁巳		丁亥		戊午		己丑		己未		庚寅		庚申
21		丁亥		戊午		丙戌		丁巳		丁亥		戊午		戊子		己未		庚寅		庚申		辛卯		辛酉
22		戊子		己未		丁亥		戊午		戊子		己未		己丑		庚申		辛卯		辛酉		壬辰		壬戌
23		己丑		庚申		戊子		己未		己丑		庚申		庚寅		辛酉		壬辰		壬戌		癸巳		癸亥
24		庚寅		辛酉		己丑		庚申		庚寅		辛酉		辛卯		壬戌		癸巳		癸亥		甲午		甲子
25		辛卯		壬戌		庚寅		辛酉		辛卯		壬戌		壬辰		癸亥		甲午		甲子		乙未		乙丑
26		壬辰		癸亥		辛卯		壬戌		壬辰		癸亥		癸巳		甲子		乙未		乙丑		丙申		丙寅
27		癸巳		甲子		壬辰		癸亥		癸巳		甲子		甲午		乙丑		丙申		丙寅		丁酉		丁卯
28		甲午		乙丑		癸巳		甲子		甲午		乙丑		乙未		丙寅		丁酉		丁卯		戊戌		戊辰
29		乙未				甲午		乙丑		乙未		丙寅		丙申		丁卯		戊戌		戊辰		己亥		己巳
30		丙申				乙未		丙寅		丙申		丁卯		丁酉		戊辰		己亥		己巳		庚子		庚午
31		丁酉				丙申				丁酉				戊戌		己巳				庚午				辛未

2014年

【年干支】
1/1～2/3日までに生まれた人＝癸巳　大運（男左・女右）
2/4～12/31日までに生まれた人＝甲午　大運（男右・女左）

年月／生日	1月		2月		3月		4月		5月		6月		7月		8月		9月		10月		11月		12月	
	月	日	月	日	月	日	月	日	月	日	月	日	月	日	月	日	月	日	月	日	月	日	月	日
1	甲子	壬申	乙丑	癸卯	丙寅	辛未	丁卯	壬寅	戊辰	壬申	己巳	癸卯	庚午	癸酉	辛未	甲辰	壬申	乙亥	癸酉	乙巳	甲戌	丙子	乙亥	丙午
2		癸酉		甲辰		壬申		癸卯		癸酉		甲辰		甲戌		乙巳		丙子		丙午		丁丑		丁未
3		甲戌		乙巳		癸酉		甲辰		甲戌		乙巳		乙亥		丙午		丁丑		丁未		戊寅		戊申
4		乙亥	丙寅	**丙午**		甲戌		乙巳		乙亥		丙午		丙子		丁未		戊寅		戊申		己卯		己酉
5	乙丑	**丙子**		丁未		乙亥	戊辰	**丙午**	己巳	**丙子**		丁未		丁丑		戊申		己卯		己酉		庚辰		庚戌
6		丁丑		戊申	丁卯	**丙子**		丁未		丁丑	庚午	**戊申**		戊寅		己酉		庚辰		庚戌		辛巳		辛亥
7		戊寅		己酉		丁丑		戊申		戊寅		己酉	辛未	**己卯**	壬申	**庚戌**		辛巳		辛亥	乙亥	**壬午**	丙子	**壬子**
8		己卯		庚戌		戊寅		己酉		己卯		庚戌		庚辰		辛亥	癸酉	**壬午**	甲戌	**壬子**		癸未		癸丑
9		庚辰		辛亥		己卯		庚戌		庚辰		辛亥		辛巳		壬子		癸未		癸丑		甲申		甲寅
10		辛巳		壬子		庚辰		辛亥		辛巳		壬子		壬午		癸丑		甲申		甲寅		乙酉		乙卯
11		壬午		癸丑		辛巳		壬子		壬午		癸丑		癸未		甲寅		乙酉		乙卯		丙戌		丙辰
12		癸未		甲寅		壬午		癸丑		癸未		甲寅		甲申		乙卯		丙戌		丙辰		丁亥		丁巳
13		甲申		乙卯		癸未		甲寅		甲申		乙卯		乙酉		丙辰		丁亥		丁巳		戊子		戊午
14		乙酉		丙辰		甲申		乙卯		乙酉		丙辰		丙戌		丁巳		戊子		戊午		己丑		己未
15		丙戌		丁巳		乙酉		丙辰		丙戌		丁巳		丁亥		戊午		己丑		己未		庚寅		庚申
16		丁亥		戊午		丙戌		丁巳		丁亥		戊午		戊子		己未		庚寅		庚申		辛卯		辛酉
17		戊子		己未		丁亥		戊午		戊子		己未		己丑		庚申		辛卯		辛酉		壬辰		壬戌
18		己丑		庚申		戊子		己未		己丑		庚申		庚寅		辛酉		壬辰		壬戌		癸巳		癸亥
19		庚寅		辛酉		己丑		庚申		庚寅		辛酉		辛卯		壬戌		癸巳		癸亥		甲午		甲子
20		辛卯		壬戌		庚寅		辛酉		辛卯		壬戌		壬辰		癸亥		甲午		甲子		乙未		乙丑
21		壬辰		癸亥		辛卯		壬戌		壬辰		癸亥		癸巳		甲子		乙未		乙丑		丙申		丙寅
22		癸巳		甲子		壬辰		癸亥		癸巳		甲子		甲午		乙丑		丙申		丙寅		丁酉		丁卯
23		甲午		乙丑		癸巳		甲子		甲午		乙丑		乙未		丙寅		丁酉		丁卯		戊戌		戊辰
24		乙未		丙寅		甲午		乙丑		乙未		丙寅		丙申		丁卯		戊戌		戊辰		己亥		己巳
25		丙申		丁卯		乙未		丙寅		丙申		丁卯		丁酉		戊辰		己亥		己巳		庚子		庚午
26		丁酉		戊辰		丙申		丁卯		丁酉		戊辰		戊戌		己巳		庚子		庚午		辛丑		辛未
27		戊戌		己巳		丁酉		戊辰		戊戌		己巳		己亥		庚午		辛丑		辛未		壬寅		壬申
28		己亥		庚午		戊戌		己巳		己亥		庚午		庚子		辛未		壬寅		壬申		癸卯		癸酉
29		庚子				己亥		庚午		庚子		辛未		辛丑		壬申		癸卯		癸酉		甲辰		甲戌
30		辛丑				庚子		辛未		辛丑		壬申		壬寅		癸酉		甲辰		甲戌		乙巳		乙亥
31		壬寅				辛丑				壬寅				癸卯		甲戌				乙亥				丙子

2015年

【年干支】
1/1～2/3日までに生まれた人＝甲午　大運（男右・女左）
2/4～12/31日までに生まれた人＝乙未　大運（男左・女右）

年月	1月		2月		3月		4月		5月		6月		7月		8月		9月		10月		11月		12月	
生日	月	日	月	日	月	日	月	日	月	日	月	日	月	日	月	日	月	日	月	日	月	日	月	日
1	丙子	丁丑	丁丑	戊申	戊寅	丙子	己卯	丁未	庚辰	丁丑	辛巳	戊申	壬午	戊寅	癸未	己酉	甲申	庚辰	乙酉	庚戌	丙戌	辛巳	丁亥	辛亥
2		戊寅		己酉		丁丑		戊申		戊寅		己酉		己卯		庚戌		辛巳		辛亥		壬午		壬子
3		己卯		庚戌		戊寅		己酉		己卯		庚戌		庚辰		辛亥		壬午		壬子		癸未		癸丑
4		庚辰	戊寅	辛亥		己卯		庚戌		庚辰		辛亥		辛巳		壬子		癸未		癸丑		甲申		甲寅
5		辛巳		壬子		庚辰	庚辰	辛亥		辛巳		壬子		壬午		癸丑		甲申		甲寅		乙酉		乙卯
6	丁丑	壬午		癸丑	己卯	辛巳		壬子	辛巳	壬午	壬午	癸丑		癸未		甲寅		乙酉		乙卯		丙戌		丙辰
7		癸未		甲寅		壬午		癸丑		癸未		甲寅	癸未	甲申		乙卯		丙戌		丙辰		丁亥	戊子	丁巳
8		甲申		乙卯		癸未		甲寅		甲申		乙卯		乙酉	甲申	丙辰	乙酉	丁亥	丙戌	丁巳	丁亥	戊子		戊午
9		乙酉		丙辰		甲申		乙卯		乙酉		丙辰		丙戌		丁巳		戊子		戊午		己丑		己未
10		丙戌		丁巳		乙酉		丙辰		丙戌		丁巳		丁亥		戊午		己丑		己未		庚寅		庚申
11		丁亥		戊午		丙戌		丁巳		丁亥		戊午		戊子		己未		庚寅		庚申		辛卯		辛酉
12		戊子		己未		丁亥		戊午		戊子		己未		己丑		庚申		辛卯		辛酉		壬辰		壬戌
13		己丑		庚申		戊子		己未		己丑		庚申		庚寅		辛酉		壬辰		壬戌		癸巳		癸亥
14		庚寅		辛酉		己丑		庚申		庚寅		辛酉		辛卯		壬戌		癸巳		癸亥		甲午		甲子
15		辛卯		壬戌		庚寅		辛酉		辛卯		壬戌		壬辰		癸亥		甲午		甲子		乙未		乙丑
16		壬辰		癸亥		辛卯		壬戌		壬辰		癸亥		癸巳		甲子		乙未		乙丑		丙申		丙寅
17		癸巳		甲子		壬辰		癸亥		癸巳		甲子		甲午		乙丑		丙申		丙寅		丁酉		丁卯
18		甲午		乙丑		癸巳		甲子		甲午		乙丑		乙未		丙寅		丁酉		丁卯		戊戌		戊辰
19		乙未		丙寅		甲午		乙丑		乙未		丙寅		丙申		丁卯		戊戌		戊辰		己亥		己巳
20		丙申		丁卯		乙未		丙寅		丙申		丁卯		丁酉		戊辰		己亥		己巳		庚子		庚午
21		丁酉		戊辰		丙申		丁卯		丁酉		戊辰		戊戌		己巳		庚子		庚午		辛丑		辛未
22		戊戌		己巳		丁酉		戊辰		戊戌		己巳		己亥		庚午		辛丑		辛未		壬寅		壬申
23		己亥		庚午		戊戌		己巳		己亥		庚午		庚子		辛未		壬寅		壬申		癸卯		癸酉
24		庚子		辛未		己亥		庚午		庚子		辛未		辛丑		壬申		癸卯		癸酉		甲辰		甲戌
25		辛丑		壬申		庚子		辛未		辛丑		壬申		壬寅		癸酉		甲辰		甲戌		乙巳		乙亥
26		壬寅		癸酉		辛丑		壬申		壬寅		癸酉		癸卯		甲戌		乙巳		乙亥		丙午		丙子
27		癸卯		甲戌		壬寅		癸酉		癸卯		甲戌		甲辰		乙亥		丙午		丙子		丁未		丁丑
28		甲辰		乙亥		癸卯		甲戌		甲辰		乙亥		乙巳		丙子		丁未		丁丑		戊申		戊寅
29		乙巳				甲辰		乙亥		乙巳		丙子		丙午		丁丑		戊申		戊寅		己酉		己卯
30		丙午				乙巳		丙子		丙午		丁丑		丁未		戊寅		己酉		己卯		庚戌		庚辰
31		丁未				丙午				丁未				戊申		己卯				庚辰				辛巳

2016年

【年干支】
1/1～2/3日までに生まれた人=乙未　大運（男左・女右）
2/4～12/31日までに生まれた人=丙申　大運（男右・女左）

生日＼年月	1月		2月		3月		4月		5月		6月		7月		8月		9月		10月		11月		12月	
	月	日	月	日	月	日	月	日	月	日	月	日	月	日	月	日	月	日	月	日	月	日	月	日
1	戊子	壬午	己丑	癸丑	庚寅	壬午	辛卯	癸丑	壬辰	癸未	癸巳	甲寅	甲午	甲申	乙未	乙卯	丙申	丙戌	丁酉	丙辰	戊戌	丁亥	己亥	丁巳
2		癸未		甲寅		癸未		甲寅		甲申		乙卯		乙酉		丙辰		丁亥		丁巳		戊子		戊午
3		甲申		乙卯		甲申		乙卯		乙酉		丙辰		丙戌		丁巳		戊子		戊午		己丑		己未
4		乙酉	庚寅	**丙辰**		乙酉	壬辰	**丙辰**		丙戌		丁巳		丁亥		戊午		己丑		己未		庚寅		庚申
5		丙戌		丁巳	辛卯	**丙戌**		丁巳	癸巳	**丁亥**	甲午	**戊午**		戊子		己未		庚寅		庚申		辛卯		辛酉
6	己丑	**丁亥**		戊午		丁亥		戊午		戊子		己未		己丑		庚申		辛卯		辛酉		壬辰		壬戌
7		戊子		己未		戊子		己未		己丑		庚申	乙未	**庚寅**	丙申	**辛酉**	丁酉	**壬辰**		壬戌	己亥	**癸巳**	庚子	**癸亥**
8		己丑		庚申		己丑		庚申		庚寅		辛酉		辛卯		壬戌		癸巳	戊戌	**癸亥**		甲午		甲子
9		庚寅		辛酉		庚寅		辛酉		辛卯		壬戌		壬辰		癸亥		甲午		甲子		乙未		乙丑
10		辛卯		壬戌		辛卯		壬戌		壬辰		癸亥		癸巳		甲子		乙未		乙丑		丙申		丙寅
11		壬辰		癸亥		壬辰		癸亥		癸巳		甲子		甲午		乙丑		丙申		丙寅		丁酉		丁卯
12		癸巳		甲子		癸巳		甲子		甲午		乙丑		乙未		丙寅		丁酉		丁卯		戊戌		戊辰
13		甲午		乙丑		甲午		乙丑		乙未		丙寅		丙申		丁卯		戊戌		戊辰		己亥		己巳
14		乙未		丙寅		乙未		丙寅		丙申		丁卯		丁酉		戊辰		己亥		己巳		庚子		庚午
15		丙申		丁卯		丙申		丁卯		丁酉		戊辰		戊戌		己巳		庚子		庚午		辛丑		辛未
16		丁酉		戊辰		丁酉		戊辰		戊戌		己巳		己亥		庚午		辛丑		辛未		壬寅		壬申
17		戊戌		己巳		戊戌		己巳		己亥		庚午		庚子		辛未		壬寅		壬申		癸卯		癸酉
18		己亥		庚午		己亥		庚午		庚子		辛未		辛丑		壬申		癸卯		癸酉		甲辰		甲戌
19		庚子		辛未		庚子		辛未		辛丑		壬申		壬寅		癸酉		甲辰		甲戌		乙巳		乙亥
20		辛丑		壬申		辛丑		壬申		壬寅		癸酉		癸卯		甲戌		乙巳		乙亥		丙午		丙子
21		壬寅		癸酉		壬寅		癸酉		癸卯		甲戌		甲辰		乙亥		丙午		丙子		丁未		丁丑
22		癸卯		甲戌		癸卯		甲戌		甲辰		乙亥		乙巳		丙子		丁未		丁丑		戊申		戊寅
23		甲辰		乙亥		甲辰		乙亥		乙巳		丙子		丙午		丁丑		戊申		戊寅		己酉		己卯
24		乙巳		丙子		乙巳		丙子		丙午		丁丑		丁未		戊寅		己酉		己卯		庚戌		庚辰
25		丙午		丁丑		丙午		丁丑		丁未		戊寅		戊申		己卯		庚戌		庚辰		辛亥		辛巳
26		丁未		戊寅		丁未		戊寅		戊申		己卯		己酉		庚辰		辛亥		辛巳		壬子		壬午
27		戊申		己卯		戊申		己卯		己酉		庚辰		庚戌		辛巳		壬子		壬午		癸丑		癸未
28		己酉		庚辰		己酉		庚辰		庚戌		辛巳		辛亥		壬午		癸丑		癸未		甲寅		甲申
29		庚戌		辛巳		庚戌		辛巳		辛亥		壬午		壬子		癸未		甲寅		甲申		乙卯		乙酉
30		辛亥				辛亥		壬午		壬子		癸未		癸丑		甲申		乙卯		乙酉		丙辰		丙戌
31		壬子				壬子				癸丑				甲寅		乙酉				丙戌				丁亥

2017年

【年干支】
1/1～2/3日までに生まれた人＝丙申　大運（男右・女左）
2/4～12/31日までに生まれた人＝丁酉　大運（男左・女右）

年月	1月		2月		3月		4月		5月		6月		7月		8月		9月		10月		11月		12月	
生日	月	日	月	日	月	日	月	日	月	日	月	日	月	日	月	日	月	日	月	日	月	日	月	日
1	庚子	戊子	辛丑	己未	壬寅	丁亥	癸卯	戊午	甲辰	戊子	乙巳	己未	丙午	己丑	丁未	庚申	戊申	辛卯	己酉	辛酉	庚戌	壬辰	辛亥	壬戌
2		己丑		庚申		戊子		己未		己丑		庚申		庚寅		辛酉		壬辰		壬戌		癸巳		癸亥
3		庚寅		辛酉		己丑		庚申		庚寅		辛酉		辛卯		壬戌		癸巳		癸亥		甲午		甲子
4		辛卯	壬寅	**壬戌**		庚寅	甲辰	**辛酉**		辛卯		壬戌		壬辰		癸亥		甲午		甲子		乙未		乙丑
5	辛丑	**壬辰**		癸亥	癸卯	**辛卯**		壬戌	乙巳	**壬辰**	丙午	**癸亥**		癸巳		甲子		乙未		乙丑		丙申		丙寅
6		癸巳		甲子		壬辰		癸亥		癸巳		甲子		甲午		乙丑		丙申		丙寅		丁酉		丁卯
7		甲午		乙丑		癸巳		甲子		甲午		乙丑	丁未	**乙未**	戊申	**丙寅**	己酉	**丁酉**		丁卯	辛亥	**戊戌**	壬子	**戊辰**
8		乙未		丙寅		甲午		乙丑		乙未		丙寅		丙申		丁卯		戊戌	庚戌	**戊辰**		己亥		己巳
9		丙申		丁卯		乙未		丙寅		丙申		丁卯		丁酉		戊辰		己亥		己巳		庚子		庚午
10		丁酉		戊辰		丙申		丁卯		丁酉		戊辰		戊戌		己巳		庚子		庚午		辛丑		辛未
11		戊戌		己巳		丁酉		戊辰		戊戌		己巳		己亥		庚午		辛丑		辛未		壬寅		壬申
12		己亥		庚午		戊戌		己巳		己亥		庚午		庚子		辛未		壬寅		壬申		癸卯		癸酉
13		庚子		辛未		己亥		庚午		庚子		辛未		辛丑		壬申		癸卯		癸酉		甲辰		甲戌
14		辛丑		壬申		庚子		辛未		辛丑		壬申		壬寅		癸酉		甲辰		甲戌		乙巳		乙亥
15		壬寅		癸酉		辛丑		壬申		壬寅		癸酉		癸卯		甲戌		乙巳		乙亥		丙午		丙子
16		癸卯		甲戌		壬寅		癸酉		癸卯		甲戌		甲辰		乙亥		丙午		丙子		丁未		丁丑
17		甲辰		乙亥		癸卯		甲戌		甲辰		乙亥		乙巳		丙子		丁未		丁丑		戊申		戊寅
18		乙巳		丙子		甲辰		乙亥		乙巳		丙子		丙午		丁丑		戊申		戊寅		己酉		己卯
19		丙午		丁丑		乙巳		丙子		丙午		丁丑		丁未		戊寅		己酉		己卯		庚戌		庚辰
20		丁未		戊寅		丙午		丁丑		丁未		戊寅		戊申		己卯		庚戌		庚辰		辛亥		辛巳
21		戊申		己卯		丁未		戊寅		戊申		己卯		己酉		庚辰		辛亥		辛巳		壬子		壬午
22		己酉		庚辰		戊申		己卯		己酉		庚辰		庚戌		辛巳		壬子		壬午		癸丑		癸未
23		庚戌		辛巳		己酉		庚辰		庚戌		辛巳		辛亥		壬午		癸丑		癸未		甲寅		甲申
24		辛亥		壬午		庚戌		辛巳		辛亥		壬午		壬子		癸未		甲寅		甲申		乙卯		乙酉
25		壬子		癸未		辛亥		壬午		壬子		癸未		癸丑		甲申		乙卯		乙酉		丙辰		丙戌
26		癸丑		甲申		壬子		癸未		癸丑		甲申		甲寅		乙酉		丙辰		丙戌		丁巳		丁亥
27		甲寅		乙酉		癸丑		甲申		甲寅		乙酉		乙卯		丙戌		丁巳		丁亥		戊午		戊子
28		乙卯		丙戌		甲寅		乙酉		乙卯		丙戌		丙辰		丁亥		戊午		戊子		己未		己丑
29		丙辰				乙卯		丙戌		丙辰		丁亥		丁巳		戊子		己未		己丑		庚申		庚寅
30		丁巳				丙辰		丁亥		丁巳		戊子		戊午		己丑		庚申		庚寅		辛酉		辛卯
31		戊午				丁巳				戊午				己未		庚寅				辛卯				壬辰

2018年

【年干支】
1/1〜2/3日までに生まれた人=丁酉　大運（男左・女右）
2/4〜12/31日までに生まれた人=戊戌　大運（男右・女左）

生日＼年月	1月		2月		3月		4月		5月		6月		7月		8月		9月		10月		11月		12月	
	月	日	月	日	月	日	月	日	月	日	月	日	月	日	月	日	月	日	月	日	月	日	月	日
1	壬子	癸巳	癸丑	甲子	甲寅	壬辰	乙卯	癸亥	丙辰	癸巳	丁巳	甲子	戊午	甲午	己未	乙丑	庚申	丙申	辛酉	丙寅	壬戌	丁酉	癸亥	丁卯
2		甲午		乙丑		癸巳		甲子		甲午		乙丑		乙未		丙寅		丁酉		丁卯		戊戌		戊辰
3		乙未		丙寅		甲午		乙丑		乙未		丙寅		丙申		丁卯		戊戌		戊辰		己亥		己巳
4		丙申	甲寅	丁卯		乙未		丙寅		丙申		丁卯		丁酉		戊辰		己亥		己巳		庚子		庚午
5	癸丑	丁酉		戊辰		丙申	丙辰	丁卯	丁巳	丁酉		戊辰		戊戌		己巳		庚子		庚午		辛丑		辛未
6		戊戌		己巳	乙卯	丁酉		戊辰		戊戌	戊午	己巳		己亥		庚午		辛丑		辛未		壬寅		壬申
7		己亥		庚午		戊戌		己巳		己亥		庚午	己未	庚子	庚申	辛未		壬寅		壬申	癸亥	癸卯	甲子	癸酉
8		庚子		辛未		己亥		庚午		庚子		辛未		辛丑		壬申	辛酉	癸卯	壬戌	癸酉		甲辰		甲戌
9		辛丑		壬申		庚子		辛未		辛丑		壬申		壬寅		癸酉		甲辰		甲戌		乙巳		乙亥
10		壬寅		癸酉		辛丑		壬申		壬寅		癸酉		癸卯		甲戌		乙巳		乙亥		丙午		丙子
11		癸卯		甲戌		壬寅		癸酉		癸卯		甲戌		甲辰		乙亥		丙午		丙子		丁未		丁丑
12		甲辰		乙亥		癸卯		甲戌		甲辰		乙亥		乙巳		丙子		丁未		丁丑		戊申		戊寅
13		乙巳		丙子		甲辰		乙亥		乙巳		丙子		丙午		丁丑		戊申		戊寅		己酉		己卯
14		丙午		丁丑		乙巳		丙子		丙午		丁丑		丁未		戊寅		己酉		己卯		庚戌		庚辰
15		丁未		戊寅		丙午		丁丑		丁未		戊寅		戊申		己卯		庚戌		庚辰		辛亥		辛巳
16		戊申		己卯		丁未		戊寅		戊申		己卯		己酉		庚辰		辛亥		辛巳		壬子		壬午
17		己酉		庚辰		戊申		己卯		己酉		庚辰		庚戌		辛巳		壬子		壬午		癸丑		癸未
18		庚戌		辛巳		己酉		庚辰		庚戌		辛巳		辛亥		壬午		癸丑		癸未		甲寅		甲申
19		辛亥		壬午		庚戌		辛巳		辛亥		壬午		壬子		癸未		甲寅		甲申		乙卯		乙酉
20		壬子		癸未		辛亥		壬午		壬子		癸未		癸丑		甲申		乙卯		乙酉		丙辰		丙戌
21		癸丑		甲申		壬子		癸未		癸丑		甲申		甲寅		乙酉		丙辰		丙戌		丁巳		丁亥
22		甲寅		乙酉		癸丑		甲申		甲寅		乙酉		乙卯		丙戌		丁巳		丁亥		戊午		戊子
23		乙卯		丙戌		甲寅		乙酉		乙卯		丙戌		丙辰		丁亥		戊午		戊子		己未		己丑
24		丙辰		丁亥		乙卯		丙戌		丙辰		丁亥		丁巳		戊子		己未		己丑		庚申		庚寅
25		丁巳		戊子		丙辰		丁亥		丁巳		戊子		戊午		己丑		庚申		庚寅		辛酉		辛卯
26		戊午		己丑		丁巳		戊子		戊午		己丑		己未		庚寅		辛酉		辛卯		壬戌		壬辰
27		己未		庚寅		戊午		己丑		己未		庚寅		庚申		辛卯		壬戌		壬辰		癸亥		癸巳
28		庚申		辛卯		己未		庚寅		庚申		辛卯		辛酉		壬辰		癸亥		癸巳		甲子		甲午
29		辛酉				庚申		辛卯		辛酉		壬辰		壬戌		癸巳		甲子		甲午		乙丑		乙未
30		壬戌				辛酉		壬辰		壬戌		癸巳		癸亥		甲午		乙丑		乙未		丙寅		丙申
31		癸亥				壬戌				癸亥				甲子		乙未				丙申				丁酉

2019年

【年干支】
1/1～2/3日までに生まれた人＝戊戌　大運（男右・女左）
2/4～12/31日までに生まれた人＝己亥　大運（男左・女右）

年月/生日	1月		2月		3月		4月		5月		6月		7月		8月		9月		10月		11月		12月	
	月	日	月	日	月	日	月	日	月	日	月	日	月	日	月	日	月	日	月	日	月	日	月	日
1	甲子	戊戌	乙丑	己巳	丙寅	丁酉	丁卯	戊辰	戊辰	戊戌	己巳	己巳	庚午	己亥	辛未	庚午	壬申	辛丑	癸酉	辛未	甲戌	壬寅	乙亥	壬申
2		己亥		庚午		戊戌		己巳		己亥		庚午		庚子		辛未		壬寅		壬申		癸卯		癸酉
3		庚子		辛未		己亥		庚午		庚子		辛未		辛丑		壬申		癸卯		癸酉		甲辰		甲戌
4		辛丑	丙寅	**壬申**		庚子		辛未		辛丑		壬申		壬寅		癸酉		甲辰		甲戌		乙巳		乙亥
5		壬寅		癸酉		辛丑	戊辰	**壬申**		壬寅		癸酉		癸卯		甲戌		乙巳		乙亥		丙午		丙子
6	乙丑	**癸卯**		甲戌	丁卯	**壬寅**		癸酉	己巳	**癸卯**	庚午	**甲戌**		甲辰		乙亥		丙午		丙子		丁未		丁丑
7		甲辰		乙亥		癸卯		甲戌		甲辰		乙亥	辛未	**乙巳**		丙子		丁未		丁丑		戊申	丙子	**戊寅**
8		乙巳		丙子		甲辰		乙亥		乙巳		丙子		丙午	壬申	**丁丑**	癸酉	**戊申**	甲戌	**戊寅**	乙亥	**己酉**		己卯
9		丙午		丁丑		乙巳		丙子		丙午		丁丑		丁未		戊寅		己酉		己卯		庚戌		庚辰
10		丁未		戊寅		丙午		丁丑		丁未		戊寅		戊申		己卯		庚戌		庚辰		辛亥		辛巳
11		戊申		己卯		丁未		戊寅		戊申		己卯		己酉		庚辰		辛亥		辛巳		壬子		壬午
12		己酉		庚辰		戊申		己卯		己酉		庚辰		庚戌		辛巳		壬子		壬午		癸丑		癸未
13		庚戌		辛巳		己酉		庚辰		庚戌		辛巳		辛亥		壬午		癸丑		癸未		甲寅		甲申
14		辛亥		壬午		庚戌		辛巳		辛亥		壬午		壬子		癸未		甲寅		甲申		乙卯		乙酉
15		壬子		癸未		辛亥		壬午		壬子		癸未		癸丑		甲申		乙卯		乙酉		丙辰		丙戌
16		癸丑		甲申		壬子		癸未		癸丑		甲申		甲寅		乙酉		丙辰		丙戌		丁巳		丁亥
17		甲寅		乙酉		癸丑		甲申		甲寅		乙酉		乙卯		丙戌		丁巳		丁亥		戊午		戊子
18		乙卯		丙戌		甲寅		乙酉		乙卯		丙戌		丙辰		丁亥		戊午		戊子		己未		己丑
19		丙辰		丁亥		乙卯		丙戌		丙辰		丁亥		丁巳		戊子		己未		己丑		庚申		庚寅
20		丁巳		戊子		丙辰		丁亥		丁巳		戊子		戊午		己丑		庚申		庚寅		辛酉		辛卯
21		戊午		己丑		丁巳		戊子		戊午		己丑		己未		庚寅		辛酉		辛卯		壬戌		壬辰
22		己未		庚寅		戊午		己丑		己未		庚寅		庚申		辛卯		壬戌		壬辰		癸亥		癸巳
23		庚申		辛卯		己未		庚寅		庚申		辛卯		辛酉		壬辰		癸亥		癸巳		甲子		甲午
24		辛酉		壬辰		庚申		辛卯		辛酉		壬辰		壬戌		癸巳		甲子		甲午		乙丑		乙未
25		壬戌		癸巳		辛酉		壬辰		壬戌		癸巳		癸亥		甲午		乙丑		乙未		丙寅		丙申
26		癸亥		甲午		壬戌		癸巳		癸亥		甲午		甲子		乙未		丙寅		丙申		丁卯		丁酉
27		甲子		乙未		癸亥		甲午		甲子		乙未		乙丑		丙申		丁卯		丁酉		戊辰		戊戌
28		乙丑		丙申		甲子		乙未		乙丑		丙申		丙寅		丁酉		戊辰		戊戌		己巳		己亥
29		丙寅				乙丑		丙申		丙寅		丁酉		丁卯		戊戌		己巳		己亥		庚午		庚子
30		丁卯				丙寅		丁酉		丁卯		戊戌		戊辰		己亥		庚午		庚子		辛未		辛丑
31		戊辰				丁卯				戊辰				己巳		庚子				辛丑				壬寅

2020年

【年干支】

1/1〜2/3日までに生まれた人=己亥　大運（男左・女右）

2/4〜12/31日までに生まれた人=庚子★　大運（男右・女左）

年月	1月		2月		3月		4月		5月		6月		7月		8月		9月		10月		11月		12月	
生日	月	日	月	日	月	日	月	日	月	日	月	日	月	日	月	日	月	日	月	日	月	日	月	日
1		癸卯		甲戌		癸卯		甲戌		甲辰		乙亥		乙巳		丙子		丁未		丁丑		戊申		戊寅
2		甲辰	丁丑	乙亥		甲辰	己卯	乙亥		乙巳		丙子		丙午		丁丑		戊申		戊寅		己酉		己卯
3	丙子	乙巳		丙子	戊寅	乙巳		丙子	庚辰	丙午	辛巳	丁丑		丁未		戊寅		己酉		己卯		庚戌		庚辰
4		丙午		**丁丑**		丙午		**丁丑**		丁未		戊寅	壬午	戊申	癸未	己卯	甲申	庚戌	乙酉	庚辰	丙戌	辛亥	丁亥	辛巳
5		丁未		戊寅		**丁未**		戊寅		**戊申**		**己卯**		己酉		庚辰		辛亥		辛巳		壬子		壬午
6		**戊申**		己卯		戊申		己卯		己酉		庚辰		庚戌		辛巳		壬子		壬午		癸丑		癸未
7		己酉		庚辰		己酉		庚辰		庚戌		辛巳		**辛亥**		**壬午**		**癸丑**		癸未		**甲寅**		**甲申**
8		庚戌		辛巳		庚戌		辛巳		辛亥		壬午		壬子		癸未		甲寅		**甲申**		乙卯		乙酉
9		辛亥		壬午		辛亥		壬午		壬子		癸未		癸丑		甲申		乙卯		乙酉		丙辰		丙戌
10		壬子		癸未		壬子		癸未		癸丑		甲申		甲寅		乙酉		丙辰		丙戌		丁巳		丁亥
11		癸丑		甲申		癸丑		甲申		甲寅		乙酉		乙卯		丙戌		丁巳		丁亥		戊午		戊子
12		甲寅		乙酉		甲寅		乙酉		乙卯		丙戌		丙辰		丁亥		戊午		戊子		己未		己丑
13		乙卯		丙戌		乙卯		丙戌		丙辰		丁亥		丁巳		戊子		己未		己丑		庚申		庚寅
14		丙辰		丁亥		丙辰		丁亥		丁巳		戊子		戊午		己丑		庚申		庚寅		辛酉		辛卯
15		丁巳		戊子		丁巳		戊子		戊午		己丑		己未		庚寅		辛酉		辛卯		壬戌		壬辰
16		戊午		己丑		戊午		己丑		己未		庚寅		庚申		辛卯		壬戌		壬辰		癸亥		癸巳
17		己未	戊寅	庚寅		己未	庚辰	庚寅		庚申		辛卯		辛酉		壬辰		癸亥		癸巳		甲子		甲午
18	丁丑	庚申		辛卯	己卯	庚申		辛卯	辛巳	辛酉	壬午	壬辰		壬戌		癸巳		甲子		甲午		乙丑		乙未
19		辛酉		壬辰		辛酉		壬辰		壬戌		癸巳	癸未	癸亥	甲申	甲午	乙酉	乙丑	丙戌	乙未	丁亥	丙寅	戊子	丙申
20		壬戌		癸巳		壬戌		癸巳		癸亥		甲午		甲子		乙未		丙寅		丙申		丁卯		丁酉
21		癸亥		甲午		癸亥		甲午		甲子		乙未		乙丑		丙申		丁卯		丁酉		戊辰		戊戌
22		甲子		乙未		甲子		乙未		乙丑		丙申		丙寅		丁酉		戊辰		戊戌		己巳		己亥
23		乙丑		丙申		乙丑		丙申		丙寅		丁酉		丁卯		戊戌		己巳		己亥		庚午		庚子
24		丙寅		丁酉		丙寅		丁酉		丁卯		戊戌		戊辰		己亥		庚午		庚子		辛未		辛丑
25		丁卯		戊戌		丁卯		戊戌		戊辰		己亥		己巳		庚子		辛未		辛丑		壬申		壬寅
26		戊辰		己亥		戊辰		己亥		己巳		庚子		庚午		辛丑		壬申		壬寅		癸酉		癸卯
27		己巳		庚子		己巳		庚子		庚午		辛丑		辛未		壬寅		癸酉		癸卯		甲戌		甲辰
28		庚午		辛丑		庚午		辛丑		辛未		壬寅		壬申		癸卯		甲戌		甲辰		乙亥		乙巳
29		辛未		壬寅		辛未		壬寅		壬申		癸卯		癸酉		甲辰		乙亥		乙巳		丙子		丙午
30		壬申				壬申		癸卯		癸酉		甲辰		甲戌		乙巳		丙子		丙午		丁丑		丁未
31		癸酉				癸酉				甲戌				乙亥		丙午				丁未				戊申

著者紹介

有山　茜（ありやま・あかね）

算命学カウンセラー。算命学歴48年。執筆活動をしながら、現在は算命学を軸にして、個人や企業の鑑定と算命学の通信講座を開講している。「0歳から100歳までのbio-energy」を作成して、その人の「未来図」で生き方を伝授している。著書に『こわいほど当たる算命学入門』（日本文芸社）、『〈四季運〉算命術精義ー学校で教えない実践法を教えます』（東洋書院）ほか多数。

http://ariyama-akane.com/

編集協力：岡本弘美　　本文・カバーデザイン：sakana studio_四方田　努

基礎からわかる
算命学の完全独習

2016年 7 月10日　第 1 刷発行
2023年 8 月 1 日　第10刷発行

著者
有山　茜

発行者
吉田芳史

DTP・製版所
株式会社キャップス

印刷所
図書印刷株式会社

製本所
図書印刷株式会社

発行所
株式会社日本文芸社
〒100-0003 東京都千代田区一ツ橋1-1-1　パレスサイドビル8F
TEL03-5224-6460（代表）

Printed in Japan　112160620-112230721 Ⓝ10（310022）
ISBN978-4-537-21399-7
URL https://www.nihonbungeisha.co.jp/

編集担当・三浦